심우철 지음

심슨 독해 300

shimson reading

책을 내면서...

인사혁신처에서 발표한 바에 따르면, 2025년부터 공무원 9급 시험의 영어 과목이 큰 변화를 맞이하게 됩니다. 지식 암기 중심의 기존 시험 방식에서 벗어나, 현장 직무와 관련된 능력을 평가하는 방향으로 출제 기조가 바뀌면서 이제는 새로운 전략과 대비가 절실한 시점입니다.

개편된 시험의 골자는 단순 암기 학습을 지양하여 전반적인 영어 시험의 난도가 이전에 비해 쉬워지고, 이에 따라 학습 범위 또한 좀 더 줄어들었다는 것입니다. 유형 면에서는 시험이 제법 다른 모양새를 갖추고 있지만 난도나 범위 면에서는 확실히 시험이 수월해졌다고 볼 수 있습니다. 다만 독해 문항의 비중이 늘어나 이전보다 더 시간 싸움이 관건이 되었으며, 이를 위해 무엇보다도 빠르고 정확한 해석(구문) 능력을 길러야 합니다.

이제 문법, 구문, 독해 모든 영역에서 새로운 학습 전략과 체계적인 가이드가 필요합니다. 이에 2025년 출제 변화에 완벽하게 대응할 수 있도록 기존의 커리큘럼과 교재들을 개정하였으며, 특히 『심슨 영어 300제』 개정판에서는 수험생 여러분의 실전 감각을 극대화할 수 있는 문제들을 엄선하여 영역별로 교재에 담아냈습니다.

28년간 강의 현장에서 쌓아온 저만의 노하우를 녹여낸, 학습 효율을 최대치로 끌어올릴 수 있는 새로운 교재들을 통해 여러분들의 합격에 반드시 도움을 드릴 것입니다. 변화에 대한 두려움을 잠시 접어두고, 지금 할 수 있는 최선의 노력을 통해 최고의 결과를 만들어 봅시다.

끝까지 여러분을 응원하며,

이 책의 구성과 특징

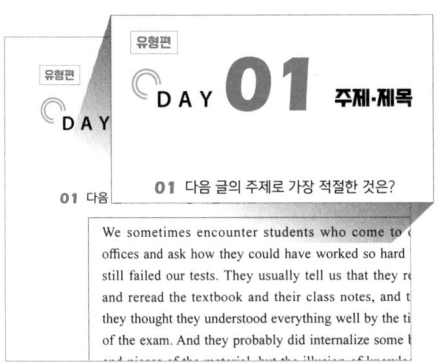

하루에 10문제씩 30 DAY 독해 완성

2025년 공무원 영어 시험은 총 20문제 중 13문제(10~11지문)가 독해로 출제될 예정입니다. 그중 4~5지문은 이메일·안내문·웹페이지 글의 신유형 지문으로 지문마다 동의어·목적·제목·일치·불일치·요지 등을 묻는 1~2문항이 출제되며, 나머지 6~7지문은 기존에 출제되던 형식과 동일하게 주제·제목·요지·문단의 일관성·문장 삽입·순서 배열·빈칸 추론의 문제 유형으로 출제될 것으로 예상됩니다.

이에 『심슨 독해 300제』에서는 신유형과 기존의 문제 유형들을 집중적이고 효율적으로 학습할 수 있도록, 1 DAY에 10문제씩 총 30 DAY 300문제를 수록하였습니다. 이 중 20일은 '유형편' 10일은 '실전편'으로 순차적으로 구성하여, 출제 예상 문제 유형들을 먼저 익히고 난 후 실전 감각을 기를 수 있는 모의고사 형식으로 학습을 마무리할 수 있습니다.

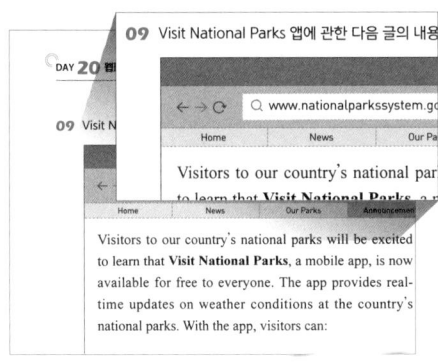

2025년 신경향 완벽 반영

인사혁신처에서 발표한 2025년 공무원 영어 출제 기조 전환 예시 문항을 철저하게 연구·분석하여 동일한 난이도와 문제 유형으로 신유형 문제들을 수록하였습니다. '유형편'에는 이메일·안내문·웹페이지 글을 지문 유형마다 총 5개의 DAY로 구성하였으며 '실전편'에서는 DAY마다 2지문·총 3문항의 신유형 문제를 수록하여, 학습자들은 매일의 학습을 통해 새로운 문제 유형에 완벽하게 대비할 수 있습니다.

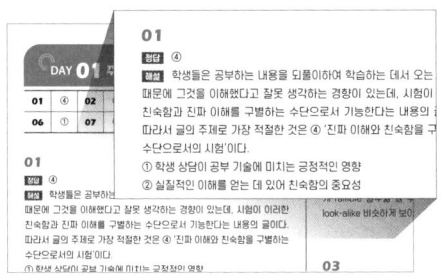

친절하고 상세한 문제 해설

『2025 심슨 독해 300제』는 문제의 정답 해설뿐만 아니라 오답률이 높을 것으로 예측되는 까다로운 선지들의 오답 해설도 제공합니다. 상세한 오답 해설을 통해 틀린 이유를 정확하고 빠르게 분석하여 이해도를 높이고 학습 시간을 더 효율적으로 관리할 수 있습니다.

Contents
목 차

유형편

DAY 01	주제·제목	8
DAY 02	주제·제목	18
DAY 03	요지·주장	28
DAY 04	요지·주장	38
DAY 05	문단의 일관성	48
DAY 06	문단의 일관성	58
DAY 07	문장 삽입	68
DAY 08	문장 삽입	78
DAY 09	문장 삽입/순서 배열	88
DAY 10	순서 배열	98
DAY 11	순서 배열	108
DAY 12	빈칸 추론	118
DAY 13	빈칸 추론	128
DAY 14	빈칸 추론	138
DAY 15	빈칸 추론	148
DAY 16	이메일	158
DAY 17	이메일	168
DAY 18	안내문	178
DAY 19	안내문	188
DAY 20	웹페이지 글	198

실전편

DAY 21	실전 모의고사 1회	210
DAY 22	실전 모의고사 2회	220
DAY 23	실전 모의고사 3회	230
DAY 24	실전 모의고사 4회	240
DAY 25	실전 모의고사 5회	250
DAY 26	실전 모의고사 6회	260
DAY 27	실전 모의고사 7회	270
DAY 28	실전 모의고사 8회	280
DAY 29	실전 모의고사 9회	290
DAY 30	실전 모의고사 10회	300

유형편

DAY 01 - 20

DAY 01 주제·제목

01 다음 글의 주제로 가장 적절한 것은?

> We sometimes encounter students who come to our offices and ask how they could have worked so hard but still failed our tests. They usually tell us that they read and reread the textbook and their class notes, and that they thought they understood everything well by the time of the exam. And they probably did internalize some bits and pieces of the material, but the illusion of knowledge led them to confuse the familiarity they had gained from repeated exposure to the concepts in the course with an actual understanding of them. As a rule, reading text over and over again yields diminishing returns in actual knowledge, but it increases familiarity and fosters a false sense of understanding. Only by testing ourselves can we actually determine whether or not we really understand. That is one reason why teachers give tests, and why the best tests probe knowledge at a deep level.

① positive impact of student counseling on study skills
② importance of familiarity in gaining actual understanding
③ necessity of internalizing reading materials to improve test scores
④ tests as a means to distinguish real understanding from familiarity

02 다음 글의 주제로 가장 적절한 것은?

> Medications are a blessing if health care providers prescribe and provide them to patients safely and appropriately. Yet, health care providers are human, and as such, fallible. Despite their expertise and commitment to quality, errors and other adverse events with medications occur and sometimes cause human suffering. Prescribing the wrong drug, strength, or dose; mistaking one look-alike or sound-alike drug name for another; misusing medical equipment; choosing the wrong patient from a list on the computer screen. Despite their best efforts, these things happen every day, to every kind of person, in every health care setting. The large number of new drugs and technologies introduced each year further complicates medication use, as does a growing elderly population with conditions that require complex treatment strategies, which can lead to medical errors.

① ways of reducing medication errors
② types and causes of medication errors
③ the importance of sharing medical records
④ the need for expanding healthcare coverage

03 다음 글의 제목으로 가장 적절한 것은?

> Continuing throughout the lifespan, when families develop predictable family rituals, children perform better in school and adolescents have a higher self-esteem and sense of belonging. Rituals have the capacity to bring stability and meaning, especially at times when children are vulnerable to other chaotic experiences outside the family. This may explain why the dinnertime ritual is so commonly cited as a buffer to adolescent behavior problems. Children are not the only ones to benefit from the protective benefits of rituals. It was found that the more meaning married couples found in their holiday rituals, the more relationship satisfaction they experienced. The meaningful holiday rituals were a way to reaffirm their own affection and intimacy.

① Respectful Parents, Respectful Kids
② Happy Family Through Communication
③ What You Don't Know Can Hurt You!
④ How Meaningful Family Routines Are!

04 다음 글의 주제로 가장 적절한 것은?

> If scarcity exists, the choices must be made by individuals and societies. These choices involve "tradeoffs" and necessitate an awareness of the consequences of those tradeoffs. For example, suppose that you have $25 to spend and have narrowed your alternatives to a textbook or a date. Scarcity prohibits the purchase of both and imposes a tradeoff — a book or a date. Each choice has a consequence. The textbook might enable you to increase your knowledge, and the date might mean an evening of merriment.

① rational choices
② good textbooks
③ ideal societies
④ bargain sales

DAY 01 주제·제목

05 다음 글의 제목으로 가장 적절한 것은?

> Many things, good and bad, can happen to us in our lives. Yet there are days which are usually marked by some kind of special ceremony: the day we are born, the day we get married, and the day we die. All human beings are affected by these events, and all societies share common characteristics. Marriage as well as birth is a time of joy. Death is a time of sorrow. The only difference among societies is the way these events are celebrated.

① Three Great Events
② Marriage Ceremonies
③ Happy Times
④ Social Problems

06 다음 글의 제목으로 가장 적절한 것은?

> Advertising leads to many people being overwhelmed by the endless need to decide between competing demands on their attention — this is known as the tyranny of choice or choice overload. Recent research suggests that people are on average less happy than they were 30 years ago — despite being better off and having much more choice of things to spend their money on. The claims of advertisements crowd in on people, raising expectations about a product and leading to inevitable disappointment after it is bought. A recent advertisement for make-up was banned in Britain due to the company presenting its product as being more effective than it actually was. Shoppers feel that a poor purchase is their fault for not choosing more wisely, and regret not choosing something else instead. Some people are so overwhelmed that they cannot choose at all.

① Advertising Can Create Too Many Choices
② Does Advertising Help or Harm the Economy?
③ Hidden Causes of Reckless Advertising Waste
④ Advertising Leads to Reasonable Consumption

07 다음 글의 제목으로 가장 적절한 것은?

Restoration assumes that one can recreate an artist's original intent and product. At best, restorers' and museum directors' aesthetic preferences and historical theories drive restorations, for it is impossible to step outside one's historical context. How can restorers be so sure that removing a layer of lacquer isn't merely their subconscious attempt to refashion an artwork according to contemporary tastes? What's "restorative" about that? The "restored" Sistine Chapel may look "authentic" today, but will it still look so when aesthetic and historical theories have changed? Surely the best approach with any great work of art is to simply leave it alone.

① Do We Really Need Restoration?
② Aesthetics Matters in Restoration?
③ Sistine Chapel: Restored vs. Authentic
④ Restorers: A New Type of Artist

08 다음 글의 주제로 가장 적절한 것은?

> Danger awareness doesn't suddenly start, but develops gradually. This means if your children are not exposed to dangers a little bit, their danger awareness can be slower to set in. There is a lot of concern that parents are too protective of their children and they'll all grow up unable to look after themselves. For example, scout leaders worry about this and see their role as "curing" kids of lack of exposure to danger! Basically this learning is a function of experience. If they put something in their mouths and it prickles them, they get gradually more cautious about putting things in their mouths and look to see what the prickly things look like and learn how to spot danger. If they slip down a step and hurt themselves, they'll be a lot warier of cliffs than if they were unfamiliar with the idea of falling.

① the need for children to be exposed to a little danger
② how to minimize children's exposure to dangers
③ incidents caused by the lack of danger awareness
④ limits of children's learning from experiences

09 다음 글의 주제로 가장 적절한 것은?

> Job rotation is one administrative risk control sometimes used to reduce the risk of injury in manual handling tasks. However, it is important to recognize that job rotation does not eliminate manual handling risk but simply reduces exposure time to the risk. Job rotation is only suitable to reduce exposure to repetitive or sustained postures and is not effective in manual handling tasks that involve high force. In these tasks, job rotation can actually increase the risk of injury as more workers are exposed to the risk of an immediate or acute injury. Furthermore, job rotation is often used incorrectly because people are rotated through jobs with similar movements or postures. This negates the benefits of job rotation because muscles are unable to recover. Furthermore, if the tasks are similar, job rotation can even increase the risk of injury due to the loss of focus.

① preventive measures of injury at work
② limits and shortcomings of job rotation
③ reasons job rotation is applied at workplaces
④ types of manual tasks and their risk of injury

10 다음 글의 제목으로 가장 적절한 것은? 2015 국가직 9급

> Everyone knows what the *Mona Lisa* and Michelangelo's *David* look like — or do we? They are reproduced so often that we may feel we know them even if we have never been to Paris or Florence. Each has countless spoofs — *David* in boxer shorts or the *Mona Lisa* with a mustache. Art reproductions are ubiquitous. We can now sit in our pajamas while enjoying virtual tours of galleries and museums around the world via the Web and CD-ROM. We can explore genres and painters and zoom in to scrutinize details. The Louvre's Website offers spectacular 360-degree panoramas of artworks like the *Venus de Milo*. Such tours may become ever more multi-sensory by drawing on virtual reality technology, which includes things like goggles and gloves. Lighting and stage set designers, like architects, already use this technology in their work.

① Should We Ban Art Reproductions?
② Why Are Virtual Artworks So Popular?
③ Art: More Widely Accessible Than Ever!
④ Secrets of Vanished Galleries and Museums

DAY 02 주제·제목

01 다음 글의 주제로 가장 적절한 것은?

> Hundreds of species of small fishes exist in well-defined social organizations called schools. Fish schools vary in size from a few individuals to enormous populations extending over several square kilometers. Schools usually consist of a single species, with all members similar in size or age. For small animals with no other means of individual defense, schooling behavior provides a degree of protection. Predatory fishes have less chance of encountering prey if the prey are members of a school because the individuals of the prey species are concentrated in compact units rather than dispersed over a much larger area. Moreover, once a predator encounters a school, satiation of the predator enables most members of the school to escape unharmed. Large numbers of fishes in a school may achieve additional survival advantages by confusing predators with continually shifting and changing positions; they might even discourage hungry predators with the illusion of an impressively large and formidable opponent.

① protective instincts of small fish species
② origin of social organizations of small fishes
③ fish schooling as a behavioral strategy for survival
④ behavioral differences between predatory fishes and prey

02 다음 글의 제목으로 가장 적절한 것은?

> Your culture maintains an implicit "schedule" for the right time to do many important things; for example, the right time to start dating, to finish college, to buy your own home, or to have a child. This unspoken timetable provides you with a social clock, a schedule that tells you if you're keeping pace with your peers, are ahead of them, or are falling behind. On the basis of this social clock, you evaluate your own social and professional development. If you keep up with the rest of your peers, then you'll feel well adjusted, competent, and a part of the group. If you're late, you'll probably experience feelings of dissatisfaction. Although in some cultures the social clock is becoming more flexible and more tolerant of deviations from the conventional timetable, it still exerts pressure to keep pace with your peers.

① Social Clock: An Unavoidable Pressure
② When Is the Right Time to Start Dating?
③ Why Is It Better to Keep Pace Than Fall Behind?
④ Flexibility and Tolerance of Today's Social Clock

03 다음 글의 제목으로 가장 적절한 것은?

> Frances Rauscher and Gordon Shaw reported that after college students listened to a Mozart piano sonata they scored higher on a spatial reasoning test. Soon after this observation made the news, doting parents were playing Mozart for their babies around the clock. Obviously, they hoped that, like the college students, their babies would become smarter. However, parents should be suspicious of any practice that claims to offer such "magical" benefits. Because the original experiment was done with adults, it tells us nothing about infants. Then does the Mozart effect actually exist? A few studies have found small increases in spatial intelligence after exposure to Mozart's music. However, most researchers have been unable to duplicate the effect. As wonderful as Mozart's music may be, it doesn't appear to be magical, at least where children's intelligence is concerned.

① Music and Cognitive Abilities
② How Music Makes You Smarter
③ Classical Music: A Mixed Blessing
④ The Mozart Effect — Smart Music?

04 다음 글의 주제로 가장 적절한 것은?

> A lot of parent and adolescent conflicts are about expectations and values. Some parents joke that they feel their teenagers are from another planet or culture. In some immigrant families, adolescents really are growing up in a culture different than that of their parents. Handling these cultural differences creates another domain of conflict. For example, first- and second-generation Latino young adults have more conflicts with parents over acculturation issues than third-generation Latinos and European and African Americans. First- and second-generation Latino parents feel their young adult children are acting too American. As children launch to young adulthood, first- and second-generation Latino parents may worry more acutely about how their children will tend to family obligations and whether they will adhere to gender expectations.

① conflicts caused by acculturation in immigrant families
② failure of early education for children in immigrant families
③ how to deal with cultural differences effectively in immigrant families
④ desirable relationships between parent and child in immigrant families

DAY 02 주제·제목

05 다음 글의 제목으로 가장 적절한 것은?

> The expansion of businesses that lease equipment and personnel to firms has been a contributing factor in the growth of the service sector. More and more firms are looking to outsource some elements of their operation, and they often start with elements that are not part of the firm's core product or business. For example, most hotels that host meetings and conventions have outsourced the servicing of audiovisual needs of groups to a company that specializes in that type of business. The company, in turn, leases the audiovisual equipment to groups that are holding meetings in the hotel. The company is able to provide more up-to-date and specialized equipment to groups than the hotel might if it provided the service itself. The hotel does not have to maintain an inventory of equipment, and therefore capital costs are reduced.

① Types of Businesses Suitable for Outsourcing
② It's Your Choice: Change a Core Business or Not
③ Want to Succeed? Get Your Equipment Up-to-date
④ Outsourcing: A Win-Win Situation to Parties Involved

06 다음 글의 제목으로 가장 적절한 것은?

> Self-disclosure refers to the process of revealing personal, intimate information about oneself to others. Through self-disclosure, two individuals get to know one another. We expect women to be more expressive than men. When a woman is not expressive, others perceive her as maladjusted. Likewise, men are expected to be inexpressive, and when a man is expressive, he is perceived as unstable. And, in fact, women tend to disclose more than men do in general. However, although women disclose more to their female friends and to their romantic partners than men do, they do not disclose more to their male friends any more than men do. Furthermore, women tend to elicit self-disclosure from others, even from those who do not usually disclose very much about themselves. One reason for this is that women tend to be responsive listeners, which in turn promotes further disclosure by the speaker.

① Gender Differences in Self-Disclosure
② Is Expressiveness Acquired or Innate?
③ Self-Disclosure Depends on Who You Are
④ Why Are Women More Expressive Than Men?

07 다음 글의 주제로 가장 적절한 것은?

> In the last 35 years of the twentieth century, the Arctic Ocean ice thinned by 40 percent. In 2000, the polar ice at the top of the world melted for the first time in human memory. If any explorers had been trekking to the North Pole that summer, they would have had to swim the last few miles. Many scientists believed that there had not been so much open water in the polar region in 50 million years. Other scientists predicted that summer ice in the Arctic Ocean could disappear entirely by 2035. It was no secret why this was happening. Rising carbon dioxide levels in the atmosphere had increased the Earth's temperature. In 2000, it was announced that of the 25 hottest years that had occurred since Earth temperature record keeping began in 1866, 23 had occurred after 1975.

① miscalculations of scientists on global warming effects
② the reason why Earth temperature record keeping began
③ effects of the thinning of the Arctic ice on natural habitats
④ the melting of the Arctic Ocean ice and the reason behind it

08 다음 글의 주제로 가장 적절한 것은?

> It may surprise you that many patients are reluctant to describe their symptoms to their physicians. But the situation is a common one. Many individuals believe that physicians are so skilled that they can easily identify a patient's problems through a thorough physical examination, the way a good mechanic can diagnose car problems. Moreover, physicians' relatively high social prestige and power may intimidate patients by making them feel that their problems are trivial and unimportant, or making them reluctant to volunteer information that might cast them in a bad light. Conversely, physicians may have difficulties encouraging their patients to provide the proper information. In many cases, physicians dominate an interview with questions of a technical nature, while patients attempt to communicate a personal sense of their illness and the impact it is having on their lives.

① miscommunication between physicians and patients
② physicians' skills to elicit patients' cooperation
③ the impact of physicians' power upon their patients
④ technical questions used in interviews with patients

DAY 02 주제·제목

09 다음 글의 제목으로 가장 적절한 것은?

> Many times the hurts that cause people to overreact to others come as the result of negative words from others. Likewise, positive words can have an impact on a person's attitude. Can you remember the positive words of a favorite teacher or other significant adult? A few words can change the way a person thinks of himself and can change the course of his life. Charlie Wetzel remembers the words of his sister when he was eighteen. He had little direction in his life back then, and she told him that she thought he had a talent for cooking and how flavors go together. He had never considered that before. It sent him on a ten-year quest learning everything he could about food, cooking, and the restaurant business. And it led to his first career as a professional restaurant chef.

① Follow What Your Heart Tells You to Do
② What You Say Can Change Someone's Life
③ Lots of Positive Words Can Remove Negativity
④ Words Are Useless Unless Turned into Actions

10 다음 글의 제목으로 가장 적절한 것은?

> For many years now, mediated entertainment such as TV and film has been able to stimulate our optical and auditory senses with sights and sounds. Some forms of new media, however, even engage our senses of touch and smell. The view the wearer of some special device sees is projected on the screen behind him. Wearers become immersed in the computerized scene and use the gloves to pick up and move simulated objects. Many virtual reality games and rides now allow audiences and players to feel sensations of motion and touch. New media may also include aromas, such as Disney's "Soaring Over California" attraction at the California Adventure theme park, where audiences smell orange orchards and pine forests while enjoying a simulated hang-gliding experience across the countryside. Makers of emerging forms of entertainment will likely continue to experiment with ways they can simulate and manipulate reality by stimulating our senses.

① TV and Film: Blessing or Curse?
② How We Operate an Audio System
③ Seeing Is More Important Than Touching
④ New Mediated Entertainment: Stimulate More Senses!

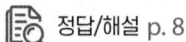

01 다음 글에서 필자가 주장하는 바로 가장 적절한 것은?

> We feel that subsistence hunting by Native people ought to be encouraged by the National Park Service as a cultural resource not only of the Native people but of the park itself. Of course, such subsistence hunting ought not exceed the critical levels of wildlife populations. We support the position that subsistence hunting would be allowed as long as it does not significantly impair the resources of the park. We strongly urge that the National Park Service adopt the following policy: hunting shall not exceed the amount necessary to maintain herds at an optimum level in connection with park purposes; subsistence hunting, particularly by Native people, will receive first priority; no sport hunting shall be allowed to maintain the herds at the optimum level. We do not mean the term "optimum" to be a minimum, but rather a maximum level in comparison with carrying capacity.

① We need to approve of native tribes' residency in the national park.
② For the preservation of species diversity, population of predators has to be restricted.
③ We should restrict people who are not native from participating in natives' hunting.
④ Native people's hunting for sustenance should be allowed unless resources are greatly destroyed.

02 다음 글의 요지로 가장 적절한 것은?

> Recently I was reading about the endangered grizzly bears on the coast of British Columbia. The authors emphasized how the cubs were keen observers of their mothers' skills in searching for and consuming food. What the cubs learned by the mothers' modeling was a matter of life and death; without that knowledge the cubs probably would not survive. The same principle applies to us. How can we believe that when we live life like a rat race, our children somehow will not? That as we mindlessly acquire and consume, our children will somehow know moderation and meaning in their relationship to things? If I regularly cheat on little things — like not returning the extra change I receive at the counter, or pocketing found money without trying to find its owner — I am teaching that behavior to children.

① Parents are spending more time reading books on wildlife.
② Good parenting begins and ends with setting a good example.
③ What lies at the root of being good parents is mindful consumption.
④ Teaching good behavior to children is more significant than earning money.

DAY 03 요지·주장

03 다음 글의 요지로 가장 적절한 것은?

> Suppose you are presented with two job offers, one with a better salary and an easier commute, the other with a somewhat lower salary and a longer commute. When asked to choose between the two, which one would you take? Naturally, you will choose the former one, the job with more pay and a shorter commute. Interestingly, in order to make the inferior job offer appear more attractive, a study offered to increase the number of team members from three to six, so that each member would have less work to do. However, surprisingly, this turned out to make the job even less attractive, since most people showed a higher preference for working in small groups, even if it meant more work to do. Researchers suggest that this is because the sense of security and comfort that comes from working in a small group is a powerful incentive in choosing a job.

① The pay is what gives you a sense of achievement in your job.
② Commuting distance and work efficiency are closely related.
③ A secure job is preferable to a challenging job.
④ People prefer smaller teams when choosing a job.

04 다음 글의 요지로 가장 적절한 것은?

> One reason many people keep delaying things they should do is that they fear they will do them wrong or poorly, so they just don't do them at all. For example, one of the best ways to write a book is to write it as quickly as possible, getting your thoughts onto paper without regard to style. Then, you can go back to revise and polish your writing. If I only wrote when I knew it would be perfect, I'd still be working on my first book! Do you have a hard time relaxing if your house is a mess? Do you beat yourself up for making mistakes? I've got a simple message for you today: It's time to let go of your perfectionism. It becomes a stumbling block that keeps you stuck.

① Frequent mistakes lead to all manner of calamities.
② It is important to form the habit of organizing your house.
③ Patience is needed to make sure you improve your writing.
④ Perfectionism is a major hindrance to pursuing work.

05 다음 글에서 필자가 주장하는 바로 가장 적절한 것은?

> A study tested whether everyday choices — which candy bar to eat or what clothes to buy, for instance — wear down our mental energy. The results? The study found that making repeated choices terribly depleted the mental energy of their subjects, even if those choices were mundane and relatively pleasant. So, if you want to be able to have more mental resources throughout the day, you should routinize those choices as much as possible. In short, make fewer decisions. To me, this means wearing dull clothing and eating the same breakfast and lunch nearly every weekday. Although my specific approach might not work for you, the point is that you should decide what you don't care about and that you should learn how to run those parts of your life "on autopilot." Instead of wasting your mental energy on things that you consider unimportant, save it for those decisions, activities, and people that matter most to you.

① People can't help but make repeated choices when given short time.
② It is necessary to routinize everyday life and sustain a social order.
③ Everyday choices should be simplified to make what we are doing more efficient.
④ Don't be afraid to turn your daily mundane routines into meaningful moments.

06 다음 글에서 필자가 주장하는 바로 가장 적절한 것은?

> A television reporter asked some children what their dreams were. One child answered, "My dream is to go to a good, competitive school." Another child responded, "I want to be a millionaire." Somewhat later, in the same program, a five-year-old child answered, "A personal computer." Children are becoming more and more realistic. Unless children are encouraged to develop their imaginations, this realistic world will be inhabited by robots!

① We should help children develop their imagination.
② We should make children have realistic goals.
③ We should help children win competition.
④ We should cut down on commercial advertisements.

DAY 03 요지·주장

07 다음 글의 요지로 가장 적절한 것은?

In one classic experiment, divers learned lists of words in two environments, on dry land and underwater. They were later asked to recall the words in one of the two environments: either in the original environment in which the words were learned or in the alternative environment. Lists learned underwater had higher recall underwater, and lists learned on dry land had higher recall on dry land. The experimenters later proved that this effect was one of context-dependent memory and not related to the disruption of moving environments. Some companies have used this effect to their advantage. In *The Experience Economy*, Pine and Gilmore quote the example of Standard Parking of Chicago, which had a parking garage at O'Hare Airport. To help customers remember on which floor they parked their car, they played a different signature tune at each level of the garage, and decorated the walls with the icons of different local sports franchises, so the Bulls were on one floor and the Blackhawks on another. They quote one local resident saying, 'You never forget where you parked!'

① The more familiar the environment, the better the performance.
② Recollecting the past is effective in boosting memory.
③ Past experiences have a great impact on predicting the future.
④ Situational clues when information is input help to remember.

08 다음 글의 요지로 가장 적절한 것은?

> On the path to excellence, some obstacles may initially seem overwhelming. Every performer experiences this feeling, even the greatest performers in the world. If you believe that the obstacles are too great to overcome, you will prove yourself right even when you are wrong. Most seemingly impossible obstacles can be overcome by seeing possibilities, focusing on what is within your control, taking the first step, and then focusing on the next step and the next step after that. If your commitment becomes weak, remember your dream and why it is important to you, find simple joys in your daily pursuits, rejoice in the little victories or small steps forward, and embrace the process of ongoing learning. With a positive perspective and persistence, you will get through and find a way through all obstacles.

① A good beginning makes a big success possible.
② To achieve our dream, we need to set realistic goals.
③ We can overcome obstacles with a positive viewpoint and persistence.
④ Motivation is needed for continuous learning.

DAY 03 요지·주장

09 다음 글의 요지로 가장 적절한 것은?

> Sleep professionals generally agree that a significant portion of the sleep problems people experience daily can be prevented by following a few steps. Referred to as sleep hygiene, recommendations rely on allowing the brain's normal drive for sleep to take over, replacing the restrictions we place on our activities that interfere with sleep. For example, setting a regular time to go to sleep and awaken each day can help make falling asleep at night easier. You also had better not try to sleep and spend extra time in bed during the day. If you are not sleepy at night, it is helpful to get up, do a quiet activity and then return to bed until you feel drowsy. Avoiding the use of caffeine and nicotine — which are both stimulants — can also help prevent problems such as nighttime awakening.

① Most of the sleep problems can be prevented through several measures.
② Regularly taking a moderate amount of nap helps reduce sleep problems.
③ Changing the lifestyle of the daytime enhances the quality of sleep.
④ Fundamental research is needed in order to prevent sleep problems.

10 다음 글에서 필자가 주장하는 바로 가장 적절한 것은?

> If it is true that there is always more than one way of seeing things, then the difficulty is to find other points of view from which to choose. One's own perspective is bound to feel most convincing, especially in the heat of the moment. Try to step back from your viewpoint and see the facts clearly, to give yourself a choice of perspectives. As you shift your perspective, you will find that your mood also shifts. Looking for new, and wider, perspectives prevents you from getting trapped in a one-sided view and gives you more control over the way you feel. The spectacles through which you see the world are so familiar that you hardly notice that you are wearing them. By taking them off and trying out others, you can discover which things were out of focus and whether you have been looking through distorted or colored glass.

① Persuade others through suggesting rational alternatives, rather than criticism.
② Break away from force of habit and try to see things from a different perspective.
③ Tackle the most important issues first through selective attention and focus.
④ Do not accept knowledge as it is, but reinterpret it using your own view.

DAY 04 요지·주장

01 다음 글의 요지로 가장 적절한 것은?

> Our minds and bodies gather information in different ways: seeing, hearing, and doing. Then our brains process that information, organizing it and making connections to things we already know. This process can also work in different ways: Do we think in pictures or words? Do we remember details or the big picture? When we are trying to learn, it helps to know how our brains work. Different people have different learning styles. For example, one person might struggle with written information but understand it immediately in an illustration. Another person might have problems with the picture, but not the written text. You will often encounter situations that do not match your strongest learning style. If you know what your strengths are, you can develop strategies to balance your weaknesses for a more successful learning experience.

① Special learning styles are needed for brain development.
② Learning using pictures is effective in stimulating creativity.
③ It is important to choose the type of learning that is suitable for you.
④ There is a lack of parental-education program to improve their children's learning ability.

02 다음 글의 요지로 가장 적절한 것은?

> Some people believe that if they have much money, they will be happy. They believe that if they are wealthy, they will be able to do everything they want, and so they will be happy. On the other hand, some people value their religion, or their intelligence, or their health; these make them happy. For me, happiness is closely tied to my family. I am happy if my wife and children live in harmony. When all members of my family share good and sad times, and communicate with each other, I am happy.

① Wealth makes everything possible.
② Health is a prerequisite for happiness.
③ Happiness arises from family harmony.
④ Intelligence is the criterion for value judgement.

DAY 04 요지·주장

03 다음 글에서 필자가 주장하는 바로 가장 적절한 것은?

> It is strange that many people think ballet is a difficult thing to enjoy. Ballet isn't any harder to enjoy than a baseball game. Imagine a person who goes to a baseball game for the first time. He hasn't played the game, he doesn't know the rules, and he gets confused trying to watch everything at once. He feels out of place and annoyed because he isn't sure why everyone else is so excited. However, once he knows what it's all about, once he understands why the players run and slide and leap and catch as they do, he begins to appreciate the game. As he becomes familiar with its elements, he enjoys it. The same thing is true of ballet.

① If you know about ballet, you can enjoy it.
② Beginners in ballet have to overcome their fears.
③ Ballet is effective for losing weight.
④ Even novices can easily learn ballet.

04 다음 글의 요지로 가장 적절한 것은?

> Masks are too heavy to uphold indefinitely, and no matter how well you believe you are disguising yourself, others always know. The consequences are that you waste energy, sacrifice productivity, and lose people's trust. In our study, all of the CEOs were concerned that dropping their masks would make them appear weak. In every case, however, the leader's subordinates perceived the removal of the mask as an act of strength and courage. This, in turn, encouraged a culture where those subordinates did the same, creating a snowball effect. Some of the ways we helped the CEOs remove their masks were to actually name the masks, explore the significant personal and professional costs of upholding them, and ask the CEOs to reflect on the leader they most admired. At this point each of the CEOs was ready to rebuild a leadership identity based on values, strengths, and ambitions.

① To become a CEO, you must be an expert in your field.
② A Good CEO would be viewed as enthusiastic, sacrificial, and trustworthy.
③ CEOs should be reluctant to show their weakness to subordinates.
④ CEOs can redefine leadership by showing themselves as they are.

05 다음 글의 요지로 가장 적절한 것은?

> When people expect to see someone again, they are more likely to find that person attractive, regardless of the individual's behavior, than if they do not have expectations of future interaction. The expectation of future interaction motivates people to look for positive qualities in someone so that they will look forward to future interactions rather than dread them, and increases the chances that people will find the individual attractive. Conversely, when people interact with someone whom they do not foresee meeting again, they have little reason to search for positive qualities. In fact, doing so may be depressing, given that they may not have the opportunity to get to know the person better in future interactions. Indeed, people are sometimes motivated to find negative qualities in individuals whom they do not expect to see again.

① Whether they will meet again or not affects the evaluation of their counterparts.
② If you have a lot of things you want someone to do, it is easy to recognize the disadvantages of him.
③ The attitude that really cares about someone establishes a good interpersonal relationship.
④ First impression is a measure of the prediction of the future relationship with someone.

06 다음 글의 요지로 가장 적절한 것은?

> Consider a fascinating study by a major French food manufacturer testing two different containers for a diet mayonnaise product aimed at female shoppers. Both containers held the exact same mayonnaise and bore the exact same label. The only difference was the shapes of the bottles. The first was narrow around the middle, and thicker at the top and on the bottom. The second had a slender neck but a fat, round bottom, like a genie bottle. When asked which product they preferred, every single subject — all diet-conscious females — selected the first bottle without even having tasted the stuff. Why? The researchers concluded that the subjects were associating the shape of the bottle with an image of their own bodies.

① Consumers are greatly influenced by product advertising.
② Externals of the product affect consumers' choices.
③ The form and content of an advertisement should accord with the medium of advertisement.
④ Consumers eventually buy brand image formed by a label.

07 다음 글의 요지로 가장 적절한 것은?

> In a study conducted by Karen O'Quinn and Joel Aronoff, participants were asked to negotiate with a seller over the purchase price of a piece of art. Toward the end of the negotiation, the seller made a final offer in one of two ways. Half of the time he said that he would accept $6,000, while the other half of the time he gave the same final price but also added a little humor ("Well, my final offer is $6,000, and I'll throw in my pet frog"). Those few moments of attempted humor had a large effect, as participants made a much greater compromise in their purchase price when they heard about the frog. It seemed that the brief humorous comment momentarily put the participants in a good mood and encouraged them to be more giving.

① Price negotiation will go smoothly if you respect the counterparty.
② It is important to grasp the propensity of prospective buyers.
③ You should offer a reasonable price in order to reach a deal.
④ A little sense of humor makes negotiation favorable.

08 다음 글에서 필자가 주장하는 바로 가장 적절한 것은?

> A way to get things done more efficiently and get better results is to do the right thing at the right time of day. Know your own body rhythm, respect your internal clock, and pay attention to how your energy level ebbs and flows during the day. If you have lots of energy early in the morning, that is when you should schedule difficult activities, whether for you these are brainstorming, writing, or practicing. Use the same principle in planning activities for your team. Schedule intervals of productive time and breaks so that you get the most from people. I always ask people to respect their own body rhythms when scheduling appointments. In my experience, most people are far more productive in the morning, but there are those who differ and hit their stride later in the day.

① Increase afternoon working hours to improve your work performance.
② Consider working with your natural body rhythm.
③ Make the plan more effective according to the nature of the task.
④ Let your body's natural rhythm be controlled by maintaining a sufficient resting interval.

DAY 04 요지·주장

09 다음 글의 요지로 가장 적절한 것은?

> Here is a surprise for you: Being happy means that you realize that there are times that you will be unhappy and recognize that life sometimes stinks. What is uplifting in those times is appreciating life and facing the challenges that come with it, realizing that you are facing challenges fellow humans have also faced. We are not saying you should lower your expectations for your so-called perfect life or downsize your goals; we just believe that if you can align your expectations with reality a little more by expecting to face challenges, you will be better off in the end. There is an interesting biological reinforcement for this notion, too: Your levels of C-reactive protein (a marker of damaging inflammation) have been shown to be higher when you have expectations that are unattainable.

① You'll be happy to anticipate adversity and adjust expectations to reality.
② Perfect life comes from the process of overcoming difficulties.
③ Standing in others' shoes is the starting point of happiness.
④ To heal physical pain, you must have the peace of mind first.

10 다음 글의 요지로 가장 적절한 것은?

> A painter I know can't do anything in her studio without rock'n'roll pounding out of the speakers. Turning it on turns on a switch inside her. The beat gets her going. It's the metronome for her creative life. A writer friend can only write outside. He can't stand the thought of being tied indoors to his word processor while a "great day" is unfolding outside. So he carries his coffee mug out to work in the warmth of an open porch in his backyard. Mystically, he now believes he is missing nothing. In the end, there is no one ideal condition for creativity. What works for one person is useless for another. The only criterion is this: Make it easy on yourself. Find a working environment where the prospect of wrestling with your muse doesn't scare you, doesn't shut you down. It should make you want to be there, and once you find it, stick with it.

① Hard work is the foundation of enhancing one's creativity.
② You can get creative inspiration when listening to music.
③ Work-life balance is important in creative activities.
④ Ideal work environment for creative activities varies from person to person.

DAY 05 문단의 일관성

01 다음 글의 흐름상 가장 어색한 문장은?

Our ability to perceive differences is so well developed that we even find differences where none exist. For instance, when comparing clearly labeled wines or beers or soft drinks, people will detect taste differences, whereas in unlabeled taste tests of the same products, tasters often detect no differences. ① People will insist that one brand of medication acts more quickly and effectively than another brand, even when the medicines are identical in their chemical composition. ② The latter is not prudently prescribed by a doctor, which makes the effectiveness skeptical. ③ The mere belief that something is different (when it is not) can actually induce measurable but temporary changes in our experiences, as patients sometimes encounter when taking placebos. ④ Not surprisingly, differences capture our attention.

02 다음 글의 흐름상 가장 어색한 문장은?

American music is intertwined with music from around the world, so it is neither possible nor desirable to define what "American music" is. It has been said that jazz is distinctly American, yet it has been influenced by music from all parts of the world. ① Musicians who relocated to the United States, whether escaping from war and persecution or attempting to advance their careers, have also had a profound impact on American music and culture, bringing with them the influences of their home countries and cultures. ② Composers like Aaron Copland tried to create a distinctly American music. ③ Yet his work was influenced by his studies with Nadia Boulanger in Paris; travels to work with composer Carlos Chávez in Mexico and to Africa and Europe; and interests in jazz and other forms of music. ④ The healing effects of American music on the human body have been observed by many since its beginning. American music is not created and does not exist in isolation from other parts of the world.

03 다음 글의 흐름상 가장 어색한 문장은?

Other people can influence what you think, how you see the world, and how you feel. They can also make you do something you wouldn't otherwise do. When pressed by your host, you take a second helping of dinner, even though you are determined to watch your weight. ① You may go to a movie that you end up disliking because everyone you know and the reviews recommend it. ② You wear the same clothes as others partly because of the way the clothing industry copies itself, but largely because we choose to wear what other people wear. ③ In fact, you know that copying within fashion speeds up trend cycles putting pressure on designers to develop new ideas. ④ You give your kids the same names as your peers give theirs, even though you swear you are being original with Jacob, Noah, Emily. We all look around — at people like us, at magazines, at films and TV — and develop a feel for what is socially acceptable and how we might put that look together.

04 다음 글의 흐름상 가장 어색한 문장은?

Hunting is sometimes used as a wildlife management tool. In the absence of predators, populations of deer and other prey species sometimes exceed the ability of the habitat to support them, and in unchecked numbers they threaten the health of the ecosystem or human safety. ① Hunters reduce the number of animals so that the survivors have enough food and shelter to lead healthy lives. ② For example, limits have been removed for hunting some species of geese, which have become so numerous that they are destroying the Arctic and subarctic breeding grounds of many species. ③ Professional hunters are sometimes hired to control animals in populated areas, such as bears in parks. ④ The caves in which these hunters lived are also full of animal bones.

DAY 05 문단의 일관성

05 다음 글의 흐름상 가장 어색한 문장은?

One of the many strengths of the African American community is an intrinsic support for the athletic endeavors of African American girls and women. Since African American culture appreciates a greater flexibility of gender roles and accepts a broader range of gender appropriate behaviors, African American women are not as bound as white women by gender role stereotypes. ① Athletics for girls and women is not perceived as conflicting with an African American female's gender role. ② Hall and Bower's study of African American females found that African American women defined themselves as "softly strong" — owning both strength and femininity without conflict. ③ African American males have played an increasingly important role in global sports. ④ Welcome support from the African American community has energized many African American girls and women to participate in sports.

06 다음 글의 흐름상 가장 어색한 문장은?

We often hear the expression "music is the universal language." By this people mean that even if two people do not speak each other's language, they can at least appreciate music together. But like so many popular sayings, this one is only partially true. Although all people do have the same physiological mechanisms for hearing, what a person actually hears is influenced by his or her culture. ① Westerners tend to miss much of the richness of Javanese and Sri Lankan music because they have not been conditioned to hear it. ② Whenever we encounter a piece of non-Western music, we hear it (process it) in terms of our own culturally influenced set of musical categories involving scale, melody, pitch, harmony, and rhythm. ③ And because those categories are defined differently from culture to culture, the appreciation of music across cultures is not always ensured. ④ It is commonly argued that the very act of understanding can guarantee a more thorough knowledge of and intimate connection with the music.

07 다음 글의 흐름상 가장 어색한 문장은?

> Dealmakers should resist the temptation to rush through prenegotiation and to start talking about the deal as soon as possible. Instead, they should use the prenegotiation period of deal making to learn as much about the background, interests, and organizational culture of the other side as possible and to inform the other side of their own background, interests, and organization. ① This initial phase of information exchange is vital if the parties are to know one another well. ② Knowing each other side well is an important part of any foundation for a good relationship. ③ And in general, try to conduct your negotiations on the telephone — the in-person contact is much more effective in getting your point across than email. ④ In order to secure such a foundation, the parties may even want to hire consultants or knowledgeable third parties to facilitate the process of getting to know one another thoroughly — especially for deals that will require substantial investments and close working relationships.

08 다음 글의 흐름상 가장 어색한 문장은?

> Some researchers investigated the effects of different media on children's ability to produce imaginative responses. In one study, children in grades one through four were separated randomly into two groups and presented with the same fictional story. One group listened to the story via radio, while the other group watched the story on a television. ① Afterward, all of the children were asked what they thought would happen next in the story. ② The researchers rated children's imaginativeness by recording the novel elements (such as characters, setting, dialogue, and feelings) they used in their responses. ③ Some novelists prefer to include as many characters as possible in their stories. ④ The children who listened to the radio produced more imaginative responses, whereas the children who watched the television produced more words that repeated the original story. Media scholars have used this study to illustrate the "visualization hypothesis," which states that children's exposure to ready-made visual images restricts their ability to generate novel images of their own.

09 다음 글의 흐름상 가장 어색한 문장은?

There is rarely anyone who acts alone, and even when somebody appears to be doing just that, it is only at the surface of the process. For example, think of a writer who creates novels in the solitary confinement of his house. He is alone only in a very narrow sense. ① Indeed, he is writing about people, with people, and for people. ② The process of creating a novel can hardly be reduced to an individual cognitive reflection. ③ That's why writing requires incessant efforts and courage to support unpopular beliefs. ④ Thus, the imaginary reader is always present in the creative process of writing - as an addressee, a possible judge of the creation, and a partner in a dialogue. Writers are motivated by specifically human, social purposes, such as to be understood, respected and needed by others.

10 다음 글의 흐름상 가장 어색한 문장은?

People hate to lose something more than they like gaining something of equal value. Given this near-universal truth about the human psyche, it may not be surprising that many acts of dishonesty and cheating in the real world are born from fear of losing something we value. ① Pressure to avoid getting an "F" in a class leads many students to bring cheat sheets into exams more so than does the possibility of getting an "A." ② Pressure to avoid losing market share tempts those in business to break laws more often than does setting new sales records. ③ The media do a great job of stoking parental fears with round-the-clock coverage of accidents, disease, and crime as well. ④ Not owing the government additional money is a bigger motivator for cheating on taxes than is getting a bigger refund. Sure, in all these cases gains like the bigger sales figure or the bigger refund may motivate people to cheat, but the point is that they'll never be as motivating as avoiding a loss of equal amount.

DAY 06 문단의 일관성

01 다음 글의 흐름상 가장 어색한 문장은?

A currently popular attitude is to blame technology or technologists for having brought on the environmental problems we face today, and thus to try to slow technological advance by blocking economic growth. We believe this view to be thoroughly misguided. ① If technology produced automobiles that pollute the air, it is because pollution was not recognized as a problem which engineers had to consider in their designs. ② Solar energy can be a practical alternative energy source for us in the foreseeable future. ③ Obviously, technology that produces pollution is generally cheaper, but now that it has been decided that cleaner cars are wanted, less polluting cars will be produced; cars which scarcely pollute at all could even be made. ④ This last option, however, would require several years and much investment. Although technology is responsive to the will of the people, it can seldom respond instantaneously and is never free.

02 다음 글의 흐름상 가장 어색한 문장은?

There are a lot of resources to use to figure out what industry you want to work in, but they would be rather useless unless you look into them yourself. Nobody will know what you want to do as well as you do. This means you should explore as many fields as possible. ① Dig deep into the six-year-old in you and remember what it is that you love. ② Even though college should be about figuring out what you want, a lot of students are just doing what they think they're supposed to do or what their parents told them to do. ③ Interning in different companies should be a way to channel the real you. ④ Generally, serving an internship in conglomerates is much better than in small businesses. No matter how you decide on a field for your internship, don't worry.

DAY 06 문단의 일관성

03 다음 글의 흐름상 가장 어색한 문장은?

With the advent of computers and keyboarding over the past two to three decades, many have said that the need for handwriting is not so important anymore as computer keyboarding replaces the need for using pen and paper. ① However, there is a problem with legibility in handwriting that the computer has not been able to remedy. ② Illegible or poorly formed handwriting is seen not only in the infamous "doctor" handwriting but also in educated children and adults. ③ Quite famously, Einstein once claimed that his thinking process took place through visualization and that he very rarely thought in words at all. ④ Additionally, there may be reasons besides legibility for children to continue to receive proper training in handwriting. The motor skills needed for handwriting contribute to learning in other areas as well, and multisensory handwriting instruction may provide a tool for helping children with learning disabilities.

04 다음 글의 흐름상 가장 어색한 문장은?

As a leader, you should develop an eye for the big picture, which is like knowing whether the team is still operating in the right forest, but at the same time you should keep an eye on the details, which is like knowing which trees to cut in order to get the best results. Remember, you should also nurture the good trees and plant new ones in order to keep the forest in existence. ① This quality of seeing the whole as well as the individual parts isn't just limited to processes and strategies. ② You can apply this combined holistic-individual awareness toward all the people involved in an organization, particularly those you work with. ③ Rather than simply directing and controlling people to achieve specific results, you should encourage them to expand their minds and abilities and to assume responsibility for their own actions. ④ It should be possible for you to see the value of the entire organization including its diversity of characters, skills, ages, ethnicities, and perceptions, while you also appreciate every single worker.

DAY 06 문단의 일관성

05 다음 글의 흐름상 가장 어색한 문장은?

Making movies is an inherently risky business because film is neither a commodity like potato chips nor a stable enterprise. Research and development rarely pay off, and the success of one film does not ensure the success of the next one. ① Much of the design of Hollywood's studio system can be explained as strategies for managing the risks entailed in creating expensive, collaborative, and unique products. ② Hollywood's reliance on movie stars and genre films is only the most obvious attempt to build some predictability into moviemaking and the moviegoing experience. ③ Also, Hollywood routinely twists and shapes reality to maximize dramatic or comic effects. ④ Most elements of the studio system have been developed to minimize risk and ensure predictability, including the creation of an organization to police the morality of films, the concentration of ownership through mergers and acquisitions, and the cultivation of media franchises.

06 다음 글의 흐름상 가장 어색한 문장은?

If we attempt to specify the ways in which human beings are unique and different from other animal species, we can conclude that most differences are in degree, not in kind. That is, other animals may possess a particular trait similar to humans, but not to the same extent. ① If a distinctive characteristic of humankind is language, it is possible to point to communication among dolphins or the sign language learned by apes in certain experiments as simple and basic forms of the same behavior. ② If social organizations are a human trait, a parallel might be found in the behaviors of bees or ants. ③ We have elaborate rituals connected with death, but elephants have been observed engaging in what might be called a burial ceremony. ④ Female elephants are also known to remain reproductive throughout most of their lives. Music may even have its animal counterpart in the songs of whales and birds — to a degree.

DAY 06 문단의 일관성

07 다음 글의 흐름상 가장 어색한 문장은?

A new, bold experiment called Start-Up Chile is designed in Chile. ① Start-Up Chile offers start-up companies the chance to come to Chile for six months to start their company. ② Each venture that is selected to participate is given $40,000 to pay for their local expenses as well as space in the Start-Up Chile collaborative workspace. ③ Even a single risky business venture can lose you thousands of dollars. The participants share what they are doing and are encouraged to hire local talent to help with their venture. ④ The goal is to inspire people in Chile to consider starting their own companies by exposing them to role models from around the world.

08 다음 글의 흐름상 가장 어색한 문장은?

To the extent that maternal singing optimizes infant mood, it could contribute to infant growth and development by facilitating feeding, sleeping, and even learning. ① Children's extended period of helplessness creates intense selection pressures for parental commitment and for infant behaviors to reward the commitment. By falling asleep to lullabies or entering trance-like states to performance of other songs, an infant might give suitable reward for maternal effort. ② In general, favorable consequences of maternal singing on an infant, whether through cry reduction, sleep induction, or positive effect, would contribute to infant well-being while sustaining maternal behavior. ③ Learning to sing can help children get along well with others and enhance their capability to express their emotion in proper ways. ④ Presumably, the healthy and contented offspring of singing mothers would be more likely to pass on their genes than would the offspring of non-singing mothers.

DAY 06 문단의 일관성

09 다음 글의 흐름상 가장 어색한 문장은?

On the face of it, industrialized agriculture promised to be a most welcome solution to the timeless problem of world hunger. But some so-called solutions, as writer and farmer Wendell Berry observed, led to ramifying sets of new problems. ① And during the past several decades, it has become increasingly clear that industrial agriculture has indeed created a host of new problems impacting the health of people and the planet. ② So corporations and governments, recognizing the opportunity presented by the new technologies, fostered the rapid spread of industrialized agriculture. ③ The use of fertilizers and pesticides, for example, has led to higher rates of cancer and the contamination of soil, streams, and groundwater. ④ Monoculture farming has led to the loss of biodiversity, undermining the productivity and stability of ecosystems.

10 다음 글의 흐름상 가장 어색한 문장은?

The universal appeal of sports, together with its inherent link to health and well-being, makes it the ideal transmitter of messages about the environment. ① We are already accustomed to 'hearing' messages about national pride and fair play through sport. ② Sport, and in particular the sporting event industry, now represents the front line for sustainable development campaigns. ③ In addition, televising sporting events has influenced how each sport is played: Television time-outs (when advertising can be aired) have been added, changing the pace of the game. ④ Environmental sustainability is not only making sporting events more marketable, but it is attracting the kind of corporate sponsors who are keen to use public approval to enhance corporate reputation. The environmental 'virus' is made more infectious when sporting heroes are used to transmit the 'disease' — a notable example being Planet Ark, an Australian not-for-profit environmental group, set up by retired Wimbledon tennis champion Pat Cash.

DAY 07 문장 삽입

정답/해설 p. 19

01 주어진 문장이 들어갈 위치로 가장 적절한 것은?

> However, there are children who have experienced adversity in their childhood but who still attain well by the end of their schooling, who are emotionally secure or socially competent and who have reached their 'individual potential.'

Some children are faced with challenging events in their lives, but other children have a relatively more straightforward early life. (①) For example, children who have grown up in situations where there is absolute poverty, social problems, or abusive relationships, have been found to have significantly decreased life chances. (②) They may go on to have social or emotional maladjustment in their adult life. (③) It has been proposed that the source of this success relates to intrinsic motivation. (④) This is an innate and protective factor that enables an individual to deal with change, which psychologists call resilience. Resilience has been found to allow children to reach the goals that teachers set, but, perhaps even more importantly, the goals they set for themselves.

02 주어진 문장이 들어갈 위치로 가장 적절한 것은?

> This individualistic philosophy, which has come to dominate Western culture, has failed to deliver the good life to most people.

I think of the twentieth century as the Age of Introspection, when you looked inside and thought about your own actions or inner thoughts. (①) It was the era in which the self-help industry and therapy culture promoted the idea that the best way to understand who you are, and how to live, was to look inside yourself and focus on your own feelings, experiences and desires. (②) So the twenty-first century needs to be different. (③) Instead of introspection, we should create a new Age of Outrospection, where we find a better balance between looking inwards and looking outwards. (④) By 'outrospection' I mean the idea of discovering who you are and how to live by stepping outside yourself and exploring the lives and perspectives of other people. And the essential art form for the Age of Outrospection is empathy.

03 주어진 문장이 들어갈 위치로 가장 적절한 것은?

> At the end of the War, however, a transition began that replaced oldstyle farming with production systems that were much more intensive.

What was it that prompted scientists to become interested in the way we treat animals? Before the Second World War, agricultural operations in the Western world consisted of traditional family-run farms. These were small scale and were typically dependent on manual labour to work the land and tend the animals. (①) There was a general view within society that the farmers cared for their livestock because they were closely tied to the farmers' livelihood. (②) Animals that had previously spent large parts of the year outdoors were now confined to indoor facilities. (③) By keeping livestock in windowless sheds and using artificial lighting and temperature control, growing seasons could be prolonged and it became possible to produce greater quantities of meat, milk, and eggs. (④) The human contact with individual animals, however, was lost.

04 주어진 문장이 들어갈 위치로 가장 적절한 것은?

> This caused the craft's thrusters to plunge the Orbiter to its doom.

The Mars Climate Orbiter was one of a series of missions in a long-term program of Mars exploration, known as the Mars Surveyor Program. In September 1999, the craft approached Mars and then disappeared. (①) At first, politicians and some scientists blamed NASA's new slogan, "better, faster, cheaper," for the $125 million failure. (②) But a week later, NASA's scientists figured out what happened, and they weren't exactly shouting it from the rooftops. (③) It seems that even though NASA has used metric units to guide its spacecraft for years, Lockheed Martin, the company they hired to engineer the craft, used non-metric English units for its thrust data. (④) Soon after the incident, Noel W. Hinners, vice president for flight systems at Lockheed Martin Aeronautics and master of the obvious, said, "We should have converted."

05 주어진 문장이 들어갈 위치로 가장 적절한 것은?

> Today's waste management struggles with almost the same set of problems, that is, waste streams are still threatened by accidents and leaks.

During the Middle Ages in Europe, waste streams happened wherever a person opened a door and threw out their garbage. In 11th-century London, the stench of waste forced the development of a new technology in waste treatment, the cesspit. (①) These receptacles were built into the ground near houses and received a daily deposit of household garbage and human waste. (②) Builders intended to make the cesspits leakproof, but sadly they did leak, leading to contaminated waters, orchards, and vegetable and herb gardens. (③) Burying helped dispose of wastes a bit, but buried wastes leaked into underground water that supplied wells. (④) Waste managers work to prevent the unintended pollution of clean water and soil with waste, and they also continue to find better ways for removing waste from people's lives.

*waste stream: 폐기물 스트림(폐기물 처리 전 과정) **cesspit: 정화조

06 주어진 문장이 들어갈 위치로 가장 적절한 것은?

> At the opposite end of the spectrum are those who want to assign an exact figure to everything.

Attitudes to measuring in the kitchen tend to be polarized. On the one hand, there are creative spirits who claim that they never weigh or measure anything. If you ask for a recipe from such a person, you will be told airily, "Oh, I never look at a cookbook"; if they do consult recipes, they happily play fast and loose with quantities. (①) Every meal they cook is pure invention, pure instinct: cooking is an art and cannot be reduced to numbers. (②) They view recipes as strict formulas, not to be changed. (③) If a recipe calls for 325ml double cream and a carton contains only 300ml, then such people will anxiously buy a second carton to make up the shortfall. (④) People in this group are more likely to think that what they are doing is scientific, the idea being that the more we can measure and pin cooking down, the more like science it will be.

DAY 07 문장 삽입

07 주어진 문장이 들어갈 위치로 가장 적절한 것은?

> Individuals who produce a lot of the hormone that this gene codes for feel good toward others, even when they are not treated well, and act in more trusting ways than people who produce less of it.

Scientists have found some people tend to act selfishly when making decisions, while others tend to act selflessly. (①) While there are a number of reasons why these differences exist, researchers have recently discovered a genetic explanation. (②) Approximately 20 percent of the difference between people in selfless behavior is innate. (③) And 42 percent of the variance in the willingness to give up financial gains to punish unfair behavior is genetic. Moreover, the tendency to make benevolent decisions depends, in part, on which version of the "altruism" gene you have. (④) Thus, some people may be born predisposed to make decisions more selflessly than others, at least in part because they have a version of a gene that stimulates greater production of a hormone that generates feelings of emotional attachment.

08 주어진 문장이 들어갈 위치로 가장 적절한 것은?

> But in fact, nothing could be further from the truth.

Most Americans are accustomed to thinking of lie detectors as fool-proof — as machines that can, without error, separate the guilty from the innocent. (①) Lie detectors can and do make mistakes. (②) For one thing, the people who administer the tests are not necessarily experts. Many states do not employ licensed examiners who have been trained to read and interpret the lie detector's printout. (③) In addition, many subjects react to a lie detector test by becoming anxious, so their bodies behave as if they were lying even when they are telling the truth. (④) Unfortunately, some subjects are smart enough to use relaxation techniques or tranquilizers to maintain the appropriate calm, even when they are telling a string of lies.

09 주어진 문장이 들어갈 위치로 가장 적절한 것은?

> If you say the Earth is round, nobody will accuse you of plagiarism.

Whenever you use another writer's words or even a close paraphrase of his or her words, you must give that writer credit. If you don't, you've committed the crime of plagiarism, which use somebody else's words and claim or pretend that the words are your own. (①) A simple rule of thumb for avoiding plagiarism is: When in doubt, give the original writer credit. (②) If you're applying common information, you do not have to worry about plagiarism. (③) On the other hand, if you write a research paper stating that 16.5 percent of all merchant marines get seasick, the chances are that some poor researcher spent months of his or her life to determine that fact. (④) In this case, the researcher deserves the credit.

10 주어진 문장이 들어갈 위치로 가장 적절한 것은?

> Surprisingly, the half of the group that scored higher with cheat sheets predicted higher results for the next test.

Wishful thinking is stronger than dollars. Recent research has proven that people have an enormous ability to lie to themselves and avoid seeing the truth. Duke University professor Dan Ariely describes a clever experiment. (①) A group of people are given an intelligence test, but half of them are "accidentally" shown a response sheet, allowing them to look up correct answers before recording their own. (②) Needless to say, they score above the rest. (③) Next, everybody is asked to predict their grades on the next IQ test, in which there will be absolutely no cheat sheets — and those who predict correctly will get paid. (④) The cheaters wanted to believe they were very smart, even though their incorrect predictions of success would cost them money.

DAY 08 문장 삽입

01 주어진 문장이 들어갈 위치로 가장 적절한 것은?

> The sizes and shapes of coins are different in various countries, and the size and color of paper money also vary.

When we think of money, we usually think of currency, or coins and bills. (①) In the modern world, almost every country uses coins and paper money to exchange for other objects of value. (②) In India, for example, some coins have square sides. (③) In Japan, coins have holes in the center. (④) In the United States, all paper money is the same size and the same color; only the printing on the bills is different.

02 주어진 문장이 들어갈 위치로 가장 적절한 것은?

> In one troop, a taste for caramels was developed by introducing this new food into the diet of young minors, low on the status ladder.

We are not the only species to give sometimes wrongheaded deference to those in authority positions. (①) In monkey colonies, where rigid dominance hierarchies exist, beneficial innovations do not spread quickly through the group unless they are taught first to a dominant animal. (②) When a lower animal is taught the new concept first, the rest of the colony remains mostly oblivious to its value. One study on the introduction of new food tastes to Japanese monkeys provides a nice illustration. (③) The taste for caramels inched slowly up the ranks: A year and a half later, only 51 percent of the colony had acquired it, and still none of the leaders. (④) Contrast this with what happened in a second troop where wheat was introduced first to the leader: Wheat eating — to this point unknown to these monkeys — spread through the whole colony within four hours.

03 주어진 문장이 들어갈 위치로 가장 적절한 것은?

> Thus, in sport and exercise psychology, then, it is reasonable that we focus primary attention on learning and environmental influences.

Given recent advances in genetic research and testing, the question of whether personality is determined genetically (by nature) or through the environment (by nurture) is highly relevant to sport and physical activity professionals. Although this issue has not been studied in sport and exercise psychology per se, general psychological research shows both that personality has a genetic base (up to 60%) and that it is influenced by learning. (①) Both extreme positions regarding nature versus nurture, then, are false. (②) In other words, genetics and the environment determine one's personality. (③) Moreover, some research suggests that although we may be genetically predisposed to have certain characteristics, our environment influences whether and how much we manifest these characteristics. (④) That's because sport and exercise science professionals can influence personality development regardless of the role of genetics in personality.

04 주어진 문장이 들어갈 위치로 가장 적절한 것은?

> This "outsider" observation can help you gain perspective on what's really going on.

Even with a well-thought-out approach, workplace disagreements turn ugly. Most often these conversations turn into battles when it gets personal. If your exchange becomes heated, bring the conversation back to your shared interests or goals. Refocus the dialogue on the future. (①) If your coworker is antagonistic or aggressive, it may be best to take a break from the conversation. (②) You can either literally step out of the room or pause mentally to observe the course of the conversation, making you get a more objective view of the situation. (③) You may also try changing the process, for example, by offering to continue the discussion over drinks or dinner, which can help to alter the uncomfortable situation that's developed between you. (④) If all else fails, withdraw and find a third person to mediate.

05 주어진 문장이 들어갈 위치로 가장 적절한 것은?

> Descartes disputed this notion and proposed a dualistic model of human nature.

René Descartes is the French philosopher who wrote the famous line "I think, therefore I am." (①) Fortunately for psychology, this was not his only contribution. (②) In Descartes' time, many people assumed that human behavior was governed entirely by free will or "reason." (③) On the one hand, he claimed, we have a body that functions like a machine and produces automatic, involuntary behaviors in response to external stimulation (such as coughing in response to dust). (④) On the other hand, we have a mind that has free will and produces behaviors that we regard as voluntary (such as choosing what to eat for dinner). Thus, Descartes' notion of mind-body dualism proposes that some human behaviors are automatic reactions that are driven by external stimulation, while other behaviors are freely chosen and controlled by the mind.

06 주어진 문장이 들어갈 위치로 가장 적절한 것은?

> However, now that the economy is characterized more by the exchange of information than by hard goods, geographical centrality has been replaced by attempts to create a sense of cultural centrality.

Now, as always, cities are desperate to create the impression that they lie at the center of something or other. (①) This idea of centrality may be locational, namely that a city lies at the geographical center of England, Europe, and so on. (②) This draws on a well-established notion that geographical centrality makes a place more accessible, easing communication and communication costs. (③) Cultural centrality usually demonstrates itself as a cry that a city is at the center of the action. (④) This means that the city has an abundance of cultural activities, such as restaurants, theater, ballet, music, sport, and scenery. The suggestion is that people will want for nothing in this city.

DAY 08 문장 삽입

07 주어진 문장이 들어갈 위치로 가장 적절한 것은?

> But now rock radio is in seemingly terminal decline and MTV doesn't show many music videos anymore.

Once upon a time, there was only one way to launch a hit album: radio. Nothing else reached as many people, as often. Getting on a radio playlist was difficult, but once a song was in heavy rotation on the radio, it had a high probability of selling. Then, in the 1980s, came MTV, which became the second way to create a hit. (①) It had even more limited capacity for new music, but its influence over a generation was unparalleled. (②) For the music labels, those were good times; it was a brutally competitive business, but it was a business they knew. (③) They understood the rules, and they could earn their keep by working them. (④) So how to market music? Labels know the answer lies online, tapping the word-of-mouth forces that are replacing traditional marketing in creating demand, but they're still trying to figure out exactly how best to do it.

08 주어진 문장이 들어갈 위치로 가장 적절한 것은?

> In fact, a huge number of students from the region have gone abroad to study at the best universities scattered all over the world.

As Central Asia opened itself to foreign lands between 1991 and 2001, the region is going through intellectual transformation. (①) In an act of enlightenment worthy of their predecessors a millennium ago, the governments of Kazakhstan and Uzbekistan have paid for these young people to acquire the most modern knowledge and bring it back home. (②) They return with a passion for reconnecting their region with the global world of ideas. (③) These young intellectuals will take the leading position in their societies and the region within the next decade. (④) It is hard to imagine that they will consider the prevailing corruption to be normal, or accept Soviet-style controls over their ideas. Even in Afghanistan the National University, the recently established American University, and thousands of lower schools are opening new prospects to the rising generation.

09 주어진 문장이 들어갈 위치로 가장 적절한 것은?

> But when ice forms, they can walk out to a hole near where the seals are swimming, then sit and wait for a seal to pop its head up to breathe.

Across the Arctic, polar bear numbers are in decline. If the climate continues to warm at the current rate, the bears could disappear completely in the next hundred years. But for now, if you visit Churchill, Canada in October or November, it's almost a sure thing you'll see a polar bear in the wild. (①) Churchill, population 914, sits on the edge of Hudson Bay at the point where the ice first forms every winter. And these bears love ice. (②) Their fondness for frozen seas is simple: Ice means they can eat their favorite meal — seals. (③) Although polar bears are powerful marine mammals, able to swim a hundred miles or more nonstop, they're too slow to catch a seal in open water. (④) Or as a bear might put it, "Dinner is served."

10 주어진 문장이 들어갈 위치로 가장 적절한 것은?

> Instead, it indicates that a very specific question served as a negative stimulus and really bothered the person.

I look for lip compression or disappearing lips during interviews or when someone is making a declarative statement. (①) This is such a reliable cue that it will show up precisely at the moment a difficult question is asked. (②) If you see it, that doesn't necessarily mean the person is lying. (③) For example, if I ask someone, "Are you hiding something from me?" and he compresses his lips as I ask the question, he is hiding something. (④) This is especially accurate if it is the only time he has concealed or compressed his lips during our discussion. It is a signal that I need to push further in questioning this person.

DAY 09 문장 삽입/순서 배열

01 주어진 문장이 들어갈 위치로 가장 적절한 것은?

> But there can exist a danger against this trend.

The desire for bright smiles contributes to the fact that cosmetic dentistry is a profitable business. A recent study shows that consumer demand for tooth whitening at a dental clinic has grown by 300 percent in the past five years. (①) Besides that, new over-the-counter products, such as whitening strips, paint-on gels, and toothpastes, seem to hit the market every week, boosting annual sales of the tooth-whitening industry into the billions of dollars. (②) Experts give a word of caution to those who want to brighten their smile by whitening their teeth by choice. (③) Many people feel an uncomfortable sensitivity after using at-home whitening products. (④) Inappropriate use of over-the-counter bleaching products even can cause significant damage to teeth and teethridge.

02 주어진 문장이 들어갈 위치로 가장 적절한 것은?

> For years, I tried to unravel the mystery of how such well-meaning people could be such an obstacle when it came to important life decisions.

My parents are adoring, supportive people. Yet confusion began to be formed during a crucial period, from college until my early thirties, as they disagreed with nearly every important decision I made. (①) They did not think I should travel around the world. They did not think I should try to write for a living. And they discouraged me from pursuing a Ph.D. (②) Then, when I became a parent, I figured it out. No parent wants to watch a child flounder or fail. (③) There is a natural instinct to protect children from risk and discomfort and therefore to urge safe choices. (④) If I revisit the important life decisions that my parents objected to — traveling, writing, and getting a Ph.D. — each decision presented a nontrivial risk of failure.

03 주어진 문장이 들어갈 위치로 가장 적절한 것은?

> Similarly, mature age customers may try alternative modes of travel such as cruises, trains, etc., as time is not a factor that prevents them from selecting these options.

Destination choice is an important attribute that differentiates between inbound and outbound tourism. Typically mature age customers have more time at hand with greater disposable incomes. (①) Therefore, mature age customers would prefer to go on a real holiday and tend to be more inclined towards selecting an international destination. (②) However, younger customers have many limitations in comparison to mature age customers in terms of time, money, and career. (③) Therefore, outbound tourism is a preferred destination choice for younger customers only when it is linked to business or personal purposes. (④) Also in comparison to mature age customers, younger customers would spend less time in a single destination and may tend to travel to a greater number of destinations in a year.

04 주어진 문장이 들어갈 위치로 가장 적절한 것은?

> He wanted to spit it out in disgust, but Attean was plainly enjoying the stuff, so he stubbornly forced his jaws to keep moving.

To teach something about the forest, Attean forced Matt to follow him to the forest. As though Attean sensed that Matt was disgruntled, he stopped in the middle of the forest, whipped out his knife, and sliced off two shining gobs of dried sap from a nearby spruce. He grinned and held out one of them like a peace offering. (①) "Chew," he said and then he popped the other piece into his mouth and began to chew with evident pleasure. (②) When Matt copied him, the gob fell to pieces between his teeth, filling his mouth with a bitter juice. (③) In a moment the bits came together in a rubbery gum, and the first bitterness gave way to a fresh piney taste. (④) To his surprise, it was very good and Matt acknowledged to himself that, Attean had taught him another secret of the forest.

*spruce: 가문비나무

05 주어진 문장이 들어갈 위치로 가장 적절한 것은?

> The actual resistance of any given material when it is placed in an electrical circuit depends upon its physical properties, e.g. diameter and length in the case of wire.

Electrical resistance (measured in ohms) refers to how easily an electrical current passes through some material. (①) Some substances, such as many metals, are low in resistance, so electrical currents pass easily through them. (②) In contrast, materials such as glass and rubber are high in resistance and thus are poor electrical conductors. (③) The resistance of an electric wire decreases as the diameter of the wire increases. (④) That is, all other things equal, a wire of small diameter is more resistant than one of larger diameter. In addition, the resistance of any material increases as its length increases: a 2-foot length of wire is twice as resistant as a 1-foot length of the same wire.

06 주어진 글 다음에 이어질 글의 순서로 가장 적절한 것은?

> The underlying idea of world history is that the interaction among human societies resembles not the relationships among billiard balls, but rather among bacteria.

(A) Similarly, human societies in contact affect each other's development. World historians, recognizing this, seek to understand human history through studying both developments within societies and the way in which societies relate to each other.

(B) Bacteria, however, fundamentally shape each other as they interact. Because the membranes covering bacteria are full of pores, bacteria can exchange genetic information and can even fundamentally alter each other's basic make-up when they touch.

(C) Billiard balls rolling around the table may collide and affect each other's trajectories, but they do not actually change each other: The eight ball is an eight ball even after it is struck by the cue ball.

*membrane: 얇은 막

① (B) - (A) - (C) ② (B) - (C) - (A)
③ (C) - (A) - (B) ④ (C) - (B) - (A)

07 주어진 글 다음에 이어질 글의 순서로 가장 적절한 것은?

In one species of plover, a common shore bird, a nesting female will sometimes engage in what is called a "broken-wing display"!

(A) The function is to attract the coyote's attention and then also to lure it away from the nest. Once the plover has lured the coyote a safe distance from the nest, she stops her hobbling and wing dragging and bursts into full flight.

(B) Why is the coyote fooled? Well, because normally such signs of injury or distress really signal an easy meal, thus making the coyote responsive to them. This responsivity, however, also makes the coyote susceptible to being fooled by the plover faking these signs.

(C) She performs the display only when she spots a predator, such as a coyote, approaching her nest containing vulnerable eggs or chicks. In this situation, the female pretends to be injured, limping along the ground fluttering and dragging one wing as though it were broken.

① (A) - (C) - (B)　　② (B) - (A) - (C)
③ (B) - (C) - (A)　　④ (C) - (A) - (B)

08 주어진 글 다음에 이어질 글의 순서로 가장 적절한 것은?

> Over the past three decades, women have established several thousand thriving small and medium-size businesses — proof of their strong entrepreneurial skills and tendencies.

(A) Deloitte Consulting, for example, discovered the significant bottom-line benefit when it saved $250 million in turnover costs — in large part as a result of implementing a comprehensive professional development system to retain and advance women.

(B) Every day, an average of 1,400 to 1,600 women leaders leave Fortune 500 companies to start their own businesses or work for competitors — twice the rate of their male counterparts.

(C) They do so usually after exhausting efforts to make a difference within their companies. Thus organizational commitment to developing and retaining women leaders as part of an inclusive leadership model delivers dual benefits: it increases innovative output, and it drives down attrition costs.

*attrition cost: 소모비용

① (A) - (C) - (B) ② (B) - (A) - (C)
③ (B) - (C) - (A) ④ (C) - (A) - (B)

09 주어진 글 다음에 이어질 글의 순서로 가장 적절한 것은?

> Peter Gollwitzer and colleague Veronika Brandstatter found that action triggers are quite effective in motivating action.

(A) Most of the students had good intentions of writing the paper, but only 33 percent of them got around to writing and submitting it. Other students in the study were required to set action triggers.

(B) That is, they were asked to note, in advance, exactly when and where they intended to write the report. A whopping 75 percent of those students wrote the report. That's a pretty astonishing result for such a small mental investment.

(C) In one study, they tracked college students who had the option to earn extra credit in a class by writing a paper about how they spent Christmas Eve. But there was a catch: To earn the credit, they had to submit the paper by December 26.

① (A) - (C) - (B) ② (B) - (C) - (A)
③ (C) - (A) - (B) ④ (C) - (B) - (A)

10 주어진 글 다음에 이어질 글의 순서로 가장 적절한 것은?

> Wise leaders don't just encourage followers to reveal bad news. They dig for evidence that clashes with their presumptions.

(A) They also believed he was strongly pro-union and resisted providing information that could help supervisors run the plant during a strike. These assumptions were dashed when a foreman asked the mechanic why he wasn't writing things down.

(B) His answer was simple: He felt he had lousy penmanship and was ashamed to have his writing on display. Snare concludes, "Walk around, look, ask questions. Asking questions is the best source of information, yet it is the least used."

(C) Veteran project manager Paul Snare tells how, in a big diaper plant in Michigan, supervisors believed their best mechanic wasn't documenting his work because he wanted to maintain an information edge over coworkers.

① (A) - (C) - (B) ② (B) - (C) - (A)
③ (C) - (A) - (B) ④ (C) - (B) - (A)

DAY 10 순서 배열

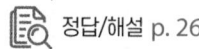 정답/해설 p. 26

01 주어진 글 다음에 이어질 글의 순서로 가장 적절한 것은?

> The hunters, armed only with primitive weapons, were no real match for an angry mammoth. Many were probably killed or severely injured in the close encounters that were necessary to slay one of these gigantic animals.

(A) Some of them may have traveled by small boat along the coast, but many walked. Twenty thousand years ago, at the height of the last glacial period, sea level was so low that dry land joined what are now separate continents.

(B) But the rewards were great when one was brought down. A single mammoth could feed, clothe, and supply a band for a long time. The hunters had followed the mammoths and other large animals eastward from Asia across what is now the Bering Sea.

(C) Slowly, imperceptibly, and probably unconsciously, hunters had moved across the land bridge and become the first immigrants to the new land. Without the ice age, North America might have remained unpopulated for thousands of years more.

① (A) - (C) - (B)　　② (B) - (A) - (C)
③ (B) - (C) - (A)　　④ (C) - (A) - (B)

02 주어진 글 다음에 이어질 글의 순서로 가장 적절한 것은?

> An intelligent person in modern society is like a person with twenty-twenty vision in primitive times.

(A) However, this 'education' process only works for the benefit of the myopic person as long as the person with twenty-twenty vision has his best interests at heart. If this is not the case it is quite possible that the view of the landscape that the fully sighted person relays to the myopic person is in fact misleading.

(B) In primitive times the person with perfect vision would have been able to see any dangers that may have been hidden in the distance and could warn the tribe in enough time so that preventative action could be taken.

(C) A person with myopia, commonly known as shortsightedness, would obviously be at a great disadvantage, and one that may at some point cost the person his life. In this analogy, intelligence is the ability to 'see' and education is that transfer of knowledge between the person with good eyesight and the person with myopia.

*twenty-twenty vision: 완벽한 시력

① (A) - (C) - (B)
② (B) - (A) - (C)
③ (B) - (C) - (A)
④ (C) - (A) - (B)

DAY 10 순서 배열

03 다음 글을 문맥에 맞게 순서대로 연결한 것은?

㉠ After raising three children to adulthood, my husband and I were sharing more time together. And we believed that we would have money in the bank someday in the near future.

㉡ Then, an unforgettable year arrived and changed everything. My mom's health was rapidly failing. During the previous year, my husband's mother died a slow, cruel death from Alzheimer's disease.

㉢ "Won't it be great when we retire?" became a frequent sentence in our conversations. Apparently, it was one of those years, the kind when I found my inner voice whispering, "What else can go wrong?"

㉣ And his father had been hospitalized following emergency surgery. My husband's mental and physical health began getting worse with the weight of life's troubles.

① ㉠ - ㉣ - ㉡ - ㉢
② ㉠ - ㉢ - ㉡ - ㉣
③ ㉢ - ㉣ - ㉠ - ㉡
④ ㉣ - ㉠ - ㉡ - ㉢

04 주어진 글 다음에 이어질 글의 순서로 가장 적절한 것은?

> Some anxious teens feel as if they rely too much on friends and family to help them cope with anxiety. But these teens do not rely on friends and family enough!

(A) Parents and friends much prefer helping in this way rather than providing a lot of reassurance to calm the anxious teen or doing all the things he is unable to do because of his anxiety.

(B) However, nothing could be farther from the truth. Most parents and friends often feel honored when asked to help a teen learn and apply tools to manage anxiety.

(C) They are unwilling to ask for help because they worry that they will put others off or upset them if they request their help. Teens who do not want to bother other people may think that asking parents or friends for help will burden them with their problems or that their anxiety is so extreme that it will overwhelm them.

① (A) - (C) - (B)　　② (B) - (A) - (C)
③ (C) - (A) - (B)　　④ (C) - (B) - (A)

DAY 10 순서 배열

05 주어진 글 다음에 이어질 글의 순서로 가장 적절한 것은?

> If music is vital to young children's brain growth and development, is the force so powerful as to increase intelligence?

(A) Although lacking in supporting research, claims suggest that listening to Mozart for even a few minutes on a regular basis can increase intelligence and subsequent performance on tests of intelligence.

(B) This is the question surrounding the so-called "Mozart effect." The media have given much attention to the notion of increasing intelligence by playing classical music such as the works of Mozart.

(C) The claim appears simplistic and too good to be true. In reality, music may simply serve as a tool for warming up or getting the brain ready to engage with and process information.

① (B) - (A) - (C) ② (B) - (C) - (A)
③ (C) - (A) - (B) ④ (C) - (B) - (A)

06 주어진 글 다음에 이어질 글의 순서로 가장 적절한 것은?

> Many people who have a big success early in their careers worry that this was just a lucky break, and they fear that they will not be able to do as well again.

(A) That way, if the second album is not as good, fans and critics say "They are really talented, and it's too bad that the drug problem is keeping them from producing more great music." Their reputation as geniuses remains intact.

(B) For example, a rock band might have a big hit with their first recording, which launches them into fame and stardom, but they are afraid that their second recording will not be as good.

(C) Fans and critics may describe them as geniuses after the first success, but the band worries that the second album may make everyone reconsider and decide that the band is a second-rate talent after all. Instead of letting that happen, some band members may develop a drug or alcohol problem.

① (A) - (B) - (C) ② (B) - (A) - (C)
③ (B) - (C) - (A) ④ (C) - (A) - (B)

07 주어진 글 다음에 이어질 글의 순서로 가장 적절한 것은?

> Apart from the moral reason, there is also a simple societal reason why it is wrong to download music without permission. The reason is that musicians have to eat, too. Suppose you are an up-and-coming young musician thinking about what to do with your future.

(A) So, downloading music without permission will lead to fewer good musicians. That's not only bad for the musicians, but also for us: we'll have less good music to listen to.

(B) You can either become a full-time musician or take up a job. If you become a full-time musician, you'll be doing what you love. But at the same time, everyone will be downloading all your music for free, simply because they can.

(C) This means that music won't be a good, stable source of income for you, and this means you'd rather take up a job. Since you're not working on your music every day, your talent will be underdeveloped, and the little pieces of music you do write, for example on the weekend, are not as good as they could have been.

① (B) - (A) - (C) ② (B) - (C) - (A)
③ (C) - (A) - (B) ④ (C) - (B) - (A)

08 주어진 글 다음에 이어질 글의 순서로 가장 적절한 것은?

> A female lawyer working for a prestigious New York law firm once accompanied the male CEO of a major client to Latin America to negotiate a complex deal.

(A) It was the local practice, the colleague suggested, for lawyers to negotiate only with other lawyers, not with the businesspeople. Had the woman lawyer insisted on participating, she would have spoiled the deal and destroyed her credibility.

(B) Before voicing her objections, however, she called a colleague back in New York, who told her that he, too, had been excluded from preliminary talks during his last negotiation in that country. The Latin American executive was just looking for a diplomatic way to get her out of the picture as a lawyer, not as a woman.

(C) Soon after they arrived, the head of the prospective Latin American partner suggested that he and the CEO go off together to discuss business — while his wife and the lawyer go shopping. The lawyer was outraged, assuming this to be an example of Latin American gender bias.

① (B) - (A) - (C)
② (B) - (C) - (A)
③ (C) - (A) - (B)
④ (C) - (B) - (A)

09 주어진 글 다음에 이어질 글의 순서로 가장 적절한 것은?

> Anthropologist Brain Hare has done experiments with dogs, where he puts a piece of food under one of two cups, placed several feet apart. The dog knows that there is food to be had, but has no idea which of the cups holds the prize.

(A) This difference is in their cooperations with humans. Hare explains that primates are very good at using the cues of the same species. But they are not good at using human cues when you are trying to cooperate with them.

(B) In contrast, dogs pay attention to humans, when humans are doing something very human. Dogs aren't smarter than chimps, but they just have a different attitude toward people, and they are really interested in humans.

(C) Then, Hare points at the right cup, taps on it, and looks directly at it. What happens? The dog goes to the right cup virtually every time. Yet when Hare did the same experiment with chimpanzees, the chimps couldn't get it right. A dog will look at you for help, and a chimp won't.

① (B) - (A) - (C) ② (B) - (C) - (A)
③ (C) - (A) - (B) ④ (C) - (B) - (A)

10 주어진 글 다음에 이어질 글의 순서로 가장 적절한 것은?

> Many people don't want to be travelers. They would rather be tourists, flitting over the surface of other people's lives while never really leaving their own.

(A) To be a real traveler, however, you must be willing to give yourself over to the moment and take yourself out of the center of your universe. You must believe totally in the lives of the people and the places where you find yourself.

(B) Become part of the fabric of their everyday lives. You will realize that the possibilities of life in this world are endless, and that beneath our differences of language and culture we all share the same dream of loving and being loved, of having a life with more joy than sorrow.

(C) They try to bring their world with them wherever they go, or try to recreate the world they left. They do not want to risk the security of their own understanding and see how small and limited their experiences really are.

① (A) - (C) - (B)　　② (B) - (A) - (C)
③ (B) - (C) - (A)　　④ (C) - (A) - (B)

DAY 11 순서 배열

01 다음 글을 문맥에 맞게 순서대로 연결한 것은?

> ㉠ Some people claim that the whaling industry constitutes an important part of the economy.
> ㉡ Before everything else, whales are not a lower form of animal.
> ㉢ The killing of whales, however, must be stopped both for humanitarian and economic reasons.
> ㉣ Moreover, technology has advanced to the point that it is no longer necessary to kill whales for oil.

① ㉠ - ㉡ - ㉣ - ㉢
② ㉠ - ㉢ - ㉡ - ㉣
③ ㉢ - ㉣ - ㉡ - ㉠
④ ㉣ - ㉠ - ㉡ - ㉢

02 주어진 글 다음에 이어질 글의 순서로 가장 적절한 것은?

> A list of the foods available 100 years ago would be relatively short. It would consist of whole foods — foods that have been around for a long time, such as vegetables, fruits, meats, milk, and grains.

(A) On a given day, however, almost three-quarters of our population consumes too few vegetables, and two-thirds of us fail to consume enough fruits.

(B) Also, although people generally consume a few servings of vegetables, the vegetable they most often choose is potatoes, usually prepared as French fries. Such dietary patterns make development of chronic diseases more likely.

(C) These foods have been called basic, unprocessed, natural, or farm foods. By whatever name, choosing a sufficient variety of these foods each day is an easy way to obtain a nutritious diet.

① (B) - (A) - (C) ② (B) - (C) - (A)
③ (C) - (A) - (B) ④ (C) - (B) - (A)

DAY 11 순서 배열

03 다음 글을 문맥에 맞게 순서대로 연결한 것은?

> ㉠ In Hawaiian, aloha means both "hello" and "good-bye." Are you ready to say aloha to an old Hawaiian shirt and aloha to a festive new pillow? Now let's begin making a new pillow out of your old shirt.
>
> ㉡ Now turn the shirt right side out. Begin stuffing it through the neck hole. Making sure you fill the arms, keep going until the entire pillow is full up to the neck opening.
>
> ㉢ Press the neck down flat, so the opening is closed. Flip the collar up and sew straight across so the hole is closed. Flip the collar back down again, and now you've got a cool pillow!
>
> ㉣ Button the shirt and iron it. Turn it wrong side out, and sew the armholes closed and the bottom of the shirt closed.

① ㉠ - ㉢ - ㉡ - ㉣
② ㉠ - ㉣ - ㉡ - ㉢
③ ㉡ - ㉢ - ㉣ - ㉠
④ ㉢ - ㉠ - ㉡ - ㉣

04 주어진 글 다음에 이어질 글의 순서로 가장 적절한 것은?

The leading cause of death in children is trauma from automobile accidents. Remember that children who are not buckled in safely will create a dangerous distraction for the driver. Children who are not buckled up will continue to travel forward if the car stops suddenly.

(A) This trauma can be prevented by making sure children are properly restrained. Never compromise when it comes to rules about buckling up, or you may be compromising your child's life.

(B) They will hit anything in their path — the dashboard, the windshield, or the back of the front seat — with an impact equivalent to a one-story drop for each ten miles per hour.

(C) Even though the dashboard and back of the front seat are padded, the impact of crash at fifty-five miles per hour can do considerable damage to small bodies.

① (B) - (A) - (C) ② (B) - (C) - (A)
③ (C) - (A) - (B) ④ (C) - (B) - (A)

DAY 11 순서 배열

05 주어진 글 다음에 이어질 글의 순서로 가장 적절한 것은?

> Now many kinds of superior coffee beans are being decaffeinated in ways that conserve strong flavor. But the public suffers from a groundless fear of chemical decaffeination and prefers instead to buy water-processed decaf.

(A) The solvent comes into direct contact with them, carrying the caffeine with it. The drained solvent is then mixed with water, and the caffeine is drawn out to be sold.

(B) In the water process, however, no solvent touches the beans. After the beans are steamed, they are soaked in water, which removes the caffeine — along with all the soluble solids in the beans. The solution is drained off to a separate tank, where the caffeine is drawn out from it.

(C) Every process of decaffeination, whether chemical- or water-based, starts with steaming the green beans to loosen the bonds of caffeine. In the chemical process, a solvent circulates through the beans.

① (B) - (A) - (C)　　② (B) - (C) - (A)
③ (C) - (A) - (B)　　④ (C) - (B) - (A)

06 주어진 글 다음에 이어질 글의 순서로 가장 적절한 것은?

> Appearance creates the first impression customers have of food, and first impressions are important. No matter how appealing the taste, an unattractive appearance is hard to overlook. As humans, we do "eat with our eyes" as none of other senses but sight is highly developed.

(A) While as a professional you must train your senses so that they are not tricked by your sense of sight, it is also important to understand how appearance influences your customer's perceptions.

(B) The sense of sight is so highly developed in humans that messages received from other senses are often ignored if they conflict with what is seen.

(C) Yellow candy is expected to be lemon-flavored, and if it is grape-flavored, many people cannot correctly identify the flavor. Strawberry ice cream tinted with red food coloring seems to have a stronger strawberry flavor than one that has no added food coloring, even when there is no real difference.

① (A) - (C) - (B) ② (B) - (A) - (C)
③ (B) - (C) - (A) ④ (C) - (A) - (B)

DAY 11 순서 배열

07 주어진 글 다음에 이어질 글의 순서로 가장 적절한 것은?

> In warmer regions, many of us have learned to rely on energy-hungry air-conditioning to keep the interiors of our buildings cool. However, another approach is simply to let the building itself act as a filter, selectively letting in daylight, warmth, and cool air, depending on the needs of the moment.

(A) Modern buildings can also be designed to do this expertly, but in the meantime there are several things we can do now. When the sun is shining directly on the windows, close the shutters or draw the blinds.

(B) The designers of Moorish palaces in Andalucia, for example, knew all about how to set the slope of a roof so that it blocked the searing overhead summer sun, but let in the gentler, more sloping sunbeams of winter.

(C) If this sounds innovative, it's probably worth mentioning that early architects were doing this before anyone had even heard of oil or electricity.

① (A) - (C) - (B) ② (B) - (A) - (C)
③ (C) - (A) - (B) ④ (C) - (B) - (A)

08 주어진 글 다음에 이어질 글의 순서로 가장 적절한 것은?

> When we look at the world and ourselves, we do it through a set of filters. Think about what a filter is. A filter is a mechanism that lets some things flow in but screens other things out.

(A) Through them, we process and assign a weight and meaning to every event in our lives. Some things flow in, others are screened out, but everything is affected: not just what we 'see,' but what we 'hear' and 'believe.'

(B) Depending on what the filter is made up of, it can also alter whatever is looked at or passes through it. Sunglasses are a good example of a visual filter.

(C) But, obviously, I am not talking here about some physical apparatus that we can put on and take off, like a pair of glasses. In fact, the filters I am mentioning are internal, mental, emotional, verbal, and perceptual in nature.

① (A) - (B) - (C) ② (A) - (C) - (B)
③ (B) - (A) - (C) ④ (B) - (C) - (A)

DAY 11 순서 배열

09 주어진 글 다음에 이어질 글의 순서로 가장 적절한 것은?

> If a carpenter only has a hammer and nails, then he will think about nailing things to whatever he is doing. If all he has is a saw, then he will think about ways of cutting pieces off of what he is doing.

(A) As a result, it can cause us to use the wrong tool. We tend to consider using only the tools we have easily available, the tools we have actually learned how to use, and how we can use them to get our work done.

(B) This was a great strategy back in the Paleolithic days, when we had limited tools. It helped us to figure out how to take a stick or a rock (the only tool we might have) and knock fruit out of a tree so we didn't starve.

(C) Today, however, we have multiple tools at our disposal. Some of them are good and some are not so good. However, this way of thinking is still hard-wired in our brain.

① (A) - (C) - (B) ② (B) - (A) - (C)
③ (B) - (C) - (A) ④ (C) - (A) - (B)

10 주어진 글 다음에 이어질 글의 순서로 가장 적절한 것은?

> Land is always a scarce resource in urban development; high building density, by providing more built-up space on individual sites, can maximize the utilization of the scarce urban land.

(A) However, some people argue that the opposite is also true. In order to achieve high building density, massive high-rise buildings are inevitable, and these massive structures, crammed into small sites, can conversely result in very little open space and a congested cityscape.

(B) High building density, therefore, helps to reduce the pressure to develop open spaces and releases more land for communal facilities and services to improve the quality of urban living.

(C) This may happen when highdensity development is carried out without planning. Therefore, in order to avoid the negative impacts of high density, thorough planning and appropriate density control are essential.

① (A) - (C) - (B) ② (B) - (A) - (C)
③ (B) - (C) - (A) ④ (C) - (A) - (B)

DAY 12 빈칸 추론

01 밑줄 친 부분에 들어갈 말로 가장 적절한 것은?

> When people try to control situations that are essentially uncontrollable, they are inclined to experience high levels of stress. Thus, suggesting that they need to take active control is bad advice in those situations. What they need to do is to accept that some things are beyond their control. Similarly, teaching people to accept a situation that could readily be changed could be bad advice; sometimes the only way to get what you want is to take active control. Research has shown that when people who feel helpless fail to take control, they experience negative emotional states such as anxiety and depression. Like stress, these negative emotions can damage the immune response. We can see from this that health is not linearly related to control. For optimum health, people should be encouraged to take control to a point _____.

① but to yield to the health-care professionals
② but to recognize when further control is impossible
③ and to fight against uncontrollable situations persistently
④ and to try harder to deal with negative emotions and stress

02 밑줄 친 부분에 들어갈 말로 가장 적절한 것은?

No previous human species had managed to penetrate places like northern Siberia. Even the cold-adapted Neanderthals restricted themselves to relatively warmer regions further south. But Homo sapiens, whose body was adapted to living in the African Savannah rather than in the lands of snow and ice, devised ingenious solutions. When roaming bands of Sapiens foragers migrated into colder climates, they learned to make snowshoes and effective clothing composed of layers of furs and skins, sewn together tightly with the help of needles. They developed new weapons and sophisticated hunting techniques that enabled them to track and kill mammoths and the other big game of the far north. As _____, Sapiens dared to venture deeper and deeper into the frozen regions. And as they moved north, their survival skills continued to improve.

① they hunted and migrated in extended family groups
② their physiological features adapted to the cold climate
③ their thermal clothing and hunting techniques improved
④ they won wars against Neanderthals thanks to better tools

DAY 12 빈칸 추론

03 밑줄 친 부분에 들어갈 말로 가장 적절한 것은?

> Although artists borrow procedures, forms, and repertoires, they can make no impact merely by copying what has already been done. _____ is what makes art so supremely interesting: we, the audience, have set our interests aside, in order to open ourselves to what another person is, says, and feels. It need not be new; but it must at least be *his*. A work is original to the extent that it *originates* in its creator. It shows us the world from his or her perspective, draws us into spheres which are not our own, and enables us to rehearse the possibilities of feeling on which an ideal community — a community of sympathy — is founded. Without originality the high culture will die, drooping into tired gestures and imitative rituals, like the worn-out ceremonies of a religion that is no longer believed.

① The twist of reality
② The imitation of nature
③ The encounter with the individual
④ The universality throughout the world

04 밑줄 친 부분에 들어갈 말로 가장 적절한 것은?

> Let me spend a moment on the idea of adjusting to another person's mental orientation. What I mean is this. At any moment, a person has a _____.
> The person notices this rather than that, and she has feelings and makes judgements about one rather than another aspect of events. If she is hungry, for example, she may notice that a shop is selling groceries; her friend may notice only that it sells newspapers. If she is short of money, she may resent that the fruit is overpriced; meanwhile her friend may feel tempted by some juicy peaches. In one sense the two friends are experiencing the same shop and its contents, but they are having quite different experiences of that shop. A more extreme case arises when one person comprehends things in a peculiar and individual way, for instance, in mistaking the shop for a cinema.

① desire to make better choices
② point of view similar to that of others
③ particular take on what is happening
④ personal preference on where to shop

DAY 12 빈칸 추론

05 밑줄 친 부분에 들어갈 말로 가장 적절한 것은?

> The audience receives a sound signal entirely through the vibrations generated in the air, whereas in a singer some of the auditory stimulus is conducted to the ear through the singer's own bones. Since these two ways of transferring sound have quite different relative efficiencies at various frequencies, the overall quality of the sound will be quite different. You have probably experienced this when you have listened to your own voice, as on tape or through a public address system. It is easy to blame the 'sound of a stranger' on 'poor electronics,' but this is only partly justified. The major effect comes from the fact that you hear yourself differently from the way others hear you. This is one of the main reasons why even the most accomplished singers have to listen to the opinion of coaches and voice teachers as to 'how they sound,' whereas no concert violinist would have to do such a thing. To the violinist _____ to someone else standing nearby.

① the coaches are more helpful than they are
② sounds spread a lot more widely than they do
③ the audience response is just as important as it is
④ playing sounds almost exactly the same as it does

06 밑줄 친 부분에 들어갈 말로 가장 적절한 것은?

> The theory of multiple intelligences(MI) challenges traditional ideas about intelligence. It also questions the value of intelligence tests. MI researchers point out that traditional teaching and testing focus only on two of the seven kinds of intelligences that people possess — language and logic skills. So children who don't learn in a style that depends on language and logic are called inadequate. However, according to Thomas Armstrong, author of *Seven Kinds of Smart*, the children are fine but the teaching methods are inadequate. "In traditional education, we try to get students to learn in our way. On the contrary, we need to remake the way we teach so that _____," he explains. "We need to recognize that different children learn in different ways and that all ways of learning are okay. Then we will really be in the business of education," he adds.

① it can fit students
② they can answer questions better
③ we can choose our own teaching methods
④ they can develop language and logic skills

DAY 12 빈칸 추론

07 밑줄 친 부분에 들어갈 말로 가장 적절한 것은?

> A few years ago, the animal researcher Maxine Morris spotted some curious behavior while observing a group of Asian elephants at Washington Park Zoo in Indiana. At feeding time, each elephant was given a big bundle of hay. Morris noticed that a couple of the elephants tended to eat their own hay quickly, approach their slower-eating companions, and then start swinging their trunks from side to side in a seemingly aimless way. To the uninformed, it appeared that these elephants were just passing the time of day. However, Morris's repeated observations suggested that _____. Once the trunk-swinging elephants were sufficiently close to another elephant, they would suddenly grab some of the uneaten hay and quickly gobble it up. Elephants are notoriously nearsighted, and so the slow-eating elephants were often completely unaware of the theft.

① their friendly nature was hidden behind this behavior
② the trunk-swinging ensured their dominant position
③ their trunks were used to warn outside danger
④ this behavior masked a dishonest intent

08 밑줄 친 부분에 들어갈 말로 가장 적절한 것은?

> Achieving a personal happiness is closer than you think. But first, it's important to stay in touch with the present. We all are in the present but that doesn't mean our thoughts are in the present. And therein lay the challenges to our own personal happiness. We often take only the bad from the past, quickly breeze through the present, and falsely make up the future. The result is frequently guilt about your imperfect past, anxiety about a future that doesn't exist, and impatience with the now. Too often we are too caught up in what will happen, or what has happened, to experience what is happening. _____ awards you the opportunity to see the world as it is, not as you believe it should be. It allows you to observe the truth, to look at real data, not information couched in fears and anxiety. And it will allow you to enjoy yourself, others, and the world around you.

① Looking back on the past
② Staying in the moment
③ Planning for the future
④ Breaking off the past

DAY 12 빈칸 추론

09 밑줄 친 부분에 들어갈 말로 가장 적절한 것은?

At some point, these days, a parent realizes his or her child is tending left. The parent panics. Will the child be made fun of? Struggle with writing? Be left out? In the past, the parent would have done everything possible to exorcise the tendency. Today, more and more parents shrug their shoulders, saying it's okay, maybe even something special. Or their attempts to discourage it are milder. This is not an isolated reaction. It's part of the larger trend toward _____. From giving children extra time to develop into kindergarteners to accommodating their vegetarian appetites, parents today are taking their cues from children, rather than the other way around. Left-handedness is just the tip of the iceberg — in today's world, parenting is about letting your child develop into his or her own person, not about trying to stamp him or her into a mold of conformity.

① neglecting, rather than enhancing, personal traits
② celebrating, rather than suppressing, individuality in kids
③ abandoning, rather than administering, parental supervision
④ analyzing, rather than overlooking, their child's mischief

10 밑줄 친 부분에 들어갈 말로 가장 적절한 것은?

> The sun is slowly getting brighter as its core contracts and heats up. In a billion years it will be about 10 percent brighter than today, heating the planet to an uncomfortable degree. Water evaporating from the oceans may set off a runaway greenhouse effect that turns Earth into a damp version of Venus, wrapped permanently in a thick, white blanket of cloud. Or the transformation may take some time and be more gentle, with an increasingly hot and cloudy atmosphere able to shelter microbial life for some time. Either way, water will escape into the stratosphere and be broken down by UV light into oxygen and hydrogen. Oxygen will be left in the stratosphere — perhaps misleading aliens into thinking the planet is still inhabited — while the hydrogen is light enough to escape into space. So our water will gradually _____.

① leak away
② be frozen
③ flow over
④ accumulate

DAY 13 빈칸 추론

01 밑줄 친 부분에 들어갈 말로 가장 적절한 것은?

Exactly how a gene increases the probability of a given behavior is a complex issue. Some genes control brain chemicals, but others affect behavior indirectly. Suppose your genes make you unusually attractive. As a result, strangers smile at you and many people want to get to know you. Their reactions to your appearance may change your personality, and if so, the genes altered your behavior by altering your environment. For another example, imagine a child born with genes promoting greater than average height, running speed, and coordination. The child shows early success at basketball, and soon spends more and more time playing basketball. Soon the child spends less time on other pursuits — watching television, playing chess, or collecting stamps. Thus the measured heritability of many behaviors might depend partly on genes that affect leg muscles. This is a hypothetical example, but it illustrates the point: _____.

① Genes influence behavior in roundabout ways
② Personality is a matter of genes and behavior
③ Environmental adaptation is the key to evolution
④ Natural selection is stimulated by behavioral cues

02 밑줄 친 부분에 들어갈 말로 가장 적절한 것은?

> During the past two decades the rise in the real income of manual laborers has been not only great in absolute terms, but also greater in comparison with that of non-manual workers. The effect of this has been to blur the old division between the working and middle classes, many manual workers' families now acquiring habits, tastes, and, to some extent, attitudes which were formerly regarded as "middle class." Due to considerable upward mobility of the working class, social distinctions based on occupation have become _____. Whether they exist and what they consist of depend on what part of the country one is looking at, but people today should not assume that a doctor is regarded as several steps on the ladder above a garage keeper, or that the headmaster of the local state school is regarded as higher being than the skilled worker who now earns not one quarter of his salary, but just as much as he does, if not more.

① less fuzzy
② less clear-cut
③ more stable
④ most essential

DAY 13 빈칸 추론

03 밑줄 친 부분에 들어갈 말로 가장 적절한 것은?

> The Rust Belt is notorious for its poor air quality. For decades, coal plants, steel production, and auto emissions have pumped particulates like sulfate into the atmosphere over the eastern U.S. Especially before air quality laws began appearing in the 1970s, particulate pollution was behind acid rain, respiratory disease, and ozone depletion. But a new study from Harvard University suggests that the Rust Belt's thick particulate fog may have helped slow down the effects of climate change, particularly when it was thickest. Throughout the 20th century, global temperatures have gone up by just under one degree Celsius. But in the U.S., eastern and central states haven't seen the same rise. In fact, temperatures there actually decreased over the same period. The reason seems to be particulate pollution. Instead of trapping warm air in the atmosphere like carbon dioxide, fine particles like sulfate reflect the sun's light and heat. They may even group with watery cloud droplets, which do the same thing. The effect is _____.

① an accumulation of carbon dioxide
② a net cooling across entire regions
③ a steep acceleration of global warming
④ a slow but steady increase in temperatures

04 밑줄 친 부분에 들어갈 말로 가장 적절한 것은?

> Music appears to make fewer cognitive demands while we are listening to it. Though listeners tend to appreciate performances and catch what the performer or the composer signifies, they are not required to do so. You can simply sit back and let the music 'wash over' your body and mind without having to concentrate or actively listen at all. Indeed, we often have music playing in the background while we make conversation at dinner or engage in other activities. However, even such background music has a cognitive and physiological impact. Just as we automatically infer a speaker's thoughts when listening to a spoken utterance, and to some extent come to share those thoughts, we automatically have emotions aroused within ourselves while listening to music. In fact, music often _____.

① manipulates our mood
② relieves the listeners' agony
③ requires high concentration
④ conceals its true meaning

DAY 13 빈칸 추론

05 밑줄 친 부분에 들어갈 말로 가장 적절한 것은?

> It is easy to find examples of correlations which are far more systematic than could occur by chance and yet which it would be absurd to treat as evidence of a direct causal link. For instance, there is a high degree of correlation between shoe size and vocabulary size: people with larger shoe sizes tend to have much larger vocabularies than people with smaller shoe sizes. But having larger feet does not *cause* anyone to gain a larger vocabulary; nor does having a large vocabulary *cause* your feet to grow. The obvious explanation of the correlation is that children tend to have much smaller feet than adults, and, because children acquire their vocabularies gradually as they grow older, it is hardly surprising that, on average, people with smaller feet have smaller vocabularies. In other words, foot size and vocabulary size can be explained in terms of _____ from infancy to adulthood: a cause which both observed phenomena have in common.

① by-products of language acquisition
② causal links between uncommon events
③ contrasts between physical and mental growth
④ features of the process of human development

06 밑줄 친 부분에 들어갈 말로 가장 적절한 것은?

> There are at least two reasons why a subjective sense of "foreign-ness" may implicitly suggest the possibility of spreading disease. First, historically, contact with exotic peoples increased exposure to exotic germs, which tend to be especially contagious when introduced to the local population. Secondly, outsiders are often ignorant of local behavioral norms that serve as barriers to germ transmission (e.g., norms pertaining to hygiene, food-preparation); as a consequence, they may be more likely to violate these norms, thereby increasing the danger of germ transmission within the local population. Thus, in addition to other risks suggested by outgroup status, people perceived to be subjectively foreign are likely to be implicitly judged _____.

① to isolate a local population
② to pose the threat of infection
③ to transmit novel technologies
④ to meet local hygiene standards

07 밑줄 친 부분에 들어갈 말로 가장 적절한 것은?

> One of the greatest paradoxes we wrestle with is our own dark or shadow sides. We often try to get rid of them, but the belief that we can banish "dark sides" is unrealistic and inauthentic. We need to find a balance between our own opposing forces. This balancing act is difficult, but it is a part of life. If we can see this as an experience as natural as night following day, we will find more contentment than if we try to pretend that night will never come. Life has storms. Storms always pass. Just as there has never been a day that did not give way to night or a storm that lasted forever, we _____. We experience the good and the bad, the day and the night, the yin and the yang.

① are supposed to be prepared against all dark sides
② move back and forth on the pendulum of life
③ realize that we humans always seek happiness
④ grow into leaders through the adversity life gives us

08 밑줄 친 부분에 들어갈 말로 가장 적절한 것은?

> Adolescence is not a "natural" age division but a(n) _____. In earlier centuries, people simply moved from childhood into young adulthood, with no stopover in between. The Industrial Revolution brought such an abundance of material surpluses, however, that for the first time in history, millions of people in their teens were able to remain outside the labor force. At the same time, education became a more important factor in achieving success. The combination of these two forces in industrialized societies created a gap between childhood and adulthood. In the early 1900s, the term adolescence was coined to indicate this new stage in life, one that has become famous for inner turmoil.

① pre-modern concept
② imaginary period
③ social invention
④ inaccurate classification

DAY 13 빈칸 추론

09 밑줄 친 부분에 들어갈 말로 가장 적절한 것은?

Let's say you have a great advertising campaign plan. The theme is memorable, the visuals are impressive, and the words are emphatic. What good is it if those message elements _____? Suppose you're selling canned soup. The media team targets traditional users of canned soup — mothers of young children — but the copy team prepares advertisements intended to encourage single people to use the soup for a quick, wholesome meal. The message will not make much sense to the media audience because the media and copy strategies do not match. A great advertising message in front of the wrong audience is a total waste of time and effort. If you focus on the message strategies and ignore the media strategies, you risk damaging the entire package: the campaign, the budget, and everyone's hard work.

① do not capture audience's needs
② do not reach the intended audience
③ are similar to those in their competitors
④ attract audience's attention but yield no purchase

10 밑줄 친 부분에 들어갈 말로 가장 적절한 것은?

> The ultimate power is the power to get people to do as you wish. When you can do this without having to force people or hurt them, when they willingly grant you what you desire, then your power is untouchable. The best way to achieve this position is to create a relationship of dependence. The master requires your services; he is weak, or unable to function without you; you have involved yourself in his work so deeply that doing away with you would bring him great difficulty, or at least would mean valuable time lost in training another to replace you. Once such a relationship is established, you have the upper hand to make the master do as you wish. It is the classic case of the servant of the king who actually _____ the king.

① controls ② avoids
③ admires ④ rescues

DAY 14 빈칸 추론

01 밑줄 친 부분에 들어갈 말로 가장 적절한 것은?

> Dozens of studies have demonstrated the _____ nature of self-supervision. For instance, people who were asked to make tricky choices and trade-offs — such as setting up a wedding registry or ordering a new computer — were worse at focusing and solving problems than others who had not made the tough choices. In one study, some people were asked to restrain their emotions while watching a sad movie about sick animals. Afterward, they exhibited less physical endurance than others who had let the tears flow freely. The research shows that we burn up self-control in a wide variety of situations: managing the impression we are making on others; coping with fears; controlling our spending; trying to focus on simple instructions such as "Don't think of a white bear"; and many, many others.

① inconsistent ② rewarding
③ selfish ④ exhausting

02 밑줄 친 부분에 들어갈 말로 가장 적절한 것은?

> Online communities constitute one form of engagement: they provide social and political outlets which were not possible before the invention of the Internet. They also allow for new forms of social and political engagement which are not subject to control by gatekeepers who exercise power in a vertical, top-down fashion. The interests of the user determine whom users interact with. However, the very power of peer-to-peer relationships should give pause to those who are engaged in them, as sometimes _____. This is not to say that an individual should avoid participating in social networking activities, only that the individual should consciously choose what personal information to reveal to the world. Even though individuals might not realize it, through the release of this information the individual is creating a digital identity which once formed can be difficult to change.

① there are sensitive political issues to be avoided
② those people confuse cyberspace with the actual world
③ it is difficult to find online communities they want to join
④ this engagement comes at a great expense to personal privacy

DAY 14 빈칸 추론

03 밑줄 친 부분에 들어갈 말로 가장 적절한 것은?

> There is no known cure for the ills of ownership. As Adam Smith said, ownership is woven into our lives. But being aware of it might help. Everywhere around us we see the temptation to improve the quality of our lives by buying a larger home, a second car, a new dishwasher, a lawn mower, and so on. But, once we upgrade our possessions we have a very hard time going back down. Ownership simply changes our perspective. Suddenly, moving backward to our pre-ownership state is a loss, one that we cannot accept. And so, while moving up in life, we fall into the fantasy that _____, but in reality, it's unlikely. Downgrading to a smaller home, for instance, is experienced as a loss, it is psychologically painful, and we are willing to make all kinds of sacrifices in order to avoid such losses.

① we are not satisfied with our present life
② we are trapped in the ills of ownership
③ we can always return to the previous state
④ we are willing to sacrifice our pleasure for honor

04 밑줄 친 부분에 들어갈 말로 가장 적절한 것은?

> Psychologist Solomon Asch wanted to discover whether people's tendency to agree with their peers was stronger than their tendency toward independent thought and rational judgment. Asch assembled groups of twelve university students and announced that they were taking part in an experiment on visual perception. He showed them three line segments, and asked each one in turn which line was the longest. It was an easy task and the correct answer was obvious. However, Asch had secretly instructed all but the last person in each group, who was the real subject of the experiment, to say that the medium-length line was the longest. As it turned out, over 70 percent of the real subjects _____ and said that the medium-length line was the longest.

① caved in to group pressure
② figured out the correct answer
③ roped the other group members in
④ used rational judgment in their decision-making

DAY 14 빈칸 추론

05 밑줄 친 부분에 들어갈 말로 가장 적절한 것은?

> Food unites as well as distinguishes eaters because what and how one eats forms much of one's emotional tie to a group identity, be it a nation or an ethnicity. The famous twentieth-century Chinese poet and scholar Lin Yutang remarks, "Our love for fatherland is largely a matter of recollection of the keen sensual pleasure of our childhood. The loyalty to Uncle Sam is the loyalty to American doughnuts, and the loyalty to the Vaterland is the loyalty to Pfannkuchen and Stollen." Such keen connection between food and national or ethnic identification clearly indicates the truth that cuisine and table narrative occupy a significant place in the training grounds of a community and its civilization, and thus, eating, cooking, and talking about one's cuisine are vital to _____. In other words, the destiny of a community depends on how well it nourishes its members.

① one's diverse cultural experiences
② one's unique personality and taste
③ a community's wholeness and continuation
④ a community's dominance over other cultures

06 밑줄 친 부분에 들어갈 말로 가장 적절한 것은?

> In the mid-1900s, John Kenneth Galbraith shocked the field of economics when he insisted that consumers do not merely participate in the marketplace, they are also the product of the systematic deployment of power throughout society. Within this deployment of power, commercial media ensures that consumers adopt values and beliefs that match the general requirements of the economy. The individual's participation in mass behavior patterns is _____. Consumers engage in shared patterns of consumption because they live within an economic system that operates as a belief system. It exercises considerable control over the meaning and value of things. When the economy functions as a belief system, it establishes severe limits on a consumer's free choice. As consumers, our choices are not entirely our own. Our beliefs, values, thoughts, and emotions are highly conditioned to match the needs of the marketplace.

① not driven by commercial media's agenda
② a product of unconditioned personal choice
③ not a spontaneous reaction to random forces
④ not affected by the needs of the marketplace

07 밑줄 친 부분에 들어갈 말로 가장 적절한 것은?

> Suppose a friend says to you, "Liberals or conservatives are the major cause of our social problems." Rather than automatically protecting your own position, whatever it is, see _____. Say to your friend, "Tell me why you think that's true." Don't say this with a hidden agenda or in preparation to defend or prove your position, but simply to learn a different point of view. Don't try to correct or make your friend see how he is wrong. Practice being a good listener. Contrary to popular belief, this attitude does not make you weak. It doesn't mean you aren't passionate about your beliefs, or that you're admitting that you're wrong. You're simply trying to see another point of view and seeking first to understand. It takes enormous energy to constantly prove a rigid position. On the other hand, it takes no energy to allow someone else to be right. In fact, it's outright energizing.

① whether the comment is right or not
② when you should tell your position
③ how the wrong point can be corrected at once
④ if you can learn something new

08 밑줄 친 부분에 들어갈 말로 가장 적절한 것은?

> The standard written language that we know today was established during the early part of the Modern English period. The standardization of the language was due in the first place to the need of the central government for regular procedures by which to conduct its business, to keep its records, and to communicate with the citizens of the land. John H. Fisher argues that standard English was first the language of the Court of Chancery, founded in the fifteenth century to give prompt justice to English citizens and to consolidate the King's influence in the nation. Standard languages are _____, developed to meet a specific administrative need rather than spontaneous developments of the folk or the artifice of writers and scholars.

*the Court of Chancery: (영국의) 대법관 법정

① the voice of the common people
② the results of foreign influences
③ the byproducts of bureaucracy
④ the basis of ancient literature

DAY 14 빈칸 추론

09 밑줄 친 부분에 들어갈 말로 가장 적절한 것은?

> A "pot-stirrer" is someone who brings up emotional issues that have already been resolved. Pot-stirrers want to feed the emotional fire and keep it burning for the excitement of the conflict. They can be subtle; they often even appear to be the "helpful" friend or "caring" listener. Let's say you've just let go of a minor conflict with your neighbor, when your other neighbor continues to bring up how annoying this person is, encouraging you _____. The same applies at work. A coworker keeps reminding you that it was you, not Gail, who really deserved the credit for that great idea. Every time he or she says it, it upsets you and opens your wound again.

① to find the virtues of your neighbor
② not to lose your inner peace of mind
③ to hold on to your irritation with the person
④ not to be involved in your neighbor's business

10 밑줄 친 부분에 들어갈 말로 가장 적절한 것은?

> Born in 1452 in Florence, Italy, Leonardo da Vinci was celebrated for his in-depth knowledge and innovatory prowess. Apart from that, his _____ is the source of the profound depth of character he illuminated in the subjects of his drawings and paintings. He counseled: "When you are out for a walk, see to it that you watch and consider other men's postures and actions as they talk, argue, laugh or scuffle; their own actions, and those of their supporters and onlookers." Leonardo's acute observations led him to practical understanding of the art of getting along with others, and he complemented his interpersonal intelligence with a lifelong commitment to developing his intrapersonal intelligence (self-knowledge). In addition to profound contemplation and reflection, Leonardo cultivated self-knowledge by seeking feedback, advising his readers to "be desirous of hearing patiently the opinion of others, and consider and reflect carefully whether he who censures you has reason for his censure."

① censure for other people's behavior
② lifelong attention to aesthetic details
③ patience and commitment to help others
④ deep interest in people from all walks of life

DAY 15 빈칸 추론

01 밑줄 친 부분에 들어갈 말로 가장 적절한 것은?

> Although the Jack Pine has been found older than 200 years, the tree rarely reaches old age because of fire, common throughout the boreal forest. Because fire is so common, the Jack Pine has evolved to co-exist with what would appear to be its natural adversary. In fact it needs fires to reproduce. The cones, normally sealed tightly shut, only open with heat of fire, releasing the seeds. The sealing resin begins to melt at temperatures over 50°C but the cones can withstand heat as high as 482°C degrees for 30 seconds and instantaneous blasts of 700°C. Without the heat of fire, the seeds are rarely released. When the cones open, the light winged seeds are carried upward by the fire's drafts and are widely distributed. The Jack Pine is an example of '_____.'

*Jack Pine: 뱅크스 소나무

① sudden creation
② a vicious cycle
③ temporary survival
④ evolutionary paradox

02 밑줄 친 부분에 들어갈 말로 가장 적절한 것은?

> Some teachers are anxious to make immigrant students blend in with others as quickly as possible. They rarely consider the transitional phase these children experience while struggling to adjust to the new environment. Rather than accelerating the mainstreaming process, this overzealous approach of the teachers can sometimes have the opposite result. An example of such a negative outcome occurred during the conduct of one set of workshops, which included several Muslim families. Muslim girls in the local school wore the traditional headscarves (hijab), while the other students did not. Thinking that the Muslim girls could get along better with other students without headscarves, the teachers encouraged them to remove their scarves at school, suggesting they could replace them before returning home. Shortly thereafter, some of the girls who removed their headscarves were no longer in school. Hence the teachers' eagerness to accelerate the acculturation process _____.

① led to their conviction of their ability
② served to abolish the opportunity completely
③ appealed to the minds of the Muslim masses
④ promoted a harmonious relationship among students

03 밑줄 친 부분에 들어갈 말로 가장 적절한 것은?

The world is becoming increasingly interdependent, which makes it crucial for us to value differences. Although you are not operating globally, but just in a workplace in a small town, when you work with people, old, young, tall, small, black, white, rich or poor, you will come to find that _____. Placing more value on one over the other is not recommendable, because they are all needed to form the whole. That's called synergy, meaning that the whole is more than the sum of the individual parts. Value that. It may take some initial adjusting for all parties, but it pays off in the long run. Homogeneity is a thing of the past. Heterogeneity has proven its value: More brains, more values, more perspectives, better solutions, greater output, more creativity, and increased understanding. Those are just some of the advantages of embracing the fact that not all herrings in the barrel are the same.

① the outcome derives from the sum of the individual parts
② valuing differences ironically leads to separation
③ there is an increasing level of diversity among them
④ more group leaders are needed for more creativity

04 밑줄 친 부분에 들어갈 말로 가장 적절한 것은?

> The mechanical thinker takes considerable pride in his opinions, which he believes to be "right." It is proper and necessary, he believes, for a person to "take a stand" on things — on just about everything, in fact. Each time he voices a sweeping generalization on some topic, he commits himself to adopt a rigid stand on similar topics. He must, above all, be "consistent." If you study the mechanical thinker closely, you will probably notice a singular lack of apparent curiosity. He seldom asks questions, and he seldom seeks new information about his world. He would seldom admit to having learned something from another person. He rarely reads books and certainly not nonfiction material. If a man, he may read the sports pages, which is acceptable behavior for a male in his society — or if a woman she may read the women's section of the paper. The mechanical thinker may reveal a noticeable uneasiness in unfamiliar situations and may be embarrassed when confronted with a fact that forces him to _____.

① reclaim a leadership role
② reconsider the same issues
③ solve complicated situations
④ revise a strongly held opinion

DAY 15 빈칸 추론

05 밑줄 친 부분에 들어갈 말로 가장 적절한 것은?

> When people began to bind books with pages that could be turned rather than unrolled like papyrus, the process of _____ changed. Now the reader could easily move backward in the text to find a previously read passage or browse between widely separated sections of the same work. With one technological change, cross-referencing became possible, while the physical space needed to house a collection of books was sharply reduced. Page numbers became a possibility, as did indexes; tables of contents became workable references.

① abusing technology
② locating information
③ eliminating documents
④ spelling words

06 밑줄 친 부분에 들어갈 말로 가장 적절한 것은?

> When a client seeks information regarding the direction he or she should take (what choice to make, what approach to use, etc.), there is ever present a strong temptation on the counselor's part to tell him or her what to do, particularly if the counselor feels that she or he knows the best answer to the client's problems. This should generally be avoided, however, as the client will gain strength if allowed to make his or her own judgments. And the strength will give the client the confidence which the client needs most. Certainly, one of the most important goals of counseling is to enable clients to make better decisions, and part of this process may require that the counselor become an active agent in the decision-making process. But to answer a client's decision-oriented question with a specific, closed-ended answer _____ significantly the possibility that the client will grow enough to make decisions.

① reveals
② diminishes
③ steps up
④ makes

DAY 15 빈칸 추론

07 밑줄 친 부분에 들어갈 말로 가장 적절한 것은?

> To get the most out of a meeting, you must limit the risks and focus the group to achieve your purpose. Each person brings his or her basic needs, competitiveness, aspirations, agenda, personality, and feelings as well as talents and abilities to the meeting. Moreover, with each person added to the meeting, the number of relationships among members increases geometrically. When three people meet, the dynamics are A vs. B, A vs. C, and B vs. C, or three sets of relationships. But four people meeting creates six sets of relationships among the participants. A ten-person meeting actually creates forty-five different relationships. As a meeting grows in size, productivity decreases dramatically. Each additional person increases _____.

① mutual understanding between participants
② great tension during the meeting
③ the difficulty of smoother communication
④ the risk of failure to reach the goals of the meeting

08 밑줄 친 부분에 들어갈 말로 가장 적절한 것은?

> Human beings have a deep capacity for _____.
> In New Guinea, for instance, there are more than 800 languages, some spoken in areas just a few miles across yet as not comprehensible to those on either side as French and English. There are 7,000 languages being spoken on earth and the people who speak each one are remarkably resistant to borrowing words, traditions, rituals or tastes from their neighbors. 'Whereas vertical transmission of cultural traits goes largely unnoticed, horizontal transmission is far more likely to be regarded with suspicion or even fierce anger,' say the evolutionary biologists Mark Pagel and Ruth Mace. 'It seems that cultures like to shoot messengers.' As they put it, people do their best to cut themselves off from the free flow of ideas, technologies and habits, limiting the impact of cultural exchange.

① creating languages akin to each other
② communicating through different languages
③ splitting into groups distinct from each other
④ grasping what some nonverbal behaviors mean

09 밑줄 친 부분에 들어갈 말로 가장 적절한 것은?

A good deal of the information stored in working memory is encoded in an auditory form, especially when the information is language based. For example, in an early study by Conrad, adults were shown six-letter sequences, with letters being presented visually, one at a time, at intervals of three-fourths of a second. As soon as the last letter of a sequence had been presented, participants in the study wrote down all six of the letters they had seen, guessing at any letters they couldn't easily recall. When people recalled letters incorrectly, the letters they said they had seen were more likely to resemble the actual stimuli in terms of _____. For example, the letter F was "remembered" as the auditorily similar letter S 131 times but as the visually similar letter P only 14 times. Similarly, the letter V was remembered as B 56 times but as X only 5 times.

① how the letters were visually represented
② how the letters sounded than how they looked
③ how the letters were ordered than how they were pronounced
④ how often the letters appeared than how long they were shown

10 밑줄 친 부분에 들어갈 말로 가장 적절한 것은?

> The behaviour of social animals may be influenced by environmental factors and individual peculiarities. Nevertheless, in a given environment, animals of the same species will tend to behave in a similar way. Significant changes in social behaviour cannot occur, in general, without _____. For example, common chimpanzees have a genetic tendency to live in hierarchical groups headed by an alpha male. Members of a closely related chimpanzee species, bonobos, usually live in more egalitarian groups dominated by female alliances. Female common chimpanzees cannot take lessons from their bonobo relatives and stage a feminist revolution. Male chimpanzees cannot gather in a constitutional assembly to abolish the office of alpha male and declare that from here on out all chimpanzees are to be treated as equals. Such dramatic changes in behaviour would occur only if something changed in the chimpanzees' DNA.

① revolutionary ideas
② social consensuses
③ genetic mutations
④ between-species competitions

DAY 16 이메일

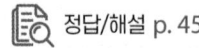 정답/해설 p. 45

[01-02] 다음 글을 읽고 물음에 답하시오.

To	Central District Office
From	Mason Reed
Date	Monday, Nov. 11
Subject	Parking Near Market

Dear District Facility Officer,

I am writing to voice my concerns about the parking situation near City Market. Parking around City Market is limited, especially on weekends and public holidays. This deters many customers, forces them to go elsewhere, and results in declining vendor sales while preventing shoppers from fully enjoying the market's offerings.

I request measures such as creating more parking spaces, enhancing existing facilities, or implementing better parking management strategies to improve access. For example, utilizing nearby vacant lots as short-term parking could be a potential solution.

Improving public parking will make it easier for customers to visit the market, benefiting the entire community and contributing positively to the local economy. I look forward to your timely action on this matter.

Sincerely,
Mason Reed

01 윗글의 목적으로 가장 적절한 것은?

① 마켓 인근의 불법 주차 단속을 촉구하려고
② 마켓 인근의 주차 공간 확대를 요청하려고
③ 마켓 인근에 주차 관리인 배치를 부탁하려고
④ 마켓 인근에 주차 안내판 설치를 제안하려고

02 밑줄 친 "concerns"의 의미와 가장 가까운 것은?

① efforts
② worries
③ interests
④ businesses

DAY 16 이메일

[03-04] 다음 글을 읽고 물음에 답하시오.

To	Public Works Department
From	Ava Mitchell
Date	Thursday, Oct. 10
Subject	Local Park

To Whom It May Concern,

I am writing to bring to your attention the maintenance issues at the local park, specifically regarding the exercise equipment primarily used by senior citizens.

Several pieces of equipment have become unstable. For example, the leg press machine has a loose footplate, the handles on the chest press machine are worn down, exposing sharp edges, and the seats on the stationary bikes are cracked. Many seniors depend on this equipment for daily exercise, and its deteriorating condition greatly increases the risk of injury.

I strongly urge you to take immediate action to repair or replace this equipment. Additionally, I recommend installing signage to inform users of any <u>temporary</u> closures during maintenance. It may also be beneficial to schedule routine inspections to ensure the equipment remains safe.

Thank you for addressing this matter promptly.

Regards,
Ava Mitchell

03 윗글의 목적으로 가장 적절한 것은?

① to suggest senior-only facilities in the park
② to request care for park exercise equipment
③ to praise the good maintenance of the park
④ to ask for more exercise equipment in the park

04 밑줄 친 "temporary"의 의미와 가장 가까운 것은?

① sudden
② prolonged
③ mandatory
④ momentary

[05-06] 다음 글을 읽고 물음에 답하시오.

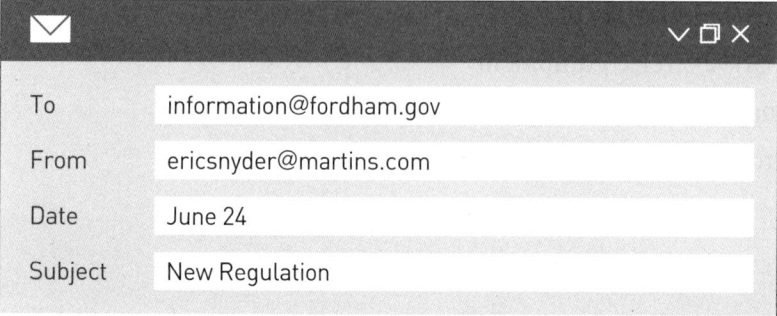

To Whom It May Concern,

I was just made aware of the new regulation regarding business operating hours that was passed by the city council during a meeting three days ago. The wording of the regulation is somewhat ambiguous, making it difficult to fully understand its implications. I wonder if I could get a clearer explanation from the city government.

As I understand it, the regulation now limits small businesses to a maximum of sixteen operating hours per day. However, the regulation does not clearly define what constitutes a "small business." Could you please clarify how the council determines what qualifies as a small business? Is the definition based on the number of employees, the revenue generated, or some other criteria?

Understanding this definition is crucial for me to determine whether my establishment, Courthouse Café, falls under this category.

Thank you in advance for your assistance.

Regards,
Eric Snyder
Owner, Courthouse Café

05 윗글의 목적으로 가장 적절한 것은?

① to complain that a new regulation is unfair
② to request clarification on a new regulation
③ to announce that a new regulation has passed
④ to ask about the start date of a new regulation

06 윗글의 내용과 일치하지 않는 것은?

① 사업체 운영 시간에 관한 새 규정이 사흘 전에 통과되었다.
② 소규모 사업체의 하루 운영 시간은 이제 최대 16시간이다.
③ 사업체 규모의 정의는 창출 수익에 따라 결정되었다.
④ 코트하우스 카페가 소규모 사업체인지는 밝혀지지 않았다.

[07-08] 다음 글을 읽고 물음에 답하시오.

To	selmembers@shimsonlab.com
From	humanresources@shimsonlab.com
Date	Nov 10, 2024
Subject	Important Announcement

Dear All Staff Members,

As we approach the winter season, we want to remind you of some important safety tips to keep in mind both at work and at home:

1. Wear <u>proper</u> footwear to prevent slips and falls on icy or wet surfaces.
2. Keep walkways and entrances clear of snow and ice.
3. Use handrails when going up and down stairs or ramps.
4. Report any hazardous conditions to your supervisor immediately.
5. Drive cautiously in winter conditions and allow extra time for your commute.

By following these guidelines, we will be able to minimize risks and stay safe during the winter season. Remember, your safety is in our best interest.

Stay warm!

Best regards,
Human Resources Team

07 윗글의 목적으로 가장 적절한 것은?

① 겨울철 에너지 절약 수칙을 상기시키려고
② 안전사고 발생 시 대처법을 가르치려고
③ 악천후로 인한 일정 변경을 알리려고
④ 겨울철 주요 안전 지침을 안내하려고

08 밑줄 친 "proper"의 의미와 가장 가까운 것은?

① real
② formal
③ precise
④ appropriate

DAY 16 이메일

[09-10] 다음 글을 읽고 물음에 답하시오.

To	info@albany.gov
From	jhatfield@roadrunner.com
Date	July 30
Subject	Government Records Office

Dear Sir/Madam,

This email is with regard to the government records office located across the street from City Hall. I visited the office this morning, but the door was locked, and nobody was inside working. This is unacceptable because today is not a holiday, so the office should have been open.

I have to get copies of some records for a personal matter that needs to be <u>settled</u> by tomorrow afternoon. I should have been able to do it at the office today; however, I was not able to accomplish this due to the fact that the office was closed. Not only that, but there was also no sign indicating why no employees were present.

While the office is bound to be open tomorrow, it will be difficult for me to get the documents on time for my legal appointment. I demand an explanation and request that the individuals responsible for this be reprimanded.

Regretfully yours,
Joseph Hatfield

09 윗글의 목적으로 가장 적절한 것은?

① to request legal record documents
② to demand lower fees for issuing records
③ to complain about an office's unavailability
④ to inquire about online record-issuing services

10 밑줄 친 "settled"의 의미와 가장 가까운 것은?

① paid
② resolved
③ occupied
④ attempted

DAY 17 이메일

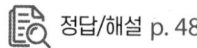

[01-02] 다음 글을 읽고 물음에 답하시오.

To: information@salemcityhall.gov
From: jameswatson@robinson.edu
Date: September 4
Subject: Regarding a lecture

Dear Sir/Madam,

My name is James Watson, and I am a social studies teacher at Robinson Middle School. My students are studying government this month, and I would like to invite Mayor Peter Willis to visit our school to speak to them.

I understand that the mayor's schedule is extremely busy, but I hope he might find time to speak and answer questions for approximately one hour. Any day and time during the months of September or October would be acceptable. Many of my students have expressed interest in how government functions and operates. A discussion on these topics by the mayor would provide an invaluable educational opportunity for them.

Please respond to this email or contact me on my personal phone at (805) 236-5943. Thank you very much.

James Watson

01 윗글의 목적으로 가장 적절한 것은?

① 수업 신설에 대한 승인을 요청하려고
② 수업에 필요한 정부의 자료를 구하려고
③ 시장에게 학교에서의 강연을 부탁하려고
④ 시장의 지난 강연에 대해 감사를 표하려고

02 윗글의 내용과 일치하는 것은?

① Watson is a member of the city government.
② Willis is asked to spare half an hour of his time.
③ Times for Willis's visit are flexible during the 2 months.
④ Watson provides his office extension number.

[03-04] 다음 글을 읽고 물음에 답하시오.

To	Tom Anderson <tom_anderson@destin.gov>
From	Lucy Hardaway <l_hardaway@greenmail.com>
Date	September 12
Subject	Homeless Shelter
Attachment	lucy_hardaway_resume

Dear Mr. Anderson,

I recently read in the *Daily Herald* about your significant role in establishing the city's new homeless shelter. I noticed that the shelter is presently understaffed, and I would like to offer my time and skills as a volunteer.

I have prior experience working with homeless communities. Throughout my four years at university, I worked at a nearby homeless shelter, taking on various roles. I also gained similar experience during my time in East Haven.

I am confident that I can contribute positively to your team. I can work on Monday, Wednesday, and Thursday evenings, and I can also go there on Saturday afternoons. I have attached my résumé so that you can see my qualifications.

Thank you for considering my application. Please feel free to contact me if you think I would be a positive <u>asset</u> to your team.

Lucy Hardaway

03 윗글의 목적으로 가장 적절한 것은?

① to share qualifications for homeless shelter use
② to thank a homeless shelter for its work
③ to offer free work at a homeless shelter
④ to complain about a homeless shelter

04 밑줄 친 "asset"의 의미와 가장 가까운 것은?

① fund
② legacy
③ benefit
④ harvest

[05-06] 다음 글을 읽고 물음에 답하시오.

To	All Members ⟨undisclosed recipients⟩
From	Janet Meyer ⟨jmeyer@worcestercc.org⟩
Date	November 28
Subject	Important Updates

To All Members,

Please be advised that the following changes will be implemented at the Worcester Community Center as of January 1. These updates apply to all members and are intended to enhance your experience at the center. The changes are as follows:

1. Family membership fees will be raised by $50 per year. No other fees will be affected.
2. All members interested in using the indoor swimming pool must pay an additional fee of $20 each year.
3. Individual lockers in the men's and women's changing rooms are now available to all members. Please inquire at the front desk to reserve one.
4. All members are now eligible to register for one class per year free of charge. This includes classes offering academic and athletic instruction.

We hope that these changes will improve the quality of service that we provide at the community center. Should you have any questions or comments, please address them to Jonah Hampton at (407) 555-7223.

Sincerely,
Janet Meyer
Worcester Community Center

05 윗글의 목적으로 가장 적절한 것은?

① to notify members of a new facility
② to respond to inquiries by members
③ to explain adjustments to member policies
④ to apologize for raising the membership fee

06 밑줄 친 "address"의 의미와 가장 가까운 것은?

① speak
② solve
③ greet
④ label

[07-08] 다음 글을 읽고 물음에 답하시오.

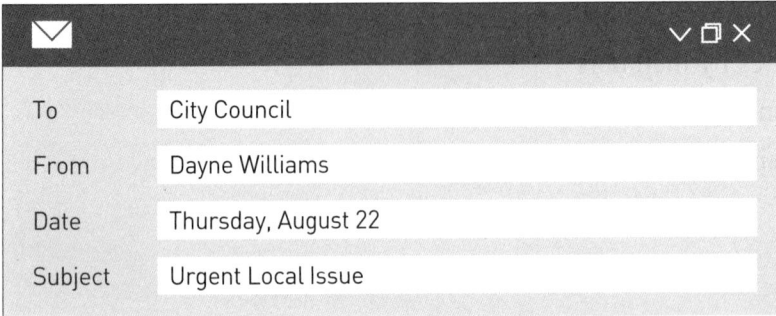

To whom it may concern,

As a small business owner, I want to bring attention to the urgent issues that small businesses encounter in our community. Small businesses are the core of our local economy, providing essential goods, services, and employment opportunities. However, many are struggling due to limited resources, competition from more giant corporations, and the <u>lasting</u> economic impacts of the pandemic.

To better support our small businesses, I suggest these initiatives:
1. Financial Help: Providing grants or low-interest loans for operating costs and growth
2. Training: Offering workshops on various themes such as digital marketing, financial management, and business development
3. Easier Regulations: Simplifying rules and regulations to help small businesses run smoothly

These initiatives will support small businesses, benefiting our entire community. I would greatly appreciate your consideration.

Sincerely,
Dayne Williams

07 윗글의 목적으로 가장 적절한 것은?

① 지역 내 실업률 증가에 대한 우려를 표하려고
② 지역의 시장 활성화 대책 마련을 촉구하려고
③ 지역 내 저소득층에 대한 지원을 요청하려고
④ 지역의 소상공인 지원 방안을 제안하려고

08 밑줄 친 "lasting"의 의미와 가장 가까운 것은?

① old
② recent
③ enduring
④ memorable

[09-10] 다음 글을 읽고 물음에 답하시오.

To	Anna Crowley <anna_c@austin.gov>
From	Ivan March <ivan@tpt.com>
Date	October 3
Subject	Accounting Seminar

Dear Ms. Crowley,

I attended the accounting seminar sponsored by the city's Better Business Bureau (BBB) on October 1. Unfortunately, the seminar was poorly organized and did not meet its stated objectives. I would like to outline some of the issues that were observed.

First, due to an apparent lack of advertising, only twelve attendees were present, while more than fifty were anticipated according to the organizer, Peter Lanier. As a result, attendees had limited opportunities for networking. Additionally, one of the scheduled speakers, Julian Brand, canceled his appearance, but no replacement was arranged. There were also technical issues with the microphones, so some speakers could not be heard well.

Given these problems, I believe the BBB should consider offering refunds to all attendees and issue an apology for the shortcomings of the event. I hope that nothing like this ever happens again.

Regretfully yours,
Ivan March

09 윗글의 내용과 일치하지 않는 것은?

① The BBB provided funding for the seminar.
② Fewer than expected attended the seminar.
③ Brand's speaker position remained vacant.
④ The projector experienced a technical problem.

10 밑줄 친 "appearance"의 의미와 가장 가까운 것은?

① shape
② impression
③ attendance
④ publication

[01-02] 다음 글을 읽고 물음에 답하시오.

> (A)

Have you always wanted to have your own business but simply didn't know how to get started? Do all of those government regulations confuse you? Are you unsure of which permits you need to open your doors to the public?

If you answered yes to any of those questions, then you should not miss this opportunity to learn the answers.

Vegas Consulting will be hosting a one-day-long seminar on Friday, September 14, from 9:00 A.M. to 5:00 P.M. Our presenters include successful entrepreneurs, a former government official, and a business attorney. You'll receive step-by-step instructions on how to go into business for yourself.

You'll learn this information and much more for the low price of only $250. All attendees will also receive a free hour-long telephone consultation at the time of their choosing.

For more information, visit www.vegasconsulting.com/seminar.

01 (A)에 들어갈 윗글의 제목으로 가장 적절한 것은?

① Free Seminar on Business Ethics
② Tips on How to Hire the Right People
③ Get Help in Starting Your Own Business
④ Consultation for Firms at Risk of Closure

02 윗글의 내용과 일치하지 않는 것은?

① 행사는 하루 동안 진행된다.
② 강연자 중에는 전직 공무원도 있다.
③ 전화 상담에는 추가 비용이 든다.
④ 웹사이트에서 추가 정보를 얻을 수 있다.

[03-04] 다음 글을 읽고 물음에 답하시오.

> (A)

Our city's animal shelters are currently filled with lost or abandoned animals. We're seeking help from responsible community members.

Thinking about adopting a dog or a cat? It's a big decision. These animals need safe, loving forever homes, not just temporary solutions. They're alone and scared, and many had tough lives on the streets in the past. Adopting a pet means providing it with a stable, caring environment where it can thrive.

Our city has three animal shelters ready for you to visit:

Address	Phone Number
43 Grove Avenue	(703) 643-8821
193 Abercrombie Drive	(703) 238-8432
56 Liberty Way	(703) 981-2121

Before You Adopt: You must fill out a short application form. There is an application fee of $5 to discourage unserious inquiries. We'll also have a friendly interview to make sure you're ready for the commitment of pet ownership.

Adopting a pet is not just about giving it a home. It's about making a lifelong friend who will bring joy and affection to your life.

03 (A)에 들어갈 윗글의 제목으로 가장 적절한 것은?

① New Pet Shelter Opening
② Donate to Help Save Pets
③ Provide a Loving Home for a Pet
④ Volunteers Needed at City Pet Shelters

04 윗글의 내용과 일치하는 것은?

① 시는 반려동물의 임시 보호를 우선시한다.
② 시가 운영하는 동물 보호소에는 방문할 수 없다.
③ 반려동물 입양 신청은 무료로 진행된다.
④ 입양 신청자와의 면담이 따로 진행된다.

[05-06] 다음 글을 읽고 물음에 답하시오.

Coach Youth Soccer

Fall is coming, and that means soccer season is arriving. The Kenmore Community Center will be hosting youth soccer leagues for boys and girls ages five to seventeen then. But we need help to make this season a success.

Each year, some teams struggle because they lack a coach who can guide them through the season. Many community members are willing to do the work but don't know how to go about their jobs.

That's why we're hosting a coaching workshop on Sunday, August 21, for those interested in becoming youth soccer coaches. Attendees will learn the rules of soccer, how to run a practice, and how to coach a game.

It doesn't matter if you have never coached a game before or if you don't have professional coaching experience. We need coaches, and we want you to be one.

Call Richard Willis at (403) 555-1832 to register.

05 윗글의 내용과 일치하는 것은?

① The youth soccer league takes place in summer.
② Some teams have not had coaches to help them.
③ Coaching experience is necessary to register.
④ Registration is accepted via an online website.

06 밑줄 친 "guide"의 의미와 가장 가까운 것은?

① tour
② protect
③ control
④ instruct

[07-08] 다음 글을 읽고 물음에 답하시오.

| (A) |

For the second consecutive year, the town carnival is coming. This year's event will last from April 3 to 16 and be held at the fairgrounds on the eastern edge of town.

Children of all ages and ladies and gentlemen are invited. There will be rides such as a Ferris wheel, roller coasters, merry-go-rounds, and bumper cars that you can enjoy. You can also play numerous games that offer prizes. Drop by food stalls featuring delicious treats from around the world. There will even be special events such as music concerts, plays, and other shows.

The carnival will be open every day from 11:00 in the morning until midnight. There is no admission fee, but each ride and game costs money. Tickets can be purchased on site at each ride or game.

Come as often as you like to experience fun like you have never imagined.

07 (A)에 들어갈 윗글의 제목으로 가장 적절한 것은?

① Annual Town Parade Set for April
② Test Your Skills and Win Fun Prizes
③ Come and Enjoy: Town Carnival Returns
④ Food Truck Festival Coming to Our Town

08 윗글의 내용과 일치하지 않는 것은?

① The event has been hosted in the town before.
② Visitors can go on different rides at the event.
③ The event's food stalls offer local dishes.
④ People must pay to play games and go on rides.

[09-10] 다음 글을 읽고 물음에 답하시오.

Youth Camping Trip

The Lexington Community Center is pleased to announce that local teens have the opportunity to go camping in Black Mountain National Park this summer.

Youths aged thirteen to sixteen are <u>eligible</u> to participate in a 3-day, 2-night camping trip from Friday, July 14, to Sunday, July 16. The campers will be accompanied by staff at the community center as well as by some parents acting as guides.

Itinerary:

Day	Time	Activities
July 14, Friday	9:00 A.M.	Depart community center by bus
	11:00 A.M.	Arrive at campsite
July 15, Saturday	Throughout the day	Activity-focused day
July 16, Sunday	6:00 P.M.	Return to community center

Campers will have the opportunity to engage in a variety of activities. Among them are hiking, fishing, canoeing, birdwatching, and swimming. There is a $20 fee for all campers that must be paid in advance. For more information, visit the Lexington Community Center at 67 Jackson Drive.

09 윗글의 내용과 일치하는 것은?

① 캠핑 기간은 3박 4일이다.
② 부모는 캠핑에 동행할 수 없다.
③ 7월 14일 오전 9시에 캠핑장에 도착할 예정이다.
④ 20달러의 참가비는 사전에 지불해야 한다.

10 밑줄 친 "eligible"의 의미와 가장 가까운 것은?

① limited
② offered
③ entitled
④ encouraged

DAY 19 안내문

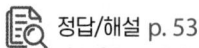

[01-02] 다음 글을 읽고 물음에 답하시오.

$$\boxed{(A)}$$

The city of Davidson will be opening its new cultural center in August. The building is located at the northeast corner of Herald Lane and Sylvan Road.

The center will be a source not only of culture but also of learning and entertainment. All local residents will be welcome to visit the center to take part in the numerous events and activities it will be hosting. Among them are language and music classes as well as singing and dancing lessons.

Details:
• **Opening Date:** Monday, August 5
• **Classes Commence:** Wednesday, August 7

First Special Event:
• **Event:** Fusion Art Festival
• **Date:** Friday, August 9
• **Time:** 10:00 A.M. to 8:00 P.M.

Residents are also encouraged to volunteer at the center to provide event facilitation, guest services, and art installation support. For those interested, please call (555) 143-4329.

01 (A)에 들어갈 윗글의 제목으로 가장 적절한 것은?

① We Are Relocating Our Cultural Center
② Jobs Available at City Cultural Center
③ Sign up for Music Classes Now
④ Cultural Center Opening Soon

02 cultural center에 관한 윗글의 내용과 일치하는 것은?

① 노래 수업을 개설한다.
② 수업은 8월 5일에 시작한다.
③ 첫 번째 특별 행사는 주말에 열린다.
④ 더 이상 자원봉사자를 모집하지 않는다.

[03-04] 다음 글을 읽고 물음에 답하시오.

Chance to Enjoy Rural Life

Our local government offers a unique opportunity through the Rural Experience Program. Enjoy rural life with a program ranging from two days to two weeks in various villages. Major activities include:

- **Farming experience:** fruit picking, vegetable growing, crop harvesting
- **Enjoying nature:** guided nature walks, star gazing
- **Others:** traditional food making, local craft workshops

Open to groups of at least five people, the program provides a comprehensive experience with the participation of local experts. Accommodation is available for a <u>reasonable</u> fee, with details on our website. This program is available year-round, regardless of the season. To apply, visit www.ruralexperience.kr and complete the application form.

03 Rural Experience Program에 관한 윗글의 내용과 일치하지 않는 것은?

① 최소 체류 기간은 이틀이다.
② 별을 관찰할 기회가 주어진다.
③ 현지 전문가가 프로그램에 참여한다.
④ 일부 계절에는 프로그램이 운영되지 않는다.

04 밑줄 친 "reasonable"의 의미와 가장 가까운 것은?

① fair
② mild
③ logical
④ average

[05-06] 다음 글을 읽고 물음에 답하시오.

Boryeong Mud Festival 2024

Join us for the world-famous Mud Festival. This annual event attracts visitors from all over the globe who come to experience the joy of mud-based activities on the beautiful beach.

Date: July 19 - July 28, 2024
Location: Daecheon Beach, Boryeong

Highlights of the Festival:
- Mud Wrestling: Challenge friends in exciting mud pits.
- Mud Slides: Enjoy giant mud slides.
- Mud Marathon: Test your endurance in a fun-filled marathon.
- Mud Cosmetics Booth: Experience the <u>rich</u> minerals and skin benefits of Boryeong's mud
- Mud King and Queen Contest: Compete for the crown in a muddy fashion show.

Ticket Information:
- Purchase tickets at www.boryeongmudfestival.com or at the entrance. Early-bird discounts are available!

05 Mud Festival에 관한 윗글의 내용과 일치하지 않는 것은?

① 매년 있는 행사이다.
② 다양한 행사가 일주일 이상 펼쳐진다.
③ 피부 미인 콘테스트가 행사 중에 열린다.
④ 조기 신청자에게는 특별 할인 혜택이 주어진다.

06 밑줄 친 "rich"의 의미와 가장 가까운 것은?

① costly
② precious
③ abundant
④ beneficial

[07-08] 다음 글을 읽고 물음에 답하시오.

We are thrilled to invite you to the 15th annual Running for a Cure. Every step you take and every dollar you raise fuels groundbreaking cancer research and provides vital support to patients in need. Let's make a difference together!

Event Details:
- Date: Saturday, June 22
- Time: 4 P.M. – 8 P.M.
- Location: Olympic Main Stadium
- Distance: 5km, 10km, half marathon

Register:
- Visit www.runforcure.or.kr.
- Complete the form and set your fundraising goal.

Additional Info:
- All participants will receive a <u>complimentary</u> t-shirt and a goody bag filled with surprises.
- Special prizes and certificates await the top finishers and those who raise the most funds.
- Enjoy family-friendly activities, refreshments, and an inspiring community atmosphere.

Fundraising:
- Reach out to friends, family, and colleagues for sponsorship. Share your personal fundraising page on social media to amplify your efforts. Remember, every contribution — big or small — brings us closer to a cure.

07 Running for a Cure에 관한 윗글의 내용과 일치하지 않는 것은?

① 암 연구 및 환자 지원을 위한 행사이다.
② 달리는 거리는 세 유형으로 나뉜다.
③ 참가자가 모금 목표액을 정할 수 있다.
④ 모든 참가자에게 상장이 주어진다.

08 밑줄 친 "complimentary"의 의미와 가장 가까운 것은?

① free
② priceless
③ additional
④ discounted

[09-10] 다음 글을 읽고 물음에 답하시오.

(A)

The following sessions are designed to help our community better understand indoor gardening and plant care. By teaching proper techniques, we want to equip you with the knowledge to maintain healthy and beautiful indoor plants.

Date	Time	Lecture Theme
July 6, Sat	15:00 - 17:00	Indoor Plant Selection and Placement
July 13, Sat	13:00 - 15:00	Pest and Disease Management for Indoor Plants
July 20, Sat	14:00 - 16:00	Watering and Humidity Control

The fee is $10 for each session. All sessions will be held at Daejeon Center. Daejeon citizens may receive a 10% discount with proof of residence. Participation is limited to a maximum of 50 people.

June 30 is the last day to register online. Visit www.daejeoncenter.or.kr to register. On-site registration is not available. If there are more applicants than available spots, a waiting list will be created to fill any openings that may arise due to cancellations.

09 (A)에 들어갈 윗글의 제목으로 가장 적절한 것은?

① Learn More about Indoor Gardening
② Plant Trees Together for Our Environment
③ Visit Our Garden and Take Amazing Photos
④ Get to Know the Beauty of Our Local Plants

10 윗글의 내용과 일치하지 않는 것은?

① 모든 세션은 오후에 열린다.
② 대전 시민은 할인받을 수 있다.
③ 온라인과 현장 접수 모두 가능하다.
④ 지원자가 많을 시 대기자 명단이 만들어진다.

01 Youth Housing Support 프로그램에 관한 다음 글의 내용과 일치하지 않는 것은?

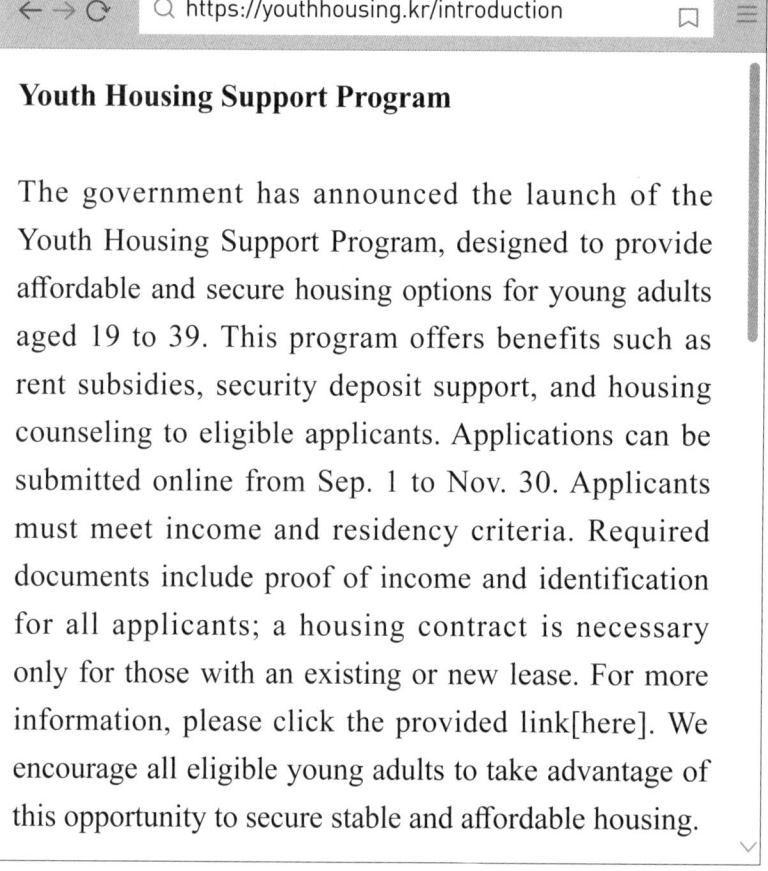

Youth Housing Support Program

The government has announced the launch of the Youth Housing Support Program, designed to provide affordable and secure housing options for young adults aged 19 to 39. This program offers benefits such as rent subsidies, security deposit support, and housing counseling to eligible applicants. Applications can be submitted online from Sep. 1 to Nov. 30. Applicants must meet income and residency criteria. Required documents include proof of income and identification for all applicants; a housing contract is necessary only for those with an existing or new lease. For more information, please click the provided link[here]. We encourage all eligible young adults to take advantage of this opportunity to secure stable and affordable housing.

① It aims to provide low-cost housing for young adults.
② It includes support for rental deposits for young adults.
③ There are eligibility restrictions for application.
④ All applicants need to submit a housing contract.

02 Safe Food 앱에 관한 다음 글의 내용과 일치하는 것은?

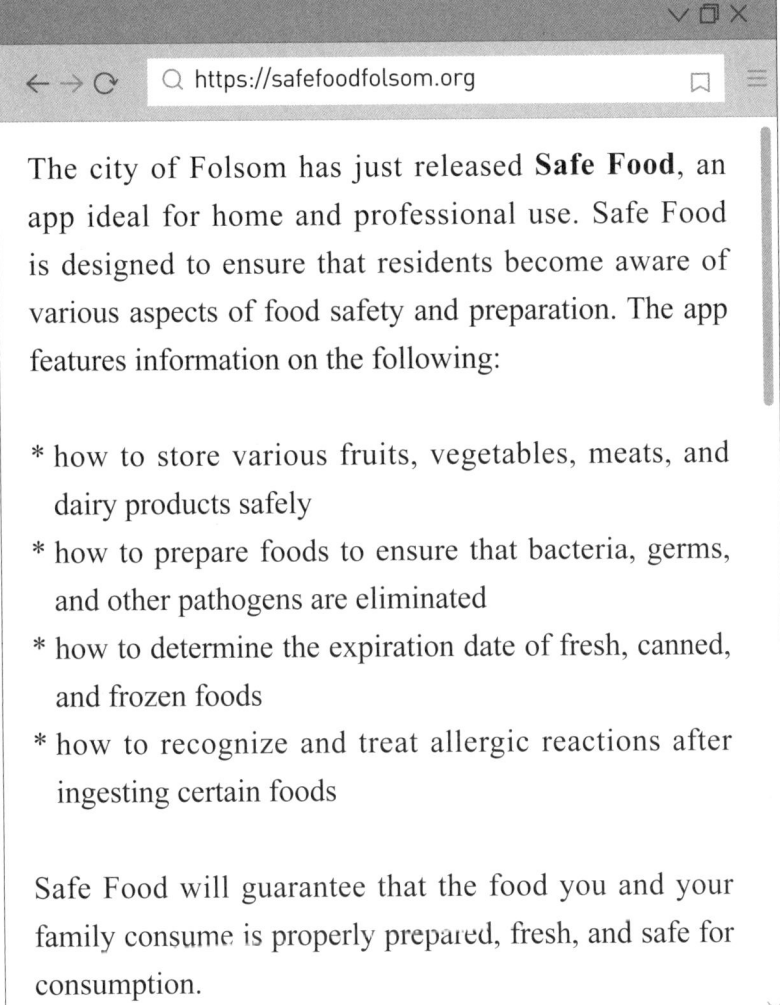

The city of Folsom has just released **Safe Food**, an app ideal for home and professional use. Safe Food is designed to ensure that residents become aware of various aspects of food safety and preparation. The app features information on the following:

* how to store various fruits, vegetables, meats, and dairy products safely
* how to prepare foods to ensure that bacteria, germs, and other pathogens are eliminated
* how to determine the expiration date of fresh, canned, and frozen foods
* how to recognize and treat allergic reactions after ingesting certain foods

Safe Food will guarantee that the food you and your family consume is properly prepared, fresh, and safe for consumption.

① It is developed exclusively for professional chefs.
② Users can learn how to get rid of bacteria in food.
③ It offers recipes to use the foods close to expiring.
④ Users can share their food allergy experience with others.

03 Special Assistance Services에 관한 다음 글의 내용과 일치하지 않는 것은?

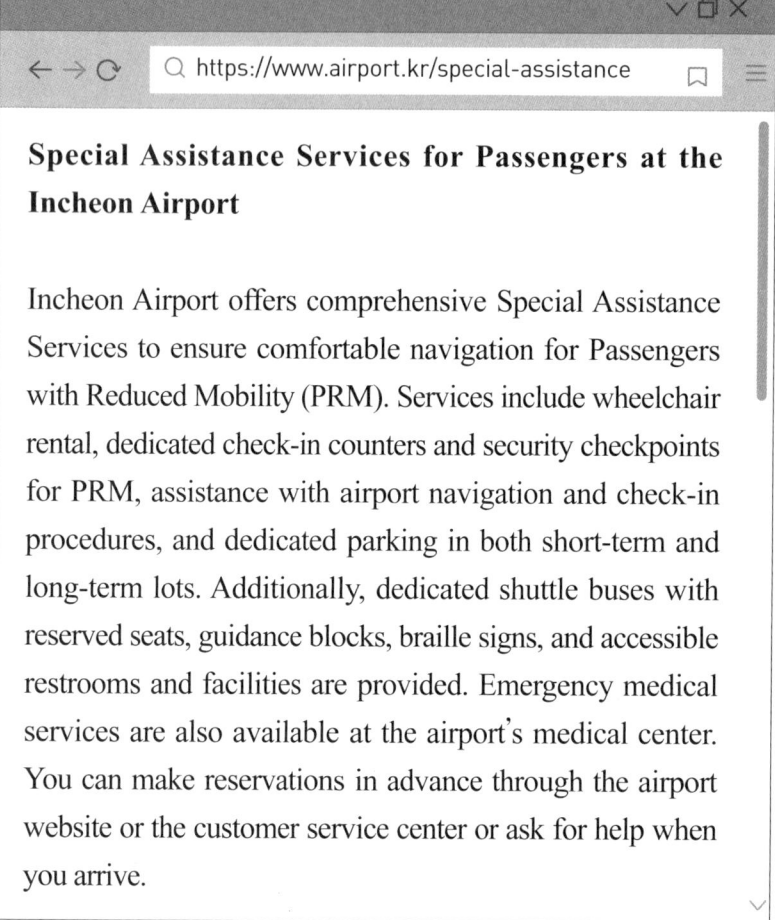

① There are security checkpoints available only to PRM.
② They offer support for PRM during check-in.
③ PRM can use assigned seating in a shuttle bus.
④ An advance reservation is essential to use them.

04 다음 글의 내용과 일치하지 않는 것은?

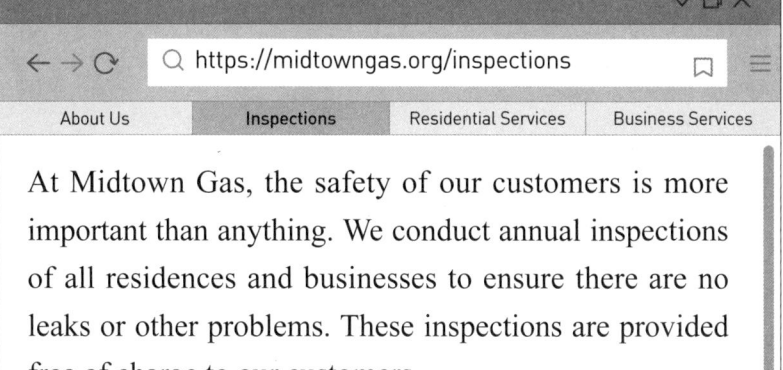

At Midtown Gas, the safety of our customers is more important than anything. We conduct annual inspections of all residences and businesses to ensure there are no leaks or other problems. These inspections are provided free of charge to our customers.

If you smell gas or suspect you may have a leak, contact us immediately either online by clicking <u>here</u> or by calling (306) 555-8711. Your call will be answered at once, or you will receive an online response within a few minutes. An inspector will be sent to you promptly no matter the time or the day. Please provide your address and phone number so that the inspector can contact you to identify the nature of the problem.

① Midtown Gas serves both homes and businesses.
② All inspections for customers are conducted at no cost.
③ Phone responses are provided immediately.
④ Inspectors are scheduled solely during business hours.

05 Jeju Olle Pass 앱에 관한 다음 글의 내용과 일치하지 않는 것은?

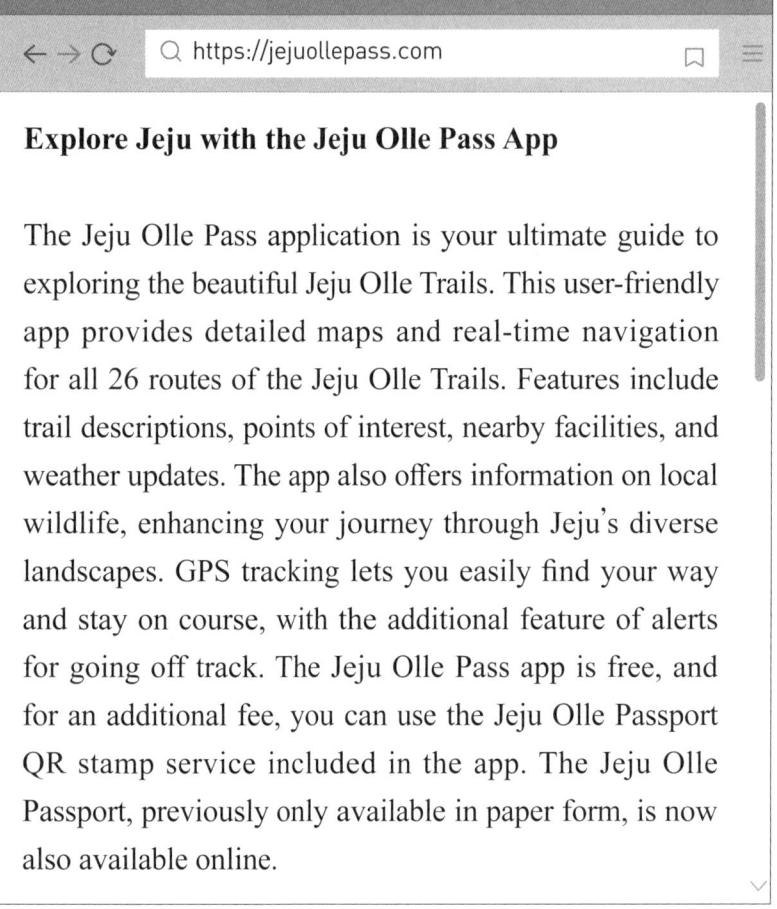

Explore Jeju with the Jeju Olle Pass App

The Jeju Olle Pass application is your ultimate guide to exploring the beautiful Jeju Olle Trails. This user-friendly app provides detailed maps and real-time navigation for all 26 routes of the Jeju Olle Trails. Features include trail descriptions, points of interest, nearby facilities, and weather updates. The app also offers information on local wildlife, enhancing your journey through Jeju's diverse landscapes. GPS tracking lets you easily find your way and stay on course, with the additional feature of alerts for going off track. The Jeju Olle Pass app is free, and for an additional fee, you can use the Jeju Olle Passport QR stamp service included in the app. The Jeju Olle Passport, previously only available in paper form, is now also available online.

① It provides real-time route information for all Olle trails.
② It contains data about close-by services and weather.
③ It offers signals to warn users if they leave the course.
④ It includes the free Jeju Olle Passport QR stamp service.

06 다음 글의 내용과 일치하는 것은?

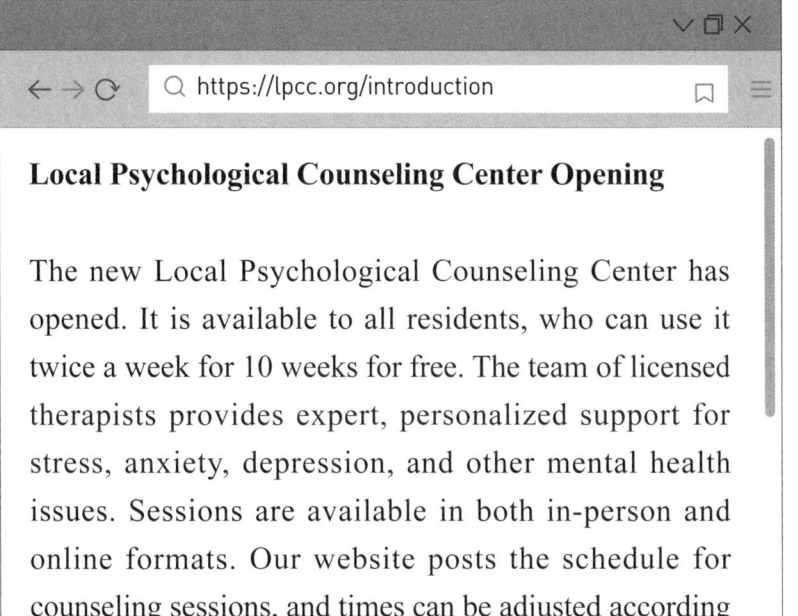

Local Psychological Counseling Center Opening

The new Local Psychological Counseling Center has opened. It is available to all residents, who can use it twice a week for 10 weeks for free. The team of licensed therapists provides expert, personalized support for stress, anxiety, depression, and other mental health issues. Sessions are available in both in-person and online formats. Our website posts the schedule for counseling sessions, and times can be adjusted according to individual circumstances. Additional counseling can be arranged based on the counselor's opinion after the 10-week period of complimentary sessions. The center intends to improve mental health and well-being by offering a safe, confidential environment to discuss personal concerns.

① Any local resident can use the service every day for 10 weeks.
② All counseling sessions are held in person as a general rule.
③ Counseling times can be adapted to suit individual needs.
④ Further counseling sessions are provided upon client request.

07 다음 글의 목적으로 가장 적절한 것은?

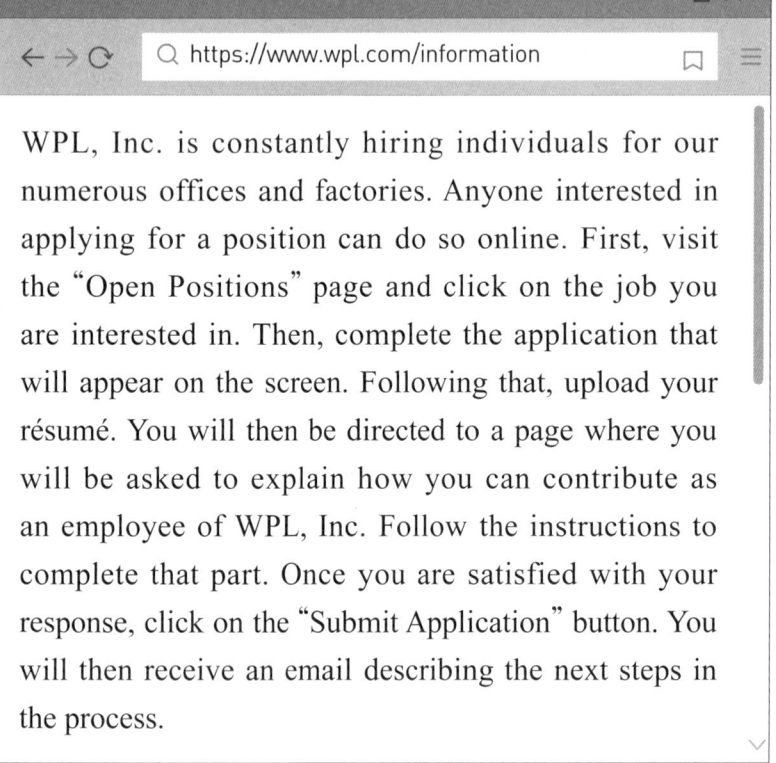

WPL, Inc. is constantly hiring individuals for our numerous offices and factories. Anyone interested in applying for a position can do so online. First, visit the "Open Positions" page and click on the job you are interested in. Then, complete the application that will appear on the screen. Following that, upload your résumé. You will then be directed to a page where you will be asked to explain how you can contribute as an employee of WPL, Inc. Follow the instructions to complete that part. Once you are satisfied with your response, click on the "Submit Application" button. You will then receive an email describing the next steps in the process.

① to provide detailed job descriptions for vacancies
② to share a company's history and long-term vision
③ to offer guidance on the job application process
④ to explain how to use a company's intranet

08 Social Security Administration에 관한 다음 글의 내용과 일치하는 것은?

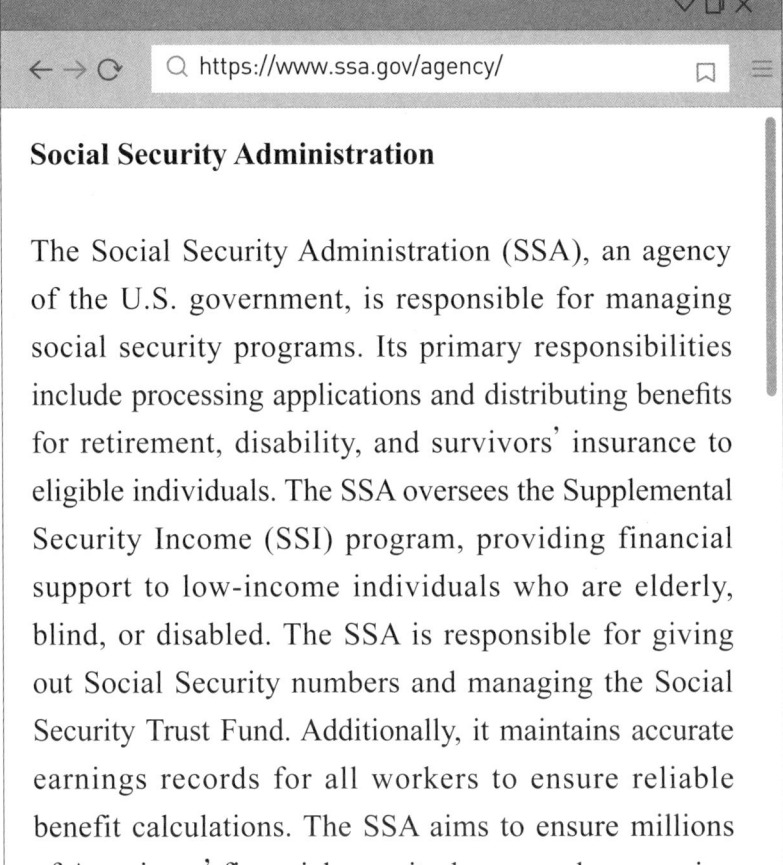

Social Security Administration

The Social Security Administration (SSA), an agency of the U.S. government, is responsible for managing social security programs. Its primary responsibilities include processing applications and distributing benefits for retirement, disability, and survivors' insurance to eligible individuals. The SSA oversees the Supplemental Security Income (SSI) program, providing financial support to low-income individuals who are elderly, blind, or disabled. The SSA is responsible for giving out Social Security numbers and managing the Social Security Trust Fund. Additionally, it maintains accurate earnings records for all workers to ensure reliable benefit calculations. The SSA aims to ensure millions of Americans' financial security by properly managing these programs.

① It is an agency operated entirely at the local level.
② It runs a program that financially assists young adults.
③ It handles the distribution of Social Security numbers.
④ It calculates a rough estimate of worker income.

09 Visit National Parks 앱에 관한 다음 글의 내용과 일치하지 않는 것은?

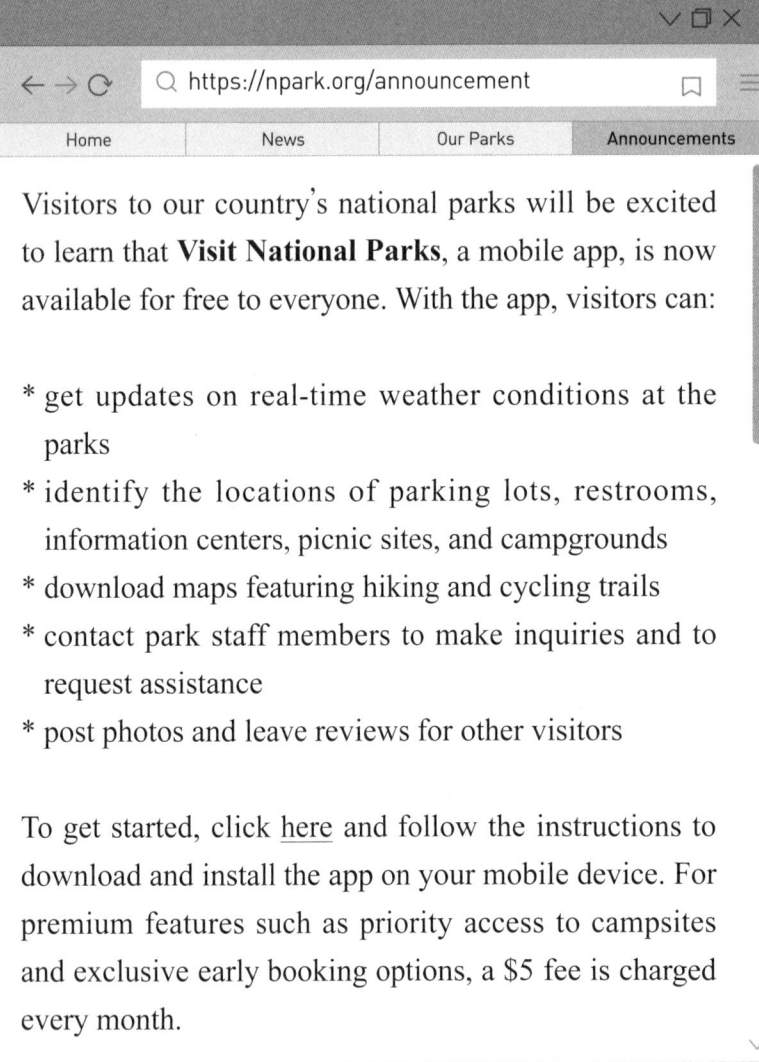

① It offers real-time weather reports for national parks.
② Users can obtain hiking and cycling route maps from it.
③ Visitors are able to ask park staff questions through it.
④ It charges a one-time $5 fee for premium features.

10 다음 글의 내용과 일치하지 않는 것은?

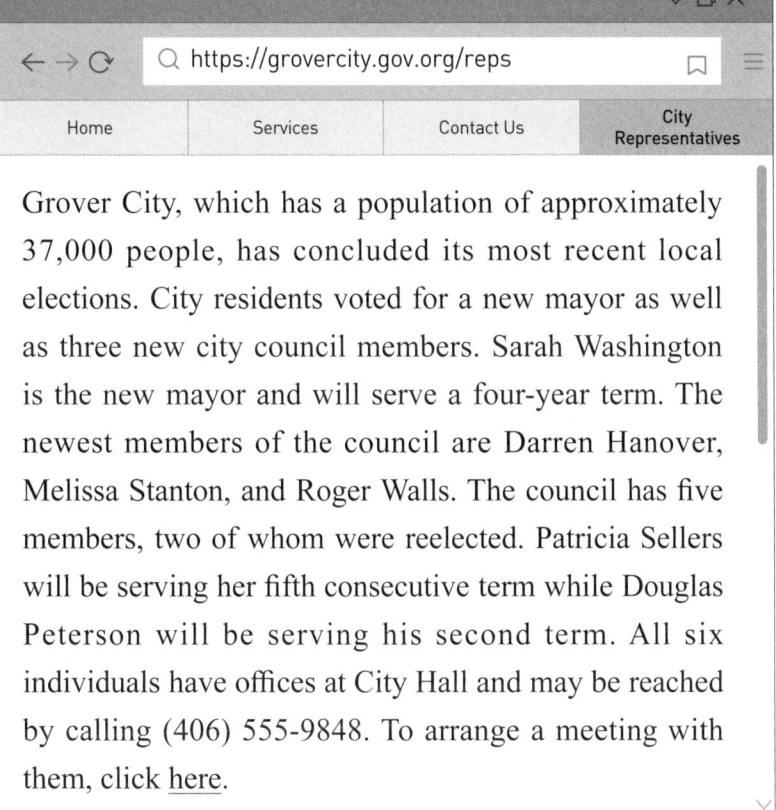

Grover City, which has a population of approximately 37,000 people, has concluded its most recent local elections. City residents voted for a new mayor as well as three new city council members. Sarah Washington is the new mayor and will serve a four-year term. The newest members of the council are Darren Hanover, Melissa Stanton, and Roger Walls. The council has five members, two of whom were reelected. Patricia Sellers will be serving her fifth consecutive term while Douglas Peterson will be serving his second term. All six individuals have offices at City Hall and may be reached by calling (406) 555-9848. To arrange a meeting with them, click here.

① Sarah Washington was elected as the city mayor.
② Roger Walls is joining as the new councilor.
③ Patricia Sellers is serving her fifth term in a row.
④ Meetings with the mayor should be organized by phone.

실전편

DAY 21 - 30

[01-02] 다음 글을 읽고 물음에 답하시오.

Learn about Renaissance Art

The Gordon Museum is pleased to announce it is opening a new wing on Saturday, November 1.

The wing will feature artwork from the Renaissance. Come and see works created by great masters from Italy, France, the Netherlands, and England. There are more than fifty paintings in the permanent collection while forty others will be on loan to the museum for the next two years.

The museum will hold a special opening ceremony on Saturday, November 1, from noon to 2:00 P.M. Everyone is free to attend. There will be speeches by Julie Marino, the museum's curator, and Professor Dean Verma, a noted art historian specializing in the Renaissance.

Admission to the museum on November 1 and 2 will be discounted by fifty percent. Starting on November 3, the regular entry fee of $10 per person and $7 for children and the elderly will apply.

01 윗글의 내용과 일치하지 않는 것은?

① The new wing will show works of Renaissance art.
② Some works in the new exhibit do not belong to the museum.
③ Speeches will be given at the opening ceremony.
④ The entry fees are the same throughout November.

02 밑줄 친 "discounted"의 의미와 가장 가까운 것은?

① offered
② neglected
③ deducted
④ increased

03 다음 글의 목적으로 가장 적절한 것은?

To	Public Health Center Director
From	Emma Turner
Date	Thursday, Aug 22
Subject	Public Healthcare Services

Dear Public Health Center Director,

I hope this e-mail finds you well. I am reaching out to convey my concerns regarding the current state of public healthcare services in our community. Many residents have experienced long wait times, insufficient medical staff, and inadequate facilities. In recent months, I have observed these inconveniences during my visits to the hospital.

I kindly request immediate measures to enhance our public healthcare services. These might include increasing the number of healthcare professionals, upgrading medical facilities, and improving patient care processes. If these changes are beyond the center's resources or authority, I urge you to seek assistance from local government authorities to address these critical issues.

Thank you for your attention to this important matter.

Sincerely,
Emma Turner

① 공공 진료 절차의 간소화 방법을 제안하려고
② 지역 공공 보건 서비스의 개선을 요청하려고
③ 공공 보건 종사자들의 처우 개선을 촉구하려고
④ 지역 보건 서비스에 대한 정부 개입을 요구하려고

04 다음 글의 주제로 가장 적절한 것은?

> There is consideration to which some advocates of freedom attach too little importance. In a community of children which is left without adult interference there is tyranny of the stronger, which is likely to be far more brutal than most adult tyrannies. If two children, two or three years old, are left to play together, they will, after a few fights, discover which is bound to be the victor, and the other will then become a slave. Where the number of children is larger, one or two acquire complete mastery, and the others have far less liberty than they would have if the adults interfered to protect the weaker and less pugnacious. Consideration for others does not, with most children, arise spontaneously, but has to be taught, and can hardly be taught except by the exercise of authority. This is perhaps the most important argument against the abdication of the adults.

① the importance of freedom in child care
② understanding children's behaviors in various environments
③ the relation of victors to slaves in a community of children
④ the necessity for adult interference in child care

05 다음 글의 요지로 가장 적절한 것은?

> When we furnish our rooms or fill our closets, we say "I want that," but we also tell manufacturers "make more of that" — setting in motion a whole process of extraction, production, distribution, marketing, and sales. In the process, we tell each other that this level of consumption is normal, natural, and good. Each of our decisions, therefore, is a case study in ethics, a determination about the nature of "the good life." As we peruse the stuff available to us, we're making judgements about which goods are good for us and why. We don't think we're engaged in ethical reflection, but we are deciding what we value, and how we will embody our values in the material world. Our rooms and our belongings send messages about identity and community, but they also express our ethical sensibilities, whether we like it or not.

① Where we live decides what we consume.
② What we buy reflects what we value in life.
③ Ethics rarely has an impact on consumer's behavior.
④ Excessive spending goes against our ethical values.

06 다음 글의 흐름상 가장 어색한 문장은?

It is said that accounting is the language of business. Managers use accounts of operating income and losses to see whether they are doing well and should expand, or whether they are doing badly and should contract. ① Accounting is the basis of capital decisions for another reason: Outsiders' view of the financial condition of a firm is based on its accounts. ② It is then the basis for stock prices; it is also the basis on which lenders to the firm decide what interest rate they will charge, or even whether they will lend at all. ③ Given the controversial role of accounting, we need to develop a new theory to tell us what must have been the motivation for those decisions. ④ Accounts are the basis for much of the taxation of a firm as well. They also play a role in determining when, or whether, a firm will be declared bankrupt.

07 주어진 문장이 들어갈 위치로 가장 적절한 것은?

> Fortunately, one of the most sustained research programs in postwar musicology has succeeded in reconstructing their original sequence.

Beethoven took scraps of paper with him on his frequent walks, writing down his musical ideas as they came to him. At home, he kept large sketchbooks into which he might copy the results or enter new ideas, fashioning and refashioning the music, crossing it out and starting again. (①) After Beethoven's death these sketchbooks were scattered and in many cases broken up. (②) As a result, you can work through them and trace the painful process by which Beethoven edged toward the music that we know. (③) For instance, while the first section of the 'Ode to Joy' seems to have come to him with little difficulty, the middle section gave him enormous trouble; there is sketch upon sketch in which Beethoven tries one idea, then another. (④) And you find that the most characteristic and expressive features of the music come together only during the final stages of the compositional process.

08 주어진 글 다음에 이어질 글의 순서로 가장 적절한 것은?

> The idea of a "natural happening" or "occurrence" is not as familiar or acceptable for Americans as it is for the Chinese and many other non-Westerners. Events do not just occur or happen naturally; they require a cause or an agent that can be held responsible.

(A) Unlike Romance languages that allow the statement, "Is raining," the English speaker must invent a dummy subject to say, "It is raining." The "it" in this English statement fills the subject position, normally associated with the agent of a verb.

(B) Americans are not satisfied with statements of occurrence until they have determined who is responsible — who did it or who caused it to be done. "Where there's smoke, there's fire" means that each effect or event has a causative agent.

(C) The English language reflects this quality of American (and English) thinking. For example, in English one cannot refer to a natural occurrence of rain without a subject.

① (B) - (A) - (C) ② (B) - (C) - (A)
③ (C) - (A) - (B) ④ (C) - (B) - (A)

09 밑줄 친 부분에 들어갈 말로 가장 적절한 것은?

> It is said that people are different from most of other eaters in nature. For one thing, we've acquired the ability to substantially _____ the food chains we depend on, by means of such revolutionary technologies as cooking with fire, farming, and food preservation. Cooking opened up whole new vistas of edibility by rendering various plants and animals more digestible and overcoming many of the chemical defenses other species deploy against being eaten. Agriculture allowed us to vastly multiply the populations of a few favored food species, and therefore in turn our own. And, most recently, industry has allowed us to reinvent the human food chain, from the synthetic fertility of the soil to the microwaveable can of soup designed to fit into a car's cup holder. The implications of this last revolution, for our health and the health of the natural world, we are still struggling to grasp.

① modify ② compromise
③ reverse ④ preserve

10 밑줄 친 부분에 들어갈 말로 가장 적절한 것은?

> People's relationship with animals is fraught with _____. They express love and appreciation for them and have enacted laws to forbid cruelty to them. The United States is a pet-keeping society, with more dogs, cats, parrots, hamsters, and other pets combined than people and a $60-billion-a-year industry for their care. Millions of Americans are engaged with wildlife in some way, and some of their happiest moments are spent in unspoiled settings. And yet at the same time, they exploit animals on a massive scale, with billions of creatures killed or abused every year for food, clothing, research, and other purposes.

① hostility
② contradictions
③ protectiveness
④ responsibilities

실전 모의고사 2회

[01-02] 다음 글을 읽고 물음에 답하시오.

To	Ed Taylor ⟨mayored@amity.gov⟩
From	Annabeth Murphy ⟨amurphy@neutronmail.com⟩
Date	October 30
Subject	Parade

Dear Mr. Taylor,

I read with dismay an article in *The Amity Times* stating that the city is planning to cancel this year's Thanksgiving parade. I beg you to reconsider this decision and to hold the parade as it was originally planned.

As you are well aware, the Thanksgiving parade has been an Amity tradition since 1902. It has been held without fail even during times of war, pandemics, and economic challenges. The parade is a unifying factor for the residents of Amity as well as a source of pride.

The stated reason for the cancellation is a lack of city funds. However, I believe local sponsors could be secured to help offset the costs. Please consider the potential impact on your legacy — becoming known as the first mayor who canceled the parade is something I'm sure you would regret.

Regards,
Annabeth Murphy

01 윗글의 목적으로 가장 적절한 것은?

① to request that the city host the parade
② to provide a detailed history of the parade
③ to praise the city's recent Thanksgiving parade
④ to suggest ways for the city to increase spending

02 윗글의 내용과 일치하는 것은?

① Murphy learned of the parade's cancellation from a city notice.
② The parade began at the turn of the 21st century.
③ The parade has been held every year since it began.
④ Sponsors have offered to help pay for the parade.

03 Weston Land Development Office에 관한 다음 글의 내용과 일치하지 않는 것은?

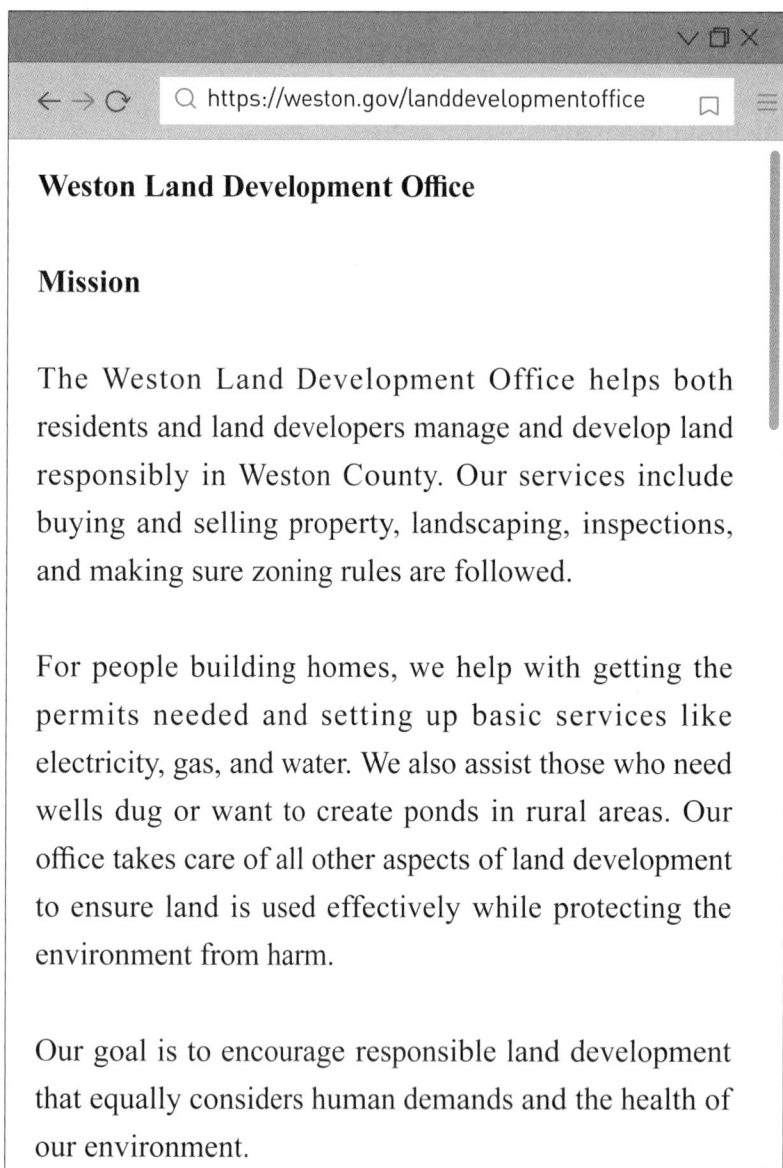

Weston Land Development Office

Mission

The Weston Land Development Office helps both residents and land developers manage and develop land responsibly in Weston County. Our services include buying and selling property, landscaping, inspections, and making sure zoning rules are followed.

For people building homes, we help with getting the permits needed and setting up basic services like electricity, gas, and water. We also assist those who need wells dug or want to create ponds in rural areas. Our office takes care of all other aspects of land development to ensure land is used effectively while protecting the environment from harm.

Our goal is to encourage responsible land development that equally considers human demands and the health of our environment.

① It deals with property transactions.
② It helps people obtain permits and set up utilities.
③ It does not allow people to dig ponds in rural areas.
④ It works to make sure land use is environmentally friendly.

04 다음 글의 주제로 가장 적절한 것은?

> Now there continue to be large leaks of personal data, such as Resident Registration Numbers, on about 62% of Korea's Internet service users. The data includes people's names, Resident Registration Numbers, phone numbers, and in some cases family information. Even more shocking is that obtaining private information has become much easier. A law regulates stronger penalties for collecting or using Resident Registration Numbers for wrongful purposes. However, they are not enough. The fundamental solution will be to minimize the instances when that data must be collected and stored or find alternative means to confirm people's identities online. The government also needs to come up with a safer alternative and make its use legally compulsory and find ways to make companies delete the data they have been collecting.

① leaks of personal information
② wrongful purposes of personal data
③ solutions to protect personal data
④ importance of confirming identities

05 다음 글의 요지로 가장 적절한 것은?

> As a counselor, I often use the North Star as a metaphor. I tell clients: You are in a boat that is being tossed around by the winds of the world. The voices of your parents, your teachers, your friends, and the media can blow you east, then west, then back again. To stay on course you must follow your own North Star, your sense of who you truly are. Only by orienting north can you keep from being blown all over the sea. True freedom has more to do with following the North Star than with going whichever way the wind blows. Sometimes it seems like freedom is blowing with the winds of the day, but that kind of freedom is really an illusion. It turns your boat in circles. Freedom is sailing toward your dreams.

① You should listen to different opinions and set your future course.
② Freedom to pursue one's dreams ought to be guaranteed to everyone.
③ Youth counseling is needed to help teens at the right moment.
④ You must not be driven by external pressures but guided by the goal you have in mind.

06 다음 글의 흐름상 가장 어색한 문장은?

> Leadership scholars used to think that the leader's traits were more important than any other variable to the way leadership was exercised. But now they're more skeptical. ① Traits once considered of extreme importance, such as intelligence, are viewed as having fuzzy and imprecise indications. And traits considered essential in some situations are now seen as virtually irrelevant in others. ② In any case, the explanatory power of traits is now viewed as less than it once was. ③ Leadership skills and traits are key components for making sure that the aspirations of any organization are achieved. ④ It is now widely agreed that to overemphasize the leader's traits is to underemphasize other important variables, such as the situation, the nature of the task at hand, and of course the followers.

07 주어진 문장이 들어갈 위치로 가장 적절한 것은?

> Besides testing for competence, the licensing authority also provides the licensee with a set of rules to follow to keep the license.

Licensing grants individuals formal or legal permission to practice their profession. Licenses are granted by states or even local agencies. Before a license is issued, certain formalities must be accomplished; for example, testing the applicant's knowledge and skills required. (①) If such a test is not passed, the licensing authority may deny issuing the license. (②) If the rules are violated, the authority may have the right to sanction the licensee or recall the license. (③) Clearly a license is a privilege, not a right, and if licensees want to maintain that privilege, they must follow the prescribed code. (④) Licenses are used as both control and educating instruments to enforce rules, laws, and certain society norms.

08 주어진 글 다음에 이어질 글의 순서로 가장 적절한 것은?

Years ago, when I was working with dogs in Europe, I witnessed an intelligence test given by some of the foremost trainers and behaviorists in the field.

(A) I, on the other hand, concluded the poodle was the smartest of all the dogs tested. When confronted with this obstacle, he analyzed the situation and chose the easiest way of achieving the goal of getting to the other side of the wall — he simply walked around it!

(B) The test involved having various breeds of dog negotiate a high wall in order to get to the other side. Dog after dog jumped over the wall. Finally, it was the standard poodle's turn. The poodle stood there for a moment, as if to size up the obstacle in front of him.

(C) Then he casually walked around the wall and joined his fellow competitors on the other side of it. These so-called experts concluded that the poodle had failed the test — he hadn't possessed the intelligence to jump over it.

① (A) - (C) - (B)　　② (B) - (A) - (C)
③ (B) - (C) - (A)　　④ (C) - (A) - (B)

09 밑줄 친 부분에 들어갈 말로 가장 적절한 것은?

A government report estimates that the transport of food consumed by British residents accounts for around 17 million tonnes of CO_2 each year. So it's understandable that green-minded consumers have become increasingly concerned about food miles — the distance travelled by a food product. However, what we need to be cautious of food miles as a barometer of greenness is the fact that it can sometimes be greener _____.
For example, local tomatoes are extremely eco-friendly in the summer. But in the winter, tomatoes can only be grown in cool countries such as Britain with the help of artificially heated greenhouses, which consume large amounts of energy. Similarly, a much publicized study by New Zealand and academics claimed to show that lamb produced in their country and exported to Britain had a lower carbon footprint than lamb raised and consumed in Britain.

① to grow vegetables in your house
② to use organic fertilizer for tomatoes
③ to import things than to grow them locally
④ to buy organic food than to buy conventional food

10 밑줄 친 부분에 들어갈 말로 가장 적절한 것은?

> When faced with things that are too big to sense, we comprehend them by _____.
> The first appearance of a shining star in a darkening evening sky can take you out into the universe if you combine what you see with the twin facts that the star is merely one of the closest of the galaxy's 200 billion stars and that its light began traveling decades ago. The smell of gasoline going into a car's tank during a refueling stop, when combined with the fact that each day nearly a billion gallons of crude oil are refined and used in the United States, can allow our imagination to spread outward into the vast global network of energy trade and politics.

① establishing the local network
② comparing the universe with human beings
③ associating the objects with their names
④ adding knowledge to the experience

[01-02] 다음 글을 읽고 물음에 답하시오.

> (A)

Our wetlands are the main feature that attracts tourists to our seaside town.

Sadly, many people — both visitors and locals — are failing to protect the wetlands, so they are in <u>decline</u>. We need to take care of our wetlands. They are not only important to the local economy but are vital to the numerous species, including birds, marine creatures, and mammals, living there.

Would you like to help protect them? Residents for Wetlands, a local environmental group, will be here to show you how. The president, Ralph Minor, will give a talk explaining how people can contribute to this effort.

Nobody wants to see our wetlands destroyed. Be sure to attend this meeting.

Location: Seaside Library, Second Floor, Main Meeting Room
Date: Friday, June 23
Time: 6:30 P.M. – 8:00 P.M.

For those with questions, visit www.residentsforwetlands.org or call (203) 555-6811 and ask to speak with Tina Washington.

01 (A)에 들어갈 윗글의 제목으로 가장 적절한 것은?

① Participate in a Petition for Our Wetlands
② Explore Our Local Wetlands
③ Volunteer to Pick up Trash in Our Wetlands
④ Join a Meeting to Save Our Wetlands

02 밑줄 친 "decline"의 의미와 가장 가까운 것은?

① ruin
② danger
③ rejection
④ decrease

03 다음 글의 내용과 일치하는 것은?

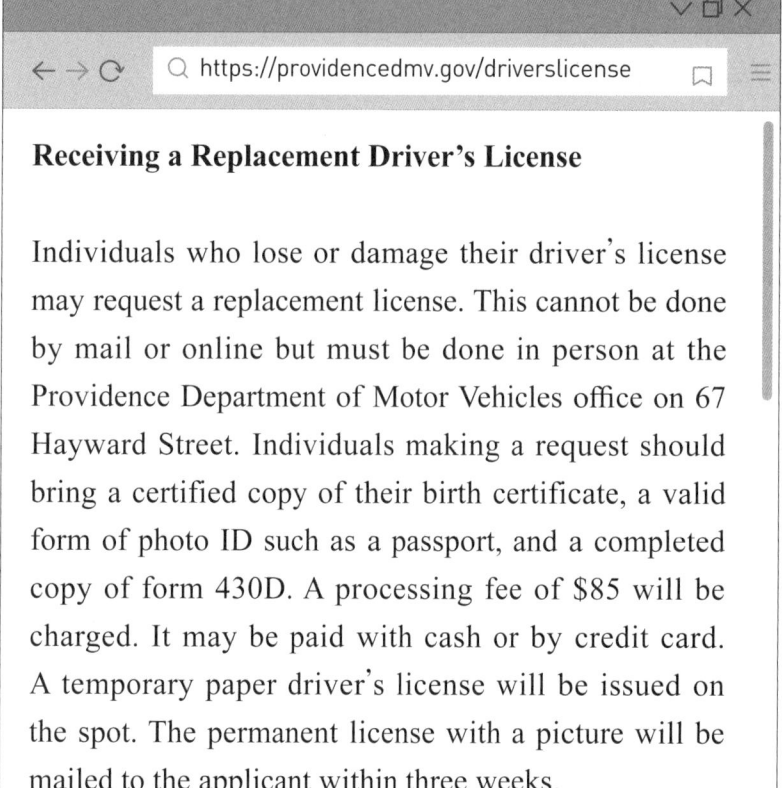

① 인터넷으로 면허증 교체를 신청할 수 있다.
② 면허증을 교체하려면 430D 서류를 작성해야 한다.
③ 수수료는 신용카드로만 결제할 수 있다.
④ 신청일 기준 한 달 후에 사진이 부착된 신분증이 발송된다.

04 다음 글의 주제로 가장 적절한 것은?

> Despite the fact that ancient civilizations relied upon the apparent motion of celestial bodies through the sky to determine seasons, months, and years, we know little about the details of timekeeping in prehistoric eras. But wherever we turn up records and artifacts, we usually discover that in every culture, some people were preoccupied with measuring the passage of time. Ice-age hunters in Europe over 20,000 years ago scratched lines and made holes in sticks and bones, possibly counting the days between phases of the moon. Five thousand years ago, Sumerians in the Tigris-Euphrates valley had a calendar that divided the year into 30 day months, and the day into 12 periods. We have no written records of Stonehenge, built over 4,000 years ago in England, but its alignments show its purposes apparently included the determination of seasonal or celestial events.

① contrast in timekeeping between ancient and modern society
② significance of making a calendar in human history
③ astronomy and Western religious rituals
④ measuring time in ancient civilizations

05 다음 글의 요지로 가장 적절한 것은?

> "It's great, it's amazing, it's so cool...." Can you tell from these whether it's your coworker telling you about her new car, or your teenager son describing the new telephone he wants you to get him? I'm sure you can't. We'll believe your experience is amazing only if you tell us why. We need to know — what did you see? Hear? Touch? Taste? Smell? How did it make you feel? What did it remind you of? Notice when others are just saying, "great," "amazing," "bad," "terrible." Once you've spent some time observing others, you will want to change your own bad habits of using these meaningless words. Now, let's practice: How was your day? Your sandwiches? The movie? Instead of blurting out, "It was great," try to answer these questions as vividly as possible. Once you learn to do that, people will start referring to you as a master storyteller.

① Do not judge others by your own standards.
② Change the subject according to the other person's interests.
③ To deliver your experience well, describe it concretely.
④ Try to encourage others to talk by responding positively.

06 다음 글의 흐름상 가장 어색한 문장은?

On May 18, at 8:32 in the morning, Mount St. Helens blew its top, literally. Suddenly, it was 1,300 feet shorter than before. At the same moment, an earthquake with an intensity of 5 on the Richter scale was recorded. It triggered an avalanche of snow and ice, mixed with hot rock. ① A wave of scorching volcanic gas and rock fragments shot horizontally from the volcano's flank, at 200 miles per hour. ② There is no doubt that the activity of Mount St. Helens has influenced our climate. ③ As the sliding ice and snow melted, it touched off devastating torrents of mud and debris, which destroyed all life in their path. ④ Pulverized rock climbed as a dust cloud into the atmosphere. Finally, lava, accompanied by burning clouds of ash and gas welled out of the volcano's new crater and cracks in its flanks.

07 주어진 문장이 들어갈 위치로 가장 적절한 것은?

> Some consumers still remain loyal to the brand-name drug, perhaps out of fear that the new generic drugs are not actually the same as the drug they have been using for years.

When a firm discovers a new drug, patent laws give the firm a monopoly on the sale of that drug. (①) During the life of the patent, the monopoly firm maximizes profit by controlling the quantity and the price. (②) But eventually when the patent on a drug expires, other companies quickly enter the market and begin selling so-called generic products that are chemically identical to the former monopolist's brand-name product. (③) And expectedly, the price of the competitively produced generic drug is well below the price that the monopolist was charging. The expiration of a patent, however, does not cause the monopolist to lose all its market power. (④) As a result, the former monopolist can continue to charge a price at least somewhat above the price charged by its new competitors.

08 주어진 글 다음에 이어질 글의 순서로 가장 적절한 것은?

> A man was diagnosed with a terminal illness and given six months to live. In his last few days, he said that he had done more in the past months than in his entire life. Remember that life has a deadline; we just do not know when it is. So let's get one!

(A) This decreasing number is a constant reminder to motivate you to take action to live your life, today. You trade each day of your life for what you do in that day. Make a good trade!

(B) What you have is the number of days that you have left to live. Write this number down, and every morning cross it out and write the new number, which is one day less.

(C) We are going to do some calculations to find out how much longer you have to live. Start with the number 79, the average life expectancy. Now, subtract your current age. Multiply that number by 365.

① (A) - (C) - (B) ② (B) - (A) - (C)
③ (B) - (C) - (A) ④ (C) - (B) - (A)

09 밑줄 친 부분에 들어갈 말로 가장 적절한 것은?

> Imagine what would happen if there were some known formula that determined who would be audited by the IRS. Before you submitted a tax return, you could apply the formula to see if you would be audited. If an audit was predicted, but you could see a way to "amend" your tax return until the formula no longer predicted an audit, you probably would do so. If an audit was unavoidable, you would choose to tell the truth. The result of the IRS being completely predictable is that it would audit exactly the wrong people. All those audited would have anticipated their fate and chosen to act honestly, while those spared an audit would have only their consciences to watch over them. When the IRS audit formula is somewhat fuzzy, everyone stands some risk of an audit; this gives an added incentive for _____.

*IRS: (미국) 국세청

① honesty
② deception
③ investment
④ performance

10 밑줄 친 부분에 들어갈 말로 가장 적절한 것은?

> The vagueness of many slang terms is one reason for their being inappropriate in careful writing. In recent years the word *swell* has become very popular as the lazy man's method of indicating any shade of commendation: a swell party, a swell guy, a swell view, a swell dinner, a swell compliment, a swell movie. *Swell* is applied so generally that it means almost nothing. But the language in careful writing should be exact. If you depend on such general terminology, not only do you not express yourself clearly, but you actually injure your mental processes. To a large extent the ability to think in terms of accurate distinctions depends on possessing in your vocabulary the words which express such distinctions. To fail to acquire or to forget sharp, incisive diction is to deprive your mind of indispensable _____.

① tools of thought
② conditions for success
③ means of complimenting
④ opportunities for language learning

[01-02] 다음 글을 읽고 물음에 답하시오.

To	Kevin Morrissey ⟨kmorissey@dogwoodlibrary.org⟩
From	Andrew Schnell ⟨aschnell@readerstime.com⟩
Date	April 16
Subject	Library
Attachment	signed_petition

Dear Mr. Morrissey,

I represent a group of local residents who oppose the recent decision by your library to reduce its hours of operation. Attached is a petition from our group, signed by over 600 local residents who are in favor of maintaining the library's current hours.

The Dogwood Library is one of the most important buildings in our town. Not only do residents go there to access books, magazines, and newspapers, but they also visit for other purposes, such as conducting online research, reviewing old documents, participating in special programs, and holding group meetings.

Reducing the library's hours will <u>significantly</u> impact many residents who rely on these services. We humbly request that you reconsider your decision. I am available to meet in person to discuss this matter at any time.

Sincerely,
Andrew Schnell

01 윗글의 목적으로 가장 적절한 것은?

① to offer to volunteer to work at the library
② to encourage the library to acquire more books
③ to express objection to reducing the library's hours
④ to describe various activities available at the library

02 밑줄 친 "significantly"의 의미와 가장 가까운 것은?

① secretly
② excellently
③ compatibly
④ substantially

03 Water Festival에 관한 다음 글의 내용과 일치하지 않는 것은?

Prepare for a fantastic time at the annual summer Water Festival! Beat the summer heat with an afternoon of laughter, splashes, and friendly competition.

Date: Saturday, July 27, 2024
Time: 1:00 P.M. - 5:00 P.M.
Location: Folk Village

Event Highlights:
- Massive Water Fight: Hundreds of participants for the largest water gun battle
- Water Games: Various water-themed games and activities for all ages
- Special Guests: Sports stars and celebrities who will join the game
- Refreshments: Ice-cold drinks and snacks

What to Bring:
- Your favorite water gun (water guns available for rent on-site)
- A change of clothes and a towel (towels available for purchase on-site)
- Sunscreen and a hat

Registration:
You must register in advance online at www.waterfestival.or.kr to secure your spot.

① 해마다 열리는 여름 물놀이 행사이다.
② 유명인들이 직접 게임에 참여하게 된다.
③ 수건은 현장에서 대여할 수 있다.
④ 온라인으로 사전 신청을 해야 한다.

04 다음 글의 주제로 가장 적절한 것은?

> Organizational successes and failures are often attributed to effective or ineffective leadership, although followers may have been the true reason behind the outcome. When examining the question of what distinguishes high-performance teams and organizations from average ones, most scholars and practitioners agree that high-performance organizations have good leaders and good followers. Competent, confident, and motivated followers are key to the successful performance of any leader's work group or team. Increasingly, many people are replacing old negative conceptions of followers with positive conceptions. Rather than the conforming and passive role in which followers have been cast, effective followers are described as courageous, responsible, and active.

① examining the reasons for failures in leadership
② encouraging conformity and passive followership
③ combining traditional and contemporary followership
④ achieving organizational success by effective followership

05 다음 글의 요지로 가장 적절한 것은?

> The motor of our ingenuity is the question "Does it have to be like this?", from which arise political reforms, scientific developments, improved relationships, and better books. The Romans hated winter cold and developed under-floor heating. They didn't wish to walk on muddy roads, so they paved them. They didn't want to suffer the frustration of a shallow public baths, so they drew water through mountains and across valleys in a system of aqueducts and underground pipes. The Chinese didn't want to find their sailors lost on the sea, so they invented a compass to help them. They were unhappy when the sailing ship could only move when the wind blew from behind them, so they invented sails that allowed ships to sail against the wind. There would be few great human achievements if we accepted all our frustrations.

① Growth of civilization is a result of efforts to overcome inconvenience in the reality.
② There are cultural phenomena commonly found in every civilization.
③ The inventions reflect the country's ethnicity.
④ Great inventions are created by unexpected mistakes.

06 다음 글의 흐름상 가장 어색한 문장은?

Altruistic behavior is common throughout the animal kingdom, particularly in species with complex social structures. ① For example, vampire bats vomit blood and donate it to other members of their group who have failed to feed that night. ② In numerous bird species, a breeding pair receives help in raising its young from other 'helper' birds, who protect the nest from predators. ③ Vervet monkeys give alarm calls to warn fellow monkeys of the presence of predators, even though this can increase their chance of being attacked. ④ Green herons take bread handouts from passing pedestrians, drop the bread into the water, and then strike at the fish surfacing to eat the bread. In social insect colonies, worker ants devote their entire lives to caring for the queen ant, constructing and protecting the nest, and looking for food.

07 주어진 문장이 들어갈 위치로 가장 적절한 것은?

> In fact, the men were unaware that the bill displayed a photo of the king of Thailand.

When their ship landed in Thailand, two US sailors took a tour of Bangkok. (①) As they stopped at a street corner, they saw some paper money on the ground and stepped on it to keep it from blowing away. Seeing it, two uniformed Thai police officers at the same intersection ran to the sailors and arrested them. (②) According to the US officer who arranged to set the sailors free, the sailors had to apologize to the police. (③) The Thais consider him sacred, so stepping on his image is unforgivable and a serious crime. (④) To avoid such a problem when you are traveling in Thailand, you should be aware how deeply the people respect the royal family.

08 주어진 글 다음에 이어질 글의 순서로 가장 적절한 것은?

> Just imagine how early humans trembled in absolute terror when a volcano erupted, an earthquake occurred, or a total solar eclipse took place. They felt threatened; they did not know then what we generally know today about these occurrences.

(A) Even to this day, however, a lot of people are living in various places around the world to have these religious thoughts. Namely, they are still prepossessed by pre-Newtonian ideas where natural phenomena are not explained scientifically.

(B) Early humans did not understand these natural phenomena; instead, they attributed such natural events to the wrath of the gods. When humans discovered the actual, natural, causal factors of such events, they changed their way of thinking about them.

(C) We know that many volcanoes erupt due to the buoyancy and the pressure of the gas within the Earth's crust causing magma to be released. We know that a solar eclipse occurs when the moon passes between the Sun and the Earth and fully or partially covers the Sun.

① (A) - (C) - (B) ② (B) - (A) - (C)
③ (C) - (A) - (B) ④ (C) - (B) - (A)

09 밑줄 친 부분에 들어갈 말로 가장 적절한 것은?

> Over the past 60 years, as mechanical processes have replicated behaviors and talents we thought were unique to humans, we've had to change our minds about what sets us apart. As we invent more species of AI, we will be forced to surrender more of what is supposedly unique about humans. Each step of surrender — we are not the only mind that can play chess, fly a plane, make music, or invent a mathematical law — will be painful and sad. We'll spend the next three decades — indeed, perhaps the next century — in a permanent identity crisis, continually asking ourselves what humans are good for. If we aren't unique toolmakers, or artists, or moral ethicists, then what, if anything, makes us special? In the grandest irony of all, the greatest benefit of an everyday, utilitarian AI will not be increased productivity or an economics of abundance or a new way of doing science — although all those will happen. The greatest benefit of the arrival of artificial intelligence is that _____.

① AIs will help define humanity
② humans could also be like AIs
③ humans will be liberated from hard labor
④ AIs could lead us in resolving moral dilemmas

10 밑줄 친 부분에 들어갈 말로 가장 적절한 것은?

> Here is an example of how _____. Researchers asked respondents to estimate the number of deaths per year that occur as a result of forty different types of misfortune in all. They then compared people's answers to actual death rates. Generally, dramatic, vivid causes of death (accident, homicide, tornado, flood, fire) were overestimated, whereas more common causes of death (diabetes, asthma, stroke, tuberculosis) were underestimated. Why? The researchers counted the number of stories involving various causes of death in the two best-known newspapers that the respondents subscribed to. They found that the frequency of newspaper coverage and the respondents' estimates of the frequency of death were highly correlated. People mistook the pervasiveness of newspaper stories about homicides, accidents, or fires, which they could easily face, as a sign of the frequency of the events these stories profiled.

① our thoughts about misfortune change
② we ignore the various causes of risks in life
③ we can be influenced by exaggerated rumors
④ our judgments can be distorted by availability

[01-02] 다음 글을 읽고 물음에 답하시오.

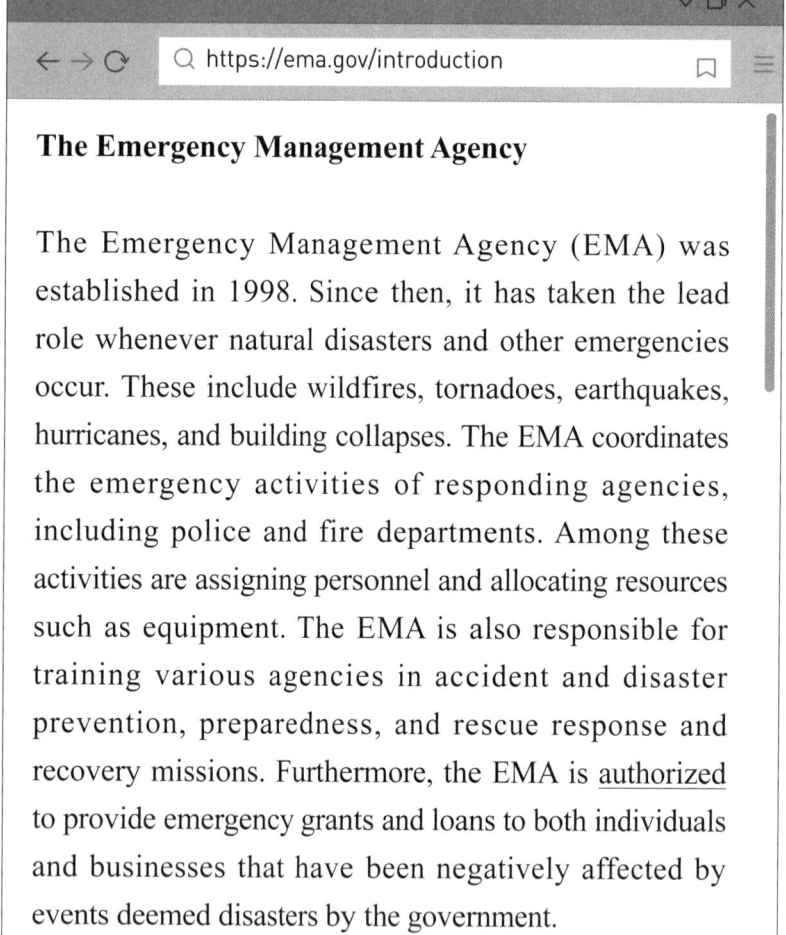

01 Emergency Management Agency에 관한 윗글의 내용과 일치하지 않는 것은?

① It responds to urgent situations like hurricanes.
② It follows the instructions of the fire departments.
③ It teaches other agencies to respond to disasters.
④ It provides money to those affected by disaster events.

02 밑줄 친 "authorized"의 의미와 가장 가까운 것은?

① elected
② written
③ regulated
④ permitted

03 다음 글의 목적으로 가장 적절한 것은?

To	Logan District Office
From	Mia Harrison
Date	Monday, July 29
Subject	Foreign-related Administration

To whom it may concern,

I am writing to highlight the pressing challenges faced by the foreign community, a vital part of our district, in navigating administrative processes in the district office. In particular, many individuals experience difficulties in obtaining essential documents due to inadequate translation support. Many forms and official communications are only available in Korean, creating a significant language barrier. Additionally, the online portals lack comprehensive translation options, further complicating access to necessary information and services.

Here are some suggestions for addressing these issues:
- Provide forms and instructions in multiple languages.
- Establish official translation services in administrative offices.
- Develop a multilingual online portal with guides and FAQs.
- Train staff to assist foreigners and manage language barriers effectively.

Thank you for your attention to this matter. I look forward to seeing positive changes.

Sincerely,
Mia Harrison

① 외국인 관련 행정 민원의 온라인 접수 방법을 안내하려고
② 외국인 방문객을 위한 관광 안내 시설 확대를 제안하려고
③ 지역민들을 위한 외국어 교육 프로그램 강화를 요청하려고
④ 외국인 거주민의 행정 편의를 위한 언어 지원을 건의하려고

04 다음 글의 주제로 가장 적절한 것은?

> A minimum wage is the lowest hourly, daily or monthly pay that employers can legally give to workers. At the same time, it is the lowest wage at which workers may sell their labor. Often, business leaders claim that raising the minimum wage will destroy jobs and hurt small businesses. But the evidence shows otherwise. Because the working poor spend everything they earn, every penny of a minimum wage increase goes back into the economy, increasing consumer demand and adding at least as many jobs as are lost. In addition, most employers actually get benefits, experiencing decreased absenteeism, lower recruiting and training costs, and higher productivity and job satisfaction.

① the past and future of the minimum wage
② the relationship between the minimum wage and basic pay
③ the positive effect of raising minimum wage
④ the impact of the minimum wage on prices

05 다음 글의 요지로 가장 적절한 것은?

> Comfortable living conditions include not only chemical and physical cleanliness, but also privacy, space, and quietness. Since these belong to needs deeply rooted in human nature, the demand for them will increase as we prosper. Unfortunately, however, these comforts will soon be unavailable if developments are continued without paying due attention to these needs. Before it is too late, strong actions should be taken so that clean, private, spacious, and quiet dwellings can be guaranteed.

① 쾌적한 주거 환경을 보존하자.
② 심각한 교통 문제를 해결하자.
③ 공공 편의 시설을 확충하자.
④ 인간성 회복 운동에 참여하자.

06 다음 글의 흐름상 가장 어색한 문장은?

Several plane crashes and near crashes have been attributed to dangerous downward wind bursts known as *wind shear*. These wind bursts generally result from high-speed downdrafts in the turbulence of thunderstorms, but they can occur in clear air when rain evaporates high above the ground. ① The downdraft spreads out when it hits the ground and forms an inward circular pattern. ② A plane entering the pattern experiences an unexpected upward headwind that lifts the plane. ③ Special radar systems are being installed at major airports to detect the location of unpredictable thunderstorms. ④ To resist it, the pilot often cuts speed and lowers the plane's nose to compensate. Further into the circular pattern, the wind quickly turns downward, and an airplane can suddenly lose altitude and possibly crash when it is near the ground, as upon landing.

07 주어진 문장이 들어갈 위치로 가장 적절한 것은?

> Most people, however, would rather receive $19 today than $20 tomorrow.

Studies show that when people imagine the pain of waiting, they imagine that it will be worse if it happens in the near future than in the far future. (①) For example, most people would rather receive $20 in a year than $19 in 364 days. (②) They think a one-day delay that takes place in the far future looks to be a minor inconvenience. (③) They think a one-day delay in the near future looks to be an unbearable torment. Whatever amount of pain a one-day wait entails, that pain is surely the same whenever it is experienced. (④) But people imagine a near-future pain is so severe that they will gladly pay a dollar to avoid it, but a far-future pain is so mild that they will gladly accept a dollar to endure it.

08 주어진 글 다음에 이어질 글의 순서로 가장 적절한 것은?

> Among the most important determinants of the psychological demands of any sport are its nature and structure. For example, consider some differences between soccer and snooker.

(A) After all, a footballer can try to win the ball back off an opponent by chasing and tackling him or her, but a snooker player can only sit and watch while his or her opponent is potting balls on the table. In short, the structure of a sport can affect its psychological requirements.

(B) Whereas the former is a timed, physical contact, team game, the latter is an untimed, non-contact, individual sport. These differences are likely to affect the mental challenges posed by these sports.

(C) For example, it seems plausible that whereas motivation, communication skills, and an ability to anticipate opponents' moves are vital for soccer players, snooker performers depend more on cognitive skills like concentration, decision making, and the ability to recover mentally from errors.

*snooker: 스누커(흰 공을 쳐서 21개의 공을 포켓에 넣는 당구)

① (B) - (A) - (C) ② (B) - (C) - (A)
③ (C) - (A) - (B) ④ (C) - (B) - (A)

09 밑줄 친 부분에 들어갈 말로 가장 적절한 것은?

> Many people are resistant to the notion that numerical data can convey the beauty of the real world. They feel that somehow converting things to numbers strips away the magic. In fact, they could not be more wrong. Numbers have the potential to allow us to perceive that beauty, that magic, more clearly and more deeply, and to appreciate it more fully. Admittedly, _____ may be removed by expressing things in numerical form. For example, if I say that there are four people in the room, you know exactly what I mean, whereas, if I say that someone is attractive you may not be entirely sure what I mean. You may even disagree with my view that someone is attractive; you are unlikely to disagree with my view that there are four people in the room. Numbers are universally understood, regardless of nationality, religion, gender, age, or any other human characteristic.

① ambiguity
② deception
③ certainty
④ uniformity

10 밑줄 친 부분에 들어갈 말로 가장 적절한 것은?

> Human farmers and their domesticated plants and animals made a grand bargain, though the farmers did not realize it at the time. Consider maize. Domestication made it dependent on man. But its association with humans also carried maize far beyond its origins as a little-known Mexican grass, so that it is now one of the most widely planted crops on earth. From mankind's point of view, meanwhile, the domestication of maize made available an abundant new source of food. But its cultivation (like that of other plants) prompted people to adopt a new lifestyle based on farming. Is man taking advantage of maize for his own purposes, or is maize taking advantage of man? Domestication, it seems, is _____.

① a pain in the neck
② an unfair sacrifice
③ a two-way street
④ a zero-sum game

[01-02] 다음 글을 읽고 물음에 답하시오.

Attention: Apartment Residents

It is important that residents of Hillside Apartments enjoy a peaceful and comfortable living environment. We therefore have an important message for our residents.

There have been reports of excessive noise, such as yelling, screaming, and stomping, coming from some units, particularly from children. These and other loud noises are disturbing nearby residents. We urge all parents to take <u>measures</u> to prevent their children from being too loud.

Likewise, please remember that operating loud appliances, like washing machines, is discouraged after 10:00 P.M. These devices can create significant vibrations and noise, which are particularly intrusive during nighttime hours when many residents are resting.

We understand that some level of noise is inevitable. However, we ask for everyone's cooperation to minimize disturbances. Thank you for being considerate neighbors and for helping maintain a peaceful community atmosphere.

01 윗글의 목적으로 가장 적절한 것은?

① to introduce new security regulations
② to inform residents about community events
③ to remind residents of noise control policies
④ to announce a renovation project in the apartment

02 밑줄 친 "measures"의 의미와 가장 가까운 것은?

① actions
② amounts
③ proposals
④ resources

03 United States Trade Representative에 관한 다음 글의 내용과 일치하는 것은?

United States Trade Representative

Mission

The United States Trade Representative (USTR) is tasked with creating and recommending U.S. trade policy.

Key Functions

The USTR leads trade negotiations, ensuring U.S. rights are upheld under international agreements and working to open foreign markets for American goods and services, thereby boosting export opportunities. It also handles international trade disagreements and conflicts that could hurt the U.S. economy. The USTR collaborates with government agencies, Congress, industry stakeholders, and international partners to develop comprehensive trade strategies. It also represents the U.S. in major international trade organizations, such as the World Trade Organization (WTO), where it works to shape global trade rules in favor of U.S. interests and values.

Goal

The USTR aims to promote U.S. competitiveness, foster its economic growth, and ensure that trade policies reflect American interests and values.

① It can suggest U.S. trade policies but not make them.
② It takes care of trade disputes in the interest of the U.S.
③ It independently develops the U.S. foreign trade strategy.
④ It currently does not exert any influence in the WTO.

04 다음 글의 주제로 가장 적절한 것은?

> Alzheimer's disease is a brain disease that causes problems with memory, thinking and behavior. Symptoms usually develop slowly and get worse over time. The disease isn't usually diagnosed until significant memory loss is evident. Yet early detection could prove crucial to new treatments in development. Maybe a simple 'scratch and sniff test' to identify scents such as menthol, peanuts, and soap will help pinpoint the disease early on. In a prior study, Dr. D. P. Devanand of Columbia University in New York followed 77 people with mild cognitive impairment which increases Alzheimer's risk. After two years, 19 people had developed the disease. Those who scored poorly on the smell test, but thought they had done well, were most likely to develop Alzheimer's.

① a new definition of Alzheimer's disease
② various causes of cognitive impairment
③ the use of food for Alzheimer's treatment
④ the smell test for early detection of Alzheimer's

05 다음 글에서 필자가 주장하는 바로 가장 적절한 것은?

> Everybody knows cycling in metropolitan areas should be comfortable and safe. This will only be possible with the establishment of bicycle lanes. There is a need to amend the public transportation system by prioritizing bicycle use. What's important is to set up traffic lights for bicycle lanes. We should also bear in mind that 47 percent of bike deaths occur at crossroads. The number of publicly owned bicycles should also be increased, and we need to make plans to create all-weather bicycle depositories in the city, such as bicycle parking buildings at some main subway stations. The city will become a healthy and eco-friendly place through a successful bicycle revolution.

① 대도시의 대중 교통망 확충이 시급하다.
② 공용자전거의 도난 방지 대책을 세워야 한다.
③ 무질서한 신호등 체계가 교통 체증을 유발한다.
④ 자전거 이용을 위한 안전시설과 편의 시설이 마련되어야 한다.

06 다음 글의 흐름상 가장 어색한 문장은?

In many parts of Africa, cell phones are extremely useful in the field of health care. In South Africa, for instance, cell phones help doctors deal with the enormous problem of HIV/AIDS. ① The rates of infection in South Africa are among the highest in the world, and each doctor may have many patients who live in distant villages. ② Since the doctors cannot visit all the patients themselves, they send specially trained health-care workers to see the patients and check that they are following their treatment correctly. ③ Cell phone users in Africa have shown a preference for using their devices for a variety of activities that are normally performed on laptops or desktops. ④ Then, using a new cell phone system called Cell-Life, the health-care workers talk to the doctor about any problems and send patients to doctors only if necessary. This allows doctors to use their time more effectively, and it saves some patients the cost and difficulty of traveling.

07 주어진 문장이 들어갈 위치로 가장 적절한 것은?

> However, even to suggest that these people were happy while in the camp is absurd.

In his book *Man's Search for Meaning*, Viktor Frankl talks about how victims of the Holocaust were able to find meaning in their lives. (①) Despite the physical and emotional torture that these people endured in the concentration camps, some of them found meaning, a sense of purpose, in their meager existence. (②) Their purpose could have been to reunite with loved ones or to someday write about what they had lived through. (③) In order to be happy, having meaning in our lives is not enough. (④) We need the experience of meaning and the experience of positive emotions; we need present and future benefit.

08 주어진 글 다음에 이어질 글의 순서로 가장 적절한 것은?

> Some people look back into the past and, with a knowing smile, declare it to have been a simpler time.

> (A) Machines and devices may have been less sophisticated, but using them was anything but easy and simple. And there were more unconquered diseases, more unsafe workplaces, and more social injustice.
>
> (B) They apparently see life in the past as less complicated and the people as more naive. They think that, compared to today, the problems were less challenging, the questions were more easily answered, and the pressures of daily life were less intense.
>
> (C) However, contrary to their expectations, the past wasn't simpler in most ways. The people survived hardships, worked, supported families, and planned for the future.

① (A) - (C) - (B) ② (B) - (C) - (A)
③ (C) - (A) - (B) ④ (C) - (B) - (A)

09 밑줄 친 부분에 들어갈 말로 가장 적절한 것은?

> Unlike the last fifty years after the Second World War, now _____ is a key feature of the world economy. This basic economic problem arises because people have unlimited wants but productive resources to fulfill those wants are limited. The demand is high, but the supply is low. Oil prices, for example, are rising sharply as demand from China surged. Uncertainty about security, especially in oil-rich Saudi Arabia and Iraq, also affected the oil market. China's growing economy has stimulated consumer demand from its one billion-plus population, and demand is also growing fast in other Asian countries such as India, Indonesia, and South Korea. Fast-growing populations put even greater pressure on food supplies, especially in parts of Africa hit by drought or civil war.

① thrift
② poverty
③ possibility
④ scarcity

10 밑줄 친 부분에 들어갈 말로 가장 적절한 것은?

> The most striking difference between an American and a European is the difference in their attitudes towards money. Every European knows, as a matter of historical fact, that in Europe, wealth could only be acquired at the expense of other human beings, either by conquering them or by exploiting their labor in factories. Further, even after the Industrial Revolution began, the number of persons who could rise from poverty to wealth was small. The vast majority took it for granted that _____ than their fathers. In consequence, no European associates wealth with personal merit or poverty with personal failure. On the contrary, every American, thanks to the natural resources of the country, could reasonably look forward to making more money than his father. So if he made less, the fault must be his laziness or inefficiency. What an American values, therefore, is not the possession of money as such, but his power to make it as a proof of his ability.

① they should work much harder
② they could make their life better
③ they should not be much richer or poorer
④ they could be either much more affluent or poorer

[01-02] 다음 글을 읽고 물음에 답하시오.

To: All Hampton Power Users ⟨undisclosed recipients⟩
From: Anthony Rosewood ⟨a_rosewood@hamptonpower.org⟩
Date: March 10
Subject: News Update

To All Hampton Power Users,

In an effort to improve the quality of our service to local residents, Hampton Power will be undertaking the following actions between April 1 and May 31.

1. All residential homes will be inspected to ensure there are no issues with electric wiring. These inspections will be conducted at no cost to residents.
2. Electric transmission wires throughout the city will be inspected and replaced if found to be faulty. This may result in temporary power outages.
3. Smart meters will be installed in the homes of residents who request them. To determine whether a smart meter is right for your home, click here.

Daily updates on our progress will be provided online and can be viewed at www.hamptonpower.org/serviceupdates. Residents who wish to have smart meters installed should call (906) 555-1273 to schedule an appointment.

We will continue to do our best to provide you with outstanding service.

Anthony Rosewood
Hampton Power

01 윗글의 목적으로 가장 적절한 것은?

① to describe how to report power outages
② to inform of an electric company's plans
③ to explain the advantages of smart meters
④ to offer reduced payments on electric bills

02 윗글의 내용과 일치하는 것은?

① Hampton Power's activities will last for one month.
② Residents must pay to get electric wires inspected.
③ All residents are required to get a smart meter.
④ Hampton Power will provide progress reports each day.

03 (A)에 들어갈 다음 글의 제목으로 가장 적절한 것은?

(A)

As an employee, it's vital to understand how workplace wellness impacts not only your health but also your productivity and overall job satisfaction. Now is the time to focus on wellness strategies that could benefit your physical and mental health.

Our company's wellness team, along with health experts, is hosting an informative workshop to discuss new wellness initiatives and how you can actively participate. This is an opportunity to learn practical tips on stress management, nutrition, and physical activity that can enhance your well-being.

Who wants to work in an environment that doesn't prioritize health?

- **Location:** Corporate Headquarters Auditorium (In case of high attendance: Room B201)
- **Date:** Friday, October 4, 2024
- **Time:** 9:00 AM - 11:00 AM

For more information, call (555) 123-4567.

① Professional Career Development Seminar
② Boost Your Health and Productivity at Work
③ Team-Building Workshop on Communication
④ Fitness Challenge to Compete with Coworkers

04 다음 글의 주제로 가장 적절한 것은?

> There is an old saying that says: "If you can cook it, boil it or peel it, you can eat it. Otherwise forget it." Even today, this holds true when traveling in some countries. Fruits should be washed with purified water, or peeled. Ice cream is okay if it is a reputable brand, but beware of buying ice cream from street vendors in case it has melted and been refrozen. Thoroughly cooked food is the safest, but not if it has been reheated. Shellfish should be avoided, as well as undercooked meat, particularly in the form of mince. Places that are packed with travelers or locals will be fine. Busy restaurants mean the food is cooked and eaten quickly, with little standing around.

① necessity of thorough food hygiene inspections
② how to cook your food to prevent food poisoning
③ relationship between ingredients and successful restaurant operation
④ tips for safe eating when traveling abroad

05 다음 글의 요지로 가장 적절한 것은?

> Every spring, Egyptians celebrate a holiday called Sham el-Nessim, the Smelling of Spring. Egyptian families spend the day outdoors, picnicking and enjoying the fresh spring air. The purpose is simply to enjoy the beauty of the season, of the earth, of the day. This could serve as an example. Our holidays are often so hectic that we don't enjoy them. On Thanksgiving Day or at Christmas we spend so much time and effort preparing mountains of food that we are thankful when the day is over. Often we are too rushed and preoccupied to experience the real joy of the season. Instead of coming back refreshed, we are likely to return exhausted. Don't let plans and an overcrowded schedule push aside the present. Take time to relax, to savor the fragrance of flowers, the warmth of the sunlight, the sound of laughter.

① 휴일 준비에 힘을 낭비하지 말고 그 시간 자체를 즐겨라.
② 봄철에는 실내 행사보다는 야외 행사를 계획하라.
③ 소풍을 계획할 때는 계절과 장소를 고려하라.
④ 휴일 준비를 위해 너무 많은 돈을 쓰지 마라.

06 다음 글의 흐름상 가장 어색한 문장은?

Pet food used to be about selecting a small, medium, or large bag of whatever your local feed or grocery store stocked. Today, choosing pet food from among the hundreds of varieties in the $17 billion United States market can be a complicated task. ① Beef, duck, vegetables, and salmon are part of today's pet diets. ② Once created to profit from human food manufacturing waste, the pet food industry now makes products with human grade ingredients that sell well because people want something better for their family members who happen to be pets. ③ The number of people purchasing pet food with human-grade ingredients is on the increase. ④ Many recent medical studies also say you just might be better off if you and your pet get into a few heavy conversations. As a result, pets truly do increase the burden on agriculture, because they are no longer eating the "leftover" products.

07 주어진 문장이 들어갈 위치로 가장 적절한 것은?

> But books analyzing the fate of the earth and the state of the environmental movement have almost nothing to say about recycling and solid waste.

There is an odd disconnection between theory and practice when it comes to recycling. On a practical level, it is increasingly the case that everyone does it; on a theoretical level, neither environmental advocates nor their critics talk much about it. (①) The disconnection can be found on the shelves in bookstores. (②) Recycling is a favorite topic of books full of "household hints to help save the planet"; nothing, it seems, is better suited for do-it-yourself environmental improvement than household waste. (③) While recycling is by far the most common practical step that people take to help the environment, the hopes and fears of environmentalist are focused elsewhere. (④) In part, this is as it should be: other problems, much more difficult to address at the household level, are clearly more urgent than recovery of materials from trash.

08 주어진 글 다음에 이어질 글의 순서로 가장 적절한 것은?

One can look at world fusion music as a process, with different stages. First stage world fusion music is the result of musicians studying many types of music for inspiration and knowledge, and then using that knowledge to create their art.

(A) When master musicians from different cultures perform together, there are many benefits. The musicians grow from the exchange, learning techniques and forms that are new to them, making their music richer.

(B) In spite of such benefits, however, the pressures of tempting commercialization can present the clouding of regional identities in music, and the gradual extinction of traditional local music-making practices.

(C) The result may be either successful or unsuccessful. Next stage world fusion music is created by master musicians from many cultures who have for years been learning from each other and have developed a true understanding of each other's traditions.

① (A) - (B) - (C) ② (B) - (A) - (C)
③ (A) - (C) - (B) ④ (C) - (A) - (B)

09 밑줄 친 부분에 들어갈 말로 가장 적절한 것은?

Our brains are busier than ever before. We're attacked by facts, made-up facts, nonsense, and rumor, all posing as information. Trying to figure out what you need to know and what you can ignore is exhausting, and at the same time, _____. Thirty years ago, travel agents made our airline and rail reservations, salesclerks helped us find what we were looking for in stores, and professional typists or secretaries helped busy people with their correspondence. Now we do most of those things ourselves. The information age has off-loaded a great deal of the work previously done by people we could call information specialists onto all of the rest of us. It's no wonder that sometimes one memory gets confused with another, leading us to show up in the right place but on the wrong day, or to forget something as simple as where we last put our glasses or the remote.

① we are all doing more
② human mind is evolving further
③ IT technology has come to the rescue
④ professionalism is growing more important

10 밑줄 친 부분에 들어갈 말로 가장 적절한 것은?

> Deciding how to spend money without going into debt is a zero-sum process. If you want to spend more on housing, you will have to spend less on your car. Every additional expenditure has to be matched with an equal reduction in spending. Some people view their lives _____. If they want a career, they have to sacrifice family time. If they want a family life, they have to sacrifice their career. But this equation is incomplete and misleading. Your time is not literally an accounting of minutes, just as your budget is an accounting of dollars. Your time is a measure of commitment, concern, and efficiency, not just quantity.

① as a difficult game
② without satisfaction
③ in terms of quality time
④ in much the same way

DAY 28 실전 모의고사 8회

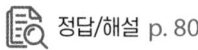
정답/해설 p. 80

[01-02] 다음 글을 읽고 물음에 답하시오.

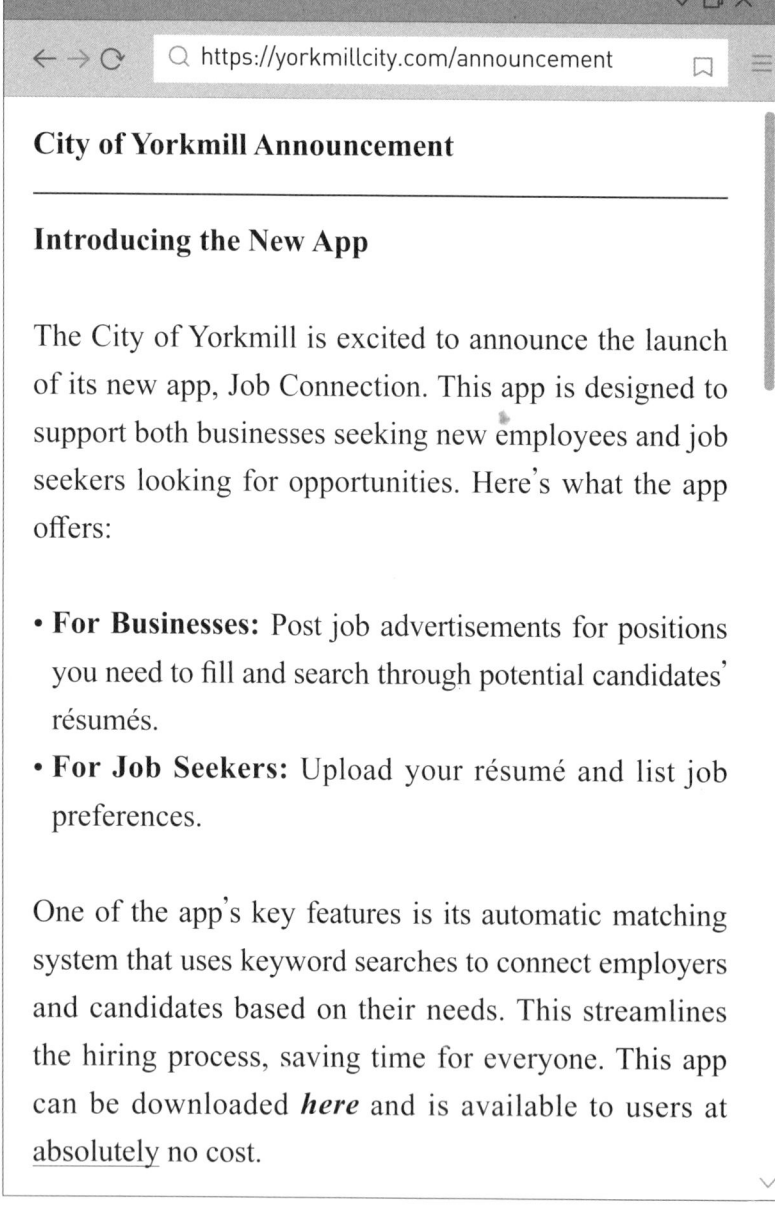

https://yorkmillcity.com/announcement

City of Yorkmill Announcement

Introducing the New App

The City of Yorkmill is excited to announce the launch of its new app, Job Connection. This app is designed to support both businesses seeking new employees and job seekers looking for opportunities. Here's what the app offers:

- **For Businesses:** Post job advertisements for positions you need to fill and search through potential candidates' résumés.
- **For Job Seekers:** Upload your résumé and list job preferences.

One of the app's key features is its automatic matching system that uses keyword searches to connect employers and candidates based on their needs. This streamlines the hiring process, saving time for everyone. This app can be downloaded *here* and is available to users at <u>absolutely</u> no cost.

01 윗글의 내용과 일치하지 않는 것은?

① The app can be used by employers and job hunters alike.
② Users can put up and share documents on the app.
③ Applicants and jobs are automatically linked by the app.
④ The app contains functions that require payment.

02 밑줄 친 "absolutely"의 의미와 가장 가까운 것은?

① entirely
② extremely
③ apparently
④ eventually

03 다음 글의 목적으로 가장 적절한 것은?

To: City Hall Officer
From: Noah Carter
Date: Friday, Dec. 27
Subject: Street Clearing

Dear City Hall Officer,

I am writing to inform you about the severe traffic safety issues caused by last night's heavy snowfall. Due to the late snow removal, the streets were extremely slippery, increasing the risk of accidents and hindering the movement of emergency vehicles.

To prevent similar issues in the future, I strongly urge you to implement better snow removal measures, including:
- Increasing staffing and equipment
- Ensuring faster response times
- Prioritizing major routes
- Partnering with private contractors

For our community's safety and smooth transportation, please take immediate action to improve the snow removal process. I would appreciate an update on the steps and measures that will be taken to address this issue.

Best regards,
Noah Carter

---

① 도로의 교통 체증 해결을 부탁하려고
② 도로의 제설 작업 개선을 요청하려고
③ 도로의 낡은 현수막 제거를 요구하려고
④ 도로의 낙석에 대한 빠른 처리를 촉구하려고

04 다음 글의 주제로 가장 적절한 것은?

> In one set of studies, Randy Garner, a social psychologist, sent surveys by mail to perfect strangers. His research team accompanied a survey with a request to complete and return it made by a research assistant whose name was either similar or dissimilar to the name of the survey recipient. For example, in the similar-name condition, a person whose name was Cynthia Johnston got the survey from someone named Cindy Johanson. The names used in the not similar condition were one of five names of the real research assistants involved in the study. Those who received the survey from someone with a similar sounding name were nearly twice as likely to fill out and return it as were those who received the surveys from names that were not similar. Randy Garner also found that we are more likely to comply with a stranger's request when his birthday is the same as ours.

① a tendency to feel positive about similarities
② ways to persuade people to write back
③ a psychological effect of similar sounding on society
④ the relationship between similar names and dissimilar ones

05 다음 글에서 필자가 주장하는 바로 가장 적절한 것은?

> Lately, some people are questioning whether we should shut down all zoos. They insist that we keep animals in zoos not to protect the animals but to make money from them. After all, more than 90 percent of the mammals in zoos were born there, not captured in the wild. Zoos allow most people their only contact with exotic animals. Most of us cannot travel to Asia, Africa, Australia, and so on to see these animals in their natural habitats. Still, we can see them in realistic settings in zoos. Zoos are also helping to breed and preserve species, such as gorillas and pandas, that are rapidly disappearing in the wild. Zoos serve important functions. They should receive our whole-hearted support.

① Do not abuse animals.
② We should not close the zoo.
③ Animals must live in the wild.
④ The facilities of the zoo should be improved.

06 다음 글의 흐름상 가장 어색한 문장은?

The mimic octopus displays weird and mysterious defensive behaviors. It is famous for its ability to mimic the shape and behavior of other animals that are less likely to get eaten than a tasty octopus. ① This octopus can flatten its body and move across the sand, trailing its arms, with the same motion as a flounder. ② It can swim above the mud with its striped arms outspread, looking like a poisonous jellyfish. ③ It can narrow the width of its combined slender body and arms to look like a striped sea snake. ④ The mimic octopus is also the only known octopus species that goes across tunnels to search for food. The mimic octopus uses its legs to create a false body in the shape of a flatfish and then swims close to the seabed, acting just like the poisonous fish.

07 주어진 문장이 들어갈 위치로 가장 적절한 것은?

> These trading partners are major purchasers of the services provided by the doctor, although the doctor might purchase very little from them.

Consider the trade "deficits" and "surpluses" of a doctor who likes to golf. The doctor can be expected to run a trade deficit with sporting goods stores, golf caddies, and course operators. (①) Why? These suppliers sell items that the golfer-doctor purchases in sizable quantities. (②) The doctor, on the other hand, probably sells few items the sporting goods store purchases. (③) Similarly, the doctor can be expected to run trade surpluses with medical insurers, elderly patients, and those with chronic illnesses. (④) The same principles are at work across nations. A nation will tend to run trade deficits with countries that are low-cost suppliers of items it imports and trade surpluses with countries that buy a lot of the things it exports.

08 주어진 글 다음에 이어질 글의 순서로 가장 적절한 것은?

To what extent is the human brain programmed for speech? The answer is unclear.

(A) At first sight, this seems a promising approach. It appears quite reasonable to suggest that a high brain-body ratio means high intelligence, which in turn might be a prerequisite for language, especially when we find that the brain of an adult human is more than 2 percent of his or her total weight, while that of an adult chimp is less than 1 percent.

(B) But such ratios can be very misleading. Some animals are designed to carry around large reserves of energy, making their bodies enormously heavy. Camels, for example, are not necessarily more stupid than horses just because they have huge humps.

(C) Our brain is heavier than that of other animals. Of course, size alone is not particularly important. Elephants have bigger brains than humans, but they do not talk. But elephants also have bigger bodies, so some people have suggested that it is the brain-body ratio which matters.

① (A) - (C) - (B)
② (B) - (C) - (A)
③ (C) - (A) - (B)
④ (C) - (B) - (A)

09 밑줄 친 부분에 들어갈 말로 가장 적절한 것은?

> Not surprisingly, many contend that America was born with _____. American stories came from Europe. American myths weren't unique. It took Europeans to tell Americans who they were. The American form of government was borrowed from Europe. Until the great capitalists took their stand, Americans had no kings and queens and castles. No amount of wealth and power have erased this sense of voidness, hence millions of Americans travel to Europe each summer to catch and taste a touch of class. (Perversely the obverse is true, for millions of Europeans travel to America each summer to see the last frontier and see what Americans have done with the heritage Europeans gave them.) America is a mirror that Americans and Europeans continually look into, hoping to find 'that which, for whatever reasons, they have been conditioned to see.'

① an inferiority complex
② frontier ethics
③ self-sufficiency
④ a pragmatist mind

10 밑줄 친 부분에 들어갈 말로 가장 적절한 것은?

> When drawing human figures, children often make the head too large for the rest of the body. A recent study offers some insight into this common disproportion in children's drawings. As part of the study, researchers asked children between four and seven years old to make several drawings of adults. When they drew frontal views of the adults, the size of the heads was markedly enlarged. However, when the children drew rear views of the adults, the size of the heads was not nearly so exaggerated. The researchers suggest that children draw bigger heads when they know that they must leave room for facial details. They say the distorted head size in children's drawing is _____.

① a form of planning ahead
② a result of their weak eyesight
③ evidence of poor drawing skills
④ an indication of a poor sense of scale

[01-02] 다음 글을 읽고 물음에 답하시오.

$$\boxed{\text{(A)}}$$

Environmental pollution is a problem affecting everybody on the planet. Fortunately, we can do something about it.

The city will be sponsoring a seminar led by Gina Copeland, a renowned expert on environmental issues. Ms. Copeland's speech will cover recycling. She will specifically focus on what types of items can be recycled and how people can reuse various everyday objects efficiently. Ms. Copeland will answer questions following the conclusion of her talk.

Date: Saturday, July 11
Time: 3:00 P.M. – 5:00 P.M.
Location: City Hall, Auditorium, First Floor

There is no charge to attend, but individuals should register in advance. This can be done by calling Anna Mason at (864) 555-8332. All attendees will receive a complimentary handbook that provides information and tips on recycling. For more details, contact Ms. Mason during regular business hours.

01 (A)에 들어갈 윗글의 제목으로 가장 적절한 것은?

① Gina Copeland to Receive Award
② City Starts Anti-littering Campaign
③ Volunteers Needed for Recycling Efforts
④ Free Seminar on Recycling Everyday Items

02 밑줄 친 "renowned"의 의미와 가장 가까운 것은?

① famous
② innovative
③ experienced
④ professional

03 Cultural Preservation Office에 관한 다음 글의 내용과 일치하는 것은?

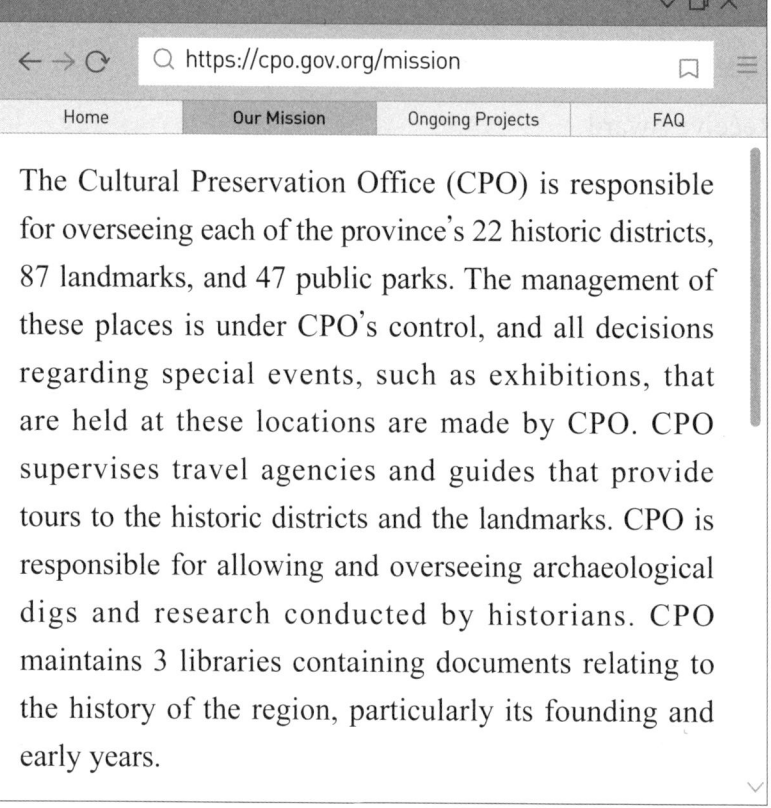

① It manages more public parks than landmarks.
② It takes reservations for tour programs directly.
③ It permits historians to do research in its controlled area.
④ The libraries under it are known for their digital archives.

04 다음 글의 주제로 가장 적절한 것은?

> Ancient Greek and Roman costume is essentially draped, and presents a traditional stability and permanence. While it received certain fashions over the centuries, it never underwent any major transformation. Léon Heuzey, the pioneer of the study of classical costume, set forth with exemplary clarity its two basic principles: the first is that Classical costume has no form in itself, as it consisted of a simple rectangular piece of cloth woven in varying sizes according to its intended use and the height of the customer, without differentiation between the sexes; the second is that this cloth is always draped, never shaped or cut, and was worn round the body in accordance with definite rules. Thus it was always fluid and 'live.' It is notable that we find no evidence in Classical times of tailors or dressmakers: the word itself barely exists in Greek or Latin.

① basic characteristics of Classical costume
② significant transformations in Classical costume
③ the greatness of Léon Heuzey's study of classical costume
④ the origin of ancient Greek and Roman costume

05 다음 글의 요지로 가장 적절한 것은?

The Mayo Clinic in Minnesota has studied the relationship between a person's state of mind and how long they live. A positive self-concept is known to create internal changes that make us less likely to succumb to stress disorders and cancer. A group of almost 850 people were first interviewed in the early 1960s and graded according to their degree of optimism or pessimism. Reinterviewed 30 years later, it was found that the pessimists had 19 percent higher likelihood of early death than the optimists. Similarly, psychiatrists in Norway have found that people with a pessimistic view of life (brought on by such threatening factors as poverty, housing stress, grief, loss or other shortage) are 25 percent more likely to develop cancer. Therefore, knowing that pessimism kills brain cells and corrodes our whole body, it would seem insane ever to let ourselves have even one negative thought.

① 마음의 상태는 외부의 것들에 의해 결정되기도 한다.
② 자아 개념은 삶에서 겪는 사건의 영향을 받아 형성된다.
③ 부정적인 사고가 병을 유발한다는 것은 편견에 불과하다.
④ 비관적인 인생관은 건강과 수명에 해로운 영향을 끼친다.

06 다음 글의 흐름상 가장 어색한 문장은?

Scientific experiments should be designed to show that your hypothesis is wrong and should be conducted completely objectively with no possible subjective influence on the outcome. ① Unfortunately few, if any, scientists are truly objective as they have often decided long before the experiment is begun what they would like the result to be. ② This means that very often bias is (unintentionally) introduced into the experiment, the experimental procedure or the interpretation of results. ③ It is all too easy to justify to yourself why an experiment which does not fit with your expectations should be ignored, and why one which provides the results you 'hoped for' is the right one. ④ It is important to draw a meaningful result from the experiment on peer group activities. This can be partly avoided by conducting experiments 'blinded' and by asking others to check your data or repeat experiments.

07 주어진 문장이 들어갈 위치로 가장 적절한 것은?

> As a result, a family might increase consumption of soda or candy and reduce purchases of more nutritious foods.

When people move from one country to another or from one area to another, their economic status may change. They will be introduced to new foods and new food customs. (①) Although their original food customs may have been nutritionally adequate, their new environment may cause them to change their eating habits. (②) For example, if milk was a staple food in their diet before moving and is unusually expensive in the new environment, milk may be replaced by a cheaper, nutritionally inferior beverage such as soda, coffee, or tea. (③) Candy, possibly a luxury in their former environment, may be inexpensive and popular in their new environment. (④) Someone who is not familiar with the nutritive values of foods can easily make such mistakes in food selection.

08 주어진 글 다음에 이어질 글의 순서로 가장 적절한 것은?

One of the toughest parts of isolation is a lack of an expressive exit. With anger, you can get mad at someone and yell. With sadness, you can cry. But isolation feels like being in a room with no way out.

(A) For people who cannot push themselves, however, support groups are a good cure for isolation. They offer the opportunity for connection in a safe and controlled way.

(B) And the longer you get stuck there, the harder it becomes to share the pain and sorrow. In isolation, hope disappears, despair rules, and you can no longer see a life beyond the invisible walls that imprison you.

(C) Some people find it helpful to work gently at driving themselves back into the world. In one case, a woman reported that after four miserable forced lunches with friends, she suddenly enjoyed the fifth one as she found herself laughing at a joke.

① (A) - (C) - (B)   ② (B) - (C) - (A)
③ (C) - (A) - (B)   ④ (C) - (B) - (A)

09 밑줄 친 부분에 들어갈 말로 가장 적절한 것은?

> History seeks to link the past with the future in a continuous line along which the historian himself is constantly moving. It is clear that we should not expect to extract from history any absolute judgments, either on the past or on the future. Such judgments it is not in its nature to give. All human judgment, like all human action, is involved in the logical dilemma of determinism and free will. The human being is indissolubly bound, in both his actions and his judgments, by a chain of causation reaching far back into the past; yet _____ at a given point — the present — and so alter the future.

① he is expected to refasten the chain
② he has a qualified power to break the chain
③ it is beyond his natural ability to mould a new chain
④ it is virtually impossible to lift the restrictions of the chain

10 밑줄 친 부분에 들어갈 말로 가장 적절한 것은?

When asked about the most crucial skill for a senior executive, Bill Campbell, a most respected director and mentor in Silicon Valley, said it was the rare ability to make sure that the short-term stuff gets done well, while _____. This is a tricky balance for us human beings. Research by New York University's Yaacov Trope and his colleagues shows that thinking about distant events is good because we focus on long-term goals — and it is bad because we manufacture unrealistic fantasies. We don't think enough about the steps required to achieve those ends. But thinking only about deadlines and short-term goals is a mixed bag as well. We focus on what is achievable, on the steps to take right now, but we forget or downplay long-term goals. So we direct our efforts toward achievable milestones even when they undermine our ability to reach our ultimate destination. We should link the never-ending now to the sweet dreams we hope to realize later.

① not committing any fatal mistake
② concentrating on achievable tasks
③ never losing sight of the big picture
④ establishing concrete deadlines for workers

DAY 30 실전 모의고사 10회

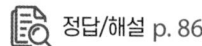 정답/해설 p. 86

[01-02] 다음 글을 읽고 물음에 답하시오.

To: information@lexington.gov
From: jhamilton@protex.com
Date: October 5
Subject: Pedestrian Crossing Light

Dear Sir/Madam,

I would like to inform you that the pedestrian crossing light located at the corner of Destiny Avenue and Wiltshire Road is not <u>functional</u> at present. I urge you to dispatch a city work crew to repair it as soon as possible.

As you may be aware, this intersection is directly adjacent to Greenbrier Elementary School. While I take my son to school and walk him home every day, not every child at the school is accompanied by an adult. The malfunctioning light poses a significant safety hazard and increases the risk of a serious accident.

There are occasions when a teacher helps children cross the road at this intersection. However, this is not always the case. I have attempted to assist as well, but there are many times throughout the day when no adult is present to supervise. Please see to it that this is no longer a problem without delay.

Sincerely,
Jeffrey Hamilton

01 윗글의 내용과 일치하지 않는 것은?

① Hamilton is requesting that a city repair team be assigned.
② The crossing with the faulty light is close to the school.
③ Hamilton accompanies his child to school daily.
④ Teachers oversee children crossing the street all day.

02 밑줄 친 "functional"의 의미와 가장 가까운 것은?

① versatile
② practical
③ prepared
④ operating

03 Book Festival에 관한 다음 글의 내용과 일치하지 않는 것은?

Join Us for the Book Festival

We invite you to our prestigious Book Festival to share the joy of reading and literature.

Event Details:
- Date: Friday, Oct. 25 – Sunday, Oct. 27
- Time: 10 A.M. – 6 P.M.
- Location: Different spots within Book Village

Key Highlights:

Activity	Details
Discounted Book Sales	Enjoy great deals on books from a wide range of genres.
Exhibitions	Explore captivating books and stunning illustrations.
Author Book Signings	Meet your favorite authors and get your books signed! *Pre-registration required
Book Readings & Writing Workshops	Participate in immersive readings and hands-on writing workshops. *Pre-registration required

Participation Guidelines:

Event Type	Details
Exhibitions & Sales	No entrance fee. Open to all.
Pre-registration Events	Reserve your spot online at www.bookevent.or.kr. On-site registration is also available.

① Books are offered at a reduced price.
② Registration in advance is needed for book signings.
③ Writing activities are available with pre-registration.
④ Those who didn't reserve online cannot enter it.

04 다음 글의 주제로 가장 적절한 것은?

> What are the consequences of being without work? A classic study of 105 unemployed men in Detroit showed that the chief characteristic is extreme isolation. Half the men in the study had no close friends, half never visited neighbors, and few belonged to organizations or engaged in organized activities. These findings were in sharp contrast to the social life of an equal-sized sample of employed men. Such data support the thesis that work is necessary if one is to be, in a full sense, "among the living." When work ties are cut, participation in community life declines and the sense of isolation grows. Thus, those with the weakest work connections — the retired, the elderly, those who have been squeezed out of the labor market, and those who seldom get into it — are often isolated from their communities and from society at large.

① various ways to prevent social isolation
② importance of work for social connections
③ physical characteristics of the unemployed
④ effects of employment on one's mental health

05 다음 글의 요지로 가장 적절한 것은?

> For most of the world's plant life, the effects of climate change over the past two decades have been productive, according to an analysis of climate and satellite data collected between 1982 and 1999. The research addresses the question of how global vegetation has responded to changes in rainfall, temperature, and cloud cover patterns. Such climate factors determine how vegetation grows. Previous studies have looked at vegetation's response to climate change at regional scales, but this is the first study to look at it from a global perspective. According to the analysis, global climate change has eased climatic constraints on plant life around the globe, allowing vegetation to increase by six percent over the study period.

① Precipitation was the important factor of plant growth.
② Climate change has promoted plant growth.
③ Due to climate change, the kinds of plants have become more diverse.
④ The conditions of plant growth were identified from a regional point of view.

06 다음 글의 흐름상 가장 어색한 문장은?

Roles are like a fence. They allow us a certain amount of freedom, but for most of us that freedom doesn't go very far. Suppose that a woman decides that she is not going to wear dresses — or a man that he will not wear suits and ties — regardless of what anyone says. In most situations, they'll stick to their decision. ① When a formal occasion comes along, however, such as a family wedding or a funeral, they are likely to cave in to norms that they find overwhelming. ② The increasing social pressure discourages us from fulfilling the social norms and committing ourselves to shared social conventions of behaviour. ③ Almost all of us follow the guidelines for what is "appropriate" for our roles. ④ Few of us are bothered by such restrictions, for our socialization is so thorough that we usually want to do what our roles indicate is appropriate.

07 주어진 문장이 들어갈 위치로 가장 적절한 것은?

> Plato suggests that there is also an unchanging, permanent "real world" that can be attained with the help of the intellect.

Plato divided the world into an "apparent" world that appears to us through our senses, and a "real" world that we can grasp through the intellect. (①) For Plato, the world we perceive through the senses is not "real" because it is changeable and subject to decay. (②) This idea comes from Plato's study of mathematics. (③) The form or idea of a triangle, for example, is eternal and can be grasped by the intellect. (④) We know that a triangle is a three-sided, two-dimensional figure whose angles add up to 180°, and that this will always be true, whether anyone is thinking about it or not and however many triangles exist in the world. On the other hand, the triangular things that do exist in the world (such as sandwiches, pyramids, and triangular shapes drawn on a chalkboard), are triangular only insofar as they are reflections of this idea or form of the triangle.

08 주어진 글 다음에 이어질 글의 순서로 가장 적절한 것은?

It is amazing to think that potatoes, which are now popular, were avoided like poison in the eighteenth century. The farmers believed an old wives' tale that potatoes caused a terrible disease.

(A) News of the event swept France and soon farmers began to buy potatoes grown in Parmentier's experimental fields. Eventually people in Paris accepted the potato as a healthy, tasty vegetable. Potatoes soon became a Parisian passion.

(B) Franklin, an amateur agriculturist, then came to the rescue. He suggested that Parmentier cook up a banquet with every course made of potatoes. Franklin, who was very famous in Paris then, attended as the honored guest, and enjoyed every entree served there.

(C) A promoter of the potato was a French farmer by the name of Parmentier. He believed that potatoes could be the salvation of French agriculture, but his efforts to persuade farmers had met a cool response.

① (B) - (A) - (C)
② (B) - (C) - (A)
③ (C) - (A) - (B)
④ (C) - (B) - (A)

09 밑줄 친 부분에 들어갈 말로 가장 적절한 것은?

> Copyright is the primary vehicle for protecting a writer's literary creations. Unless writers have the legal ability to prevent others from copying their work, it would be very difficult to hinder others from using the fruits of the writer's labor without compensation. Fortunately, there are strong copyright laws that enable writers to prevent others from wrongfully appropriating their work. But, on the other hand, overly restrictive copyright laws may chill the writer's creative endeavors. Writers frequently use the works of others as the basis for research and literary development, sometimes to the extent of quoting portions of other works exactly. From this perspective, unless the copyright law provides some _____, many writers could be inhibited for fear they may infringe on another work and be exposed to legal risk.

① protection ② flexibility
③ credibility ④ compensation

10 밑줄 친 부분에 들어갈 말로 가장 적절한 것은?

> In a study one group of nursing home residents heard about the importance of being able to take responsibility for themselves in the home, and a second group heard about how important it was for the staff to take good care of them. The first group was also given several small choices to make about their home every day and a plant to take care of in their rooms, while members of the second group had no such choices and had their plants cared for by the staff. The nursing home residents given small responsibility for their daily lives were more active and alert, and reported a greater sense of well-being than the residents without responsibility. Thus, researchers concluded that _____ matters for well-being in life.

① owning one's belongings
② having control over one's life
③ making friends with neighbors
④ setting aside time for exercise

MEMO

MEMO

Staff

Writer	심우철
Director	정규리
Researcher	장은영 / 이예은
Design	강현구
Manufacture	김승훈
Marketing	윤대규 / 한은지 / 유경철 / 윤채림

발행일: 2025년 4월 9일 (4쇄)

Copyright ⓒ 2025
by Shimson English Lab.

All rights reserved. No part of this publication may be reproduced, stored in a retrieval system or transmitted in any form or by any means, electronic, mechanical, photocopying, recording or otherwise, without any prior written permission of the copyright owner.

본 교재의 독창적인 내용에 대한 일체의 무단 전재·모방은 법률로 금지되어 있습니다.
파본은 교환해 드립니다.

내용문의: http://cafe.naver.com/shimson2000

2025 심우철

구문·문법·독해·생활영어 All in One 전략서

심슨 전략서

2025 신경향

1. 한 권으로 완벽 마스터하는 공시 영어 압축 요약서
심슨 전략서 한 권으로 구문·문법·독해·생활영어 전 영역 완벽 대비, 공시생들의 재도전, 초시생들의 기본서 복습 요약을 위한 압축서

2. 심슨쌤만의 유일무이한 문제 풀이 전략
28년의 강의 노하우를 응축시킨 총 59가지 핵심 전략을 통해 심슨쌤만의 특별한 문제 풀이 비법과 스킬 전수

3. 신경향, 신유형 완벽 반영
2025 출제 기조 전환 예시 문제를 철저하게 분석하여 교재에 완벽 반영, 새로운 경향에 맞추어 시험에 나오는 포인트들만을 엄선

4. 풍부한 연습 문제
전략을 적용해 볼 수 있는 풍부한 연습 문제와 더불어 실전 감각까지 늘릴 수 있는 실전 모의고사 1회분 수록

5. 상세한 해설
별도의 책으로 구성된 정답 및 해설서로 빠르게 정오답 확인 및 상세한 해설 파악

6. 암기 노트
문법·어휘·생활영어 추가 학습을 위해 핸드북 형태로 암기 노트를 구성하여 시험 직전까지 핵심 문법 포인트/실무 중심 어휘/생활영어 표현 회독 연습 가능

구문을 정복하면 영어가 쉬워집니다

엄선된 300 문장으로 공무원 영어 해석 완전 종결!

심슨 구문 300제

1. 하루에 10 문제씩 30DAY 구문 완성

1 DAY에 10 문제씩, 총 30 DAY 300 문제를 통해 공무원 영어에 필요한 모든 구문 해석을 연습해 봅니다. 이를 통해 실제 시험에서 어려운 문장을 만나더라도 빠르고 정확하게 문장 해석을 할 수 있을 것입니다.

2. 상세한 구문 분석집으로 독학도 가능

300 문장에 사용된 구조와 구문을 한눈에 파악할 수 있도록 도식화 하여 수록하였습니다. 단순 도해뿐만 아니라 직독직해·해석·핵심 포인트 해설을 추가로 구성하여 최대의 복습 효과 또한 누릴 수 있습니다.

3. 심슨 구문 요약 노트

공무원 시험에 자주 등장하는 영어 문장들을 대표 패턴으로 분류하여 정확한 해석 방법을 제시한 <심슨 구문> 교재의 63가지 패턴들을 예시 문장들과 함께 요약하여 정리하였습니다.

심우철 지음

정답/해설

심슨독해 300

shimson reading

DAY 01 주제·제목

| 01 | ④ | 02 | ② | 03 | ④ | 04 | ① | 05 | ① |
| 06 | ① | 07 | ① | 08 | ① | 09 | ② | 10 | ③ |

01

정답 ④

해설 학생들은 공부하는 내용을 되풀이하여 학습하는 데서 오는 친숙함 때문에 그것을 이해했다고 잘못 생각하는 경향이 있는데, 시험이 이러한 친숙함과 진짜 이해를 구별하는 수단으로서 기능한다는 내용의 글이다. 따라서 글의 주제로 가장 적절한 것은 ④ '진짜 이해와 친숙함을 구별하는 수단으로서의 시험'이다.
① 학생 상담이 공부 기술에 미치는 긍정적인 영향
② 실질적인 이해를 얻는 데 있어 친숙함의 중요성
③ 시험 점수를 올리기 위해 읽기 자료를 내면화하는 것의 필요성

오답 ② 친숙함이 실제 이해를 돕기는커녕 오히려 착각을 유발한다는 내용이므로 적절하지 않다.
③ 시험을 잘 치는 법에 관한 내용이 아니며, 내면화의 필요성에 관한 언급 또한 없다.

해석 우리는 연구실로 찾아와 어떻게 매우 열심히 공부했는데도 시험에 떨어질 수 있었는지를 묻는 학생들과 때때로 마주친다. 그들은 보통 그들이 교과서와 수업의 노트 필기를 읽고 또 읽으며 시험을 볼 때까지는 모든 것을 잘 이해한다고 생각했다고 우리에게 말한다. 그리고 그들은 아마도 그 자료의 몇몇 이런저런 것들을 정말로 내면화했겠지만, 안다는 것에 대한 오해가 그들을 그 과정에서 개념들을 반복적으로 접하는 것으로부터 얻은 친숙함과 그 개념들에 대한 실제적인 이해를 혼동하게 만들었다. 일반적으로 글을 되풀이하여 읽다 보면 실제 지식에 있어서 수확 체감이 생기지만, 친숙함이 증대되면서 이해했다는 그릇된 느낌이 생겨난다. 오직 우리 자신을 시험함으로써 우리는 우리가 정말로 이해하고 있는지 아닌지를 실제로 결정할 수 있다. 그것이 선생님들이 시험을 치르고, 최상의 시험이 심도 있는 수준에서 지식을 캐묻는 이유 중 하나이다.

어휘 internalize 내면화하다 illusion 오해 diminishing returns 수확 체감 foster 조성하다 probe 캐묻다

02

정답 ②

해설 의료인들도 인간이기에 약물 치료 과정에서 실수를 하게 된다고 지적하며, 의료 실수의 유형과 그 원인을 설명하고 있으므로, 글의 주제로 가장 적절한 것은 ② '약물 치료 실수의 유형과 원인'이다.
① 약물 치료 실수를 줄이는 방법
③ 의료 기록 공유의 중요성
④ 의료 보험 보상 범위 확대의 필요성

오답 ① 약물 치료 실수를 어떻게 줄여야 하는지에 대한 내용은 제시되어 있지 않다.

해석 약물 치료는 의료인들이 그것을 환자들에게 안전하고 적절하게 처방하여 제공한다면 축복이다. 하지만 의료인들은 인간이고, 그렇기에 실수를 할 수 있다. 그들의 전문 지식과 (치료의) 양질에 대한 헌신에도 불구하고, 실수와 약물 치료의 다른 부작용이 일어나고 때때로 인간적 고통을 유발한다. 잘못된 약, 잘못된 강도, 잘못된 양을 처방하는 것, 비슷하게 보이거나 비슷하게 들리는 약의 이름을 다른 약과 혼동하는 것, 의료 장비를 잘못 사용하는 것, 컴퓨터 화면 목록에서 잘못된 환자를 선택하는 것. 최선의 노력에도 불구하고 이런 일들이 모든 의료 환경에서 모든 종류의 사람에게 매일 발생한다. 복잡한 치료 전략을 필요로 하는 건강 상태를 가진 고령 인구가 늘어나면서 그런 것처럼, 매년 도입되는 수많은 신약과 신기술이 약물 치료 사용을 한층 더 복잡하게 만들고 그것이 의료 과실로 이어질 수 있다.

어휘 medication 약물 치료 prescribe 처방하다 appropriately 적절하게 fallible 실수를 할 수 있는 commitment 전념, 헌신 dose 복용량 look-alike 비슷하게 보이는 setting 환경 coverage (보험) 보상 범위

03

정답 ④

해설 저녁 식사와 같이, 지속적으로 가족이 함께 하는 의식을 통해 청소년은 자존감과 소속감이 높아지고, 어린이들은 안정감과 의미를 찾고, 결혼한 부부는 애정과 친밀함을 재확인할 수 있다고 했으므로 글의 제목으로 가장 적절한 것은 ④ '가족의 일과가 얼마나 의미있는가!'이다.
① 예의 바른 부모에 예의 바른 아이
② 의사소통을 통한 행복한 가족
③ 당신이 모르고 있는 것이 당신을 해칠 수 있다!

오답 ② 가족이 의례적으로 하는 일의 효과에 관한 글로, 의사소통은 그 예시로도 언급되지 않았다.

해석 평생 계속해서 가족이 예측 가능한 가족의 의식을 행해갈 때, 어린이들은 학교생활을 더 잘 하고 청소년들은 더 높은 자존감과 소속감을 갖는다. 특히 어린이들이 가족 외적으로 다른 혼란스러운 경험을 겪기 쉬울 때 의식은 안정감과 의미를 주는 능력이 있다. 이것이 저녁 식사 의식이 청소년 행동 문제에 대한 완충 장치로서 매우 자주 인용되는 이유이기도 하다. 어린이들은 의식의 보호적 혜택으로부터 이익을 받는 유일한 사람들이 아니다. 결혼한 부부가 그들의 명절 의식에서 더 많은 의미를 발견하면 할수록 그들은 더 많은 관계 만족을 경험했다는 것이 밝혀졌다. 유의미한 명절 의식은 그들 자신의 애정과 친밀함을 재확인하는 방법이었다.

어휘 lifespan 수명 predictable 예측 가능한 ritual 의식, (규칙적으로 행하는) 의례적인 일 adolescent 청소년; 청소년의 belonging 속해 있음 capacity 능력 stability 안정감 vulnerable to ~에 취약한 chaotic 혼동의 buffer 완충 장치 reaffirm 재확인하다 affection 애정 intimacy 친밀감

04

정답 ①

해설 희소성 때문에 이루어지는 '선택'의 과정에 '교환'이 포함되며 이러한 선택이 낳는 결과에 대한 인식이 필요하다는 내용이다. 따라서 글의 주제로 가장 적절한 것은 ① '합리적인 선택'이다.
② 좋은 교과서
③ 이상적인 사회
④ 특별 할인

해설 만약 희소성이 존재한다면, 개인들과 사회는 선택을 해야만 한다. 이러한 선택은 '교환'을 포함하고, 그러한 교환 결과에 대한 인식을 필요로 한

다. 예를 들면, 당신이 쓸 돈 25달러를 가지고 있고, 선택 가능한 것을 교과서와 데이트로 좁혔다고 가정하자. 희소성은 두 가지의 동시 구입을 불가능하게 하고, 책이나 데이트의 교환을 강요하게 된다. 각각의 선택은 결과를 가진다. 교과서는 당신의 지식을 증대시킬 수 있고, 데이트는 즐거운 저녁을 의미할 수 있다.

어휘 scarcity 희소성 tradeoff 교환, 흥정 necessitate ~을 필요로 하다 alternative 선택 가능한 것 impose 강요하다, 부과하다 merriment 명랑함, 흥겹게 떠듦

05

정답 ①

해설 탄생, 결혼, 죽음이라는 세 가지 큰 사건에 대해 모든 사회가 그 방법만 다를뿐 의식을 치르는 공통된 특징을 공유한다는 내용의 글이므로, 글의 제목으로 가장 적절한 것은 ① '세 가지 큰 사건'이다.
② 결혼식
③ 행복한 시간들
④ 사회적 문제

해석 좋든 나쁘든 많은 일들이 우리의 삶 속에서 일어날 수 있다. 그러나 보통 어떤 특별한 의식으로 특징지어지는 날들이 있는데, 바로 우리가 태어난 날, 결혼한 날, 죽는 날이다. 모든 인간은 이러한 사건들에 의해 영향을 받고 모든 사회는 공통의 특징을 공유한다. 출생뿐만 아니라 결혼도 기쁨의 순간이다. 죽음은 슬픔의 순간이다. 사회 간의 유일한 차이점은 이러한 사건들을 기념하는 방법이다.

어휘 mark 특징 짓다 sorrow 슬픔

06

정답 ①

해설 수많은 광고로 인해 오히려 사람들은 무엇을 선택해야 할지 모르며, 너무 압도되어 전혀 선택을 할 수가 없는 경우도 있다는 내용의 글이므로, 글의 제목으로 가장 적절한 것은 ① '광고는 너무 많은 선택을 만들어 낼 수 있다'이다.
② 광고는 경제에 도움이 되는가 아니면 해가 되는가?
③ 무분별한 광고물 쓰레기의 숨겨진 원인
④ 광고는 합리적인 소비를 이끈다

오답 ② 광고가 소비자 선택에 끼치는 부정적 영향에 관한 글로, 그것이 경제에 미치는 영향은 언급되지 않았다.
③ 광고가 무분별하게 많은 원인은 언급되지 않았다.

해석 광고는 많은 사람들을 그들의 주의를 끌려는 경쟁적 요구 사이에서 결정을 내려야 하는 끊임없는 필요성에 압도되게 하는데, 이것은 선택의 횡포 혹은 선택 과부라고 알려져 있다. 최근의 연구에서는 형편이 더 좋고 돈을 쓸 수 있는 물건에 대해 훨씬 더 많은 선택권을 가지고 있음에도 불구하고, 사람들이 30년 전보다 평균적으로 덜 행복하다는 것을 보여 준다. 광고 문구들이 사람들에게 밀려들어 제품에 대한 기대를 상승시키고, 구입 후 필연적인 실망으로 이어지게 한다. 최근의 한 화장품 광고는 그 회사가 자사의 제품을 실제로 그러한 것보다 더 효과적인 것으로 제시했기 때문에 영국에서 금지되었다. 제품을 구입하는 사람들은 잘못된 구매가 더 현명하게 선택하지 못한 그들의 잘못이라고 느끼고, (그 제품) 대신에 다른 것을 선택하지 않은 것을 후회한다. 어떤 사람들은 너무 (광고에) 압도되어 전혀 선택을 할 수가 없다.

어휘 overwhelmed 압도된 tyranny 횡포 overload 과부하 better off 형편이 더 나은 crowd in on ~에게 밀려들다 inevitable 필연적인 ban 금지하다 reckless 무모한, 무분별한

07

정답 ①

해설 예술 작품을 복원시키기보다는 그대로 두는 것이 예술 작품을 대하는 최선의 방법이라고 했으므로, 글의 제목으로 가장 적절한 것은 ① '복원은 정말 필요한가?'이다.
② 미학이 복원에 있어서 중요한가?
③ Sistine Chapel: 복원된 모습 대 원래의 모습
④ 복원가들: 새로운 유형의 예술가

오답 ② 미학이 복원에 중요한지는 논의되지 않았고, 복원하는 데 복원가의 미적 선호가 개입된다는 것이 전제될 뿐이다.

해석 복원은 예술가의 본래 의도와 작품을 재창조할 수 있다고 가정한다. 잘해 봐야 복원가와 박물관장의 미적 선호와 사학 이론이 복원을 주도하는데, 그 이유는 사람이란 자신의 역사적 배경에서 벗어나는 것이 불가능하기 때문이다. 복원가가 도료의 층을 제거하는 것이 단지 현대적 취향에 따라 예술 작품을 개조하려는 그들의 잠재적 시도가 아니라고 어떻게 그렇게 확신할 수 있는가? 그것에 대해 무엇이 '복원하는' 것인가? '복원된' Sistine Chapel이 오늘날 '진짜'처럼 보일 수도 있지만, 미학 이론과 사학 이론이 변했을 때에도 여전히 그렇게 보일까? 분명 어떤 위대한 예술 작품이라도 그에 대한 최선의 접근은 그냥 그대로 두는 것이다.

어휘 restoration 복원 aesthetic 미학의 lacquer 래커(도료의 일종), 칠 subconscious 잠재적인 refashion 개조하다 contemporary 현대의 authentic 진짜의

08

정답 ①

해설 위험에 대한 인식은 점차 발달하는 것인데, 자녀가 위험에 조금도 노출되어 있지 않다면 위험에 대한 그들의 인식은 더 늦게 자리잡을 수 있으므로 자녀가 약간의 위험에 노출될 필요가 있다는 내용의 글이다. 따라서 글의 주제로 가장 적절한 것은 ① '어린이들이 약간의 위험에 노출될 필요성'이다.
② 어린이들이 위험에 노출되는 것을 최소화하는 방법
③ 위험에 대한 인식 부족으로 인해 발생하는 사건들
④ 어린이들이 경험으로부터 배우는 것의 한계

오답 ② 오히려 위험에 노출시켜야 한다는 내용이므로 반대 선지다.
③ 위험에 대한 인식 부족의 부정적인 영향이 언급되긴 하나, 그 구체적인 사례들이 다뤄지지는 않았다.

해석 위험에 대한 인식은 갑자기 시작되는 것이 아니라 점차 발달한다. 이것은 만약 당신의 자녀가 위험에 조금도 노출되어 있지 않다면, 위험에 대한 그들의 인식은 더 늦게 자리 잡을 수 있다는 것을 뜻한다. 부모들이 자녀들에 대해 과잉보호를 하고 있어서 그들이 모두 스스로 돌볼 수 없는 상태로 성장할 것이라는 많은 우려가 있다. 예를 들어, 스카우트 지도자들은 이것에 대해 걱정을 하여 자신들의 역할을 아이들에게서 위험에 대한 노출 부족을 '치료해 주는 것'으로 본다! 기본적으로 이러한 학습은 경험의

한 기능이다. 만약 그들이 자신의 입에 무엇인가를 넣어 보고 그것이 그들을 콕 찌른다면, 그들은 물건을 입속에 넣는 것에 대해 점차 더 주의를 하게 되고 그 따끔한 것들이 어떻게 생겼는지 유의해서 보고 위험을 발견하는 방법을 배운다. 만약 그들이 계단에서 미끄러져서 다친다면, 그들은 떨어진다는 생각에 익숙하지 않을 때보다 훨씬 더 절벽을 조심할 것이다.

어휘 awareness 인식, 자각 expose 노출시키다 set in 시작되다 protective 보호하는 prickle 찌르다, 따끔거리게 하다 cautious 주의하는 spot 발견하다, 알아채다 slip down ~에서 미끄러져 떨어지다 wary 조심하는, 경계하는

09

정답 ②

해설 순환 근무는 육체노동의 경우 부상의 위험에 더 많은 근로자를 노출시키며 유사한 동작을 하는 작업으로 순환시킬 경우 부상 확률이 오히려 높아진다는 내용이다. 따라서 글의 주제로 가장 적절한 것은 ② '순환 근무의 한계와 단점'이다.
① 작업 중 부상 예방 조치
③ 순환 근무가 작업장에서 적용되는 이유
④ 육체노동 과업의 종류와 그것의 부상 위험

오답 ③ 순환 근무의 목적이 첫 문장에 언급되긴 하나, 이는 그 목적에 반하는 결과(한계와 단점)를 설명하기 위한 전제일 뿐이므로 정답이 되기엔 지엽적이다.
④ 이 글의 주요 소재는 육체노동이 아닌 순환 근무이며, 육체노동 과업의 종류는 언급되지 않았다.

해석 순환 근무는 육체노동으로 다루는 과업의 부상 위험을 줄이기 위해 가끔 사용되는 관리상의 위험 조절 방법이다. 그렇지만 순환 근무가 육체노동으로 다루는 과업의 위험을 없애는 것이 아니라 그저 그 위험에의 노출 시간을 줄이는 것이라는 점을 인식하는 것이 중요하다. 순환 근무는 반복적이거나 지속적인 자세에 대한 노출을 줄이기 위해서만 적절하며 강력한 힘을 수반하는 육체노동으로 다루는 과업에는 효과적이지 않다. 이런 과업에서, 순환 근무는 더 많은 근로자들이 즉각적이거나 격심한 부상의 위험에 노출되기 때문에 부상의 위험을 실제로 증가시킬 수 있다. 게다가, 순환 근무는 사람들이 비슷한 동작이나 자세를 하는 과업들로 순환되기 때문에 종종 부정확하게 사용된다. 근육이 회복되지 못하므로 이것은 순환 근무의 이점을 무효화한다. 게다가, 만일 그 과업이 유사하면 순환 근무는 심지어 집중력 상실로 인한 부상의 위험을 증가시킬 수도 있다.

어휘 administrative 관리[행정]상의 manual 육체노동의 exposure 노출 suitable 적절한 repetitive 반복되는 sustained 지속되는 posture 자세 acute 격심한, 극심한 negate 무효화하다, 효력이 없게 만들다 shortcoming 단점

10

정답 ③

해설 가상현실이라는 수단을 통해 우리가 세계 곳곳의 미술관과 박물관의 예술 작품을 즐길 수 있게 되었다는 내용이므로 글의 제목으로 가장 적절한 것은 ③ '예술: 어느 때보다도 더 널리 접근 가능해지다!'이다.
① 우리는 예술 복제품을 금지해야만 하는가?
② 어째서 가상 예술 작품은 그토록 인기 있는가?
④ 사라진 미술관과 박물관의 비밀들

오답 ② 가상 예술 작품이 성행하고 있다는 현상을 설명하고 있을 뿐, 그 원인은 구체적으로 다뤄지지 않았다.

해석 모든 사람들이 <모나리자>와 미켈란젤로의 <다비드>가 어떻게 생겼는지 안다. 하지만 정말로 아는 걸까? 그것들은 하도 자주 복제되어서 우리가 파리나 플로렌스에 가 본 적이 전혀 없다고 하더라도 우리는 그것들을 안다고 느낄 수도 있다. 각각은 사각팬티를 입은 <다비드> 또는 콧수염을 가진 <모나리자>와 같은 셀 수 없이 많은 패러디물이 있다. 예술 복제품은 어디에나 있다. 우리는 이제 우리의 잠옷을 입고 앉아서, 웹과 CD-ROM을 통해서 세계 곳곳의 미술관과 박물관의 가상 여행을 즐길 수 있다. 우리는 장르와 화가를 탐색할 수 있고, 세부적인 것들을 자세하게 보기 위해 확대를 할 수도 있다. 루브르의 웹사이트는 <밀로의 비너스>와 같은 예술 작품들의 환상적인 360도 파노라마를 제공한다. 그러한 여행은 고글과 장갑 같은 것들을 포함하는 가상현실 기술을 이용함으로써 더욱더 다중 감각적이 될 수 있다. 조명과 무대장치 디자이너들은, 건축가처럼, 이미 자기 일에 이 기술을 사용한다.

어휘 spoof 패러디한 것 boxer shorts 사각팬티 mustache 콧수염 ubiquitous 어디에나 있는 pajamas 잠옷 virtual 가상의 scrutinize 면밀히 조사하다, 세심히 살피다 multi-sensory 다중 감각의 draw on ~을 이용하다 ban 금지하다 vanish 사라지다

DAY 02 주제·제목

| 01 | ③ | 02 | ① | 03 | ④ | 04 | ① | 05 | ④ |
| 06 | ① | 07 | ④ | 08 | ① | 09 | ② | 10 | ④ |

01

정답 ③

해설 물고기들이 떼를 지어 다님으로써 생존을 위한 여러 가지 이점을 얻게 된다는 내용의 글이므로, 글의 주제로 가장 적절한 것은 ③ '생존을 위한 행동 전략으로서의 물고기 떼 짓기'이다.
① 작은 물고기 종들의 보호 본능
② 작은 물고기들의 사회 조직의 기원
④ 포식자 물고기와 먹잇감의 행동 차이

오답 ① 작은 물고기들의 보호 '전략'에 관한 내용으로, '본능' 때문에 떼를 짓는다는 언급은 없다.
② 작은 물고기들이 조성하는 사회 조직의 목적과 장점은 설명하고 있으나, 그 기원에 관해서는 언급되지 않았다.

해석 수백 종의 작은 물고기들은 떼라고 불리는 분명한 사회 조직 안에서 살아간다. 물고기 떼는 몇 마리의 개체에서부터 몇 제곱킬로미터에 걸쳐 펼쳐진 엄청난 개체군에 이르기까지 그 규모가 다양하다. 물고기 떼는 일반적으로 크기나 나이가 비슷한 단일 종으로 구성된다. 개인적인 방어의 다른 수단이 없는 작은 동물들에게, 떼를 짓는 행동은 어느 정도의 보호를 제공한다. 만약 먹잇감이 물고기 떼의 일원이라면, 먹잇감이 되는 물고기 종들이 보다 넓은 지역에 흩어져 있기보다 조밀한 단위로 모여 있기 때문에 포식자 물고기가 이들 먹잇감을 우연히 마주칠 확률이 낮아진다. 게다가, 일단 포식자가 한 물고기 떼와 맞닥뜨리고 나면, 포식자의 포만감은 무리의 대부분 물고기들로 하여금 다치지 않고 도망갈 수 있도록 해준다. 한 물고기 떼 안의 많은 물고기들이 계속적으로 움직이고 자리를 바꾸는 것 역시 포식자를 혼란시킴으로써 부가적인 생존 이익을 얻을 수 있다. 그리고 그들은 엄청나게 크고 어마어마한 적으로 보이도록 착각하게 만듦으로써 배고픈 포식자를 낙담시킬 수도 있다.

어휘 well-defined 분명한 degree 한 단계, 정도 predatory 포식성의 compact 조밀한 disperse 흩어지다 satiation 포만감 illusion 착각 formidable 어마어마한

02

정답 ①

해설 여러 가지 중요한 일들을 해야 할 적절한 시기에 대한 암묵적인 일정표인 사회 시계가 다른 사람들과 보조를 맞추어 나가도록 압력을 행사한다는 내용의 글이므로, 글의 제목으로 가장 적절한 것은 ① '사회 시계: 불가피한 압력'이다.
② 연애를 시작할 적절한 시기는 언제인가?
③ 뒤처지는 것보다 보조를 맞추어 나가는 것이 왜 더 나은가?
④ 오늘날의 사회 시계의 유연성과 관용

오답 ④ 사회 시계가 유연해지고 있다는 언급이 있긴 하나, 그 압력은 여전하다는 것이 주요 내용이므로 적절하지 않다.

해석 당신의 문화는 연애를 시작할 적절한 시기, 대학을 마칠 적절한 시기, 자신의 집을 장만할 적절한 시기, 또는 아이를 가질 적절한 시기와 같은 여러 가지 중요한 일들을 해야 할 적절한 시기에 대해 암묵적인 '일정표'를 가지고 있다. 이 무언의 시간표는 당신에게 사회 시계를 제공하는데, 이것은 당신이 동년배들과 보조를 맞추어 가고 있는지, 그들보다 앞서 가고 있는지, 혹은 뒤처지고 있는지를 말해 주는 일정표이다. 이러한 사회 시계에 근거하여, 당신은 자신의 사회적 발달과 직업적 발달을 평가한다. 만일 당신이 다른 동년배들과 보조를 맞추어 가고 있다면, 당신은 잘 적응하고 있고, 유능하며, 그 집단의 일부라고 느낄 것이다. 만일 당신이 뒤처지고 있다면, 당신은 아마도 불만족스러운 감정을 경험하게 될 것이다. 어떤 문화에서는 사회 시계가 더욱 유연해지고, 관습적인 일정표에서 벗어나는 것에 대해 더욱 관대해지고 있다 하더라도, 그것은 여전히 당신의 동년배들과 보조를 맞추어 나가도록 압력을 행사한다.

어휘 implicit 암묵적인 fall behind ~에 뒤떨어지다 tolerant 관대한 deviation 탈선

03

정답 ④

해설 모차르트 효과는 성인을 대상으로 행해진 연구이고 그 효과 또한 명확히 증명된 것이 아니어서 어린이의 지능 향상에 도움이 되는지는 알 수 없다는 내용의 글이므로, 글의 제목으로 가장 적절한 것은 ④ '모차르트 효과 — 똑똑한 음악?'이다.
① 음악과 인지 능력
② 음악이 어떻게 당신을 더 똑똑하게 만드는가
③ 고전 음악: 혼합된 축복(좋기도 하고 나쁘기도 한 것)

오답 ① 모차르트 음악이 아이의 지능 향상에 영향을 미치는지에 관한 글로, 이를 단순히 '음악'과 '인지 능력'으로 표현하는 것은 너무 포괄적이다.

해석 Frances Rauscher와 Gordon Shaw는 대학생들이 모차르트의 피아노 소나타를 들은 후에 공간 추론 시험에서 더 높은 점수를 받았다고 보고했다. 이 관찰이 뉴스거리가 되자마자 맹목적으로 자녀를 사랑하는 부모들이 자신들의 아기를 위해 24시간 내내 모차르트 음악을 틀어주고 있었다. 분명히 그 부모들은 그 대학생들처럼 자신들의 아기가 더 똑똑해지기를 바랐다. 그러나 부모들은 그런 '마법의' 이점을 제공한다고 주장하는 어떤 관행에 대해서는 의구심을 가져야 한다. 원래의 실험은 성인에게 행해졌기 때문에 그것은 유아에 대해 어떤 것도 우리에게 말해 주지 않는다. 그렇다면 모차르트 효과는 실제로 존재하는가? 몇몇 연구는 모차르트 음악을 접한 후에 공간 지능이 약간 증가하는 것을 발견했다. 그러나 대부분의 연구원들은 그 효과를 되풀이할 수 없었다. 모차르트 음악이 훌륭하기는 하지만 적어도 어린이의 지능에 관한 한 마법처럼 보이지 않는다.

어휘 spatial 공간의 reasoning 추론 doting 맹목적으로 사랑하는 around the clock 24시간 내내 suspicious 의심하는 exposure 접하기 duplicate 되풀이하다 where A is concerned A에 관한 한

04

정답 ①

해설 이민 가정의 자녀는 부모의 문화와는 다른 문화에서 사회화되므로 부모와 갈등이 생긴다는 내용의 글이다. 따라서 글의 주제로 가장 적절한 것은 ① '이민 가정 내 다른 문화로의 사회화에 의해 유발되는 갈등'이다.
② 이민 가정 내 자녀들에 대한 조기 교육의 실패

③ 이민 가정에서 문화적 차이를 효과적으로 다루는 방법
④ 이민 가정에서 부모와 자녀 사이의 바람직한 관계

오답 ③ 부모와 자녀 간에 문화적 차이를 다루는 방법은 제시되지 않았다.
④ 부모와 자녀 사이의 바람직한 관계가 어떤 것이지에 대한 내용은 언급되지 않았다.

해석 부모와 청소년 간의 많은 갈등들은 기대와 가치에 관한 것이다. 어떤 부모들은 그들의 십 대 자녀들이 다른 행성이나 문화에서 온 것처럼 느낀다고 농담한다. 일부 이민 가정에서 청소년들은 실제로 부모의 문화와는 다른 문화에서 자라고 있다. 이러한 문화적인 차이를 다루는 것은 또 다른 갈등의 영역을 만들어 낸다. 예를 들어, 이민 1세대와 2세대 라틴계 젊은 성인들은 이민 3세대의 라틴계 미국인과 유럽계 미국인과 아프리카계 미국인보다 다른 문화로의 사회화의 문제에 대해 부모와 더 많은 갈등이 있다. 이민 1세대와 2세대 라틴계 부모들은 그들의 젊은 성인 자녀들이 너무 미국적으로 행동하고 있다고 느낀다. 자녀들이 청년이 되기 시작할 때 이민 1세대와 2세대 라틴계 부모들은 그들의 자녀가 어떻게 가족의 의무에 이바지할 것인지와 그들이 성별에 따른 기대에 충실할지에 대해 더 심하게 걱정할지도 모른다.

어휘 adolescent 청소년, 청년 conflict 갈등 immigrant 이민의 domain 영역 acculturation 다른 문화로의 사회화 launch 시작하다 acutely 매우 심하게, 몹시 tend to ~에 이바지하다, 도움이 되다 obligation 의무, 책무 adhere to ~에 충실하다, ~을 고수하다

05

정답 ④

해설 장비나 인력을 대여하는 산업이 서비스 산업의 성장 요인이 되고 있다는 내용의 글이다. 호텔과 시청각 장비를 대여해 주는 회사의 예를 통해 외부 위탁이 서로에게 득이 됨을 보여 주고 있으므로 글의 제목으로 가장 적절한 것은 ④ '외부 위탁: 관련 당사자 모두에게 유리한 상황'이다.
① 외부 위탁에 적절한 사업 유형
② 당신의 선택에 달려 있다: 핵심 사업을 바꿀 것인가 말 것인가
③ 성공하고 싶은가? 장비를 최신화하라

오답 ① 보통 핵심 사업의 일부가 아닌 것을 위탁한다는 현상만 짧게 언급될 뿐, 외부 위탁에 적합한 사업 유형들을 알려 주고 있지는 않다.

해석 장비나 인력을 회사에 대여하는 사업의 확장이 서비스 분야의 성장에 기여하는 요소가 되어 왔다. 점점 더 많은 회사들이 사업의 일부를 외부에 위탁하려고 모색하고 있는데, 회사의 핵심 제품이나 사업의 일부가 아닌 요소로 종종 시작한다. 예를 들어, 회의 및 대회를 주선하는 대부분의 호텔은 단체가 요구하는 시청각 장비를 제공하는 것을 그런 유형의 사업을 전문으로 하는 회사에 위탁하였다. 그 회사는 결국 그 호텔에서 회의를 하는 단체에 시청각 장비를 대여한다. 그 회사는 호텔이 직접 제공할 경우보다 더 최신의 전문화된 장비를 단체에 제공할 수 있다. 호텔은 장비 재고품을 유지하고 있을 필요가 없고 따라서 자본 비용이 줄어든다.

어휘 personnel 인력 outsource 외부에 위탁하다 operation 경영, 운영 audiovisual 시청각의 specialize in ~을 전문으로 하다 up-to-date 최신의 inventory 재고품 capital cost 자본 비용

06

정답 ①

해설 자신을 드러내는 데 있어 남녀가 서로 다른 점들을 비교해서 나열하고 있으므로, 글의 제목으로 가장 적절한 것은 ① '자기 노출의 성별 차이'이다.
② 표현력은 습득되는가, 아니면 타고나는가?
③ 자기 노출은 당신이 누구인가에 달려 있다
④ 왜 여성이 남성보다 더 표현적인가?

오답 ③ 이 글은 자기 노출의 '성별' 차이를 말하는 것인데, '당신이 누군가'라는 표현은 제목을 담기에는 범위가 너무 넓다.
④ 본문에서 여성이 더 표현적이라는 사실을 언급하기는 하지만, 그것에 대한 구체적인 이유는 나와 있지 않고, 이것은 자기 노출에 있어서의 성 차이에 대한 하나의 예시일 뿐이다.

해석 자기 노출은 자신에 대한 개인적이고 친밀한 정보를 다른 사람들에게 드러내는 과정을 일컫는다. 자기 노출을 통해 두 개인은 서로를 알게 된다. 우리는 여성들이 남성들보다 더 표현적일 것이라고 예상한다. 한 여성이 표현적이지 않을 때 다른 사람들은 그녀가 적응을 하지 못한 것으로 인식한다. 마찬가지로 남성들은 표현적이지 않다고 예상되며 한 남성이 표현적일 때 그는 불안정한 것으로 인식된다. 그리고 실제로 여성들은 일반적으로 남성들보다 더 드러내는 경향이 있다. 그러나 여성들은 남성들이 그러는 것보다 자신들의 여성 친구들과 자신들의 연애 상대자에게 더 많이 드러내지만, 여성들은 남성들이 자신들의 남성 친구들에게 드러내는 것보다 남성 친구들에게 더 많이 드러내지는 않는다. 게다가 여성들은 다른 사람들, 심지어 보통 자신을 그다지 많이 드러내지 않는 사람들로부터 자기 노출을 이끌어 내는 경향이 있다. 이것에 대한 한 가지 이유는 여성들은 들으면 반응을 잘 하는 경향이 있는데, 그것은 그 결과 말하는 사람에 의한 추가적 (자기) 노출을 조장하기 때문이다.

어휘 self-disclosure 자기 노출, 자기 폭로 maladjusted 적응하지 못한 unstable 불안정한 disclose 드러내다, 폭로하다 elicit (정보·반응을) 끌어내다 responsive 반응을 잘 하는

07

정답 ④

해설 북극해의 빙하가 많이 녹아내리고 있으며, 그 원인은 대기 중 이산화탄소의 증가로 인한 지구 온도 상승이라는 내용이므로, 글의 주제로 가장 적절한 것은 ④ '북극해의 해빙과 그 이면의 이유'이다.
① 지구 온난화의 영향에 대한 과학자들의 오산
② 지구 온도 기록 관리를 시작한 이유
③ 북극 빙하가 얇아지는 것이 자연 서식지에 미치는 영향

오답 ① 과학자들의 생각이 두 차례 기술되지만 그것들이 잘못되었다는 언급은 없다.
③ 해빙 때문에 북극의 물이 너무 많아졌다는 언급은 있으나, 그것이 자연 서식지에 미친 영향이 구체적으로 제시되진 않았다.

해석 20세기의 마지막 35년간 북극해의 얼음이 40% 정도 얇아졌다. 2000년에 세계의 꼭대기에 있는 북극의 얼음이 인간의 기억으로는 처음으로 녹았다. 그해 여름에 어떤 탐험가들이 북극으로 트레킹을 하고 있더라면 마지막 몇 마일은 수영을 해야 했을 것이다. 많은 과학자들은 5천만 년 동안 북극 지역에 그렇게 얼지 않은 물이 많았던 적은 없었다고 생각했다. 다른 과학자들은 북극해의 여름 빙하가 2035년까지 완전히 사라질

수도 있다고 예측했다. 이런 일이 왜 벌어지고 있는가는 모두가 아는 사실이다. 대기에 이산화탄소 수치가 늘어나면서 지구의 온도를 증가시켜 왔다. 1866년 지구 온도 기록 관리가 시작된 이래로 가장 뜨거웠던 25년 중에서 23년이 1975년 이후에 발생했다는 사실이 2000년에 발표되었다.

어휘 thin 얇아지다 polar 북극의 trek 트레킹을 하다 open water 얼음이 얼지 않은 바닷면 entirely 전적으로, 완전히 carbon dioxide 이산화탄소 miscalculation 오산

08

정답 ①

해설 환자는 의사가 출중한 능력으로 환자의 문제를 쉽게 알 수 있다고 믿거나 의사를 어려워하여 자신의 증상을 말하길 꺼리는 한편, 의사는 환자와 대화 방식이 달라 환자로부터 필요한 정보를 끌어내기 어려워한다고 한다. 즉, 서로 소통이 원활하지 않다는 내용이므로, 글의 주제로 가장 적절한 것은 ① '의사와 환자 사이의 잘못된 의사소통'이다.
② 환자들의 협력을 끌어내는 의사들의 기술
③ 의사들의 권력이 환자들에 끼치는 영향
④ 환자들과의 면담에서 사용되는 전문적인 질문

오답 ② 오히려 의사가 환자의 협력을 잘 끌어내지 못한다고 언급되므로 적절하지 않다.
③ 의사의 권력이 환자를 겁먹게 하여 증상을 털어놓지 못하게 한다는 언급은 있으나, 이는 소통이 잘 안되는 이유 중 하나로 제시되었을 뿐이므로 정답이 되기엔 지엽적이다.
④ 의사가 면담 중 전문적인 질문을 한다는 언급은 있으나, 그 질문에 대한 구체적인 내용은 없으며 이 글의 주요 소재 또한 아니다.

해석 많은 환자들이 의사에게 자신들의 증상을 설명하기를 꺼린다는 사실은 당신을 놀라게 할지도 모른다. 하지만 이러한 경우는 흔하다. 많은 사람들은 의사들이 능력이 매우 출중해서, 숙련된 정비공이 자동차의 문제를 진단할 수 있듯이, 정밀한 신체 검사를 통해서 환자들의 문제를 쉽게 알아낼 수 있다고 믿는다. 게다가 의사들의 상대적으로 높은 사회적 지위와 권력은 환자들을 겁먹게 하여 자신들의 문제가 사소하고 중요하지 않다고 느끼거나, 나쁜 인상을 줄 수 있는 정보를 자발적으로 알려 주는 것을 꺼리게 만들 수도 있다. 반대로, 의사들은 그들의 환자들이 적절한 정보를 제공하도록 하는 데 어려움을 겪을 수 있다. 많은 경우 의사들은 전문적인 성격의 질문으로 면담을 주도해 가는 반면에 환자들은 자신들의 병에 대한 개인적인 감정이나 자신들의 삶에 미치는 영향에 대해 대화하려고 한다.

어휘 reluctant 꺼리는 symptom 증상 thorough 정밀한 diagnose 진단하다 prestige 위신 intimidate 겁먹게 하다 trivial 사소한 cast sth/sb in a bad light ~을 안 좋게 보이게 하다 conversely 반대로 technical 전문적인 elicit 끌어내다

09

정답 ②

해설 부정적인 말이 상처를 남기듯이 긍정적인 말 또한 누군가를 긍정적으로 바꾼다고 하면서 누나의 말 한마디로 인생의 경로가 완전히 바뀐 Charlie Wetzel을 예로 들고 있으므로, 글의 제목으로 가장 적절한 것은 ② '당신이 하는 말이 누군가의 삶을 바꿀 수 있다'이다.
① 당신의 마음이 시키는 것을 따르라
③ 많은 긍정적인 말이 부정성을 없앨 수 있다
④ 말은 행동으로 바뀌지 않으면 쓸모가 없다

오답 ③ 긍정적인 말이 긍정적인 결과로 이어지는 것은 맞지만, 긍정적인 말로 부정성이 없어진다는 내용은 언급되지 않았다.
④ 말의 중요성에 대한 내용이므로, 행동으로 이어지지 않으면 쓸모가 없다는 것은 적절하지 않다.

해설 흔히 사람들을 다른 사람들에게 과민하게 반응하도록 유발하는 상처는 다른 사람들로부터의 부정적인 말의 결과로 생긴다. 이와 마찬가지로 긍정적인 말도 사람의 태도에 영향을 줄 수 있다. 아주 좋아하는 선생님이나 다른 중요한 어른의 긍정적인 말을 기억할 수 있는가? 몇 마디 말은 한 사람이 자신에 대해 생각하는 방식을 바꿔 줄 수 있고 그의 삶의 경로를 바꿀 수도 있다. Charlie Wetzel은 자신이 18살 때 자신의 누나가 했던 말을 기억한다. 그 당시 그는 삶에 있어서 거의 방향이 없었는데, 그녀는 그에게 요리에 대해 그리고 맛이 어떻게 어울리는지에 대해 그가 재능이 있다고 생각한다고 말했다. 그는 전에 한 번도 그것을 고려해 본 적이 없었다. 그것으로 인해 그는 자신이 음식, 요리, 그리고 요식업에 대해 배울 수 있는 모든 것을 배우며 10년을 탐색하게 되었다. 그리고 그것은 전문적인 식당 요리사로서 그의 첫 경력으로 이어졌다.

어휘 overreact 과민하게 반응하다 talent 재능 go together 어울리다 quest 탐색, 탐구

10

정답 ④

해설 최근 새로운 매체에 의한 오락은 이용자들의 청각과 시각뿐만 아니라 촉각과 후각까지도 사로잡고 있다고 말하면서, 가상현실 게임과 탈것에 대한 예를 들고 있다. 따라서 글의 제목으로 가장 적절한 것은 ④ '새로운 매체에 의한 오락: 더 많은 감각을 자극하다!'이다.
① TV와 영화: 축복인가 아니면 저주인가?
② 오디오 시스템을 작동하는 방법
③ 보는 것이 만지는 것보다 더 중요하다

해석 지금까지 여러 해 동안 TV와 영화와 같은 매체에 의한 오락은 볼거리와 소리로 우리의 시각과 청각을 자극할 수 있었다. 하지만 몇몇 형태의 새로운 매체는 우리의 촉각과 후각까지도 끌어들인다. 어떤 특수 장치를 착용하는 사람이 보는 광경이 그의 뒤에 있는 스크린에 투사된다. (장치를) 착용한 사람들은 컴퓨터로 구현된 장면에 깊이 빠져들게 되고, 가상의 물체를 집어 들고 움직이기 위해 장갑을 사용한다. 많은 가상현실 게임과 탈것들은 이제 관객들과 이용자들에게 움직이는 느낌과 반시는 느낌을 느끼게 해준다. 새로운 매체는 또한 캘리포니아 모험 테마 파크에 있는 놀이 기구인 디즈니의 'Soaring Over California'처럼 향기를 포함할 수 있는데, 그곳에서 관객들은 전원을 가로지르는 가상의 행글라이딩 체험을 즐기는 동안 오렌지 과수원과 소나무 숲의 냄새를 맡는다. 새롭게 등장하는 형태의 오락을 제작하는 사람들은 우리의 감각을 자극함으로써 그들이 현실을 가상현실로 만들고 조작할 수 있는 방법을 계속해서 실험할 것 같다.

어휘 mediated 매체에 의한 optical 시각의 auditory 청각의 immersed 몰두한 orchard 과수원 pine 소나무 countryside 전원 emerging 신생의, 신흥의 manipulate 조작하다

DAY 03 요지·주장

본서 p. 28

01	④	02	②	03	④	04	④	05	③
06	①	07	④	08	③	09	①	10	②

01

정답 ④

해설 원주민의 생계 유지형 사냥은 문화적 차원에서 장려되어야 하며, 공원의 자원을 크게 손상시키지 않는 한 허용되어야 한다는 내용의 글이므로 필자가 주장하는 바로 가장 적절한 것은 ④ '원주민의 생계 유지형 사냥은 자원이 크게 파괴되지 않는 한 허용되어야 한다.'이다.
① 원주민 부족의 국립공원 거주를 인정해 주어야 한다.
② 종 다양성 보존을 위해 포식 동물의 개체 수를 제한해야 한다.
③ 원주민의 사냥에 원주민이 아닌 사람들은 동참할 수 없게 제한해야 한다.

오답 ① 원주민의 거주가 아닌 생계형 사냥을 논하는 글이다.
③ 원주민의 생계형 사냥을 지지하는 내용으로, 원주민이 아닌 사람의 동참에 관해선 구체적으로 명시된 바가 없다.

해석 우리는 원주민들에 의한 생계 유지형 사냥은 국립공원 관리국에 의해 원주민뿐 아니라 공원 자체의 문화적 자원으로 권장되어야 한다고 생각한다. 물론, 그런 생계 유지형 사냥은 야생 동물 개체 수의 위험 수준을 초과하면 안 된다. 우리는 생계 유지형 사냥이 공원의 자원을 크게 손상하지 않는 한 허용되어야 한다는 입장을 지지한다. 우리는 국립공원 관리국이 다음의 정책을 채택하기를 강력하게 촉구한다. 사냥은 공원의 목적과 관련하여 무리의 수를 최적의 수준으로 유지하기 위해 필요한 양을 초과해서는 안 된다. 특히 원주민에 의한 생계 유지형 사냥은 최우선권을 받아야 한다. 무리의 수를 최적의 수준으로 유지하기 위해 스포츠용 사냥은 허용되어서는 안 된다. 여기에서 '최적의'라는 용어는 최소를 의미하는 것이 아니라 수용력과 비교하여 최대한의 수준을 의미한다.

어휘 subsistence 생존, 생계 critical 위태로운 urge 촉구하다 herd 무리 optimum 최적의 carrying capacity 수용력 tribe 부족 residency 거주 sustenance 생계, 유지

02

정답 ②

해설 이 글은 아이들에게 좋은 본보기가 되는 것의 중요성을 강조하는 글이다. 따라서 글의 요지로 가장 적절한 것은 ② '좋은 양육의 시작과 끝은 좋은 모범을 보이는 것이다.'이다.
① 부모는 야생 동물에 대한 책을 읽는 데에 더 많은 시간을 보내고 있다.
③ 좋은 부모 되기의 핵심은 의식적인 소비에 있다.
④ 아이들에게 좋은 행동을 가르치는 것은 돈을 버는 것보다 중요하다.

오답 ③ 무분별한 소비를 아이들이 보고 배울 것이라는 내용이 언급되나, 이는 부모가 모범을 보여야 한다는 주장을 위한 하나의 예시일 뿐이므로 정답이 되기엔 지엽적이다.
④ 거스름돈을 더 받거나 돈을 줍는 행위를 돈을 버는 것으로 보고 그보다 좋은 행동을 가르치는 것이 더 중요하다고 생각할 수도 있지만, 이 역시 하나의 예시일 뿐이다. 또한 그러한 행위들을 언급한 이유는 부정한 행동을 말하기 위함이지, 돈을 버는 것이 핵심은 아니다.

해석 최근 나는 멸종 위기에 처한 British Columbia 해안가의 회색 곰에 대해 읽고 있었다. 저자들은 새끼 곰이 그들의 어미가 먹이를 탐색하고 섭취하는 기술들을 얼마나 예리하게 관찰해 내는지에 대해 강조했다. 새끼 곰이 어미의 시범을 통해 배운 것은 삶과 죽음에 직결된 문제였는데, 그런 지식이 결핍된다면 새끼 곰은 아마 살아남지 못할 것이기 때문이다. 이와 같은 원리가 우리에게도 적용된다. 우리가 무한 경쟁과 같은 삶을 살다 보면, 우리 아이들은 어떻게든 그러지 않을 것이라고 어떻게 믿을 수 있겠는가? 우리가 아무 생각 없이 구입하고 소비하면서, 우리 아이들은 어떻게든 절제와 물질과의 관계 속 의미를 알 것이라고 어떻게 믿을 수 있겠는가? 만약 내가 정기적으로 계산대에서 거스름돈을 더 받은 것을 돌려주지 않거나 주운 돈을 주인을 찾으려 하지도 않고 주머니에 넣는 것과 같은 사소한 부정행위를 한다면, 나는 그 행동을 아이들에게 가르치고 있는 것이다.

어휘 grizzly 회색의 cub (동물의) 새끼 keen 관심이 많은, 열정적인 rat race 무한 경쟁 mindlessly 생각 없이 moderation 절제 pocket 돈을 호주머니에 넣다 parenting 양육 set an example 모범을 보이다

03

정답 ④

해설 사람들은 소그룹에서 더 안정감과 편안함을 느끼기 때문에, 한 연구에서 팀원의 수를 늘려서 제시했을 때 오히려 구직자들의 선호가 줄어들었다는 내용이므로 글의 요지로 가장 적절한 것은 ④ '사람들은 일자리를 선택할 때 더 작은 팀을 선호한다.'이다.
① 보수는 당신에게 일의 성취감을 주는 것이다.
② 통근 거리와 일의 능률은 밀접하게 관련되어 있다.
③ 도전적인 일자리보다는 안정적인 일자리가 선호된다.

오답 ② 통근 거리는 서론 전개 중 언급되었을 뿐, 글에서 중점으로 다루는 일자리 조건은 팀원 수이다.
③ 오히려 인원이 적은 경우엔 업무량이 많아지므로 도전적인 일자리로 볼 수 있다. 안정적인 일자리인 것과 직장에서 안정감을 느끼는 것은 별개이다.

해설 두 개의 일자리 제안, 즉 더 높은 급여와 더 쉬운 통근의 일자리와 다소 더 낮은 급여와 더 먼 통근의 일자리를 제시받았다고 가정해 보라. 둘 중에서 선택하라고 요청받았을 때, 어느 것을 택하겠는가? 당연히 더 높은 급여와 더 짧은 통근의 일자리를 선택할 것이다. 흥미롭게도, 보다 떨어지는 일자리 제안을 더 매력적으로 보이게 만들기 위해서, 한 연구에서는 팀원 개개인의 업무량을 보다 적게 만들기 위해 팀 구성원의 수를 3명에서 6명으로 늘리기를 제안했다. 그러나 놀랍게도, 이것은 직업을 훨씬 덜 매력적으로 만드는 것으로 판명되었는데, 그것은 대부분의 사람들은 비록 일을 더 할지라도 적은 수의 그룹에서 일하는 것을 더 선호했기 때문이었다. 이것은 작은 그룹 속에서 일하는 것으로부터 나오는 안전함과 안락한 느낌이 직업을 선택하는 데 있어서 강력한 동기가 되기 때문이라고 연구진들은 말한다.

어휘 commute 통근 (거리) somewhat 다소 inferior 열등한 incentive 동기

04

정답 ④

해설 완벽주의는 해야 할 일을 계속 미루게 하는 걸림돌이므로 그것을 떨쳐 버려야 한다는 내용의 글이다. 따라서 글의 요지로 가장 적절한 것은 ④ '완벽주의는 일을 추진하는 것의 주요한 방해 요인이다.'이다.
① 잦은 실수가 온갖 종류의 재난을 초래한다.
② 집 정리하는 습관을 들이는 것이 중요하다.
③ 작문 실력을 확실히 향상시키기 위해서는 인내가 필요하다.

오답 ① 실수를 안 하기 위해 할 일을 미루는 완벽주의에서 벗어나야 한다는 내용이므로 적절하지 않다.

해석 많은 사람이 자신이 해야 할 일을 계속 미루는 한 가지 이유는 그 일들을 잘못하거나 제대로 하지 못할 것이라고 두려워해서 아예 그 일들을 하지 않기 때문이다. 예를 들어, 책을 쓰는 가장 좋은 방법 중의 하나는 문체는 고려하지 않고 당신의 생각을 종이 위에 쏟아 놓으면서 가능한 한 빨리 책을 쓰는 것이다. 그런 후 다시 돌아가 쓴 글을 교정하고 다듬을 수 있다. 만일 완벽할 것이라고 내가 확신하는 때만 책을 쓴다면 나는 아직도 첫 번째 책을 집필하는 중일 것이다! 당신은 집이 어수선하면 편하게 있기를 못하는가? 당신은 실수하는 것에 대해 자책하는가? 오늘 나는 당신에게 전하고자 하는 간단한 메시지를 갖고 있다. 이제 당신의 완벽주의를 놓아 줄 때이다. 그것(완벽주의)은 당신을 꼼짝 못하게 하는 걸림돌이 된다.

어휘 polish 다듬다, 퇴고하다 beat oneself up 자책하다 let go of ~을 놓다 stumbling block 걸림돌, 장애물 stuck 꼼짝 못하는 calamity 재난, 참사 hindrance 방해(물)

05

정답 ③

해설 매일의 반복되는 선택을 하는 데 정신적인 에너지의 소모가 크다면서, 반복되는 선택을 일상화해서 더 적은 선택을 해야 한다는 내용이므로, 필자가 주장하는 바로 가장 적절한 것은 ③ '우리가 하는 일을 좀 더 효율적으로 만들기 위해 매일의 선택은 단순화되어야 한다.'이다.
① 사람들은 짧은 시간이 주어질 때 반복되는 선택을 할 수밖에 없다.
② 매일의 삶을 일상화하고 사회 질서를 유지할 필요가 있다.
④ 매일의 단조로운 일상을 의미 있는 순간으로 변화시키는 것을 두려워하지 마라.

오답 ① 시간이 부족해서 반복된 선택을 한다는 내용은 언급되지 않았고, 정신적인 에너지 소모를 줄이기 위해 반복되는 매일의 선택들을 가능한 한 많이 일상화해야 한다는 내용이므로 적절하지 않다.
② 삶을 일상화해야 한다는 것은 맞지만 이는 자기 자신을 위해서이고, 사회 질서 유지에 관한 언급은 없다.

해석 한 연구에서는 무슨 사탕을 먹을 것인지 혹은 무슨 옷을 살 것인지와 같은 매일의 선택들이 우리의 정신적인 에너지를 소모하는지의 여부를 실험했다. 그 결과는? 연구에서는 비록 반복된 선택들이 일상적이고 비교적 기분 좋은 것이라 할지라도 반복해서 선택을 하는 것이 피실험자들의 정신적인 에너지를 심하게 고갈시켰다는 것을 발견했다. 그러므로 만일 당신이 하루 내내 좀 더 많은 정신력을 가질 수 있기를 원한다면, 그러한 선택들을 가능한 한 많이 일상화해야 한다. 요컨대, 더 적은 결정을 하라. 내게 있어, 이것은 주중에는 거의 매일 밋밋한 옷을 입고 같은 아침과 점심을 먹는 것을 의미한다. 나의 특별한 접근법이 당신에게는 효과가 없을 수도 있지만, 중요한 것은 당신이 상관하지 않는 것이 무엇인지 결정하고 당신의 삶의 그러한 부분들을 '자동 조종 장치 모드'로 작동시키는 법을 배워야 한다는 것이다. 당신이 중요하지 않다고 생각하는 것들에 정신적인 에너지를 낭비하는 대신에, 당신에게 가장 중요한 결정, 활동, 그리고 사람들을 위해 그것을 아껴 두어라.

어휘 wear down ~을 소모하다 deplete 고갈시키다 subject 피실험자 mundane 일상적인, 단조로운 routinize 일상화하다 dull 단조로운, 밋밋한 autopilot 자동 조종 장치

06

정답 ①

해설 필자는 지나치게 현실적이 되어 가는 아이들을 우려하며 그들이 상상력을 키울 수 있게 격려해야 한다고 말한다. 따라서 필자가 주장하는 바로 가장 적절한 것은 ① '아이들이 상상력을 키울 수 있도록 도와야 한다.'이다.
② 아이들이 현실적인 목표를 갖게 해야 한다.
③ 아이들이 경쟁에서 이기도록 도와야 한다.
④ 상업 광고를 줄여야 한다.

오답 ② 오히려 아이들이 점점 더 현실적인 목표를 갖는 것을 보고 우려하는 내용이므로 적절하지 않다.

해석 어떤 TV 기자가 몇몇 어린이들에게 그들의 꿈이 무엇인지를 물었다. 한 아이가 대답하길 "제 꿈은 훌륭하고 경쟁률이 높은 학교에 가는 거예요."라고 했다. 또 다른 아이는 "저는 백만장자가 되고 싶어요."라고 대답했다. 잠시 후 똑같은 프로그램에서 5살 아이가 "개인용 컴퓨터요."라고 대답했다. 어린이들은 점점 더 현실적이 되어 가고 있다. 어린이들에게 그들의 상상력을 키우도록 격려하지 않는다면, 현실 세계에는 로봇이 살게 될 것이다.

어휘 competitive 경쟁력 있는 inhabit (~에) 살다 cut down on ~을 줄이다 commercial 상업의

07

정답 ④

해설 상황 의존적 기억의 효과를 증명한 실험과 함께 주차장 건물 각 층에 사용한 주제 음악과 지역 스포츠 프랜차이즈의 상징이 주차 위치를 기억하는 데 도움이 되었다는 예시를 제시하는 글이다. 그러므로 글의 요지로 가장 적절한 것은 ④ '정보가 입력될 때의 상황적 단서가 기억에 도움이 된다.'이다.
① 친숙한 환경일수록 일이 더 잘 된다.
② 과거를 회상하는 것이 기억력 향상에 효과적이다.
③ 과거의 경험이 미래를 예측하는 데 큰 영향을 미친다.

오답 ① 어떤 사실을 기억할 때 당시의 환경(상황)이 도움된다는 내용으로, 그 환경이 본인에게 익숙한지의 여부는 관련이 없다. 또한 performance는 기억하는 것을 표현하기엔 너무 포괄적이다.
② '기억력 향상'이 아닌, '기억' 행위에 효과적인 조건에 관한 글로, 기억력을 키우는 내용은 언급되지도 않았다.

해석 한 고전적인 실험에서 잠수부들이 두 가지 환경, 즉 육지와 수중에서 단어 목록을 암기했다. 그들은 두 가지 환경 중 한 곳, 즉 단어가 암기된 원래의 환경이나 다른 환경 둘 중 한 곳에서 단어를 회상하도록 나중에 요청받았다. 수중에서 암기된 목록은 수중에서 더 잘 회상되었고, 육

지에서 암기된 목록은 육지에서 더 잘 회상되었다. 실험자들은 이 효과가 상황 의존적 기억 중 하나이고 환경의 이동으로 인한 혼란과는 아무런 관련이 없다는 것을 후에 증명했다. 몇몇 기업은 이 효과를 그들에게 유리하게 사용해 왔다. 「The Experience Economy」에서 Pine과 Gilmore는 Standard Parking of Chicago의 예를 인용하는데, 그것은 O'Hare 공항에 주차장 건물을 갖고 있었다. 고객이 자신의 차량을 몇 층에 주차했는지를 기억하도록 돕기 위해, 그들은 주차장 건물의 각 층에 다른 주제 음악을 틀어 놓고, 벽을 각기 다른 지역의 스포츠 프랜차이즈의 상징으로 장식해서 한 층에는 Bulls가, 또 다른 한 층에는 Blackhawks가 있었다. 그들은 한 지역 거주민이 '당신은 어디에 주차했는지를 절대 잊지 못합니다!'라고 한 말을 인용한다.

어휘 alternative 다른 context-dependent 상황 의존적인 disruption 혼란 quote 인용하다 parking garage 주차장 signature tune 주제 음악 recollect 회상하다 boost 증진시키다

08

정답 ③

해설 긍정적인 시각과 가능성에 초점을 맞춤으로써 장애물을 극복할 수 있다는 내용의 글로, 마지막 문장에 글의 요지가 잘 나타나 있다. 따라서 글의 요지로 가장 적절한 것은 ③ '긍정적 시각과 끈기가 있으면 장애물을 극복할 수 있다.'이다.
① 좋은 시작이 큰 성공을 가능하게 한다.
② 꿈을 이루기 위해 현실적인 목표를 세워야 한다.
④ 지속적인 학습을 위해서는 동기 부여가 필요하다.

오답 ④ 동기 부여를 스스로 해야 한다는 내용이 있지만 이는 장애물을 극복하기 위함이며, 오히려 동기 부여를 위해 지속적인 학습의 과정을 받아들이라고 했으므로 적절하지 않다.

해석 탁월함으로 가는 도중에, 일부 장애물이 처음에는 압도적인 것처럼 보일 수도 있다. 모든 수행자가 이런 느낌을 경험하고, 심지어 세상에서 가장 훌륭한 수행자라도 마찬가지다. 만일 당신이 장애물이 너무 커서 극복할 수 없다고 믿는다면, 당신의 그런 믿음이 잘못된 경우라 할지라도(장애물이 실제로 극복하기 어려운 것이 아닐 때에도) 당신 자신의 믿음이 옳다는 것을(장애물을 극복할 수 없다는 것을) 입증하게 될 것이다. 겉으로 보기에 불가능해 보이는 대부분의 장애물들은 가능성을 봄으로써, 당신의 통제 범위 이내에 있는 것에 초점을 맞춤으로써, 첫걸음을 내딛음으로써, 그러고 나서는 다음 단계에, 그 다음에는 또 그 다음 단계에 집중함으로써 극복될 수 있다. 만일 당신의 전념이 약해지면 당신의 꿈 그리고 왜 그것이 당신에게 중요한지 기억하고, 당신이 일상에서 추구하는 것들에서 단순한 기쁨을 찾고, 작은 승리 혹은 앞으로 조금 나아가는 것을 기뻐하고, 그리고 계속 진행 중인 배움의 과정을 받아들여라. 긍정적인 시각과 끈기를 가지면 당신은 모든 장애물을 헤쳐 나가고, 이겨 내는 방법을 발견할 것이다.

어휘 overwhelming 압도적인 obstacle 장애물 commitment 전념 persistence 끈기

09

정답 ①

해설 글의 서두에 수면 문제의 상당한 부분이 몇 가지 조치를 따르는 것으로 예방될 수 있다고 언급한 후, 그에 대한 예시를 들면서 주장을 뒷받침하고 있다. 따라서 글의 요지로 가장 적절한 것은 ① '수면 문제의 상당한 부분은 몇 가지 조치로 예방될 수 있다.'이다.
② 규칙적으로 적당량의 낮잠을 자는 것은 수면 문제를 줄이는 데 도움이 된다.
③ 낮 동안의 생활 습관을 바꾸면 수면의 질이 개선된다.
④ 수면 문제를 예방하기 위한 본질적인 연구가 필요하다.

오답 ③ 낮 동안 자거나 침대에 있지 말아야 한다는 언급이 있기는 하나, 이는 수면의 질을 개선하기 위한 조치 중 하나의 예시이므로 지엽적이다.

해석 수면 전문가는 일반적으로 사람들이 매일 겪는 수면 문제의 상당한 부분이 몇 가지 조치를 따르는 것으로 예방될 수 있다는 것에 동의한다. 수면 위생으로 불리는 권고 사항은 우리가 수면을 방해하는 활동에 둔 제약들을 대신해 수면하고자 하는 뇌의 정상적인 욕구가 우세해지도록 하는 데 의존한다. 예를 들어, 매일 자고 일어나는 규칙적인 시간을 정하는 것은 밤에 더 쉽게 잠드는 데 도움이 될 수 있다. 또한 낮 동안에 자려 하지 않고 여유 시간에 침대에 누워 있지 않는 것이 좋다. 만약 밤에 졸리지 않다면, 졸릴 때까지 일어나서 조용한 활동을 하고 난 후 잠자리로 돌아가는 것이 도움이 된다. 흥분제인 카페인과 니코틴의 사용을 피하는 것 또한 밤 시간에 잠에서 깨는 것과 같은 문제를 예방하는 데 도움이 될 수 있다.

어휘 be referred to as ~로 불리다 hygiene 위생 recommendation 권고 drowsy 졸리는 stimulant 자극제

10

정답 ②

해설 자신의 관점에서 한 걸음 물러나 새롭고 폭넓은 관점으로 상황을 바라보아야 하며, 이는 한쪽으로 치우치지 않게 해 주고 스스로 감정을 더 제어할 수 있게 해준다는 내용의 글이다. 따라서 필자가 주장하는 바로 가장 적절한 것은 ② '타성에서 벗어나 다른 관점에서 사물을 보도록 노력하라.'이다.
① 비판보다는 합리적 대안 제시를 통해 타인을 설득하라.
③ 선택적 집중과 몰입을 통해 가장 중요한 사안부터 해결하라.
④ 지식을 그대로 수용하지 말고 자신만의 시각으로 재해석하라.

오답 ① 타인을 설득하는 방법은 언급되지 않았으며, 비판과 관련된 내용도 아니다.
④ 자신만의 시각이 아닌 여러 관점에서 사실을 바라보라는 내용이므로 적절하지 않다.

해석 사물을 바라보는 방식이 언제나 한 가지보다 더 존재한다는 것이 사실이라면, 어려운 점은 선택할 수 있는 다른 관점들을 찾아내는 것이다. 자기 자신의 관점이, 특히 감정이 격한 상태에서는, 가장 설득력 있게 느껴질 수밖에 없다. 자신의 관점에서 한 걸음 물러나 사실들을 뚜렷하게 보고, 스스로가 관점들 중 하나를 선택할 수 있도록 노력하라. 당신이 관점을 바꿀 때, 자신의 기분 또한 달라진다는 것을 알게 될 것이다. 새롭고 더 폭넓은 관점을 찾는 것은, 당신이 한쪽으로 치우친 시각에 사로잡히지 않게 해주고 당신이 느끼는 방식을 스스로 더 제어할 수 있게 해준다. 당신이 세상을 볼 때 쓰고 있는 안경은 너무나 친숙해서 자신이 그것을 쓰고 있음을 거의 알아차리지 못한다. 지금 쓰고 있는 안경을 벗고 다른 안경을 써 봄으로써, 당신은 어떤 것들이 초점이 맞지 않는지, 또 일그러지거나 채색된 렌즈를 통해 보고 있었던 것은 아닌지를 깨달을 수 있다.

어휘 perspective 관점 bound ~할 것 같은 in the heat of the moment 흥분 상태에서 spectacles 안경 distorted 일그러진 rational 합리적인 tackle 다루다, 해결하다

DAY 04 요지·주장

본서 p. 38

| 01 | ③ | 02 | ③ | 03 | ① | 04 | ④ | 05 | ① |
| 06 | ② | 07 | ④ | 08 | ② | 09 | ① | 10 | ④ |

01

정답 ③

해설 필자는 다양한 사람들에게 각자 맞는 학습 유형이 있으므로 자신에게 맞는 최적의 학습 유형을 찾는 것이 중요하다고 말하고 있다. 따라서 글의 요지로 가장 적절한 것은 ③ '자신에게 적합한 학습 유형을 선택하는 것이 중요하다.'이다.
① 두뇌 발달을 위해 특별한 학습 방식이 필요하다.
② 그림을 활용한 학습은 창의성 신장에 효과적이다.
④ 자녀들의 학습 능력을 향상시키기 위한 학부모 교육 프로그램이 부족하다.

오답 ① 두뇌 발달에 관한 언급은 없으며, 특별한 학습 방식보다는 각자에게 맞는 학습 방식을 강조하는 글이다.

해석 우리의 정신과 몸은 여러 가지 방법들, 즉 보고, 듣고, 움직이는 것으로 정보를 수집한다. 그다음 우리의 두뇌는 그 정보를 처리하고, 구조화하고, 우리가 이미 알고 있는 것들과 연결한다. 이러한 과정은 또한 다른 방법으로 수행할 수 있다. 우리는 그림으로 생각하는가 아니면 단어로 생각하는가? 자세한 부분을 기억하는가 아니면 큰 그림을 기억하는가? 우리가 배우려 할 때, 우리의 두뇌가 어떻게 작용하는지 아는 것이 도움이 된다. 다양한 사람들은 각자 다른 학습 유형을 가진다. 예를 들어 어떤 사람은 글로 적힌 정보는 습득하기 힘들어할 수도 있지만, 삽화로 된 것은 즉시 이해할 수도 있다. 다른 사람은 그림을 이해하는 데 어려움이 있을지 몰라도, 글로 적힌 문서에서는 그렇지 않다. 당신은 당신의 최적의 학습 유형과 맞지 않는 상황에 자주 직면하게 될 것이다. 만약 당신이 당신의 강점을 안다면, 좀 더 성공적인 학습 경험을 위하여 당신의 약점과 균형을 맞출 수 있는 전략을 발전시킬 수 있다.

어휘 illustration 삽화 encounter 직면하다

02

정답 ③

해설 필자에게 행복이란 가족과 밀접하게 연결된 것으로, 가족 구성원과 시간을 함께 보낼 때 행복하다고 말하고 있으므로 글의 요지로 가장 적절한 것은 ③ '행복은 가족의 화목에서 비롯된다.'이다.
① 부는 모든 것을 가능하게 한다.
② 건강은 행복의 전제 조건이다.
④ 지성은 가치판단의 기준이다.

오답 ①②④ 부, 건강, 지성이 행복의 조건인 사람들이 언급되지만 전부 필자가 주장하는 바는 아니다.

해석 어떤 사람들은 많은 돈을 가지면 행복할 거라고 믿는다. 그들은 부유하면 하고 싶은 모든 일을 할 수 있고, 그래서 행복할 거라고 믿는다. 반면에 어떤 사람들은 그들의 종교나 지식, 건강에 가치를 두고, 이러한 것들이 그들을 행복하게 만든다. 나의 경우 행복이란 나의 가족과 밀접하게 연결되어 있다. 나의 부인과 아이들이 화목하게 산다면 난 행복하다. 내 가족 구성원 모두가 좋은 시간과 슬픈 시간을 함께 나누고 서로 의사소통을 할 때 난 행복하다.

어휘 in harmony 조화를 이루어, 화목하게 prerequisite 전제 조건 criterion 기준

03

정답 ①

해설 야구의 규칙을 알면 야구 경기를 즐길 수 있듯이 발레에 대해서 알면 발레를 즐길 수 있다고 말하고 있다. 따라서 필자가 주장하는 바로 가장 적절한 것은 ① '발레에 대해 알면 발레를 즐길 수 있다.'이다.
② 발레 초보자는 두려움을 극복해야 한다.
③ 발레는 체중 감량에 효과적이다.
④ 심지어 초보자도 발레를 쉽게 배울 수 있다.

오답 ④ 발레에 대해 잘 알면 발레를 감상할 수 있다는 것이지 초보자가 쉽게 배울 수 있다는 내용이 아니다.

해석 많은 사람들이 발레는 즐기기 힘든 것이라고 생각하는 것은 이상하다. 발레는 야구 경기보다 즐기기 어렵지 않다. 야구 경기를 처음으로 보러 가는 사람을 상상해 보라. 그는 경기를 해 본 적이 없으며, 경기 규칙에 대해서도 모르고, 모든 것을 한 번에 지켜보려고 하면서 혼란스러워한다. 그는 왜 다른 사람들이 모두 그렇게도 열광하는지 확실하게 알지 못하기 때문에, 자기가 오지 말았어야 할 자리에 와 있는 것처럼 느끼고 짜증이 난다. 그렇지만, 일단 그것이 어떤 것인지 알게 되면, 왜 선수들이 그런 식으로 달리고 슬라이딩을 하는지, 뛰어올라 공을 잡는지 이해하게 되면, 그는 그 경기를 감상하기 시작한다. 그것의 요소들에 친숙해짐에 따라, 그는 그것을 즐기게 된다. 발레도 이와 마찬가지이다.

어휘 out of place 제자리에 있지 않은 leap 뛰어오르다 appreciate 감상하다, 진가를 알아보다 be true of ~에 적용되다 novice 초보자

04

정답 ④

해설 지도자들이 가면을 벗고 자신을 그대로 보여주면 아랫사람들은 그것을 힘과 용기의 행위로 인식하며, 지도자들도 지도력의 정의를 다시 세울 수 있는 계기를 가질 수 있다는 내용의 글이므로, 글의 요지로 가장 적절한 것은 ④ 'CEO는 자신을 있는 그대로 보여줌으로써 지도력을 재정립할 수 있다.'이다.
① CEO가 되기 위해서는 자신의 분야에서 전문가가 되어야 한다.
② 좋은 CEO는 열정적이고, 희생적이며, 신뢰감 있는 사람으로 보일 것이다.
③ CEO는 부하 직원에게 나약한 모습을 보여주길 꺼려야 한다.

오답 ② 좋은 CEO가 어떻게 보이는지에 대한 내용이 아니라, 좋은 CEO처럼 보이려고 썼던 가면을 버려야 한다는 내용이다.

해석 가면은 너무나 무거워서 언제까지나 유지할 수 없으며, 당신이 아무리 잘 스스로를 변장하고 있다고 믿고 있더라도 다른 사람들은 항상 알고 있다. 결과적으로 당신은 에너지를 낭비하고, 생산성을 희생하고, 사람들의 신뢰를 잃게 된다. 우리의 연구에서, 모든 CEO들은 그들의 가면을 버리는 것이 그들을 약하게 보이도록 만들까봐 걱정했다. 하지만, 모든 경우에, 지도자 아래에 있는 사람들은 가면의 제거를 힘과 용기의 행위로 인식했다. 이것은 나아가 그들의 부하 직원들도 똑같이 하는 문화를 장려했고, 눈

덩이 효과를 만들어냈다. CEO들이 그들의 가면을 벗도록 하는데 도움을 준 방법들 중 일부는 실제로 가면에다 이름을 붙이고, 그것을 유지하는 상당히 개인적이고 직업적인 비용을 조사하고, CEO들에게 그들이 가장 존경하는 지도자에 대해 곰곰이 생각해보도록 하는 것이었다. 이 시점에서 각각의 CEO들은 가치, 힘, 그리고 야망에 기초한 지도력의 정체성을 다시 세울 준비가 되어 있었다.

어휘 uphold 유지하다 indefinitely 무기한으로 subordinate 부하 직원 snowball effect 눈덩이 효과 reluctant 꺼리는, 마지못한

05

정답 ①

해설 누군가를 다시 만날 가능성이 있을 경우, 사람들은 그 사람에 대해 긍정적인 특성을 찾게 되는 반면에, 그럴 가능성이 없을 경우에는 부정적인 특성을 찾게 된다는 내용이다. 따라서 글의 요지로 가장 적절한 것은 ① '다시 만날지의 여부가 상대방을 평가하는 데 영향을 준다.'이다.
② 누군가에게 바라는 것이 많다면 그 사람의 단점을 알아차리기 쉽다.
③ 누군가를 진심으로 신경쓰는 태도가 좋은 대인 관계를 형성한다.
④ 첫인상은 누군가와의 향후 관계를 예측하는 기준이다.

오답 ④ 오히려 향후 관계에 따라 상대방에 대한 인상이 결정된다는 내용이다.

해석 사람들은 누군가를 다시 만나게 될 것을 기대할 때, 그 개인의 행동과 관계없이, 미래의 교제에 대한 기대를 갖고 있지 않은 경우보다 그 사람이 더 매력적임을 발견할 가능성이 높다. 미래의 교제에 대한 기대는 사람들이 미래의 교제를 두려워하기보다는 그것을 고대할 수 있도록 누군가에서 긍정적인 특성을 찾는 동기를 부여하며, 사람들이 그 개인이 매력적임을 발견할 기회를 증가시킨다. 반대로 사람들이 다시 만날 것을 예견하지 않는 누군가와 교제할 때, 그들은 긍정적인 특성들을 찾아야 할 이유가 거의 없다. 사실 그렇게 하는 것이 그들이 미래의 교제에서 그 사람을 더 잘 알게 될 기회를 갖지 못할 것이라는 점을 고려하면 그들을 울적하게 할 것이다. 진정 사람들은 때때로 다시 만날 기대를 하지 않는 사람들에게서 부정적인 특징을 찾으려 하게 된다.

어휘 regardless of ~와 상관없이 dread 두려워하다 foresee 예견하다 counterpart 상대방

06

정답 ②

해설 실험 대상자들이 마요네즈 병의 모양에 따라 제품을 선택했는데 이는 실험 대상자들이 병의 모양을 자신의 신체 모양과 연결 지었기 때문이라는 내용이므로 글의 요지로 가장 적절한 것은 ② '상품의 겉모습이 소비자들의 선택에 영향을 미친다.'이다.
① 소비자는 상품 광고의 영향을 많이 받는다.
③ 광고의 형식과 내용은 광고 매체에 부합해야 한다.
④ 소비자들은 결국 상표에 의해 형성된 브랜드 이미지를 구매한다.

오답 ① 소비자의 선택에 있어서 상품 자체의 외관이 중요하다는 내용으로, 상품 광고는 언급되지 않았다.

해석 여성 고객을 겨냥하여 만든 다이어트 마요네즈 상품을 위한 두 개의 다른 용기를 시험한, 프랑스의 한 주요 식품 제조업자가 실시한 흥미로운 연구에 대해 생각해 보라. 두 용기에 모두 정확히 똑같은 마요네즈가 들어 있었고 똑같은 상표가 붙어 있었다. 유일한 차이는 그 병 모양이었다. 첫 번째 병은 가운데는 좁고 위와 아래가 두꺼웠다. 두 번째 병은 마치 지니 병처럼 목은 가늘지만 아래가 둥글고 뚱뚱했다. 어느 상품이 더 나은지에 대한 질문을 받았을 때 식이요법을 의식하는 여성들인 실험 대상자들은 빠짐없이 모두 그 내용물의 맛도 보지 않고 첫 번째 병을 선택했다. 왜일까? 연구자들은 그 실험 대상자들이 그 병 모양과 자신의 몸 모양을 연결짓고 있다는 결론을 내렸다.

어휘 fascinating 흥미로운 manufacturer 제조사 container 용기 slender 날씬한 conscious 의식하는 externals 외관 accord with ~와 일치하다

07

정답 ④

해설 판매자가 가격을 협상할 때 유머를 사용함으로써 구매자로 하여금 더 많은 돈을 지불하도록 만들 수 있다는 내용이므로, 글의 요지로 가장 적절한 것은 ④ '약간의 유머가 협상을 유리하게 이끌 수 있다.'이다.
① 상대를 존중하면 가격 협상이 순조롭게 진행될 것이다.
② 예상 구매자의 성향 파악이 중요하다.
③ 거래의 성사를 위해 적절한 가격을 제시해야 한다.

오답 ① 거래 상대를 향한 존중에 관한 내용은 언급되지 않았다.
② 예상 구매자의 성향에 관한 언급은 없으며, 성향에 상관없이 유머로 예상 구매자의 기분을 좋게 하는 전략을 사용하는 내용이다.

해석 Karen O'Quinn과 Joel Aronoff에 의해 수행된 한 연구에서, 참가자들은 한 점의 예술작품의 구매가격에 대해 판매자와 협상을 하도록 요구되었다. 협상의 끝으로 가면서, 그 판매자는 두 방법 중의 하나로 최종 제안을 했다. 그는 절반은 6,000달러를 받아들이겠다고 말한 반면, 다른 절반은 똑같은 최종 가격을 제안했으나 또한 약간의 유머를 더했다 ("글쎄요, 저의 마지막 제안은 6,000달러입니다. 그리고 저는 제 애완용 개구리를 덤으로 드리겠습니다"). 참가자들이 그 개구리에 대해 들었을 때 구매 가격에 있어서 훨씬 더 큰 타협을 한 것과 같이, 유머를 시도한 그 몇 안 되는 순간들이 큰 효과를 가졌다. 그 짧은 재미있는 언급이 순간적으로 참가자들의 기분을 좋게 해서 더 많이 지불하도록 조장했던 것 같다.

어휘 negotiate 협상하다 compromise 타협 momentarily 순간적으로 counterparty 한쪽 당사자 propensity 성향 prospective 미래의, 유망한

08

정답 ②

해설 자신의 신체 리듬을 알고, 생체 시계를 존중하며, 에너지가 충만해지는 시간에 맞추어 활동 계획을 세우라는 내용의 글이므로, 필자가 주장하는 바로 가장 적절한 것은 ② '타고난 신체 리듬에 따라 일하는 것을 고려하라.'이다.
① 업무 성과를 높이기 위해 오후 근무시간을 늘려라.
③ 업무의 특성에 따라 계획을 더 효과적으로 세워라.
④ 충분한 휴식 간격을 유지함으로써 타고난 신체 리듬이 조절되게 하라.

오답 ③ 업무 특성이 아닌, 신체 리듬에 따른 업무 계획에 관한 글이다.
④ 충분한 휴식 간격을 통해 신체 리듬을 조절하라는 것이 아니라, 오히려 신체 리듬에 따라 적절한 휴식 간격을 계획하라는 내용이다.

해석 일들을 더 능률적으로 끝내고 더 나은 결과를 얻는 방법은 하루 중

적절한 때 적절한 것을 하는 것이다. 당신 자신의 신체 리듬을 알고, 자신의 생체 시계를 존중하며, 하루 동안 어떻게 당신의 에너지 수준이 변하는지에 유의하라. 당신이 이른 아침 시간에 에너지가 많다면, 당신에게 어려운 활동들이 창조적으로 집단 사고를 하는 것이든, 글쓰기이든, 아니면 실습하는 것이든, 그 때가 바로 당신이 그러한 활동들을 계획해야 할 때이다. 팀을 위한 활동들을 계획하는 경우에도 동일한 원칙을 사용하라. 사람들로부터 최상의 것을 얻어 낼 수 있도록 생산적인 시간과 휴식 시간들의 간격을 계획하라. 약속 계획을 잡을 때 항상 자신의 신체 리듬 존중하라고 나는 사람들에게 요청한다. 내 경험으로는 대부분의 사람들은 오전에 훨씬 더 생산적이지만, 이와는 다르게 하루의 더 늦은 시간에 본래의 컨디션을 되찾는 사람들이 있다.

어휘 brainstorming 창조적 사고 ebb and flow 변동하다 interval 간격 hit one's stride 본래의 컨디션을 되찾다

09

정답 ①

해설 인생에서 역경을 만나게 될 것이라는 것을 예상하면서, 현실에 맞게 기대 수준을 낮추어야 행복해질 수 있다는 내용의 글이므로, 글의 요지로 가장 적절한 것은 ① '역경을 예상하면서 기대치를 현실에 맞추면 행복할 것이다.'이다.
② 완벽한 삶은 고난을 극복하는 과정에서 찾아온다.
③ 타인의 입장을 이해하는 것이 행복의 출발점이다.
④ 신체적 고통을 치유하려면 먼저 마음의 평화를 가져야 한다.

오답 ② 고난을 극복하는 과정이 아니라 미리 고난에 대해 생각해 보는 과정을 통해 행복해진다는 내용이다.
④ 마지막 문장에 나와있듯 오히려 마음의 평화를 위해 역경을 고려하지 않고 비현실적인 기대를 가지고 있을 때 염증 수치가 상승하므로 적절하지 않다. 또한 이 글은 신체적 고통을 치유하기 위한 방법에 관한 것이 아니다.

해석 여기 놀랄 만한 것이 있다. 행복하다는 것은 때로는 불행할 때가 있다는 것을 깨닫고, 때로는 삶이 악취를 풍긴다는 것을 인식하는 것이다. 그러한 시기에 희망을 주는 것은 당신이 다른 사람들 또한 직면해왔던 도전들을 직면하고 있다는 것을 깨달으면서, 삶에 대해 감사하고 삶과 동반하게 되는 도전들을 직면하는 것이다. 우리가 완벽한 삶을 위한 기대를 낮추거나 목표를 낮춰야 한다고 말하고 있는 것은 아니다. 우리는 단지 도전에 직면할 것을 예상함으로써 기대와 현실을 조금 더 맞출 수 있다면 결국에는 좋아질 것이라는 것을 빌 뿐이다. 또한 이런 생각을 뒷받침해 줄 수 있는 하나의 흥미로운 생물학적 강화(현상)가 있다. 즉, 달성하기 어려운 기대 수준을 갖고 있을 때에, (해를 끼치는 염증을 나타내는 지표가 되는) C-반응성 단백질의 수치가 더 높아진다는 것이 보여졌다.

어휘 uplifting 희망적인 so-called 이른바 align (일직선으로) 맞추다 notion 개념 inflammation 염증 unattainable 달성하기 어려운

10

정답 ④

해설 이 글은 창조성을 위한 하나의 이상적인 조건이란 존재하지 않으며 각 사람에게 저마다 맞는 작업 환경이 있다고 서술하고 있다. 따라서 글의 요지로 가장 적절한 것은 ④ '창조적 활동을 위한 이상적인 작업 환경은 사람에 따라 다르다.'이다.
① 근면은 창의력을 향상시키는 토대이다.
② 음악을 감상할 때 창조적 영감을 얻을 수 있다.
③ 일과 개인 생활의 균형은 창조적 활동에서 중요하다.

오답 ② 음악 감상은 하나의 예시일 뿐, 사람마다 이상적인 환경이 다르고 모든 사람에게 적용되는 절대적인 조건은 없다는 내용이므로 적절하지 않다.
③ 일과 개인 생활의 균형이 아닌 일할 때 최상의 환경에 관한 내용으로, 음악 감상과 같은 예도 결국엔 일을 위한 조건이다.

해석 내가 알고 있는 한 화가는 스피커에서 크게 울려 나오는 로큰롤 음악이 없으면 자신의 작업실에서 아무것도 할 수가 없다. 그것을 틀면 그녀 내부의 스위치가 켜진다. 음악의 울림(비트)이 그녀에게 흥이 나게 한다. 그것은 그녀의 창조적인 삶을 위한 메트로놈(음악의 빠르기를 재는 기구)이다. 한 작가 친구는 밖에서만 글을 쓸 수 있다. 그는 밖에서 '멋진 날'이 펼쳐지고 있는 동안 실내에서 자신의 워드프로세서에 매여 있다는 생각을 참을 수가 없다. 그래서 그는 자신의 뒤뜰에 있는 탁 트인 현관의 따뜻함 속에서 작업을 하기 위해 자신의 커피 머그컵을 가지고 나간다. 신기하게도, 그는 이제 자기가 아무것도 놓치고 있지 않다고 믿는다. 결국, 창조성을 위한 하나의 이상적인 조건은 없다. 어떤 사람에게 효과가 있는 것이 다른 사람에게는 쓸모가 없다. 유일한 기준은 이것이다. 즉, 당신 자신을 편하게 하라. 영감을 얻기 위해 분투해야 된다는 예상을 하더라도 당신이 두려움을 느끼지 않고 당신이 일을 멈추게 하지 않는 작업 환경을 찾아라. 그것은 틀림없이 당신이 거기에 있고 싶어 하게 만들 것이므로, 일단 그것을 찾으면, 그것을 고수하라.

어휘 pound 두드리다, 쿵쾅거리다 unfold 펼쳐지다 porch 현관 prospect 가망, 예상 muse (예술적) 영감을 주는 존재 foundation 기초

DAY 05 문단의 일관성

본서 p. 48

| 01 | ② | 02 | ④ | 03 | ③ | 04 | ④ | 05 | ③ |
| 06 | ④ | 07 | ③ | 08 | ③ | 09 | ③ | 10 | ③ |

01

정답 ②

해설 글의 중심내용은 차이에 대한 인지능력이 잘 발달되어 있기 때문에 차이가 없는 곳에서도 차이를 발견한다는 것이다. 처방 받지 않은 약품의 효과에 대해서 의심스럽다는 내용의 ②는 글의 흐름상 가장 어색한 문장이다.

해석 우리의 차이를 인지하는 능력은 매우 잘 발달되어서 우리는 심지어 아무것도 존재하지 않는 곳에서도 차이를 발견한다. 예를 들면 명확히 상표가 붙여진 와인이나 맥주 또는 탄산음료들을 비교할 때 사람들은 맛의 차이를 탐지하는 반면에 상표가 붙지 않은 같은 상품들의 맛 시험들에서 맛을 보는 사람들은 종종 차이를 발견하지 못한다. 약들이 화학적 성분에서 동일할 때조차도 사람들은 한 상표의 제품의 약이 다른 상표의 제품보다 더 빨리 그리고 더 효과적으로 작용한다고 주장할 것이다. (그 후자는 의사에 의해서 신중하게 처방 받은 것이 아니고, 이것은 그 약의 효과를 회의적으로 만든다.) 때때로 환자들이 위약(僞藥)을 처방 받을 때 접하는 것처럼(어떤 것이 다르지 않을 때) 단지 다르다는 그 믿음은 실제로 우리의 경험에서 측정 가능하지만 일시적인 변화들을 이끌어낼 수 있다. 놀랍지 않게, 차이들은 우리의 주의력을 잡는다.

어휘 medication 약 prudently 신중하게 prescribe 처방하다 skeptical 회의적인 measurable 측정 가능한 encounter 접하다 placebo 위약(僞藥)

02

정답 ④

해설 미국 음악이 세계 전역의 음악과 얽혀 있어서 미국 음악을 정의하기 어렵다는 내용의 글이므로 인체에 미치는 미국 음악의 치료적 효과를 언급한 ④는 글의 흐름상 가장 어색한 문장이다.

해석 미국 음악은 세계 각처에서 온 음악과 서로 얽혀 있어서, '미국 음악'이 무엇인가를 정의하는 것은 가능하지도, 바람직하지도 않다. 재즈가 뚜렷하게 미국적인 것이라는 이야기가 있어 왔지만, 그것은 세계의 전역에서 온 음악에 영향을 받아 왔을 뿐이다. 전쟁과 박해를 피하려고 했든지 또는 출세를 할 의도였든지 간에 미국으로 이주해 온 음악가들 또한 자신들의 고국과 문화의 영향을 함께 가지고 와서 미국 음악과 문화에 깊은 영향을 끼쳐 왔다. Aaron Copland와 같은 작곡가들은 뚜렷하게 미국적인 음악을 만들려고 노력했다. 하지만 그의 작품은 파리에서 Nadia Boulanger와 함께 한 연구, 멕시코에서 작곡가 Carlos Chávez와 함께 작업하기 위한 여행 및 아프리카와 유럽으로의 여행, 그리고 재즈와 다른 형식의 음악에 대한 관심에 의해 영향을 받았다. (인체에 미치는 미국 음악의 치료적 효과는 그것의 태동 이래로 많은 사람들에 의해 목격되어 왔다.) 미국 음악은 창조된 것도 아니고 세계의 다른 지역으로부터 고립되어 존재하는 것도 아니다.

어휘 be intertwined with ~와 뒤얽히다 distinctly 뚜렷하게 relocate 이동하다 persecution 박해 profound 깊은

03

정답 ③

해설 우리의 생각과 행동은 다른 사람들로부터 영향을 받는다는 내용이므로, 패션에서의 복제가 디자이너에게 주는 영향에 대해 설명한 ③은 글의 흐름상 가장 어색한 문장이다.

해석 다른 사람들은 당신이 생각하는 것과 세상을 바라보는 방식과 느끼는 방식에 영향을 줄 수 있다. 그들은 또한 당신으로 하여금 만일 그렇지 않았다면 당신이 하지 않았을 것을 하게 만들 수도 있다. 당신을 초대한 집주인이 강요하면, 체중에 유의하기로 결심했지만, 당신은 저녁 식사를 한 그릇 더 먹게 된다. 당신이 아는 모든 사람과 평론이 추천하기 때문에, 결국에는 싫어하게 되는 영화를 보러 갈 수도 있다. 부분적으로는 의류업계가 스스로 모방하는 방식 때문이기도 하지만 대부분은 다른 사람들이 입는 것을 우리가 입기로 선택하기 때문에 당신은 다른 사람들과 같은 옷을 입는다. (사실 당신은 패션에서의 복제가 디자이너들에게 새로운 아이디어를 개발하도록 압력을 넣어 유행 주기를 빠르게 한다는 것을 안다.) 당신이 Jacob, Noah, Emily라는 이름을 지어줄 때 독창적이라고 단언할지라도, 자녀들에게 당신의 동년배들이 그들의 자녀에게 지어 주는 이름과 같은 이름을 지어 주게 된다. 우리 모두는 우리와 같은 사람들, 잡지, 영화와 텔레비전을 둘러보고 사회적으로 받아들여지는 것과 우리가 그 스타일을 어떻게 편집할 것인지에 대한 감각을 개발한다.

어휘 helping (음식물의) 한 그릇 watch one's weight 체중을 조절하다, 체중이 늘지 않도록 조심하다 acceptable 받아들일 수 있는

04

정답 ④

해설 사냥을 통해 동물의 개체수를 관리하는 내용의 글로 사냥꾼의 거처에 관해 언급하는 ④는 글의 흐름상 가장 어색한 문장이다.

해석 사냥은 때로는 야생 동물 관리 수단으로 사용된다. 포식자가 없으면 사슴이나 다른 피식 종의 수가 서식지의 지탱 능력을 때때로 넘어서고, 그 수가 억제되지 않으면 그것들은 생태계의 건강이나 인간의 안전을 위협한다. 사냥꾼들은, 살아남은 동물들이 건강한 삶을 영위하기에 충분한 먹이와 피난처를 가지도록 동물의 수를 줄인다. 예를 들어, 어떤 기러기 종에 대한 사냥 제한이 제거되었는데, 그 기러기 종은 수가 너무 많아져서 북극과 북극 인접 지역에 있는 많은 종의 번식지를 파괴하고 있다. 때로는 전문 사냥꾼들이 고용되어 공원의 곰 같은 동물들을 거주지역에서 통제하기도 한다. (이러한 사냥꾼들이 살았던 동굴들 또한 동물의 뼈들로 가득하다.)

어휘 wildlife 야생 동물 absence 부재 exceed 넘어서다 subarctic 북극에 가까운 breeding ground 번식지

05

정답 ③

해설 미국 흑인 사회에서 여성들은 성 역할 고정관념에 의해 구속받지 않으며, 여성들의 스포츠 활동 참여가 지지를 받는다는 내용이므로, 미국 흑인 남성들이 세계 스포츠에서 중요한 역할을 해 왔다는 내용의 ③은 글의 흐름상 가장 어색한 문장이다.

해석 미국 흑인 사회의 많은 강점들 중 하나는 미국 흑인 소녀들과 여성들의 운동 경기 노력에 대한 본질적인 지지이다. 미국 흑인 문화가 성 역할

에 대한 더 많은 유연성을 인식하고, 더 넓은 범위의 성별에 적합한 행동을 받아들이므로, 미국 흑인 여성들은 백인 여성들만큼 성 역할 고정관념에 의해 구속받지 않는다. 소녀와 여성들을 위한 운동 경기는 미국 흑인 여성의 성 역할에 상충되는 것으로 인식되지 않는다. Hall과 Bower의 미국 흑인 여성에 대한 연구는 미국 흑인 여성들은 힘과 여자다움을 서로 상충하지 않고 둘 다 지닌다는 것을 인정하면서 자신들을 '부드럽게 강하다'라고 규정한다는 것을 알아냈다. (미국 흑인 남성들은 세계 스포츠에서 점차 중요한 역할을 해 왔다.) 미국 흑인 사회로부터 환영받는 지지는 많은 미국 흑인 소녀와 여성들이 스포츠에 참여하도록 활기를 북돋았다.

어휘 intrinsic 본질적인 bound 구속을 받는 own 인정하다 femininity 여자다움, 여성의 특질 energize 활기를 북돋우다, 격려하다

06

정답 ④

해설 '음악은 보편적인 언어'라는 격언과는 달리, 음악에 대한 이해는 청취자가 속한 문화로부터 영향을 받는 것이라고 필자는 주장한다. 따라서 문화보다는 음악을 이해하려는 행위 그 자체가 음악에 대한 지식과 음악과의 관계를 보장해 줄 수 있다는 주장의 ④는 글의 흐름상 가장 어색한 문장이다.

해석 우리는 자주 "음악은 보편적인 언어다."라는 표현을 듣는다. 이것은 비록 두 사람이 서로의 언어로 말을 하지 않더라도, 그들은 최소한 함께 음악을 감상할 수 있다는 것을 의미한다. 그러나 매우 많은 잘 알려진 격언들이 그러하듯이, 이것은 단지 부분적으로만 사실이다. 비록 모든 사람들이 청각에 대한 동일한 생리적 기제를 가지고는 있지만, 한 사람이 실제로 듣는 것은 그 사람의 문화에 의해 영향을 받는다. 서양인들은 자바 섬의 음악과 스리랑카 음악의 풍성함을 듣도록 길들여지지 않았기 때문에 그것의 많은 부분을 놓치는 경향이 있다. 우리가 비서양 음악 한 곡을 접하게 될 때마다, 우리는 그것을 음계, 선율, 음의 높이, 화음, 그리고 리듬을 포함한, 문화적으로 영향을 받은 우리 자신의 일련의 음악적 범주들의 측면에서 듣는다(처리한다). 그리고 그 범주들이 문화마다 다르게 정의되기 때문에, 서로 다른 문화 사이에서 음악에 대한 이해가 항상 보장되는 것은 아니다. (일반적으로 이해하려는 바로 그 행위가 음악에 대한 더 완벽한 지식과 음악과의 더 밀접한 관계를 보장해줄 수 있다고 주장된다.)

어휘 physiological 생리적(生理的)인, 생리학(상)의 condition 길들이다 encounter 접하다 guarantee 보장하다

07

정답 ③

해설 이 글은 거래 및 협상의 당사자들이 서로를 알아가는 과정의 중요성을 강조하는 글이다. 직접적인 접촉을 강조하는 ③은 글의 흐름상 가장 어색한 문장이다.

해석 거래 당사자들은 사전 협상을 재빨리 끝내고 가능한 한 빨리 거래에 관해 이야기를 시작하고자 하는 유혹을 뿌리쳐야 한다. 대신에 그들은 거래의 사전 협상 기간을 이용해서 상대방의 배경, 관심사, 그리고 조직 문화에 관해 가능한 한 많은 것을 알고 상대편에게 자신들의 배경, 관심사, 그리고 조직에 관해 알려야 한다. 당사자들이 서로를 잘 알고자 한다면 정보 교환의 이런 첫 단계는 필수적이다. 서로를 잘 안다는 것은 좋은 관계를 위한 어떠한 토대에 있어서도 중요한 부분이다. (그리고 대체로, 당신의 협상을 전화로 수행하도록 노력하라. 직접적인 접촉이 이메일보다 당신의 요점을 이해시키는 데 훨씬 더 효과적이다.) 그런 토대를 확보하기 위해서 당사자들은 심지어, 특히 상당한 투자와 친밀한 업무 관계를 필요로 할 거래에서, 당사자들이 서로를 철저하게 알게 되는 과정을 도와줄 자문 위원이나 박식한 제삼자를 고용해야 할지도 모른다.

어휘 dealmaker 거래 당사자 temptation 유혹 prenegotiation 사전 협상 negotiation 협상

08

정답 ③

해설 어린이들이 라디오로 이야기를 들려주었을 때 다음에 이어질 내용에 대해 더 많은 상상력을 발휘했으며, 텔레비전을 시청하는 것처럼 이미 만들어진 시각 이미지에 노출되면 새로운 이미지를 만드는 것에 제한을 받는다는 내용이므로, 소설가들이 자신들의 작품에 가능한 한 많은 등장인물을 포함시키는 것을 더 좋아한다는 ③은 글의 흐름상 가장 어색한 문장이다.

해석 일부 연구원들은 각기 다른 미디어가 상상력이 풍부한 응답을 하는 어린이들의 능력에 미치는 영향을 조사했다. 한 연구에서, 1학년에서 4학년까지의 어린이들을 무작위로 두 개의 그룹으로 나누었고 똑같은 허구적인 이야기를 제공했다. 한 그룹은 라디오로 이야기를 들은 반면에, 다른 한 그룹은 텔레비전으로 그 이야기를 시청했다. 나중에, 그 어린이들 모두 그 이야기에서 다음에 무슨 일이 일어날 것으로 생각하는지 질문을 받았다. 연구원들은 그들의 응답에서 그들이 사용한 (등장인물, 배경, 대화, 그리고 감정과 같은) 새로운 요소들을 기록함으로써 어린이들의 풍부한 상상력을 평가했다. (일부 소설가들은 자신들의 이야기 속에 가능한 한 많은 수의 등장인물들을 포함시키는 것을 더 좋아한다.) 라디오로 들었던 어린이들은 더 상상력이 풍부한 응답을 한 데 반하여, 텔레비전을 시청했던 어린이들은 원래 이야기를 반복하는 말을 더 많이 했다. 미디어 학자들은 '시각화 가설'을 설명하기 위해 이 연구를 이용해 왔는데, 그것(시각화 가설)은 이미 만들어진 시각적 이미지에 대한 어린이들의 노출이 자신만의 새로운 이미지를 만드는 그들의 능력을 제한한다고 진술한다.

어휘 imaginative 상상력이 풍부한 randomly 무작위로, 임의로 via ~을 통해서 imaginativeness 상상력이 풍부함 illustrate 설명하다, 예증하다 visualization 시각화 hypothesis 가설 ready-made 이미 만들어진

09

정답 ③

해설 사람은 혼자 행동하는 것처럼 보일지라도 다른 사람들에 의해 영향을 받으며 살아간다는 내용의 글로, 혼자 틀어박혀 소설을 창작하는 작가를 예로 들어 설명하고 있다. 따라서 저술을 할 때, 용기를 필요로 한다는 ③은 글의 흐름상 가장 어색한 문장이다.

해석 홀로 행동하는 사람은 거의 없으며, 심지어 누군가가 바로 그렇게 하고 있는 것처럼 보일 때에도, 그 과정의 표면에서만 그러할 뿐이다. 예를 들어, 자신의 집에서 고독하게 틀어박혀 소설을 창작하는 작가를 생각해 보라. 그는 매우 좁은 의미에서만 혼자이다. 사실, 그는 사람들에 대해, 사람들과 함께, 그리고 사람들을 위해 글을 쓰고 있다. 소설을 창작하는 과정은 개인적인 인지적 성찰로 축소될 수가 거의 없다. (그렇기에 저술은 끊임없는 노력과 인기 없는 신념을 지지하는 용기를 필요로 한다.) 따라서 저술

이라는 창조적 과정에 가상의 독자가 수신인으로, 창작물의 심판관이 될 수도 있는 사람으로, 그리고 대화 속의 상대로 항상 존재한다. 작가들은 다른 사람들에 의해 이해되고, 존경받고, 필요해지는 것과 같은 특히 인간적이고 사회적인 목적에 의해 동기를 부여받는다.

어휘 solitary 고독한 confinement 감금 cognitive 인지의 incessant 끊임없는 addressee 수신인

10

정답 ③

해설 부정직 혹은 부정행위는 이득을 위한 기대보다는 소중히 여기는 것을 잃는 것에 대한 두려움 때문에 더 자주 발생한다는 내용의 글이다. 따라서 부정적인 사회에 대한 대중 매체의 지속적인 노출로 인해 필요 이상으로 부모들이 큰 두려움을 느끼고 있는 현상에 관한 내용의 ③은 글의 흐름상 가장 어색한 문장이다.

해석 사람들이 무언가를 잃는 것을 싫어하는 정도는 동일한 가치의 무언가를 얻는 것을 좋아하는 것보다 더 크다. 인간의 마음에 관한 이러한 거의 보편적인 진리를 고려하면, 현실 세계에서 부정직함과 부정행위의 여러 행동이 우리가 가치 있게 여기는 무언가를 잃는 것에 대한 두려움으로부터 생긴다는 것은 놀랄 만한 일이 아닐 것이다. 수업에서 'F 학점'을 받는 것을 피하려는 압박감은, 'A 학점'을 받을 가능성이 그러는 것보다 많은 학생이 시험에 부정행위용 쪽지를 들고 오도록 더 많이 유도한다. 시장 점유율을 잃는 것을 피하려는 압박감은, 새로운 판매 기록을 세우는 것이 그러는 것보다 사업 하는 사람들이 더 자주 법을 어기도록 유혹한다. (언론은 사건, 질병, 그리고 범죄에 관해 24시간 계속되는 방송 보도로 부모들의 두려움을 더 부추기는 것을 또한 매우 잘한다.) 정부에게 추가금을 빚지려 하지 않는 것은, 더 큰 환불금을 받는 것보다 탈세에의 더 큰 동기 요인이 된다. 물론, 이 모든 경우에서 더 큰 매출액이나 더 큰 환불금과 같은 이득은 사람들이 부정행위를 하도록 자극할 수 있지만, 요지는 그것이 결코 동일한 양의 손실을 피하는 것만큼 동기 부여하지는 못할 것이라는 점이다.

어휘 psyche 마음 pressure 압박감 tempt 유혹하다 stoke 부추기다 parental 부모의 round-the-clock 24시간 내내, 계속해서

DAY 06 문단의 일관성
본서 p. 58

| 01 | ② | 02 | ④ | 03 | ③ | 04 | ③ | 05 | ③ |
| 06 | ④ | 07 | ③ | 08 | ③ | 09 | ② | 10 | ③ |

01

정답 ②

해설 환경 문제를 초래한다고 해서 기술 발전을 비난하거나 멈추게 하려는 것은 잘못된 생각이므로 환경을 오염시키지 않는 기술을 개발하라는 내용이다. 따라서 태양 에너지가 미래에 실용적인 대체 에너지원이 될 수 있다는 ②는 글의 흐름상 가장 어색한 문장이다.

해석 현재 대중의 태도는 오늘날 우리가 직면하는 환경 문제들을 초래했던 것에 대해 기술 혹은 기술자들을 비난하고, 따라서 경제 성장을 막음으로써 기술적인 진보를 늦추려고 하는 것이다. 우리는 이러한 관점이 철저하게 잘못 판단한 것으로 믿는다. 만약 기술이 공기를 오염시키는 자동차를 생산했다면, 그것은 오염이 공학자들이 설계에서 고려해야 했던 문제로 인식되지 않았기 때문이다. (태양 에너지는 예측할 수 있는 미래에 우리를 위한 실용적인 대체 에너지원이 될 수 있다.) 분명히, 오염을 발생시키는 기술은 일반적으로 더 저렴하지만, 더 청정한 자동차를 원한다는 결정이 내려졌으므로, 오염을 덜 시키는 차들이 생산될 것이며, 심지어 오염을 거의 전혀 시키지 않는 차들이 만들어질 수도 있다. 그러나, 이 마지막 선택은 수년간의 시간과 많은 투자를 필요로 할 것이다. 기술이 사람들의 의지에 반응하긴 하지만, 거의 즉각적으로 반응할 수 없고 결코 무료가 아니다.

어휘 bring on ~을 초래하다 face 직면하다 block 막다 misguided 잘못 판단한 foreseeable 예측할 수 있는 responsive 반응하는 instantaneously 즉각적으로

02

정답 ④

해설 이 글의 중심내용은 하고 싶은 일을 직접 경험을 통해 찾으라는 내용이다. 그 방법의 예로 인턴십을 제시하고 있으나 대기업에서의 인턴십이 더 좋다는 내용의 ④는 글의 흐름상 가장 어색한 문장이다.

해석 당신이 어떤 산업에서 일하고 싶은지 알아내기 위해 사용할 많은 자원이 있지만, 당신이 스스로 그것들을 조사하지 않는 한 그것들은 오히려 소용이 없을 것이다. 아무도 당신만큼 당신이 무엇을 하고 싶은지 알지 못할 것이다. 이는 당신이 가능한 많은 분야를 탐험해야만 한다는 것을 의미한다. 여섯 살 때의 당신으로 깊게 파고들어서 당신이 좋아하는 것이 무엇인지 기억해라. 비록 대학이 당신이 원하는 것을 알아내야 함에도, 많은 학생이 단지 해야 한다고 생각하는 것들을 하거나 그들의 부모님이 그들에게 하라고 말했던 것을 하고 있을 뿐이다. 다양한 회사에서 인턴을 하는 것은 진정한 당신과 소통하는 방법이 되어야 한다. (일반적으로 작은 회사보다는 대기업에서의 인턴십이 훨씬 더 좋다.) 당신이 어떻게 인턴십 분야를 결정하든 걱정하지 마라.

어휘 intern 인턴으로 근무하다 conglomerate 대기업 small business 소기업

03

정답 ③

해설 손글씨의 가독성이 좋지 않은 것은 키보드 작업이 존재함에도 불구하고 문제가 있는 것이며, 적절한 손글씨 훈련은 학습에 도움이 된다고 하였다. 따라서 Einstein이 사고과정의 시각화에 대한 주장을 언급한 ③은 글의 흐름상 가장 어색한 문장이다.

해석 지난 이삼십 년에 걸쳐 컴퓨터와 키보드 작업이 출현하여 컴퓨터 키보드 작업이 펜과 종이의 필요성을 대체함에 따라, 많은 사람이 손글씨의 필요성이 더 이상 그다지 중요하지 않은 것으로 말해 왔다. 그러나 컴퓨터가 고칠 수 없었던 손글씨의 가독성에는 문제가 있다. 알아볼 수 없는 또는 형편없는 형태의 손글씨는 악명 높은 '의사'의 손글씨에서 뿐만 아니라 교육받은 아이들과 성인들에게서도 발견된다. (꽤 유명한 일인데, Einstein은 언젠가 자신의 사고 과정이 시각화를 통해 일어나며, 자신이 언어로는 거의 사고하지 않는다고 주장했다.) 게다가 알아볼 수 있게 쓰는 것 이외에도 아이들이 적절한 손글씨 훈련을 계속 받아야 할 여러 이유가 있을 수 있다. 손글씨에 필요한 운동 기능은 다른 방면에서의 학습에도 기여하고, 여러 감각이 관여하는 손글씨 지도는 학습 장애를 가진 아이들을 돕기 위한 수단을 제공할 수도 있다.

어휘 advent 출현 legibility 알아볼 수 있음 remedy 고치다 illegible 알아볼 수 없는 infamous 악명 높은 visualization 시각화 motor 운동의 multisensory 여러 감각이 관여하는

04

정답 ③

해설 리더는 전체적인 상황을 보는 것과 더불어 세부적인 것을 볼 수 있는 안목을 갖추어야 한다는 내용의 글이다. 따라서 사람들에게 강요가 아닌 격려를 해야 한다는 리더의 태도를 언급한 ③은 글의 흐름상 가장 어색한 문장이다.

해석 지도자로서 당신은 큰 그림을 보는 안목을 키워야 하는데, 그것은 팀이 아직 올바른 숲에서 움직이고 있는지를 아는 것과 같으며 동시에 당신은 세부적인 것을 보는 안목 또한 지니고 있어야 하는데, 그것은 최상의 결과를 얻기 위해 어느 나무를 베어야 하는지를 아는 것과 같다. 숲이 계속 존재하도록 하려면, 좋은 나무를 기르기도 하고 새로운 나무를 심기도 해야 함을 명심하라. 개별적인 부분분 아니라 전체를 보는 이런 자질은, 과정과 전략에만 국한되는 것이 아니다. 당신은 전체적인 것과 개별적인 것이 결합된 이런 인식을 조직에 몸담고 있는 모든 이들, 특히 함께 일하는 이들에게 적용할 수 있다. (당신은 사람들이 특정한 결과를 성취하도록 단순히 지시하거나 통제하기보다 그들이 정신과 능력을 확장시키고 그들 자신의 행동에 책임을 지도록 격려해야 한다.) 모든 노동자 한 사람 한 사람을 이해하면서도, 성격, 기술, 연령, 출신 민족, 그리고 인식의 다양성을 아우르는 조직 전체의 가치를 볼 수 있어야 한다.

어휘 nurture 기르다 existence 존재 holistic 전체론적인 ethnicity 민족 perception 인식

05

정답 ③

해설 영화 제작은 위험 요소가 많은 사업이기에, 예측 가능성을 보장하고 위험을 최소화하기 위하여 할리우드 스튜디오 시스템에서 다양한 대책을 마련했다는 내용의 영화 제작에 관한 글이다. 따라서 할리우드 영화가 효과를 극대화하기 위해 현실을 왜곡한다는 내용의 영화 특징을 언급하는 ③은 글의 흐름상 가장 어색한 문장이다.

해석 영화가 감자칩과 같은 상품도 안정적인 사업도 아니므로 본질적으로 위험한 사업이다. 연구와 개발의 성공은 드물고, 영화 한 편의 성공이 그 다음 편의 성공을 보장하는 것도 아니다. 할리우드 스튜디오 시스템의 기획 중 많은 부분은 비용이 많이 들고, 협업으로 제작되고, 독특한 제품을 만들어내는 데 수반되는 위험을 관리하기 위한 전략으로서 설명될 수 있다. 할리우드가 유명 영화배우와 장르 영화에 의존하는 것은 단지 영화 제작과 극장 영화 관람 경험에 약간의 예측 가능성을 구축하려는 가장 명백한 시도일 뿐이다. (또한 할리우드는 통상적으로 극적이거나 코믹한 효과를 극대화하기 위해 현실을 왜곡하고 꾸며낸다.) 영화의 도덕성을 감시할 기구의 설립, 인수 합병을 통한 소유권의 집중, 그리고 미디어 프랜차이즈의 양성을 포함하여 스튜디오 시스템의 대부분의 요소들은 위험을 최소화하고 예측 가능성을 보장하기 위하여 발달되었다.

어휘 inherently 본질적으로 commodity 상품 entail 수반하다, 일으키다 predictability 예측 가능성 police 감시하다 mergers and acquisitions 기업 인수 합병 cultivation 양성

06

정답 ④

해설 같은 유형의 행동에 대한 인간과 동물의 정도의 차이를 각각의 사례로 보여주는 글이다. 따라서 암컷 코끼리의 번식 능력에 관한 내용의 ④는 글의 흐름상 가장 어색한 문장이다.

해석 인간이 특별하며 다른 동물 종과는 다르다는 방식을 자세히 말하려 한다면, 대부분의 차이점은 유형이 아닌 정도의 차이라고 우리는 결론지을 수 있다. 즉, 다른 동물들이 인간과 비슷한 특정한 특징을 소유할 수는 있지만, 같은 정도로는 아니다. 인간의 독특한 특징이 언어라면, 돌고래 사이의 의사소통이나 특정 실험에서 유인원들이 학습한 수화를 동일한 행동의 단순하고 기본적인 형태라고 지적하는 것이 가능하다. 만일 사회 조직이 인간의 특징이라면, 그와 대등한 것이 벌이나 개미의 행동에서도 발견될 수 있을 것이다. 우리는 죽음과 관련된 정교한 의식이 있지만, 코끼리들은 매장 의식이라고 부를 수 있을 만한 행동을 하는 것이 관찰되어 왔다. (암컷 코끼리는 또한 평생에 걸쳐서 새끼를 낳을 수 있는 것으로 알려져 있다.) 음악에 있어서도 어느 정도까지는 고래와 새의 노래에서와 같은 동물의 대응물이 있을 수 있다.

어휘 specify 상세히 말하다 distinctive 독특한, 특유의 sign language 수화 parallel 대등한 것 counterpart 대응물

07

정답 ③

해설 해외 벤처 기업들을 지원하여 칠레에 유치하는 Start-Up Chile 프로젝트에 대한 설명이 글의 주된 내용이므로, 벤처 사업의 위험성을 설명하고 있는 ③은 글의 흐름상 가장 어색한 문장이다.

해석 Start-Up Chile라고 하는 새로운, 대담한 실험이 칠레에서 계획되었다. Start-Up Chile는 신생 기업에 칠레로 와서 여섯 달 동안 사업을 할 기회를 제공한다. 참여하도록 선발된 각 벤처 기업은 Start-Up Chile 공동 작업 구역에서의 공간뿐 아니라 그들의 현지 경비로 40,000달러를 제공

받는다. (단 한 번의 위험한 사업상 모험이라도 당신이 수 천 달러를 잃도록 할 수 있다.) 참여자들은 하고 있는 것을 공유하고, 사업을 도울 현지 인재들을 고용하도록 권장된다. 이는 칠레 사람들에게 전 세계에서 온 롤 모델들을 접해 보게 함으로써, 그들을 고무시켜 그들 자신의 회사를 시작할 것을 고려하게끔 하는 데에 목표가 있다.

어휘 start-up (새로운 사업·프로젝트) 착수의 collaborative 공동의 hire 고용하다 expose 접하게 하다

08

정답 ③

해설 이 글의 주제는 제일 처음 문장에서 유추할 수 있듯 '어머니의 노랫소리가 아이에게 미치는 긍정적 영향'이며, 글의 주된 내용은 어머니가 아이에게 노래를 불러주는 행위가 어떤 방식으로 둘의 상호 작용을 유도하고 아이의 행복에 기여하는지에 관한 것이다. 따라서 아이가 노래 부르기를 배울 때 얻을 수 있는 순기능을 이야기 하는 ③은 글의 흐름상 가장 어색한 문장이다.

해석 어머니의 노랫소리가 아기의 정서를 최적화한다는 점에서 보면, 그것은 아이로 하여금 영양 섭취, 수면, 그리고 심지어 학습까지 용이하게 함으로써 아이의 성장과 발달을 돕는다. 아이들의 기나긴 무기력함의 기간은 부모의 헌신, 그리고 그러한 헌신에 보답하기 위한 아이의 행동에 강한 선택의 압력을 만들어낸다. 아이는 자장가 소리에 잠이 들거나 다른 종류의 음악을 들으며 몽롱한 상태로 빠져듦으로써 어머니의 노력에 대한 적절한 보상을 제공해 줄 수도 있다. 일반적으로, 어머니의 노랫소리가 아이에게 미치는 좋은 결과는, 그것이 아이의 울음을 줄여주든 아이의 잠을 유도하든 혹은 긍정적인 효과를 발휘하든, 어머니의 행동을 유지시키면서 동시에 아이의 행복에 기여할 것이다. (노래를 배우는 일은 아이로 하여금 <u>다른 사람들과 원만히 어울리고 적절한 방식으로 감정을 표현하는 능력을 향상시키는 데 도움을 준다</u>.) 어쩌면 노래를 불러주는 어머니들의 건강하고 만족스런 자식들은 노래를 불러주지 않는 어머니들의 자식들보다 자신들의 유전자를 후대로 전달할 가능성이 더 높을지도 모른다.

어휘 to the extent ~라는 점에서 maternal 어머니의 optimize 최적화하다 infant 유아; 유아의 facilitate 가능하게 하다 trance-like 몽롱한 sustain 지속시키다 presumably 아마 offspring 자식, 새끼

09

정답 ②

해설 이 글은 산업화된 농업이 보기와는 다르게 생태계에 부정적인 영향을 주고 있다는 내용의 글이다. 따라서 산업화된 농업에 대해 긍정적인 태도로 기업과 정부가 산업화된 농업의 확산을 조성한다고 서술하는 ②는 글의 흐름상 가장 어색한 문장이다.

해석 표면적으로, 산업화된 농업은 시간이 흘러도 변치 않는 문제인 전 세계적인 기아 현상에 가장 환영받는 해결책이 될 것 같았다. 그러나 이런 소위 해결책이라고 할 만한 것들은, 작가이자 농부인 Wendell Berry가 지켜봤던 것과 같이, 새로운 문제점들을 야기해 내는 것으로 이어졌다. 그리고 지난 몇 십 년 동안 산업화된 농업이 실제로 사람들의 건강과 지구의 환경에 영향을 주는 수많은 문제들을 만들어냈다는 것이 점차 확실해졌다. (따라서 기업과 정부는 새로운 기술이 가져온 이러한 기회를 알아보고 산업화된 농업의 빠른 확산을 조성하였다.) 그 예로, 비료와 살충제의 사용은 암의 유발 확률을 높였고 토양, 하천, 그리고 지하수의 오염을 초래했다. 단일재배는 생태계의 다양성 손실로 이어졌고, 생산성과 생태계의 안정성을 약하게 만들었다.

어휘 timeless 시간이 흘러도 변치 않는 ramify 가지를 내다 a host of 많은 수의 foster 조성하다 pesticide 살충제 monoculture 단일재배 (한 종류만 재배하는 것) undermine 약화시키다

10

정답 ③

해설 이 글은 스포츠가 환경의 지속가능한 개발 운동에 관한 메시지를 전달할 수 있게 되었으며, 이는 스포츠 경기를 더욱 시장성 있게 하며 기업 후원자의 마음을 끌어들인다는 내용의 글이므로 스포츠 경기가 텔레비전에서 중계되는 것이 경기의 진행 방식을 바꾸었다는 ③은 글의 흐름상 가장 어색한 문장이다.

해석 스포츠가 가지고 있는 건강과 복지와의 내재적인 관련성과 더불어, 스포츠의 보편적 호소력은 스포츠를 환경에 관한 메시지의 이상적인 전달자로 만든다. 우리는 이미 스포츠를 통하여 국가적 자부심과 공정한 경기에 관한 메시지를 '듣는 것'에 익숙해져 있다. 스포츠, 그리고 특히 스포츠 경기 산업은 오늘날 지속가능한 개발운동의 최전선을 대표한다. (<u>또한, 스포츠 행사를 텔레비전으로 중계하는 것은 각각의 스포츠 경기가 진행되는 방식에 영향을 미쳤다: 텔레비전 타임아웃(광고가 방송 될 수 있는 시간)이 추가되어, 경기의 진행 속도를 바꾸었다</u>.) 환경 지속성은 스포츠 경기를 더욱 시장성 있게 하고 있을 뿐만 아니라, 기업의 평판을 향상시키기 위한 목적으로 대중의 호응을 이용하기를 바라는 그런 부류의 기업 후원자들의 마음을 끌고 있다. 스포츠 영웅들이 그 '질병'을 전파시키기 위해 이용될 때, 환경의 '바이러스'는 더욱 전염성이 강해지는데, 유명한 예는 은퇴한 Wimbledon 테니스 챔피언인 Pat Cash에 의해 세워진 호주의 비영리 환경 단체인 Planet Ark이다.

어휘 inherent 내재적인 appeal 호소력 the front line 최전선 sustainable 지속가능한 approval 호응 infectious 전염성이 강한 transmit 전파시키다

DAY 07 문장 삽입

본서 p. 68

| 01 | ③ | 02 | ② | 03 | ② | 04 | ④ | 05 | ④ |
| 06 | ② | 07 | ④ | 08 | ① | 09 | ③ | 10 | ④ |

01

정답 ③

해설 ③번의 앞부분은 힘든 상황을 극복하지 못하여 어려움을 겪는 아이들에 관한 내용인데, ③번 다음에는 성공에 관한 언급(this success)이 나와 ③번을 기준으로 그 앞뒤 내용이 단절된다. 앞의 내용과 역접의 관계를 나타내는 주어진 문장이 들어가기에 가장 적절한 곳은 ③번이다.

해석 일부 아이들은 자신의 삶에서 힘든 사건들에 직면하는 반면, 다른 아이들은 비교적 더 수월한 어린 시절을 보낸다. 예를 들어, 절대 빈곤, 사회적 문제, 또는 학대하는 관계가 있는 상황 속에서 성장한 아이들은 삶에서의 기회가 상당히 감소한 것으로 밝혀졌다. 그들은 성인이 되어서도 사회적 또는 정서적 부적응을 계속 겪을 수 있다. 하지만, 어린 시절에 역경을 겪었음에도 여전히 학교 교육을 잘 끝마치고, 정서적으로 안정되거나 사회적으로 능력을 갖추고, 또 자신의 '개인적인 잠재력'에 도달한 아이들도 있다. 이런 성공의 원인은 내재적인 동기와 관련이 있다는 의견이 제시되었다. 이것은 개인이 변화에 대처할 수 있게 해 주는 선천적이고 방어적인 요인인데, 심리학자들은 이를 회복력이라고 부른다. 회복력은 아이들이 교사가 설정해 준 목표에 도달하도록 해 주는 것으로 알려졌지만, 아마 훨씬 더 중요하게는, 그들 스스로가 설정한 목표에 도달할 수 있게 해 주는 것이다.

어휘 attain 도달하다 schooling 학교 교육 straightforward 수월한, 복잡하지 않은 abusive 학대하는 maladjustment 부적응 intrinsic 내재적인 innate 선천적인 resilience 회복력

02

정답 ②

해설 주어진 문장에 있는 This individualistic philosophy는 자신의 내면에 있는 감정과 경험, 그리고 욕망에 초점을 맞추는 철학을 가리키므로, 주어진 문장은 이런 철학 대신에 외성(outrospection)의 시대를 만들어야 한다는 내용 앞에 오는 것이 자연스럽다. 따라서 주어진 문장이 들어가기에 가장 적절한 곳은 ②번이다.

해석 나는 당신이 내면을 바라보았고 자신의 행동이나 내면의 생각에 관해 사고했던 20세기를 '내성의 시대'라고 생각한다. 그것은 자기 계발 산업 및 자기 계발 요법의 문화가 자기가 누구인지와 어떻게 살아야 하는지를 이해하는 최선의 방법은 자신의 내면을 보고 자신의 감정과 경험 그리고 욕망에 초점을 두는 것이라는 생각을 고취했던 시대였다. 서구 문화를 지배하게 된 이 개인주의 철학은 대부분의 사람들에게 좋은 삶을 가져다주는 데 실패했다. 그래서 21세기는 달라질 필요가 있다. 내성 대신에 우리는 내면을 보는 것과 외부를 보는 것 사이의 더 나은 균형을 찾는 새로운 '외성의 시대'를 만들어야 한다. '외성'이라는 말의 의미는 자기 밖으로 나가서 다른 사람의 삶과 관점을 탐구함으로써 자기가 누구인지와 어떻게 살아야 하는지를 발견한다는 것이다. 그리고 '외성의 시대'에 필수적인 기술 형식은 공감이다.

어휘 introspection 내성 era 시대 self-help industry 자기 계발 산업 outrospection 외성 perspective 관점 art form 기술 형식 empathy 공감

03

정답 ②

해설 이 글은 우리가 동물을 대하는 방식의 변화에 관한 글이다. 2차 세계 대전 이전에 전통적인 가족 경영 농장들로 이루어져 있다가 2차 세계 대전 이후 야외에 있던 동물들이 실내 시설에 갇히게 되었다는 얘기가 이어진다. 따라서 역접의 연결사 however와 세계 대전이 끝나 농업이 더 집약적인 생산 시스템이 되었다는 주어진 문장은 실내에 갇히게 되었다는 내용 앞에 위치해야 한다. 따라서 주어진 문장이 들어가기에 가장 적절한 곳은 ②번이다.

해석 과학자들이 우리가 동물들을 대하는 방식에 관심을 두도록 만든 것은 과연 무엇이었을까? 제2차 세계 대전 이전에, 서구 세계의 농업 운영은 전통적인 가족 경영 농장들로 이루어졌다. 이것들은 작은 규모였으며 땅을 경작하고 동물들을 기르기 위해 일반적으로 육체적 노동에 의존했다. 농부들이 그들의 가축을 보살핀다는 일반적인 관점이 사회 내에 있었는데, 가축들이 농부들의 생계에 밀접하게 관련되어 있었기 때문이다. 그러나 세계 대전이 끝나가자 구식의 농업을 훨씬 더 집약적인 생산 시스템으로 대체하는 전환이 시작되었다. 이전에는 일 년 중 대부분을 야외에서 보냈던 동물들이 이제는 실내 시설에 갇혔다. 가축을 창문이 없는 헛간에서 기르고 인공조명 및 온도 조절을 사용함으로써, 가축을 기를 수 있는 기간이 연장될 수 있었고 더 많은 양의 고기, 우유, 그리고 달걀들을 생산할 수 있게 되었다. 그러나 인간과 개별 동물과의 접촉은 사라졌다.

어휘 transition 전환 replace 대체하다 intensive 집약적인 prompt 촉구하다; 즉각적인 agricultural 농업의 family-run 가족 경영의 manual 육체노동의 livestock 가축 livelihood 생계 confine 국한시키다 indoor 실내의 facility 시설 shed 헛간 prolong 연장시키다

04

정답 ④

해설 주어진 문장의 this와 caused라는 단서를 통해, 주어진 문장의 앞에는 궤도 우주선 발사의 실패 원인이 제시되어야 함을 알 수 있다. ④번 앞에서 추진력 데이터에 잘못된 단위를 사용했다는 문장이 나오므로 주어진 문장이 들어가기에 가장 적절한 곳은 ④번이다.

해석 Mars Climate Orbiter(화성 기후 탐사 궤도 우주선)는 Mars Surveyor Program이라고 알려졌던 화성 탐사 장기 계획의 일련의 임무 중 하나였다. 1999년 9월, 그 우주선은 화성에 접근한 다음 사라졌다. 처음에는, 정치가들과 몇몇 과학자들은 1억 2천 5백만 달러 상당의 실패에 대해 '더 훌륭하게, 더 빠르게, 더 싸게'라는 NASA의 새로운 슬로건을 탓하였다. 그러나 일주일 후, NASA의 과학자들은 무슨 일이 벌어졌었는지 알아냈지만, 그것을 모든 사람들이 알도록 정확하게 말하지는 않고 있었다. NASA는 우주선을 유도하기 위해 수년간 미터법 단위를 사용해 왔지만, 그들이 그 우주선을 제작하기 위해 고용했던 회사인 Lockheed Martin은 그것의 추진력 데이터에 미터법이 아닌 영국식 단위를 사용했던 것으로 보인다. 이 때문에 우주선 추진력은 그 궤도 우주선을 파멸에 이르게 했다. 사건 직후에, Lockheed Martin Aeronautics의 비행 시스템 부

사장이자 뻔한 말을 하는 데 일가견이 있던 Noel W. Hinners는 "우리는 (미터법 단위로) 전환했어야 했다."라고 말했다.
어휘 (space)craft 우주선 thrust 추진력 plunge (어떤 상태·위험에) 이르게[빠지게] 하다 from the rooftops 공공연하게 metric 미터법의

05
정답 ④
해설 ④번 앞부분까지는 중세의 정화조가 오염을 유발했다는 내용이고, ④번 뒷 부분부터는 오늘날에도 적절하게 폐기물 처리를 하기 위한 노력이 계속된다는 내용이다. 따라서 주어진 문장이 들어가기에 가장 적절한 곳은 ④번이다.
해석 중세 유럽에서는 사람이 문을 열고 쓰레기를 버릴 때마다 폐기물 스트림이 발생했다. 11세기 런던에서는 쓰레기의 악취로 인해 쓰레기 처리의 새로운 기술, 즉 정화조를 개발할 수밖에 없었다. 이러한 저장소가 집 근처의 땅에 매설되었고 가정에서 매일 쌓이는 쓰레기와 인간의 분뇨를 받아냈다. 건축자들은 정화조에 누수가 없게 만들려고 했지만 유감스럽게도 정화조는 누수가 생겼고, 물, 과수원과 채소와 약초밭을 오염시켰다. 매립은 쓰레기의 처리에 약간 도움이 되었지만 매설된 쓰레기는 우물에 물을 공급하는 지하수로 누출되었다. 오늘날의 쓰레기 관리는 거의 같은 일련의 문제로 고심하고 있는데, 즉, 폐기물 스트림이 여전히 사고와 누출에 의해 위협받고 있다. 쓰레기 관리 전문가들은 깨끗한 물과 토양의 쓰레기로 인한 의도하지 않은 오염을 방지하기 위해 일하고 있으며 그들은 또한 사람들의 생활에서 쓰레기를 제거할 더 좋은 방법을 계속적으로 찾고 있다.
어휘 stench 악취 receptacle 저장소 leakproof 누수가 없는 orchard 과수원 dispose of ~을 처리하다 unintended 의도하지 않은

06
정답 ②
해설 이 글은 주방에서의 계량에 관한 두 태도를 비교하고 있다. 주어진 문장은 양극에 있는 또 다른 하나의 태도에 관해 설명을 시작하는 글이다. 따라서 주어진 문장 앞에는 그 반대인 조리법과 계량에 신경 쓰지 않는 사람들에 대한 내용이, 그리고 주어진 문장 뒤에는 조리법과 계량이 정확해야 하는 사람들에 대한 예시와 설명들이 서술될 것을 유추할 수 있다. 그러므로 주어진 문장이 들어가기에 가장 적절한 곳은 ②번이다.
해석 주방에서 계량에 관한 태도는 양극화되는 경향이 있다. 한편으로, 자신들은 어떤 것도 무게를 재거나 계량하지 않는다고 주장하는 창의적인 사람들이 있다. 만일 당신이 그런 사람의 조리법을 요청한다면, 당신은 "아, 저는 절대로 요리책을 보지 않아요."라고 경쾌하게 말하는 것을 듣게 될 것이다. 설령 그들이 조리법을 참고한다고 하더라도, 그들은 즐겁게 되는대로 양을 조절한다. 그들이 요리하는 모든 식사는 순수한 발명이자 순수한 본능이다. 요리는 하나의 예술이고 숫자로 격하될 수 없다. 그 스펙트럼의 정반대쪽 끝에는 모든 것에 정확한 숫자를 부여하기를 원하는 사람들이 있다. 그들은 조리법을 바꿀 수 없는 엄격한 공식으로 여긴다. 만일 조리법이 325ml의 더블 크림을 요구하는데 한 용기가 겨우 300ml를 담고 있다면, 그런 사람들은 그 부족분을 보충하기 위해서 마음을 졸이며 두 번째 용기를 구입할 것이다. 이러한 집단에 있는 사람들은 그들이 하는 일이 과학적이라고 생각할 가능성이 더 큰데, 이는 우리가 더 많이 계량하고 요리를 명확히 정의할수록 그것이 더욱 과학처럼 될 것이라는 생각이다.
어휘 assign 부여하다, 할당하다 figure 숫자 attitude 태도 polarize 양극화하다 weigh 무게를 재다 airily 경쾌하게 consult 참고하다 play fast and loose 되는대로 행동하다 formula 공식 carton 용기, 갑[통] shortfall 부족분 pin down 명확하게 정의하다

07
정답 ④
해설 주어진 문장에서 this gene은 ④번 앞 문장의 the "altruism" gene을 가리킨다. 또한 주어진 문장의 이타심 유전자에 의한 호르몬을 많이 가진 사람들은 타인에 대해 더 우호적이라는 내용과 ④번 뒤에 오는 문장의 이러한 호르몬을 많이 가진 사람들은 더 이타적인 의사결정을 내리는 선천적인 경향이 있다는 내용이 서로 호응한다. 따라서 주어진 문장이 들어가기에 가장 적절한 곳은 ④번이다.
해석 과학자들은 어떤 사람들은 결정을 내릴 때 이기적으로 행동하는 경향이 있는가 하면, 또 어떤 사람들은 이타적으로 행동하는 경향이 있다는 것을 발견하였다. 이러한 차이가 존재하는 많은 이유가 있지만, 연구자들은 최근 유전적인 설명을 찾아냈다. 이타적 행동에 있어 사람들 간 차이점의 대략 20%는 선천적인 것이다. 그리고 불공정한 행동을 벌주기 위해 재정적인 이득을 기꺼이 포기하고자 하는 데 있어서의 차이점의 42퍼센트는 유전적으로 결정된다. 더욱이, 자애로운 선택을 하는 경향은 부분적으로 당신이 어떤 형태의 '이타심' 유전자를 가지고 있느냐에 달려있다. 이 유전자가 유전 암호를 지정하는 호르몬을 많이 생산하는 사람들은 자신들이 잘 대우받지 못할 때조차도 타인에게 좋은 감정을 느끼며, 그것을 덜 생산하는 사람들보다 더 믿음직스럽게 행동한다. 따라서 어떤 사람들은 다른 사람들보다 더 이타적인 결정을 하는 성향이 선천적으로 있게 될 수도 있는데, 이는 적어도 어느 정도는 그들이 감정적 애착이라는 느낌을 유발하는 호르몬을 더 많이 나오도록 자극하는 유전자 유형을 갖고 있기 때문이다.
어휘 benevolent 자애로운 altruism 이타심 predispose ~하는 성향을 갖게 하다

08
정답 ①
해설 But in fact를 통해 주어진 문장의 앞뒤 문장이 역접이 되고 있음을 알 수 있다. 그러므로 거짓말 탐지기가 확실한 기계라는 내용의 문장 다음에 거짓말 탐지기가 결코 완벽하지 않다는 내용이 들어가야 알맞다. 따라서 주어진 문장이 들어가기에 가장 적절한 곳은 ①번이다.
해석 대부분의 미국인들은 거짓말 탐지기를 죄지은 사람과 무고한 사람을 실수 없이 가릴 수 있는 절대 확실한 기계라고 생각하는 데 익숙하다. 그러나 실제로는, 이보다 사실과 거리가 멀 수 없을 것이다. 거짓말 탐지기는 실수를 할 수 있고 정말로 한다. 먼저, 그 검사를 관리하는 사람들이 반드시 전문가인 것은 아니다. 많은 주에서 거짓말 탐지기의 출력물을 읽고 해석하도록 훈련받은 자격 있는 검사관을 고용하지 않고 있다. 게다가, 많은 검사 대상자들이 걱정을 하며 거짓말 탐지기 검사를 받기 때문에 그들이 진실을 말하고 있을 때조차도 마치 거짓말을 하고 있는 것처럼 신체가 반응한다. 불행하게도 어떤 검사 대상자들은 아주 영리해서, 일련의 거짓말을 하고 있을 때에도 적절한 평온을 유지하기 위한 이완 기술이나 진정제를 사용하기도 한다.
어휘 be accustomed to ~에 익숙하다 detector 탐지기 separate 구

분 짓다, 나누다 innocent 무죄인, 결백한 administer 관리하다 interpret 해석하다 tranquilizer 진정제 appropriate 적절한

09

정답 ③

해설 일반적 진술(큰 개념) 다음에 구체적 예시(작은 개념)로 이어지는 것이 적절하다. 주어진 문장의 '지구는 둥글다'라는 내용은 ③번 앞에 나온 일반적 진술인 common information에 해당하는 구체적 예시이므로, 흔한 정보를 쓸 때 표절에 대해 걱정할 필요가 없다는 문장 뒤에 오는 것이 자연스럽다. 따라서 주어진 문장이 들어가기에 가장 적절한 곳은 ③번이다.

해석 다른 저자의 말 혹은 심지어 그 저자의 말을 비슷하게 바꾼 표현을 사용할 때마다, 그 저자의 이름을 언급해야 한다. 그러지 않으면, 누군가 다른 사람의 말을 사용하면서 그 말이 자기 자신의 것이라고 주장하거나 그런 척하는 표절이라는 범죄를 저지른 것이다. 표절을 피하는, 경험에 의한 간단한 방법은 의심스러울 때는 원래 저자를 언급해라. 흔한 정보를 쓸 때는 표절에 대해 걱정할 필요가 없다. 만약 지구가 둥글다고 말한다면 아무도 표절로 비난하지 않을 것이다. 반면, 모든 상선 선원 중 16.5%가 뱃멀미를 한다고 언급하는 연구 논문을 쓴다면, 아마 어떤 가련한 연구자가 그 사실을 알아내기 위해 자기 인생의 몇 달을 소비하였을 것이다. 이런 경우에는 그 연구자가 공로를 인정받을 자격이 있다.

어휘 accuse 비난하다 plagiarism 표절 paraphrase 다른 말로 바꾸어 표현한 것 pretend ~인 척하다 rule of thumb 경험에 의한 방법 in doubt 의심스러운 state 언급하다 merchant marine 상선의 선원 seasick 뱃멀미하는

10

정답 ④

해설 주어진 문장은 두 번의 실험 중 두 번째 지능 검사에 대한 결과를 언급하고 있기 때문에 두 번째 지능 검사에 대해 설명한 부분 이후에 나오는 것이 자연스럽다. 따라서 주어진 문장이 들어가기에 가장 적절한 곳은 ④번이다.

해석 부질없는 기대는 달러(돈)보다 더 강력하다. 최근의 연구는 사람들이 자기 자신에게 거짓말을 하고 진실을 바라보는 것을 회피하는 대단한 능력을 갖추고 있다는 것을 증명했다. Duke 대학의 교수 Dan Ariely는 기발한 실험을 묘사한다. 한 무리의 사람들이 지능 검사를 받게 되지만, 그들 중 절반이 '우연히' 응답지를 보게 되고 이것이 그들로 하여금 자신의 답을 기재하기 전에 정답을 찾을 수 있게 해 준다. 말할 필요도 없이, 그들은 나머지 사람들보다 더 높은 점수를 받는다. 그러고 나서 모든 사람이 다음번 지능 검사 때의 자기 점수를 예측하도록 요청받는데, 그 검사에서는 부정행위용 종이가 전혀 없을 것이고 정확히 예측하는 사람들은 돈을 받을 것이다. 놀랍게도 부정행위용 종이를 이용해 더 높은 점수를 받은 그 무리의 절반이 다음 검사에 대한 결과를 더 높게 예측했다. 부정행위자들은 성공에 대한 부정확한 예측으로 자신이 돈을 받지 못하게 되더라도, 자신이 매우 똑똑하다고 믿고 싶어 했다.

어휘 intelligence 지능 get paid 돈을 받다

DAY 08 문장 삽입
본서 p. 78

| 01 | ② | 02 | ③ | 03 | ④ | 04 | ③ | 05 | ③ |
| 06 | ③ | 07 | ④ | 08 | ① | 09 | ④ | 10 | ③ |

01

정답 ②

해설 주어진 문장은 나라마다 동전과 지폐의 특징이 다르다는 내용이다. ②번 뒤에 나오는 문장들은 이에 대한 예시로 인도, 일본 등의 통화를 제시하고 있으므로 주어진 문장이 들어가기에 가장 적절한 곳은 ②번이다.

해석 우리가 돈에 관해 생각할 때, 대개 현금(통화), 즉 동전이나 지폐에 관하여 생각한다. 현대 세계에서 거의 모든 나라가 다른 가치 있는 물건과 교환하기 위해, 동전이나 지폐를 사용한다. 동전의 크기와 모양은 여러 나라마다 다르고, 지폐의 크기와 색깔도 다르다. 예를 들어, 인도에서는 어떤 동전은 사각형이다. 일본에서는 동전 가운데 구멍이 있다. 미국에서는 모든 지폐의 크기와 색깔이 동일하며 단지 지폐 위의 글자만 다르다.

어휘 currency 현금

02

정답 ③

해설 주어진 문장은 낮은 서열의 동물들이 새로운 개념을 먼저 배우면 나머지 집단은 그 개념을 알지 못한다는 내용의 예시라고 볼 수 있다. 또한 주어진 문장의 a taste for caramels가 ③번 다음에 나오는 문장에서 The taste of caramels로 다시 언급되므로 주어진 문장이 들어가기에 가장 적절한 곳은 ③번이다.

해석 우리는 권위 있는 자리에 있는 사람에게 잘못된 복종을 하는 유일한 종은 아니다. 엄격한 지배 계층이 존재하는 원숭이 집단에서, 그들이 지배적인 동물들로부터 가르침을 받지 않으면 유익한 혁신은 집단 전체로 빠르게 퍼지지 않는다. 낮은 서열의 동물이 새로운 개념에 대해 먼저 배울 때, 나머지 집단은 대개 그것의 가치를 알아차리지 못한 채 남아 있다. 일본원숭이에게 새로운 음식 맛을 소개한 것에 대한 연구는 좋은 예시를 제공한다. 한 무리에서, 캐러멜 맛보기는 지위 계층이 낮은 어린 새끼 동물의 식단에 이 새로운 식품을 도입함으로써 전개되었다. 캐러멜 맛보기는 서서히 계층 위쪽으로 이동했는데, 일 년 반이 지난 후에 그 집단의 단 51%만 그것(캐러멜 맛보기)을 배웠으며, 여전히 우두머리 원숭이들은 어느 누구도 캐러멜의 맛을 알지 못했다. 이것을 우두머리에게 밀이 먼저 소개되었던 두 번째 무리에서 일어났던 것과 대조해 보자. 이때까지 이 원숭이들에게 알려지지 않은 밀 섭취는 4시간 내에 집단 전체로 퍼져 나갔다.

어휘 troop 무리 minor 미성년자 wrongheaded 잘못된 deference 복종 hierarchy 계층 oblivious 알아차리지 못하는

03

정답 ④

해설 주어진 문장에서 스포츠와 운동 심리학에서 학습과 환경적인 영향에 일차적인 관심을 두는 게 합리적이라는 내용이 제시된다. ④번 앞에서

환경의 영향이 강조되고 있고, ④번 뒤에서 스포츠와 운동 과학 전문가들의 영향이 제시되고 있으므로 주어진 문장이 들어가기에 가장 적절한 곳은 ④번이다.

해석 유전 연구와 실험에서의 최근의 발전을 고려해 볼 때, 성격이 유전적으로(천성에 의해) 결정되는지 아니면 환경을 통해(양육에 의해) 결정되는지의 문제는 스포츠와 신체 활동 전문가들에게 매우 중요하다. 비록 이 문제가 스포츠와 운동 심리학 자체에서 연구된 적은 없더라도 일반적 심리 연구는 성격에는 유전적 토대(60%까지)가 있다는 것과 그것이 학습에 의해 영향을 받는다는 것을 모두 보여준다. 그렇다면 천성 대 양육에 관한 양 극단의 입장은 잘못된 것이다. 다시 말해 유전적 특질과 환경이 사람의 성격을 결정한다. 게다가, 몇몇 연구는 비록 우리에게 유전적으로 어떤 특성이 주어질 수 있긴 하지만 환경이 우리가 이 특성을 나타내는지 그리고 얼마나 많이 나타내는지에 영향을 미친다는 것을 보여준다. <u>따라서 그렇다면, 스포츠와 운동 심리학에서, 우리는 학습과 환경적 영향에 일차적인 관심을 두게 되는 것이 합리적이다.</u> 그 이유는 성격에 대한 유전적 특질의 역할에 관계없이 스포츠와 운동 과학 전문가들이 성격 발달에 영향을 끼칠 수 있기 때문이다.

어휘 nurture 양육 per se 그 자체로 genetics 유전적 특질, 유전학 predispose ~하게 만들다 characteristic 특성 manifest 나타내다 regardless of ~에 상관없이

04

정답 ③

해설 주어진 문장의 This "outsider" observation은 토론이나 대화중에 분위기가 험악한 상태로 가열되었을 때 정신적인 활동을 잠시 멈추고 그 상황에 대해 객관적인 시각을 얻을 수 있다는 ③번 앞 내용을 의미한다. 또한 ③번 뒤에서 제3자 입장에서의 관찰을 예를 들어 설명하고 있으므로 주어진 문장이 들어가기에 가장 적절한 곳은 ③번이다.

해석 심사숙고한 접근법으로도 일터에서의 논쟁들은 추하게 변할 수 있다. 대개 이러한 대화는 그것이 인신공격적이 될 때 싸움으로 돌변하게 된다. 언쟁이 가열된다면 대화를 공유하고 있는 관심사나 목표로 되돌려라. 대화의 초점을 앞으로의 일들에 다시 맞추라. 동료가 적대적이거나 공격적이면 대화를 끊고 싶은 것이 가장 좋을 수 있다. 글자 그대로 방에서 나갈 수도 있고 대화의 과정을 관찰하기 위해 정신적인 활동을 잠시 멈추어 볼 수도 있는데 그렇게 함으로써 당신은 그 상황에 대해 좀 더 객관적인 시각을 얻을 수 있다. <u>이러한 '제3자' 입장에서의 관찰은 정말 일어나고 있는 일이 무엇인지에 대한 시각을 갖게 할 수 있다.</u> 예를 들어 차나 저녁을 먹으며 토론을 계속하자고 제안함으로써 그 과정을 바꿔볼 수도 있는데, 이것이 당신 사이에 조성된 불편한 상황을 바꾸는 데 도움이 될 수 있다. 그 밖에 모든 것이 실패하면 (뒤로) 물러나서 중재해 줄 제삼자를 찾아라.

어휘 well-thought-out 심사숙고된 disagreement 불일치, 논쟁 personal 인신공격적인 exchange 언쟁, 논쟁 antagonistic 적대의 aggressive 공격적인 withdraw 물러나다, 철회하다 mediate 중재하다

05

정답 ③

해설 주어진 문장은 Descartes가 앞에 나온 notion에 대해 반박하고 인간 본성의 이원론적인 표본을 제시했다는 내용이다. 따라서 Descartes 시대의 사람들이 인간 본성에 대해 생각했던 것이 주어진 문장의 앞에 나오고 뒤에 이러한 이원론에 대한 설명이 시작되는 것이 자연스럽다. 따라서 주어진 문장이 들어가기에 가장 적절한 곳은 ③번이다.

해석 Rene Descartes는 "나는 생각한다, 고로 나는 존재한다"라는 유명한 문구를 쓴 프랑스 철학자이다. 심리학에는 다행히도, 이것이 그의 유일한 기여는 아니었다. Descartes 시대의 많은 사람들은 인간의 행동은 전적으로 자유 의지, 즉 '이성'에 의해 통제된다고 생각했다. <u>Descartes는 이 개념을 반박하고 인간 본성의 이원론적인 표본을 제시했다.</u> 한편으로 우리는 기계처럼 작동하고 외부의 자극에 대한 반응으로 자동적이고, 비자발적인 행동(먼지에 대한 반응으로 기침하는 것과 같은)을 하는 신체를 가지고 있다고 그는 주장했다. 다른 한편으로, 우리에게는 자유 의지를 가지고 자발적이라고 생각되는 행동(저녁으로 무엇을 먹을지 선택하는 것과 같은)을 하는 마음이 있다. 그러므로 심신(心身) 이원론이라는 Descartes의 개념은 인간의 어떤 행동은 외부의 자극에 의해 발생된 자동적인 반응인 반면에, 또 어떤 행동은 마음에 의해서 자유롭게 선택되고 조절되는 것이라고 제안한다.

어휘 dispute 반박하다 dualistic 이원론적인 involuntary 비자발적인

06

정답 ③

해설 주어진 문장은 지리적인 중심성이 문화적인 중심성의 개념을 만들어 내려는 시도에 의해 대체된다는 내용으로, 글에서 문화적인 중심성으로 화제가 전환되는 부분에 오는 것이 자연스럽다. 따라서 주어진 문장이 들어가기에 가장 적절한 곳은 ③번이다.

해석 항상 그렇듯이, 지금 도시는 무언가의 혹은 다른 것의 중심에 놓여 있다는 인상을 만들어내기 위해 필사적이다. 이런 중심성에 대한 생각은 위치에 관한 것일 수 있는데, 말하자면 어떤 도시가 영국이나 유럽이나 기타 등등의 지리적인 중심에 놓여 있다는 것이다. 이것이 지리적인 중심성이 어떤 장소를 보다 더 접근하기 쉽게 만들어, 통신과 통신비용을 완화시켜 줄 것이라는 잘 확립된 개념을 불러온다. 하지만, 이제 경제가 대구 소비재보다는 정보의 교환에 의해 더욱 특징지어지고 있어서, <u>지리적인 중심성은 문화적인 중심성의 개념을 만들어 내려는 시도에 의해 대체되었다.</u> 문화적인 중심성은 보통 어떤 도시가 활동의 중심에 있다는 슬로건으로 나타난다. 이것은 그 도시가 식당, 극장, 발레, 음악, 스포츠, 그리고 풍경과 같은 풍부한 문화적인 활동을 가지고 있다는 것을 의미한다. 그 암시는 사람들이 이 도시에서는 부족한 것이 없을 것이라는 점을 뜻한다.

어휘 centrality 중심성 cry 슬로건 want for nothing 아무런 부족함이 없다

07

정답 ④

해설 주어진 문장은 더이상 라디오와 MTV를 통한 앨범 홍보가 어려워졌다는 내용이다. 이는 1980년대 인기 앨범을 만드는 방법으로 MTV가 등장해서 음반사들이 돈을 벌 수 있었다는 내용의 ④번 앞 문장과 연결사 but으로 자연스럽게 연결된다. 따라서 주어진 문장이 들어가기에 가장 적절한 곳은 ④번이다.

해석 예전에는 인기 앨범을 내는 데 한 가지 방법밖에 없었는데 그것은 라디오였다. 어떤 것도 라디오만큼 많은 사람에게 자주 다가가지 못했다.

노래가 라디오 방송 예정 녹음 리스트에 올라가는 것이 어렵기는 했지만, 일단 라디오에서 자주 들리면 그것은 팔릴 가능성이 아주 높았다. 그러다가 1980년대에 MTV가 등장했는데, 그것은 인기 앨범을 만드는 두 번째 방법이 되었다. 그것은 새로운 음악에 대해 훨씬 더 제한적인 수용 능력을 가졌지만, 한 세대에 대한 영향력은 비할 데가 없었다. 음반사들에게 그 때는 좋은 시절이었다. 그것은 매우 경쟁적인 사업이었지만, 그들이 알고 있는 사업이었다. 그들은 규칙을 알고 있었고, 그것을 활용하여 돈을 벌 수 있었다. 그러나 이제 록음악을 들려주는 라디오는 외관상 가망 없는 쇠퇴기에 있고, MTV는 더 이상 많은 뮤직비디오를 보여주지 않는다. 그러면 어떻게 마케팅을 할 것인가? 음반사들은 해답이 온라인에 있음을 알고서, 수요 창출에서 전통 마케팅을 대신하는 구전의 힘을 이용하고 있지만, 그들은 여전히 어떻게 하면 그것을 잘 할 수 있을지 알아내기 위해 노력 중이다.

어휘 terminal 가망이 없는 launch 출시하다 in heavy rotation 자주 unparalleled 비할 데 없는 label 음반사 tap 이용하다 word-of-mouth 구전의

08

정답 ①

해설 주어진 문장의 the region은 전체적인 문맥상 ①번 앞의 문장에 나온 Central Asia를 의미한다. 또한 ①번 뒤의 문장에서 these young people은 주어진 문장의 students를 의미하므로 주어진 문장이 들어가기에 적절한 곳은 ①번이다.

해석 1991년에서 2001년 사이에 중앙아시아가 외부 세계에 스스로를 개방함에 따라 그곳은 현재 지식적으로 탈바꿈하는 중이다. 사실, 엄청난 수의 중앙아시아 학생들이 세계 각지에 흩어져 있는 가장 훌륭한 대학들에서 공부를 하기 위하여 해외로 진출했다. 천년 전 그들의 조상들이 이룩했던 것에 비견되는 계몽을 실현하기 위하여, 카자흐스탄 정부와 우즈베키스탄 정부는 이 젊은이들이 가장 현대적인 지식을 습득하고 이를 고향으로 가져올 수 있게끔 이들을 재정적으로 지원해 왔다. 그들은 자신들의 출신지를 지식으로 가득 찬 지구촌 세계와 다시 연결시키고자 하는 열정을 품고서 돌아온다. 이 젊은 지식인들은 다가올 10년 내에 그들의 사회와 지역에서 지도자의 위치에 오르게 될 것이다. 그들이 현재 퍼져있는 부패를 정상이라고 간주할 것이라거나 그들의 생각을 소련의 방식으로 통제하는 일을 용납할 것이라고 생각하긴 어렵다. 심지어 아프가니스탄 내에서도 아프가니스탄 국립대학, 최근에 세워진 American University, 그리고 수천 개의 하위 교육 기관들이 이 떠오르는 세대들에게 새로운 전망들을 열어젖히고 있다.

어휘 scatter 흩어지다 enlightenment 계몽 predecessor 선조 prevailing 지배적인, 널리 퍼져 있는 prospect 전망

09

정답 ④

해설 주어진 문장은 얼음이 얼 때 북극곰들이 물개가 숨을 쉬기 위해 구멍으로 나오기를 기다린다는 내용이다. 이는 얼음이 얼지 않은 구역에서는 물개를 잡을 수 없다는 ④번 앞 문장의 내용과 대비되어 연결사 But으로 자연스럽게 연결된다. 따라서 주어진 문장이 들어가기에 가장 적절한 곳은 ④번이다.

해석 북극 전역에서 북극곰의 숫자가 줄어들고 있다. 기후가 현재의 속도로 계속 따뜻하면 북극곰은 다음 100년 동안에 완전히 사라질 수 있다. 그러나 지금으로서는 10월이나 11월에 캐나다의 Churchill을 방문하면 거의 틀림없이 야생에서 북극곰을 볼 것이다. 인구가 914명인 Churchill은 겨울마다 얼음이 최초로 어는 지점인 Hudson만의 가장자리에 위치하고 있다. 그리고 이 곰들은 얼음을 사랑한다. 북극곰이 언 바다를 좋아하는 것은 단순하다. 얼음은 곰들이 가장 좋아하는 식사인 물개를 먹을 수 있다는 것을 의미한다. 북극곰이 멈추지 않고 백마일 이상 헤엄을 칠 수 있는 강력한 바다 포유동물이기는 하지만, 너무 느려서 얼음이 얼지 않은 구역에서 물개를 잡을 수 없다. 그러나 얼음이 얼 때 북극곰은 물개가 수영을 하고 있는 곳 가까이에 있는 구멍으로 걸어간 다음 앉아서 물개가 숨을 쉬기 위해 머리를 내미는 것을 기다릴 수 있다. 또는 북극곰이 이를 두고 "식사가 차려졌다."라고 말할지도 모른다.

어휘 Arctic 북극 bay (해안의) 만

10

정답 ③

해설 ③번 앞의 문장은 입술을 깨물거나 다무는 행위가 반드시 거짓말을 나타내는 것은 아니라는 내용으로, 질문이 부정적 자극이 되어 그 사람을 괴롭힌 것이라는 내용의 주어진 문장과 연결사 Instead로 매끄럽게 연결된다. 또한 ③번 뒤에 이에 대한 예시가 소개되고 있으므로 주어진 문장이 들어가기에 가장 적절한 곳은 ③번이다.

해석 나는 면담을 하는 동안이나 누군가 선언적 진술을 하고 있을 때 입술을 꽉 다물거나 입술을 보이지 않게 하는 행위를 찾는다. 이것은 매우 믿을 만한 단서라서 어려운 질문을 받는 바로 그 순간에 정확히 나타날 것이다. 당신이 그것을 본다 하더라도, 그것이 반드시 그 사람이 거짓말을 하고 있다는 것을 의미하지는 않는다. 대신에, 그것은 어떤 아주 특정한 질문이 부정적인 자극의 역할을 하여 그 사람을 정말로 괴롭혔다는 것을 나타낸다. 예를 들어, 만약 내가 어떤 사람에게 "당신은 나에게 뭔가 숨기고 있지요?"라고 질문하고, 내가 그 질문을 할 때 만약 그가 자신의 입술을 꽉 다문다면, 그는 무엇인가를 숨기고 있는 것이다. 만약 그것이 우리가 논의하던 중에 그가 입술을 숨기거나 꽉 다문 유일한 경우라면 이것은 특히 정확하다. 그것은 내가 이 사람에게 더 다그쳐 물을 필요가 있다는 신호인 것이다.

어휘 indicate 나타내다 stimulus 자극 declarative 선언적인 compress 다물다

DAY 09 문장 삽입/순서 배열

| 01 | ② | 02 | ② | 03 | ② | 04 | ③ | 05 | ③ |
| 06 | ④ | 07 | ④ | 08 | ③ | 09 | ③ | 10 | ③ |

01

정답 ②

해설 주어진 문장은 치아 미백의 유행에 대한 위험성을 지적하는 내용이다. 이는 치아 미백의 유행을 소개하는 ②번 앞 문장과 연결사 but으로 자연스럽게 연결된다. 또한 ②번 이후에 주어진 문장에서 언급된 위험에 대한 구체적인 내용이 나온다. 따라서 주어진 문장이 들어가기에 가장 적절한 곳은 ②번이다.

해석 화사한 미소에 대한 욕구는 미용 치의학이 수익성이 있는 사업이라는 사실에 기여한다. 최근의 한 연구는 치과의원에서 치아 미백에 대한 소비자의 요구가 지난 5년 동안 300%나 증가했음을 보여준다. 게다가 미백용 접착 띠, 도료가 입혀진 젤, 그리고 치약과 같이 처방전 없이 살 수 있는 새로운 제품들이 매주 시장에 나오면서 치아 미백 산업의 연간 판매고를 수십억 달러로 끌어올리는 것처럼 보인다. 그러나 이러한 경향에 맞서는 위험성이 따를 수 있다. 전문가들은 자기 마음대로 치아를 하얗게 함으로써 미소를 밝게 하고 싶은 사람들에게 경고의 말을 한다. 많은 사람들이 가정용 미백 제품을 사용한 후에 불편한 자극 반응을 느낀다. 처방전 없이 살 수 있는 표백 제품들의 부적절한 사용은 이와 잇몸에 심각한 손상을 유발할 수도 있다.

어휘 dentistry 치의학 over-the-counter 처방전 없이 살 수 있는 bleach 표백하다 teethridge 잇몸

02

정답 ②

해설 ②번 앞에는 부모님이 저자가 내리는 주요 결정 사항에 대해 동의하지 않는다는 내용이 나오고 ②번 이후에는 저자가 부모가 된 후에 부모를 이해하게 된 내용이 나온다. 주어진 문장은 부모의 의도를 알아내려 노력했다는 내용으로서 저자의 이러한 태도 변화의 계기를 설명하므로 주어진 문장이 들어가기에 가장 적절한 곳은 ②번이다.

해석 우리 부모님은 사랑이 많으시며, 나를 지지해 주시는 분들이다. 하지만 대학 생일 때부터 30대 초반에 이르기까지의 중대한 시기 동안 혼란스러움이 생기기 시작했다. 그들은 내가 내린 거의 모든 중요한 결정에 반대했다. 그들은 내가 세계 일주 여행을 해야 한다고 생각하지 않았다. 그들은 내가 생계를 위해 글을 써야 한다고 생각하지 않았다. 그리고 그들은 내가 박사 학위를 추구하는 것을 말렸다. 여러 해 동안, 나는 그렇게 선한 의도의 사람들이 중요한 인생의 결정에 대해서는 어떻게 그렇게 방해가 될 수 있는지 그 수수께끼를 풀려고 노력했다. 그러다가 내가 부모가 되었을 때, 나는 그것을 이해했다. 어느 부모도 아이가 실수하거나 실패하는 것을 보고 싶어 하지 않는다. 위험과 불편으로부터 아이들을 보호하고 따라서 안전한 선택을 권하려는 자연스런 본능이 있다. 여행, 글쓰기, 박사 학위를 받는 것 등, 우리 부모님이 반대했던 중요한 인생의 결정들을 내가 다시 생각해 보면 각각의 결정들은 사소하지 않은 실패의 위험을 나타내고 있었다.

어휘 unravel 해결하다 when it comes to ~에 관하여 for a living 생계를 위하여

03

정답 ②

해설 ②번 앞의 내용은 여행 목적지의 선택과 관련하여 성인 연령의 고객에 대한 이야기이고, ②번 뒤의 내용은 젊은 고객에 대한 이야기이다. 주어진 문장에 연결사 Similarly가 있으므로 앞에서 언급된 성인 연령의 고객에 대한 추가적 내용임을 알 수 있다. 또한 주어진 문장의 alternative modes of travel은 ②번 앞에 나온 국제적인 여행지에 대한 대안을 말하는 것이므로, 주어진 문장이 들어가기에 가장 적절한 곳은 ②번이다.

해석 여행 목적지의 선택은 국내관광과 국외관광을 구별하는 중요한 속성이다. 전형적으로 성인 연령의 고객들은 쓸 수 있는 시간이 많고 마음대로 쓸 수 있는 수입이 더 많다. 그러므로 성인 연령의 고객들은 진정한 휴가를 가는 것을 선호하고 국제적인 여행지를 더 선택하려는 경향이 있다. 마찬가지로 성인 연령의 고객은 크루즈, 기차 등과 같은 대안적인 여행 방식을 선택할 수도 있는데, 그 이유는 시간이 이러한 여행 방법을 선택하는 데 방해가 되는 요인이 아니기 때문이다. 그러나 젊은 고객들은 성인 연령의 고객들에 비해 시간, 돈, 직업의 관점에서 많은 제약이 있다. 그러므로 국외관광은 젊은 고객들에게는 사업이나 개인적인 목적과 결부될 경우에만 선호되는 목적지이다. 또한 성인 연령의 고객들과 비교해 볼 때 젊은 고객들은 한 해에 한 곳의 관광지에서 시간을 덜 쓰고 가능하면 여러 곳의 관광지를 여행하는 경향이 있을 수 있다.

어휘 differentiate 구별하다 inbound 국내로 향한 outbound 국외로 향한 at hand 가용할 수 있는 disposable 처분할 수 있는

04

정답 ③

해설 Attean이 준 마른 수액 덩어리를 씹고 Matt가 처음에 그 맛을 역겨워하는 내용이며 특히 주어진 문장의 He가 Matt를 가리키고 있으므로 주어진 문장이 들어가기에 가장 적절한 곳은 ③번이다.

해석 숲에 관한 무언가를 가르치기 위해, Attean은 Matt에게 숲으로 자신을 따라오게 했다. 마치 Attean은 Matt가 불만스러워한다는 것을 알아차린 것처럼 그는 숲 한가운데서 멈춰서 자신의 칼을 뽑아 근처 가문비나무로부터 반짝이는 마른 수액 두 덩어리를 베어 냈다. 그는 활짝 미소를 지으며 화해의 선물처럼 그것들 중 하나를 내밀었다. "씹어 봐."라고 그는 말하고 자신은 다른 조각을 입속에 휙 넣고는 아주 즐겁게 씹기 시작했다. Matt가 그를 따라 했을 때, 그 덩어리는 그의 입을 쓴 즙으로 채우면서 이 사이에서 여러 조각으로 부서졌다. 그는 역겨움에 그것을 뱉고 싶었지만, Attean이 분명히 그것을 즐기고 있어서 그는 고집스럽게 자신의 턱을 억지로 계속 움직였다. 순간 그 조각들이 합쳐져서 탄력 있는 껌이 되었고 처음의 쓴맛이 상큼한 소나무 맛으로 바뀌었다. 놀랍게도, 맛이 아주 좋았고, Matt는 Attean이 숲의 또 다른 비밀을 자신에게 가르쳐 주었다는 것을 스스로 인정했다.

어휘 spit out ~을 내뱉다 stubbornly 고집스럽게 disgruntled 불만스러워하는, 언짢은 whip out ~을 꺼내다 slice off ~을 베다 gob 덩어리 sap 수액 grin 씩 웃다 peace offering 화해의 선물 rubbery 탄력 있는 piney 소나무의

05

정답 ③

해설 주어진 문장은 전기 회로의 저항이 물질의 직경과 길이에 좌우된다는 내용이다. 이 뒤에 그 조건들에 대한 구체적인 설명이 제시되는 것이 자연스러우므로 주어진 문장이 들어가기에 가장 적절한 곳은 ③번이다.

해석 (옴으로 측정되는) 전기 저항은 전류가 어떤 물질을 얼마나 쉽게 통과하는가를 일컫는 말이다. 여러 가지 금속과 같은 일부 물질들은 저항이 낮고, 그래서 전류가 쉽게 통과한다. 반대로 유리와 고무 같은 물질들은 저항이 높으며, 따라서 전기가 잘 전도되지 않는다. 어느 한 물질이 전기 회로에 놓였을 때, 그 실제 저항은 물질의 물리적 특성에, 예를 들어, 전선의 경우에는 직경과 길이에 좌우된다. 전선의 저항은 전선의 직경이 증가함에 따라 감소한다. 즉, 다른 것들이 다 동일하다면, 작은 직경의 전선이 더 큰 직경의 전선보다 저항이 더 큰 것이다. 아울러, 어떤 물질의 저항은 그 길이가 증가함에 따라 증가하는데, 2피트 길이의 전선은 동일한 1피트 길이의 전선보다 저항이 두 배 더 크다.

어휘 circuit 회로 electrical resistance 전기 저항 electrical current 전류 substance 물질 electrical conductor 전기 전도체

06

정답 ④

해설 주어진 문장에서 인간 사회 간의 상호 작용이 당구공들 사이의 관계가 아니라 박테리아 사이의 관계와 닮았다고 설명했으므로 당구공들 사이의 관계의 특징에 대해 언급하는 (C)가 오는 것이 자연스럽다. 역접의 연결사 however로 시작하며, 박테리아 사이의 관계의 특징에 대해 언급하는 (B)가 이어지고 마지막으로 연결사 Similarly와 함께 박테리아의 상호 작용에 비유하며 인간 사회 간의 상호 작용을 설명하는 (A)가 오는 것이 자연스러우므로 글의 순서로 가장 적절한 것은 (C) - (B) - (A)이다.

해석 세계사의 기본 개념은 인간 사회 간의 상호 작용이 당구공들 사이의 관계가 아니라 박테리아 사이의 관계와 닮았다는 것이다. (C) 당구대를 돌아다니는 당구공은 충돌해서 서로의 궤도에 영향을 줄지 모르지만 당구공들은 실제로 서로를 변화시키지 않는다. 8개의 공은 심지어 큐볼에 맞은 다음에도 8개의 공이다. (B) 그러나 박테리아는 상호 작용을 하면서 근본적으로 서로의 모양을 형성해 간다. 박테리아를 덮고 있는 얇은 막은 구멍으로 가득 차 있어서, 박테리아는 유전 정보를 교환할 수 있으며 서로 접촉할 때 심지어 서로의 기본적인 구조를 근본적으로 바꾸어 놓을 수 있다. (A) 이와 마찬가지로, 서로 접촉하고 있는 인간 사회도 서로의 발전에 영향을 준다. 세계의 역사학자들도 이를 인식하고, 사회 내부에서의 발전과 사회가 서로 관계를 맺는 방식 둘 다를 연구하여 인간의 역사를 이해하려고 노력한다.

어휘 underlying 기초를 이루는 billiard ball 당구공 pore 구멍 make-up 구조 collide 충돌하다 trajectory 궤도

07

정답 ④

해설 물떼새의 '부러진 날개 전시'를 소개하는 주어진 글 다음에, 이것이 무엇을 의미하는지에 대해 서술한 (C)가 와야 한다. 이어서 부러진 날개 전시의 기능을 설명한 (A)가 이어진 후, 코요테가 물떼새에게 속는 모습이 묘사되고 (B)에서는 그 이유가 설명된다. 따라서 글의 순서로 가장 적절한 것은 (C) - (A) - (B)이다.

해석 물가에 사는 흔한 새인 물떼새의 한 종에서 둥지를 트는 암컷은 때때로 '부러진 날개 전시'라 불리는 것을 하곤 한다! (C) 암컷 새는 공격받기 쉬운 알이나 새끼 새가 들어 있는 둥지로 다가오는 코요테와 같은 포식동물을 발견할 때만 그 전시를 한다. 이 상황에서 암컷 새는 마치 날개가 부러진 것처럼 날개를 퍼덕거리고 끌고 지면을 따라 절름거리며 걸으면서 부상당한 척한다. (A) 그것의 역할은 코요테의 관심을 끌고 그런 다음 또한 코요테를 둥지로부터 멀리 떨어지도록 유혹하는 것이다. 일단 물떼새가 코요테를 둥지로부터 안전한 거리로 꾀어내면 암컷은 절름거리고 날개를 끄는 것을 멈추고 갑자기 완전히 날아간다. (B) 왜 코요테가 속는가? 보통 그러한 부상이나 고통의 신호는 정말로 쉬운 먹이라는 신호를 주고 따라서 코요테가 그것들에 반응하게 만든다. 그러나 이 반응은 또한 코요테가 이런 신호를 날조하는 물떼새에 의해 속기 쉽게 만든다.

어휘 plover 물떼새 coyote 코요테 lure 꾀다, 유혹하다 spot 발견하다 predator 포식동물 vulnerable 연약한, 취약한 limp 다리를 절다 flutter 퍼덕거리다

08

정답 ③

해설 지난 30년간 여성들이 수천 개의 번성하는 중소기업을 설립했다는 주어진 글의 뒤에는 매일 1,400명에서 1,600명에 이르는 여성 지도자들이 소위 대기업을 떠나고 있다는 부연 설명의 내용인 (B)가 이어지는 것이 적절하다. 그 뒤에는 (B)의 내용을 They do so ~로 받아서 첫 문장이 시작되고, 회사 내에서 영향력 있는 행동을 하려는 소모적인 노력을 기울인 후에 여성 지도자들이 회사를 떠난다는 내용의 (C)가 나와야 한다. (C)의 마지막 부분에서는 여성 지도자를 보유하고자 하는 노력이 가져다주는 두 가지 이점을 설명하고 있고, (A)에서 그 대표적 사례의 회사를 설명하고 있으므로 글이 순서로 가장 적절한 것은 (B) - (C) - (A)이다.

해석 지난 30년 동안 여성들이 수천 개의 번성하는 중소기업을 설립했는데 이는 그들의 강력한 사업가적 기량과 경향을 보여주는 증거이다. (B) 매일, 평균 1,400명에서 1,600명에 이르는 여성 지도자들이 자기 자신의 사업을 시작하거나 경쟁사에서 일하기 위해 Fortune 500개 회사를 떠나는데, 이는 남성 지도자 비율의 두 배이다. (C) 그들은 대개 자신의 회사 내에서 영향력이 있는 일을 해 보려는 소모적인 노력을 기울이고 난 후에 그렇게 한다. 따라서 총괄적인 지도력 모델의 일부로서 여성 지도자를 만들어 내고 보유하고자 하는 조직의 헌신적 노력이 이중의 이익을 가져다준다: 그것은 혁신적인 생산을 증가시키고 소모비용을 줄여 준다. (A) 예를 들어, Deloitte Consulting 사(社)는 주로 여성을 보유하고 승진시키는 종합적인 전문 개발 시스템을 이행한 결과로 이직에 따른 비용으로 2억 5천만 달러를 절약했을 때 상당한 결산 이득을 보았다.

어휘 entrepreneurial 기업가 bottom-line 결산의, 순이익의 turnover 이직률 implement 이행하다 counterpart 상대, 대응물 inclusive 총괄적인

09

정답 ③

해설 연구 내용의 시작에 해당하는 (C)가 주어진 글 다음에 이어져야 하고, 비교 집단의 학생들에 대한 실험 결과를 설명하고 통제 집단을 거론한 글 (A)가 이어진다. 마지막에는 통제 집단의 실험 내용과 그 결과를 자세히 설명한 글 (B)가 이어져야 하므로 글의 순서로 가장 적절한 것은 (C) - (A) - (B)이다.

해석 Peter Gollwitzer와 동료인 Veronika Brandstatter는 행동 계기라는 것이 행동에 동기를 부여하는 데 꽤 효과적이라는 사실을 발견했다. (C) 한 연구에서 그들은 크리스마스이브를 어떻게 보냈는가에 대한 보고서를 써서 제출함으로써 수업에서 추가 학점을 얻을 수 있는 선택권을 가진 대학생들을 추적했다. 그러나 함정이 하나 있었는데, 학점을 따기 위해서 그들은 12월 26일까지 보고서를 제출해야만 했다. (A) 대부분의 학생들이 보고서를 쓸 의사는 충분히 있었지만 그들 중 단지 33%만이 시간을 내어 글을 썼고 그것을 제출했다. 그 연구의 다른 학생들은 행동 계기를 설정하도록 요청받았다. (B) 즉, 사전에 정확히 언제, 어디에서 그들이 보고서를 쓸 생각인지를 적어 보도록 했다. 그 학생들 중에서는 무려 75%라는 엄청난 비율의 학생들이 보고서를 썼다. 그것은 그런 작은 정신적 투자에 대한 매우 놀라운 결과이다.

어휘 trigger 계기, 유발 get around to ~할 시간을 내다 whopping 엄청 큰 astonishing 놀랄 만한 credit 학점 catch 함정, 책략

10

정답 ③

해설 주어진 지문은 현명한 지도자는 자신의 추정과 충돌하는 증거를 밝혀낸다고 말하고 있다. (C)에서 이에 대한 예시를 도입하여 한 기저귀 공장의 관리자들이 추정했던 내용에 대해 언급한다. (A)에서는 also와 함께 추가적인 추정이 나오며, 현장주임이 정비사에게 이유를 묻는 장면이 소개된다. (B)에서 그 정비사의 답변이 소개되며 글을 마무리한다. 따라서 글의 순서로 가장 적절한 것은 (C) - (A) - (B)이다.

해석 현명한 지도자는 자신을 따르는 사람들로 하여금 나쁜 소식을 털어놓도록 부추기기만 하는 것은 아니다. 그들은 자신의 추정과 충돌하는 증거를 찾아 밝혀낸다. (C) 노련한 사업 관리자인 Paul Snare는 어떻게 미시건 주에 있는 규모가 큰 기저귀 공장의 관리자들이 그들의 최고 정비사가 동료들보다 정보의 우위를 유지하기를 원했기 때문에 자신의 작업을 기록하지 않고 있었다고 믿게 되었는지를 말한다. (A) 그 관리자들은 또한 그 정비사가 노조를 강력히 지지해서 파업 중에 관리자들이 공장을 가동하는 데 도움이 될 수 있는 정보를 제공하는 것에 저항하고 있다고 믿었다. 이러한 가정은 현장주임이 그 정비사에게 왜 그가 일을 기록하고 있지 않은지를 물었을 때 깨졌다. (B) 그 정비사의 답변은 간단했다. 그는 글씨가 엉망이라서 자신이 쓴 것을 보이는 것이 부끄러웠던 것이었다. Snare는 "주위를 걸어 다니면서, 보고, 질문을 하라. 질문을 하는 것은 정보를 얻을 수 있는 최고의 방법이지만, 잘 사용되지 않고 있다."라고 결론짓는다.

어휘 presumption 추정 pro-union 노조를 지지하는 strike 파업 assumption 가정 dash 때려 부수다 foreman 현장주임 lousy 엉망인 penmanship 글씨 veteran 노련한

DAY 10 순서 배열

본서 p. 98

01	02	03	04	05
②	③	②	④	①
06	07	08	09	10
③	②	④	③	④

01

정답 ②

해설 주어진 문장은 원시시대 사냥꾼들의 매머드 사냥의 위험성에 대해 언급하고 있다. (B)의 첫 문장에서 역접의 접속사 But을 사용해 한 마리를 쓰러뜨렸을 때 보상이 엄청났기 때문에 사냥꾼들이 매머드 사냥을 위해 이동했다는 내용이 언급되고 있다. 이후 이 이동에 대해 구체적으로 언급하고 있는 (A)가 이어지고, 이러한 이동의 결과와 이동의 역사가 없었을 경우를 가정하여 서술하는 (C)가 마지막에 위치하는 것이 자연스럽다. 따라서 글의 순서로 가장 적절한 것은 (B) - (A) - (C)이다.

해석 원시적인 무기로만 무장한 사냥꾼들은 화난 매머드의 실제 적수가 되지 못했다. 많은 사람이 이 거대한 동물 중 한 마리를 죽이기 위해 (그것과) 가까이 맞닥뜨렸을 때 아마도 죽거나 심각한 상처를 입었을 것이다. (B) 하지만 한 마리가 쓰러졌을 때 보상은 엄청났다. 한 마리의 매머드만으로도 긴 시간 동안 무리를 먹이고, 입히며, 지탱할 수 있었다. 그 사냥꾼들은 아시아에서부터 지금의 베링해를 가로질러 동쪽으로 매머드와 다른 큰 동물들을 쫓아 이동했다. (A) 그들 중 일부는 해안을 따라 작은 배로 이동했을지도 모르지만, 많은 이들은 걸어서 이동했다. 2만 년 전, 마지막 빙하기가 한창일 때, 해수면은 아주 낮아서 지금은 별개인 대륙들이 육지로 이어져 있었다. (C) 천천히, 인식할 수 없을 정도로, 그리고 아마도 무의식적으로, 사냥꾼들은 육교를 가로질러 이동하여 새로운 땅의 최초의 이주민이 되었다. 빙하기가 없었다면, 북아메리카는 수천 년은 더 사람이 살지 않는 곳으로 남아 있었을 것이다.

어휘 match 적수 mammoth 매머드 slay 죽이다 gigantic 거대한 at the height of ~이 한창일 때 bring down ~을 쓰러뜨리다 imperceptibly 인식할 수 없을 정도로 unpopulated 사람이 살지 않는

02

정답 ③

해설 현대 사회에서 총명한 사람은 원시 시대에 완벽한 시력을 가진 사람과 같다는 내용의 주어진 글 다음에, 원시 시대에 시력이 좋은 사람에 대한 설명인 (B)에 이어, 시력과 총명함의 관계를 설명하면서 그와 관련된 교육에 관해 언급한 (C)가 이어져야 한다. 마지막으로 (C)에서 언급한 교육에 대해 부가적으로 설명하는 내용인 (A)가 오는 것이 내용 흐름상 자연스러우므로 글의 순서로 가장 적절한 것은 (B) - (C) - (A)이다.

해석 현대 사회에서 총명한 사람은 원시 시대에 완벽한 시력을 가진 사람과 같다. (B) 원시 시대에 완벽한 시력을 가진 사람은 멀리에 잠복해 있을 수 있는 어떤 위험도 볼 수 있었을 터이므로, 예방 조치가 취해질 수 있도록 충분한 시간을 두고 부족에 경고할 수 있었다. (C) 흔히 가까운 것만 잘 볼 수 있는 것으로 알려진 근시를 가진 사람은 분명히 대단히 불리한 상황에 처하게 될 것이며, 그것(불리한 점)이 어떤 시점에 그 사람의 목숨을 잃게 할지도 모른다. 이런 비유에서 총명함은 '볼' 수 있는 능력이며, 교육은 좋은 시력을 가진 사람과 근시를 가진 사람 사이에 그런 지식의 전달이

다. (A) 그러나 이 '교육'의 과정은 완벽한 시력을 가진 사람이 그(근시인 사람)의 최선의 이익을 생각하는 동안만 근시인 사람들의 이익을 위해 작용할 뿐이다. 만약 그것이 사실이 아니라면 완전하게 볼 수 있는 사람이 근시인 사람에게 전달하는 풍경에 대한 견해는 사실 오도하는 것일 가능성이 꽤 높다.

어휘 primitive 원시의 be the case 사실이다 misleading 오도하는 preventative action 예방 조치 myopia 근시 analogy 비유, 유사

03

정답 ②

해설 아이들을 다 키우고 난 후 편안한 노후를 꿈꾸는 부부의 모습을 묘사한 ⊙ 뒤에 편안한 노후에 대한 기대가 이어지는 ⓒ이 오고, ⓒ 뒤에는 상황이 급반전하는 내용의 ⓑ이, 마지막으로 연결사 And와 함께 부부에게 닥친 또 다른 악재를 설명하는 ⓔ이 이어지는 것이 자연스럽다. 따라서 글의 순서로 가장 적절한 것은 ⊙ - ⓒ - ⓑ - ⓔ이다.

해석 ⊙ 세 명의 아이들을 성인으로 키운 후 남편과 나는 더 많은 시간을 함께 보내고 있었다. 그리고 우리는 언젠가 가까운 미래에 은행에 돈이 있으리라고 생각했다. ⓒ "우리가 은퇴할 때 대단하지 않겠어요?"가 우리 대화에 자주 등장하는 문장이 되었다. 분명히 "달리 뭐가 잘못될 수 있겠어?"라고 내적 목소리가 소곤거리는 것을 발견하는 그런 종류의 해들 중에 하나였다. ⓑ 그러다가, 잊을 수 없는 한 해가 닥치면서 모든 것을 바꾸어 놓았다. 어머니의 건강이 급속히 나빠지고 있었다. 작년에는 시어머니가 알츠하이머병으로 서서히 고통스럽게 돌아가셨다. ⓔ 그리고 시아버지는 응급 수술을 받고 병원에 입원하셨다. 삶의 고충의 무게 때문에 남편의 정신적, 신체적 건강이 악화되기 시작했다.

어휘 failing 약해지는 Alzheimer's disease 알츠하이머병, 노인성 치매 hospitalize 입원시키다

04

정답 ④

해설 주어진 글은 십 대들이 친구와 가족에게 지나치게 의지하는 것 같지만 사실은 그렇지 않다고 말하고 있고, 그 뒤에 십 대들이 어떻게 느끼는지를 구체적으로 말하는 (C)가 이를 보충하고 있다. (B)와 (A)는 십 대들이 느끼는 바와 달리 사실은 친구와 가족은 도움 요청을 받으면 명예롭게 생각한다는 내용이다. 그 중 (B)는 먼저 역접의 접속사인 however가 나오며 앞 내용과 다른 내용이 나올 것임을 알 수 있으므로 글의 순서로 가장 적절한 것은 (C) - (B) - (A)이다.

해석 일부 불안감에 시달리는 십 대들은 마치 자신들이 불안감에 대처하는 데 있어 친구와 가족의 도움에 지나치게 의지하는 것 같다고 느낀다. 그러나 십 대들은 친구들과 가족에게 충분히 의지하지 않고 있다! (C) 그들은 다른 이들에게 도움을 요청하면 다른 이들을 불쾌하게 하거나 속상하게 할까 우려하기 때문에 도움 구하기를 꺼려한다. 다른 사람들을 성가시게 하고 싶어 하지 않는 십 대들은, 부모와 친구에게 도움을 요청하는 것이 자기 문제로 그들에게 부담을 주거나, 자신의 불안감이 너무 심해서 그들을 압도할 것이라고 생각할 수도 있다. (B) 그러나 이보다 더 사실이 아닌 것은 없을 것이다. 대부분의 부모와 친구들은 십 대 아이가 불안감을 관리하는 방법을 배우고 적용하도록 도움을 주라는 요청을 받으면 흔히 명예롭게 여긴다. (A) 부모와 친구는, 불안한 그 십 대 아이를 진정시키는 여러 가지 안심시키는 말을 해 주거나, 그가 불안감 때문에 하지 못하는 일들을 다 해주는 것보다, 이런 방식으로 돕기를 훨씬 더 선호한다.

어휘 reassurance 안심시키는 말(행동) burden 부담을 주다 overwhelm 압도하다

05

정답 ①

해설 주어진 글은 음악이 지능을 높일 수 있다는 '모차르트 효과'에 의문을 제기한다. (B)에서는 고전 음악이 지능에 긍정적인 영향을 끼친다는 주장이 소개되고, (A)에서는 이러한 주장을 부연 설명한다. 그러나 (C)에서는 고전 음악은 뇌의 정보 처리를 도와주는 도구적인 기능만을 수행한다고 주장하며 이러한 주장에 의문을 제기하므로 글의 순서로 가장 적절한 것은 (B) - (A) - (C)이다.

해석 음악이 어린아이들의 뇌 성장과 발달에 중요하다면, 그 힘은 지능을 높일 만큼 아주 강력한가? (B) 이것은 소위 '모차르트 효과'를 둘러싼 질문이다. 대중 매체는 모차르트의 작품과 같은 고전 음악을 들려줌으로써 지능을 높인다는 개념에 매우 주목해 왔다. (A) 뒷받침하는 연구가 부족할지라도, 심지어 몇 분 동안이라도 정기적으로 모차르트의 음악을 듣는 것은 지능과 이후의 지능 검사에서의 수행을 높일 수 있다고 제안하는 주장들이 있다. (C) 그 주장은 지나치게 단순하고 사실이기에는 너무 좋아 보인다. 실제로 음악은 단지 준비 활동, 즉 뇌가 정보를 접하고 처리하는 것을 준비하는 도구로서만 기능할 가능성이 있다.

어휘 on a regular basis 정기적으로 subsequent 차후의 process 처리하다

06

정답 ③

해설 주어진 글에 대한 예시가 (B)에서 시작되므로 (B)가 가장 먼저 나오고, (B)에서 언급된 락 밴드(the band)가 자신들의 명성이 훼손될까 봐 걱정한 나머지 마약이나 알코올 문제를 일으킨다는 내용의 (C)가 나오고, 그렇게 함으로써(That way) 그들의 명성이 온전한 채로 유지된다는 내용의 (A)가 맨 마지막에 나오는 것이 자연스러우므로 글의 순서로 가장 적절한 것은 (B) - (C) - (A)이다.

해석 경력의 초기에 큰 성공을 거두는 많은 사람들은 이것이 단지 행운의 기회일 뿐일까 봐 걱정을 하며, 그들은 다시 그렇게 잘할 수 없을 것이라고 두려워한다. (B) 예를 들어, 어떤 락 밴드는 그들의 첫 음반으로 크게 성공을 거둘 수 있으며, 그것이 그들을 명예와 스타덤에 올려놓지만, 그들은 그들의 두 번째 앨범이 그만큼 좋지 않을까 봐 걱정을 한다. (C) 팬들과 비평가들은 그들의 첫 성공 후에 그들을 천재라고 묘사할지 모르지만, 그 밴드는 두 번째 앨범이 모든 사람들로 하여금 그 밴드가 결국 이류의 재능을 가지고 있다고 다시 고려하고 판단하게 만들까 봐 걱정을 한다. 그런 일이 일어나게 하는 대신에, 일부 밴드 구성원들은 마약이나 알코올 문제를 일으킬 수 있다. (A) 그리하여, 만약 두 번째 앨범이 그만큼 좋지 않으면, 팬들과 비평가들은 "그들은 정말로 재능이 있는데, 마약 문제로 인해 그들이 훌륭한 더 많은 음악을 만들지 못하는 것은 정말 유감이다."라고 말한다. 천재로서 그들의 명성은 온전한 채로 남아 있게 된다.

어휘 reputation 명성 intact 온전한, 손대지 않은 reconsider 재고하다

07

정답 ②

해설 허락 없이 음악을 다운로드하는 것이 잘못인 사회적인 이유로 음악가도 역시 먹고 살아야 한다는 점을 들면서 자신이 유망한 젊은 음악가라고 생각해 보라고 하는 주어진 글에 이어, 전업 음악가가 되기로 선택했다고 가정하며, 사람들이 음악을 공짜로 다운로드 받는 상황을 제시한 (B)가 오고, 그렇게 되면 음악이 안정적인 수입원이 되지 못해 새로운 직업을 얻어야 하므로 음악적 재능이 충분히 발휘되지 못한다는 내용의 (C)가 오고, 결론적으로 허락 없이 음악을 다운로드하게 되면 훌륭한 음악가와 좋은 음악이 더 적어질 것이라는 내용의 (A)로 이어지는 것이 가장 자연스러우므로 글의 순서로 가장 적절한 것은 (B) - (C) - (A)이다.

해석 도덕적인 이유 이외에 또한 허락 없이 음악을 다운로드하는 것이 잘못이라는 데에는 단순한 사회적인 이유도 있다. 그 이유는 음악가들도 역시 먹고 살아야한다는 것이다. 당신이 미래에 무엇을 해야 할지에 대해 생각하는 유망한 젊은 음악가라고 가정해 보라. (B) 당신은 전업 음악가가 되거나 직업을 얻을 수 있다. 만약 당신이 전업 음악가가 된다면, 당신은 자신이 사랑하는 일을 하고 있을 것이다. 하지만 동시에, 모두가 당신의 모든 음악을 공짜로 다운로드하고 있을 것인데, 단순히 그들이 (공짜로 다운로드) 할 수 있기 때문이다. (C) 이것은 음악이 당신에게는 훌륭하고 안정적인 수입원이 되지 못할 것임을 의미하고, 당신이 차라리 직업을 얻는 것이 낫다는 것을 의미한다. 당신은 매일 음악 작업을 하지 않고 있으므로, 당신의 재능은 충분히 개발되지 않을 것이고, 예를 들어 주말에 당신이 쓰는 몇 곡의 음악은 (매일 음악을 쓴다면) 좋을 수 있을 만큼 좋지는 않다. (A) 그래서 허락 없이 음악을 다운로드하게 되면 훌륭한 음악가가 더 적어질 것이다. 그것은 음악가들에게 좋지 않을 뿐만 아니라 우리에게도 좋지 않다. 왜냐하면 우리에게는 들을 만한 좋은 음악이 적을 것이기 때문이다.

어휘 apart from ~ 이외에 up-and-coming 유망한 take up (직장을) 얻다 underdeveloped 충분히 개발되지 않은

08

정답 ④

해설 여성 변호사가 남성 경영자와 라틴 아메리카로 동행했다는 내용의 주어진 글 바로 다음에는 라틴 아메리카에 도착한 직후 라틴 아메리카 사업가의 발언으로 여성 변호사의 감정이 상한 내용인 (C)가 오는 것이 적절하다. 감정이 상했지만 이를 해결하기 위해 동료와 통화하는 여성 변호사의 행동을 서술하는 (B) 후에, 라틴 아메리카 경영자가 그런 제안을 했던 이유를 밝히며 글을 마무리하는 (A)가 마지막에 오는 것이 적절하므로 글의 순서로 가장 적절한 것은 (C) - (B) - (A)이다.

해석 뉴욕의 명망 있는 법률회사에서 일하는 한 여성 변호사가 복잡한 거래를 협상하기 위해 한 번은 주 고객사의 남성 최고 경영자와 라틴 아메리카로 동행했다. (C) 그들이 도착한 직후에 라틴 아메리카의 사업 상대가 될 수도 있는 업체의 책임자가 자신과 그 최고 경영자가 함께 사업에 대한 논의를 하는 동안 자신의 아내와 그 변호사는 쇼핑을 하러 갈 것을 제안했다. 그 변호사는 격분을 하며, 이것이 라틴 아메리카의 성에 대한 편견의 한 예라고 추측했다. (B) 하지만 자신이 거절한다는 것을 말로 표현하기 전에 그녀는 뉴욕에 있는 한 동료에게 전화를 했는데, 그 동료 또한 지난번 그 나라에서의 최후 협상 중에 있었던 사전 협의에서 자신도 배제되었다고 그녀에게 말했다. 그 라틴 아메리카 경영자는 그녀를 여성으로서가 아니라 단지 변호사로서 그 상황에서 빠지도록 할 수 있는 외교적인 방법을 찾고 있었던 것이다. (A) 변호사는 사업가들과 협상하는 것이 아니라 다른 변호사들과 협상하는 것이 현지의 관행이라고 그 동료는 말했다. 그 여성 변호사가 (협의에) 참석하겠다고 우겼다면 그녀는 그 거래를 망치고 자신의 신뢰도를 해쳤을 것이다.

어휘 prestigious 명망 있는 credibility 신뢰 exclude 배제하다 preliminary 사전의 prospective 장래의 outraged 격분한

09

정답 ③

해설 인류학자의 실험에서 개는 두 개의 컵 중에서 어느 곳에 음식이 있는지 모른다는 주어진 글 다음에 (C)를 보면 인류학자는 음식이 있는 컵을 지목하고 개는 그것을 찾는데, 그러나(yet) 침팬지들은 제대로 알아채지 못하였다. 이러한 차이의 이유를 설명하는 (A)가 이어지는 것이 자연스러우며, 대조적으로 개의 행동에 대한 이유를 설명하고 있는 (B)가 마지막으로 오는 것이 자연스러우므로 글의 순서로 가장 적절한 것은 (C) - (A) - (B)이다.

해석 인류학자인 Brain Hare가 개를 이용한 실험을 했는데, 그 실험에서 그는 음식 한 조각을 서로 몇 피트 떨어져 있는 두 개의 컵 중 하나 아래에 둔다. 개는 먹을 음식이 그곳에 있다는 것은 알지만 어느 컵에 그 상이 있는지는 모른다. (C) 그리고 나서 Hare는 맞는(상이 있는) 컵을 지목하고, 그것을 톡톡 두드리고, 그것을 똑바로 쳐다본다. 무슨 일이 일어날까? 개는 거의 매번 맞는(상이 있는) 컵으로 간다. 그러나 Hare가 침팬지로 같은 실험을 했을 때 침팬지들은 그것을 제대로 알아채지 못했다. 개는 도움을 청하기 위해 당신을 쳐다보지만, 침팬지는 그렇게 하지 않는 것이다. (A) 이 차이는 그것들(개와 침팬지)이 인간과 하는 협동에 있다. Hare는 영장류가 같은 종의 단서를 이용하는 데 아주 능숙하다고 설명한다. 그러나 그것들(영장류)은 당신이 그것들(영장류)과 협동하려고 시도할 때 인간이 주는 단서를 이용하는 데에는 능숙하지 않다. (B) 대조적으로, 개들은 인간이 매우 인간다운 행동을 할 때 인간에게 주목한다. 개들이 침팬지보다 영리하지는 않지만, 개들은 인간에 대해 다른 태도를 갖고 있고, 인간에게 정말 관심이 많다.

어휘 anthropologist 인류학자 primate 영장류 virtually 거의

10

정답 ④

해설 주어진 글에 언급된 Many people을 지시대명사 They로 받는 (C)가 주어진 글 다음에 위치하는 것이 적절하다. 다음으로 역접의 연결사 however를 이용하여 내용을 전환하는 (A)가 위치해 진정한 여행자가 되는 방법에 대한 설명을 시작하며 진정한 여행에 대해 부가적인 설명을 이어가는 (B)가 마지막에 위치하는 것이 자연스럽다. 따라서 글의 순서로 가장 적절한 것은 (C) - (A) - (B)이다.

해석 많은 사람들은 여행자가 되고 싶어 하지는 않는다. 그들은 그보다는 그들의 삶에서 아주 떠나지는 않은 채로 다른 사람들의 삶의 외면적인 부분을 가볍게 둘러보는 관광객이 되기를 원한다. (C) 그들은 그들이 어딘가로 떠날 때마다 그들이 속해있던 세상을 가져가려 하고, 그들이 떠나온 세상을 재창조하려 한다. 그들은 그들이 이해하고 있는 것들에 대한 안전성을 흔들리게 하고 싶어 하지 않고, 그들의 경험이 실제로는 얼마나 작고 한정되어 있는지에 대해서도 알고 싶어 하지 않는다. (A) 그러나 진정한 여행

자가 되기 위해서는, 당신은 그 순간에 빠져들어 잠시 당신이 속한 세계의 중심에서 스스로를 기꺼이 분리시키려고 해야만 한다. 당신은 당신이 자기 스스로에 대해 깨닫게 된 장소나 그 사람들의 삶을 완벽하게 인정해야 한다. (B) 그들 일상의 체계속의 일부분이 되어 보아라. 당신은 아마도 이 세계에서의 삶의 가능성이 무한한 것임을 알게 될 것이고, 언어와 문화에 대한 차이의 근간에는 슬프게 살고자 하기 보다는 즐겁게 살고자하는 꿈과 사랑하고 사랑받는 삶에 대한 꿈을 서로 공유하고 있다는 사실을 알게 될 것이다.

어휘 flit 가볍게 돌아다니다 fabric (사회의) 구조

DAY 11 순서 배열

본서 p. 108

| 01 | ② | 02 | ③ | 03 | ② | 04 | ② | 05 | ③ |
| 06 | ③ | 07 | ④ | 08 | ④ | 09 | ③ | 10 | ② |

01

정답 ②

해설 이 글은 포경업의 중단을 주장하며 그 이유를 설명하는 글이다. 포경업을 옹호하는 사람들을 언급하는 ㉠ 뒤에는 역접의 접속사 however 과 함께 이에 반대되는 주장을 하는 ㉢이 위치하는 것이 적절하다. ㉢의 주장에 대한 근거를 제시하는 ㉡ 뒤에 연결사 Moreover를 사용하여 또다른 이유를 제시하는 ㉣이 위치하는 것이 자연스러우므로 글의 순서로 가장 적절한 것은 ㉠ - ㉢ - ㉡ - ㉣이다.

해석 ㉠ 어떤 사람들은 포경업이 경제의 중요한 부분을 구성하고 있다고 주장한다. ㉢ 그러나 고래를 죽이는 것은 인도주의적인 그리고 경제적인 이유 둘 다로 인해 중단되어야 한다. ㉡ 무엇보다도 고래는 하등한 동물이 아니다. ㉣ 더욱이, 기름 때문에 고래를 죽이는 것이 더 이상 필요하지 않을 정도로 기술이 진보되었다.

어휘 whaling 고래잡이 constitute 구성하다 humanitarian 인도주의적인

02

정답 ③

해설 주어진 글에서 나열된 식품들은 These foods로 받는 (C)가 가장 먼저 온다. 그러나(however) 사람들은 충분한 채소와 과일을 섭취하고 있지 않다는 (A)가 그 뒤에 위치하며 마지막 단락 (B)에서는 연결사 Also와 함께 현대인들의 잘못된 식습관을 추가적으로 소개하고 그로 인한 부정적인 결과에 대해 언급하고 있으므로 글의 순서로 가장 적절한 것은 (C) - (A) - (B)이다.

해석 100년 전에 이용할 수 있었던 식품의 목록은 비교적 짧았을 것이다. 그것은 자연 식품, 즉 채소, 과일, 육류, 우유, 곡물 같이 오랫동안 주변에 있었던 식품들로 이루어졌을 것이다. (C) 이 식품들은 기초 식품, 미가공된 식품, 천연 식품, 혹은 농장 식품으로 불리어 왔다. 어느 명칭을 쓰든, 매일 이 식품들을 충분히 다양하게 선택하는 것은 영양가 높은 식습관을 얻는 쉬운 방법이다. (A) 하지만 (오늘날에) 우리 인구의 기의 4분의 3은 하루에 너무 적은 채소를 섭취하고 있고, 우리들 중 3분의 2는 충분한 과일을 섭취하지 못하고 있다. (B) 또한 사람들이 많이들 몇 그릇의 채소를 섭취하고는 있지만, 가장 자주 선택하는 채소도 보통 튀김으로 조리된 감자일 뿐이다. 그런 식이 패턴은 만성질환의 발생 가능성을 더욱 높인다.

어휘 chronic disease 만성질환 unprocessed 가공하지 않은 sufficient 충분한 nutritious 영양가 높은

03

정답 ②

해설 셔츠로 베개를 만드는 방법을 설명하려는 글의 도입부에 해당하는 ㉠이 맨 처음에 와야 한다. ㉡과 ㉢에는 셔츠에 솜을 채워 넣는 내용이 나오므로, 셔츠의 단추를 잠그고 바느질하는 ㉣이 ㉡과 ㉢보다 먼저 위치해야 함을 알 수 있다. 셔츠로 베개를 만드는 순서 상 셔츠를 뒤집어 속을 채우기 시작하는 ㉡을 먼저 설명한 후 바느질 작업을 통해 베개를 완성하는 ㉢이 이어지는 것이 자연스러우므로 글의 순서로 가장 적절한 것은 ㉠ - ㉣ - ㉡ - ㉢이다.

해석 ㉠ 하와이어로 aloha는 "안녕"과 "잘 가" 둘 다를 의미한다. 당신은 헌 하와이안 셔츠에 aloha(잘 가)라고 말하고 화사한 새 베개에 aloha(안녕)라고 말할 준비가 되어 있는가? 이제 당신의 헌 셔츠로 새 베개를 만들기 시작해 보자. ㉣ 그 셔츠의 단추를 잠그고 그것을 다림질하라. 안쪽이 바깥으로 나오도록 그것을 뒤집고, 진동 둘레와 셔츠의 하단이 막히도록 바느질하라. ㉡ 이제 셔츠의 겉쪽이 밖으로 나오도록 뒤집어라. 목의 구멍을 통해 속을 채워 넣기 시작하라. 반드시 양팔에도 속을 채우고, 셔츠의 목 부위까지 베개 전체가 속이 찰 때까지 계속 채워라. ㉢ 목을 아래로 눌러 평평하게 해서 열린 구멍이 막히게 하라. 옷깃을 세워 올리고 구멍이 막히도록 직선으로 가로질러 바느질을 하라. 옷깃을 다시 뒤집어 내리면 이제 당신은 멋진 베개를 갖게 된다!

어휘 festive 화사한 collar 옷깃 iron 다림질하다 armhole 진동 둘레

04

정답 ②

해설 주어진 글은 아이들이 죽는 주요 원인이 차 사고이며 안전벨트를 매지 않으면 앞으로 쏠린다는 이야기를 하고 있다. 따라서 쏠리게 되면서 앞 물건들에 부딪히는 내용이 나오는 (B)가 이어지고, 충돌로 인한 피해를 설명하는 (C)가 이어지며, (C)에서 언급한 damage를 받는 것이 This trauma이므로 (A)로 이어지는 것이 가장 적절하다. 따라서 글의 순서로 가장 적절한 것은 (B) - (C) - (A)이다.

해석 아이들의 죽음에 있어서 주요 원인은 자동차 사고로 인한 외상이다. 안전벨트를 매지 않은 아이들은 운전자로 하여금 위험하게도 주의를 산만하게 할 수 있음을 기억하라. 안전벨트를 매지 않은 아이들은 차가 갑자기 멈추면 앞으로 쏠리게 된다. (B) 그들은 앞에 있는 물건이 무엇이든, 예를 들어, 계기판, 앞창 유리, 또는 앞 좌석의 등받이에 부딪히게 되는데, 차가 주행하는 시속 10마일 당 1층에서 떨어지는 것과 같은 충격으로 부딪힌다. (C) 계기판과 앞좌석의 등받이를 덧댄다고 해도, 시속 55마일로 부딪힌 충격은 작은 체구에는 상당한 손상을 줄 수 있다. (A) 이 외상은 반드시 아이가 적절하게 고정되어 있게 함으로써 예방할 수 있다. 안전벨트를 매는 규칙에 대해서 타협하지 마라. 그렇지 않으면 당신 아이의 생명을 위태롭게 하는 것이 된다.

어휘 buckle 버클로 채우다 distraction 주의 산만 restrain 억제하다, 제지하다 compromise 타협하다, 위태롭게 하다 equivalent 동등한 considerable 상당한

05

정답 ③

해설 주어진 글은 커피콩의 카페인 제거라는 글의 소재를 제시한다. (C)는 화학적 카페인 제거와 물로 처리하는 카페인 제거의 공통적인 첫 번째 단계를 보여준 뒤, 화학적 카페인 제거 과정을 설명한다. (A)는 (C)의 a solvent를 the solvent로 받으며 화학적 카페인 제거 방식을 이어서 설명한다. 이후 역접의 연결사 'however'로 연결된 (B)에서는 물로 처리하는 카페인 제거의 방식을 소개하므로 글의 순서로 가장 적절한 것은 (C) - (A) - (B)이다.

해석 이제 많은 종류의 고급 커피콩이 강한 향을 보존하는 방식으로 카페인이 제거되고 있다. 그러나 대중은 화학적 카페인 제거에 대해 근거없는 두려움으로 고통받고 있으며 대신에 물로 처리된 디카페인 제품을 구매하는 것을 선호한다. (C) 모든 카페인 제거 과정은, 화학물질을 기초로 하는 것이든 물을 기초로 하는 것이든, 카페인의 결합력을 느슨하게 하기 위해 녹색 콩을 찌는 것으로부터 시작한다. 화학적 처리에서는 용매가 콩 사이로 순환한다. (A) 그 용매는 그것들(콩들)과 직접적으로 접촉하게 되며 카페인을 운반한다. 빠져나간 용매는 그 후 물과 혼합되고, 그 카페인은 추출되어 팔린다. (B) 그러나 물을 이용한 처리에서는 어떠한 용매도 콩에 닿지 않는다. 콩을 찐 후에 콩을 물에 담그는데, 그것이 콩에 들어 있는 모든 용해성 고체와 함께 카페인을 제거한다. 이 용액은 분리된 수조로 빠지는데 그 곳에서 카페인이 그것(용액)으로부터 추출된다.

어휘 decaffeinated 카페인이 제거된 groundless 근거 없는 solvent 용매 drained 빠져나간 soluble 용해성 있는 drain off 추출하다 circulate 순환하다

06

정답 ③

해설 사람의 시각이 매우 발달되어 있다는 내용의 주어진 글의 마지막 문장 뒤에는 시각과 다른 감각의 충돌이 생길 경우 다른 감각들은 무시된다고 언급하는 (B)가 온다. 이에 대한 예로서 노란 캔디와 딸기 아이스크림의 예시인 (C)가 오고, 이런 일이 생기지 않도록 감각들을 잘 훈련시켜야 하며 시각이 고객의 인식에 미치는 영향의 중요성을 설명한 (A)가 마지막으로 오는 것이 자연스러우므로 글의 순서로 가장 적절한 것은 (B) - (C) - (A)이다.

해석 고객이 음식에 대해 가지는 첫인상을 겉모습이 만들어내고 있으며, 그래서 첫인상은 중요하다. 아무리 혹하는 맛일지라도, 남의 눈을 사로잡지 못하는 겉모습은 간과하기 어렵다. 인간으로서, 시각만큼 고도로 발달된 감각은 없기 때문에 우리는 정말로 '눈으로 먹는다.' (B) 인간에게서 시각이 그렇게 고도로 발달되어 있기 때문에 다른 감각들에서 수령된 메시지들은 보이는 것(시각)과 충돌하면 무시되는 경우가 종종 있다. (C) 노란 캔디는 레몬 맛이 날 것으로 기대되는데, 포도 맛이 나면 많은 사람들이 그 맛을 정확하게 식별할 수가 없다. 빨간 식용 색소가 가미된 딸기 아이스크림은 심지어 실제적인 차이가 없을 때도 첨가된 식용 색소가 없는 아이스크림보다 더 진한 딸기 맛을 가지고 있는 것처럼 보인다. (A) 전문가로서 당신의 감각들이 시각을 속이지 않도록 감각들을 훈련시켜야 하는 반면, 보이는 것이 고객의 인식을 어떻게 바꾸는지 이해하는 것도 역시 중요하다.

어휘 first impression 첫인상 unattractive 매력적이지 않은 overlook 간과하다 identify 밝혀내다

07

정답 ④

해설 건물 자체가 필터 역할을 해서 순간의 필요에 따라 선별적으로 일광, 온기, 시원한 공기가 들어오게 하는 접근법에 대한 내용인 주어진 글 다음에는 이것(this)을 초기 건축가들도 하고 있었다는 내용의 (C)가 오고, 그에 대한 예로 Andalucia에 있는 무어식 궁전의 설계자들을 들고 있는 (B)가 온 다음, 마지막으로 현대식 건물 역시 이것(this)을 완벽하게 하도록 설계될 수 있다는 내용의 (A)가 오는 것은 문맥상 가장 자연스러우므로 글의 순서로 가장 적절한 것은 (C) - (B) - (A)이다.

오답 ① (A)가 현대식 건물에서 나타나는 이 접근법(this)에 대한 설명을 also로 시작하고 있으므로, (A) 앞에는 이외의 다른 상황에 적용된 이 접근법(this)이 언급 되어야 함을 알 수 있다. 또한 흐름상 과거의 이야기가 먼저 언급되고 현대의 이야기가 나오는 것이 자연스럽다.

해석 더 더운 지역에서, 우리 중 많은 사람들은 건물의 내부를 시원하게 유지하기 위해 에너지 소비가 많은 냉방 장치에 의존하는 법을 배워 왔다. 그러나 또 하나의 접근법은 그저 건물 그 자체가 필터 역할을 하게 하여 그 순간의 필요에 따라 선별적으로 일광, 온기, 그리고 시원한 공기가 들어오게 하는 것이다. (C) 이것이 혁신적으로 들린다면, 어느 누구도 석유나 전기에 대해 들어 보기도 전에 초기의 건축가들이 이런 일을 하고 있었다는 것은 아마 언급할 만한 가치가 있을 것이다. (B) 예를 들어 Andalucia에 있는 무어식 궁전의 설계자들은 지붕의 경사도를 설정하는 방법에 관해 모두 알고 있어서, 그것이 머리 위의 타는 듯한 여름 해는 막지만, 겨울의 더 부드럽고 비스듬한 햇빛은 들어오게 했다. (A) 현대식 건물 역시 이렇게 하도록 전문적으로 설계될 수 있지만, 그 사이에 우리가 지금 할 수 있는 여러 가지 일이 있다. 태양이 창문 위에 직접 비추고 있을 때, 덧문을 닫거나 블라인드를 쳐라.

어휘 energy-hungry 에너지 소비가 많은 selectively 선별적으로 Moorish 무어(인) 양식의 searing 타는 듯한

08

정답 ④

해설 주어진 글의 마지막 문장에서 필터의 정의를 내리고 있으므로 바로 뒤에는 필터의 기능에 대해 설명하는 (B)가 이어지는 것이 알맞다. (B)의 마지막 문장에서 언급한 선글라스 예시 뒤에는 필자가 여기서 말하는 필터는 물리적인 것이 아니라는 내용을 역접의 접속사 but으로 도입하는 (C)가 다음에 이어진다. (A)의 'Through them'에서 them은 (C)의 마지막 문장의 the filters를 가리키므로 마지막으로 (A)가 이어지는 것이 자연스러우므로 글의 순서로 가장 적절한 것은 (B) - (C) - (A)이다.

해석 우리가 세상과 자신을 바라볼 때, 우리는 일련의 필터를 통해서 보게 된다. 이 필터가 무엇인지 생각해 보라. 필터는 어떠한 것들은 받아들이고 다른 것들은 걸러내는 심리기제이다. (B) 필터가 무엇으로 이루어졌는지에 따라서 눈에 보이거나 지나쳐 버리는 무엇이든 바꿀 수도 있다. 선글라스는 시각적 필터의 좋은 예이다. (C) 그러나 나는 여기서 안경처럼 썼다 벗을 수 있는 그런 물리적 기구를 말하는 것은 분명 아니다. 사실 내가 의미하는 필터란 실로 내면적이고, 정신적이며, 감정적이고, 언어적이며, 지각적인 것이다. (A) 그것들을 통해서 우리는 우리 삶의 모든 사건들에 중요성과 의미를 처리하고 부여한다. 어떤 것들은 받아들이고 나머지 것들은 걸러지지만, 우리가 '보는' 것뿐만 아니라 '듣는' 것과 '믿는' 것까지 이 모든 것들은 서로 영향을 미치게 된다.

어휘 mechanism 심리기제 screen 거르다 apparatus 기구 perceptional 지각의

09

정답 ③

해설 주어진 글은 목수는 자신이 가진 도구들로 할 수 있는 것들을 한다는 내용이다. 그에 대해 이것이 구석기 시대에 작용했을 긍정적인 영향에 대해 상술하는 (B)가 이어지는 것이 자연스러우며, 그와 반대로 도구가 많아진 오늘날에도 그 사고방식을 저버리지 못했다는 내용의 (C)가 나온 후, 결과적으로 우리가 가지고 있는 사용하기 편리한 도구들만 사용하느라 잘못된 도구를 사용할 수도 있다는 (A)가 마지막에 오는 것이 자연스럽다. 따라서 글의 순서로 가장 적절한 것은 (B) - (C) - (A)이다.

해석 만약 한 목수가 망치와 못만 가지고 있다면, 그때 그는 자신이 하고 있는 어떤 것에든 물건들을 못으로 박는 것에 대해서 생각할 것이다. 만약 그가 가진 게 톱이 전부라면, 그때 그는 자신이 하고 있는 것에서 조각들을 잘라내는 방법들에 대해 생각할 것이다. (B) 이것은 우리가 한정된 도구들을 가졌던 과거 구석기 시대에는 훌륭한 전략이었다. 그것은 우리가 굶지 않기 위해 막대기나 돌(우리가 가졌을지도 모르는 유일한 도구)을 가지고 나무에서 과일을 떨어뜨리는 방법을 알아내는 데 도움을 주었다. (C) 그러나, 오늘날 우리는 마음대로 이용할 수 있는 다양한 도구들을 가지고 있다. 그중 어떤 것은 유용하고 어떤 것은 그다지 유용하지 않다. 하지만 이러한 사고방식은 여전히 우리의 뇌 속에 깊이 박혀있다. (A) 그 결과, 그것은 우리가 잘못된 도구를 사용하는 원인이 될 수 있다. 우리는 우리가 가지고 있는 쉽게 이용할 수 있는 도구들, 즉 우리가 실제로 사용하는 방법을 배웠던 도구들만을 사용하는 것과 자신의 일을 완수하기 위해 그것들을 어떻게 사용할 수 있는지를 고려하는 경향이 있다.

어휘 nail 못 strategy 계획, 전략 Paleolithic 구석기 시대의 figure out 이해하다, 알아내다 knock out of ~에서 제거하다 starve 굶어 죽다 at one's disposal ~의 마음대로 사용할 수 있는 hard-wired (행동 양식이) 굳어진, 고유한

10

정답 ②

해설 주어진 글은 토지가 도시 개발에 있어서 희소 자원이므로 높은 건축 밀도가 토지의 활용을 극대화할 수 있다는 내용이다. (B)의 그러므로 높은 건축 밀도가 공지(空地)의 개발 압박을 줄이고 토지를 더 많이 풀어준다는 긍정적인 내용이 나오는 것이 자연스럽다. 그 후 (A)에서 그러나 라는 연결사로 (B)에서 나온 높은 건축 밀도의 긍정적인 효과를 부정하면서 글을 반전시키고 있으므로, (A)가 그다음에 나오는 것이 자연스럽다. (C)에서 나온 This는 (A)에서 나온 고밀도 개발의 부정적인 측면을 말하는 것이고 이런 측면의 예방책을 언급하면서 글을 끝내는 것이 가장 자연스럽다. 따라서 글의 순서로 가장 적절한 것은 (B) - (A) - (C)이다.

해석 토지는 도시 개발에 있어 항상 희소 자원이다; 높은 건축 밀도는, 개별 부지에 더 많은 건물 밀집 공간을 제공함으로써, 부족한 도시 토지의 활용을 극대화할 수 있다. (B) 그러므로, 높은 건축 밀도는 공지(空地)를 개발하는 압력을 줄이도록 돕고, 도시 생활의 질을 높이기 위해 공용 시설과 서비스를 위한 토지를 더 많이 풀어 준다. (A) 하지만, 어떤 사람들은 그 반대의 경우도 사실이라고 주장한다. 높은 건축 밀도를 얻기 위해서는 거대한

고층 건물이 불가피하며, 작은 부지로 밀어 넣은 이런 거대한 구조물은 역으로 매우 적은 공지와 혼잡한 도시 경관을 야기한다. (C) 이는 계획 없이 고밀도 개발을 수행하는 경우에 발생할 수 있다. 따라서 고밀도의 부정적 영향을 방지하기 위해서는 철저한 계획과 적절한 밀도 제어가 필수적이다.

어휘 scarce 희소한 urban 도시의 density 밀도 built-up 건물이 밀집된 maximize 극대화하다 utilization 이용, 활용 opposite 정반대의 일 high-rise 고층의 inevitable 불가피한 cram 밀어 넣다 conversely 역으로 congested 혼잡한 communal 공동의

DAY 12 빈칸 추론

본서 p. 118

| 01 | ② | 02 | ③ | 03 | ③ | 04 | ③ | 05 | ④ |
| 06 | ① | 07 | ④ | 08 | ② | 09 | ② | 10 | ① |

01

정답 ②

해설 최적의 건강 상태를 유지하기 위해서는 상황을 통제하되 어떤 일은 통제 밖에 있음을 인정할 수 있어야 한다는 내용이므로, 빈칸에 들어갈 말로 가장 적절한 것은 ② '그러나 더 이상의 통제가 불가능한 때를 인정하도록'이다.
① 그러나 의료 전문가들을 따르도록
③ 그리고 통제할 수 없는 상황과 지속해서 싸우도록
④ 그리고 부정적인 감정과 스트레스에 대처하기 위해 더 열심히 노력하도록

오답 ③ 통제할 수 없는 상황을 수용하라는 글의 내용과 반대된다.
④ 부정적인 감정을 다루려 노력하라는 내용은 언급되지 않았으며, 스트레스는 통제 실패 시 부정적인 감정이 건강에 끼치는 부정적 영향을 설명하기 위한 예시일 뿐이다.

해석 사람들이 근본적으로 통제할 수 없는 상황을 통제하려 할 때, 그들은 높은 수준의 스트레스를 경험하는 경향이 있다. 따라서 그러한 상황에서 적극적 통제를 취할 필요가 있다고 제안하는 것은 잘못된 충고이다. 그들이 해야 하는 것은 어떤 일은 그들의 통제 밖에 있음을 인정하는 것이다. 마찬가지로 사람들에게 손쉽게 바뀔 수 있는 상황을 받아들이라고 가르치는 것은 잘못된 충고가 될 수 있는데, 때때로 원하는 것을 얻는 유일한 방법은 적극적인 통제를 하는 것이다. 연구는 무력함을 느끼는 사람들이 통제하는 데 실패할 때, 그들은 불안과 우울 같은 부정적인 감정 상태를 경험한다는 것을 보여주었다. 이런 부정적인 감정은 스트레스처럼 면역 반응을 손상시킬 수 있다. 이것으로부터 우리는 건강이 통제와 선형적으로 연결되어 있지 않다는 것을 알 수 있다. 최적의 건강을 위해, 사람들은 어느 정도까지 통제하면서, 그러나 더 이상의 통제가 불가능한 때를 인정하도록 권장되어야 한다.

어휘 uncontrollable 통제할 수 없는 readily 손쉽게 depression 우울(증) immune 면역의 linearly 선형적으로 optimum 최적의 yield to ~을 따르다

02

정답 ③

해설 빈칸에는 호모 사피엔스가 추위를 이기고 더 북쪽으로 이동할 수 있었던 이유가 들어가야 한다. 글의 중반부에서 호모 사피엔스가 추운 기후로 이주했을 때 따뜻하고 효율적인 의류와 정교한 사냥 기술을 개발했다고 하였으므로, 빈칸에 들어갈 말로 가장 적절한 것은 ③ '그들의 보온성이 좋은 의류와 사냥 기술이 개선되면서'이다.
① 그들이 대가족 집단으로 사냥하고 이주하면서
② 그들의 생리학적인 특징이 추운 기후에 적응하면서
④ 그들이 더 좋은 도구 덕분에 네안데르탈인과의 전쟁에서 이기면서

오답 ① 수렵채집인 무리에 관한 언급이 있으나, 이를 대가족 집단으로 보긴 어려우며 추위를 이겨낸 수단으로 제시된 것도 아니다.

② 호모 사피엔스의 신체가 사바나와 같은 따뜻한 지역에 적응한 것만 언급될 뿐, 추위에 적응했다는 설명은 없다.

해석 이전의 어떤 인류도 시베리아 북부와 같은 곳에 들어가지 못했다. 추위에 적응한 네안데르탈인마저도 더 남쪽의 비교적 더 따뜻한 지역에 자신을 한정했다. 그러나 눈과 얼음에 덮인 땅보다는 아프리카의 사바나에 살도록 신체가 적응한 호모 사피엔스는 독창적인 해결책을 고안했다. 돌아다니던 사피엔스 수렵채집인 무리가 더 추운 기후로 이주했을 때, 그들은 눈신발과 모피와 가죽이 겹겹으로 구성된 효율적인 옷을 바늘로 단단히 꿰매어 만드는 법을 알아냈다. 그들은 먼 북쪽의 매머드와 다른 큰 사냥감들을 뒤쫓아서 죽이는 것을 가능하게 해 준 새로운 무기와 정교한 사냥 기술을 개발했다. 그들의 보온성이 좋은 의류와 사냥 기술이 개선되면서, 사피엔스들은 얼어붙은 지역으로 더욱더 깊숙이 대담하게 갔다. 그리고 그들이 북쪽으로 이동하면서, 그들의 생존 기술은 계속 개선되었다.

어휘 penetrate 뚫고 들어가다 devise 고안하다 ingenious 독창적인 roam 돌아다니다 forager 수렵채집인 migrate 이주하다 sew 꿰매다 sophisticated 정교한 game 사냥감 venture (위험을 무릅쓰고) 가다 physiological 생리학적인 thermal 보온성이 좋은

03

정답 ③

해설 한 작품은 창작자만의 것으로서, 그의 존재와 말과 느낌을 접하고 그의 관점에서 세상을 볼 수 있는 창구이므로, 예술에 있어 독창성이 중요하다는 내용이다. 따라서 빈칸에 들어갈 말로 가장 적절한 것은 ③ '개인과의 조우'이다.
① 현실의 왜곡
② 자연의 모방
④ 전 세계에 걸친 보편성

오답 ② 단순 모방으로는 어떠한 영향도 줄 수 없다는 내용이며, 자연에 관해서는 언급되지 않았다.
④ 글에서 강조하는 '독창성'과 반대되는 개념이다.

해석 비록 예술가들이 절차, 형태, 레퍼토리를 차용하기는 하지만, 이미 행해진 것을 단지 모방하기만 해서는 아무런 충격을 줄 수 없다. 개인과의 조우는 예술을 더할 나위 없이 흥미롭게 만드는 것이다. 우리, 관람객들은 다른 사람의 존재와 말과 느낌에 마음을 열기 위해 우리의 관심사를 옆으로 치워두었다. 그것이 꼭 새로울 필요는 없지만 적어도 '그의 것'이어야 한다. 한 작품은 그것이 창작자 내에서 '비롯되는' 한에는 독창적이다. 그것은 우리에게 창작자의 관점에서 세상을 보여주고, 우리의 것이 아닌 영역 속으로 우리를 끌어들이며, 우리가 이상적인 공동체, 즉 공감의 공동체가 기반을 두고 있는 느낌의 가능성을 연습해볼 수 있게 한다. 독창성이 없다면 고급 문화는 죽어서, 마치 더 이상 믿는 사람이 없는 종교의 진부한 제식처럼, 낡은 몸짓과 흉내만 내는 의식 속으로 축 늘어지게 될 것이다.

어휘 borrow 빌리다, 차용하다 originate 비롯되다 sphere 영역 rehearse 연습하다 sympathy 공감 droop 축 늘어지다 imitative 모방적인 ritual 의식, 절차 worn-out 진부한 twist 왜곡

04

정답 ③

해설 같은 대상과 내용을 보더라도 사람들은 자신이 처한 상황에 따라 그 대상에 대해 각자만의 관점이나 견해를 갖는다는 내용이므로, 빈칸에 들어갈 말로 가장 적절한 것은 ③ '일어나고 있는 일에 대해 특정한 의견'이다.
① 더 나은 선택을 하고픈 욕구
② 남들과 비슷한 관점
④ 쇼핑할 장소에 대한 개인적인 선호

오답 ② 서로 다른 관점을 가진다는 내용이므로 적절하지 않다.
④ 쇼핑에 관한 내용은 하나의 예시에 불과하며, 그 예에서도 쇼핑 장소는 한 곳으로만 상정되어 어디에서 쇼핑을 하고 싶은지에 대한 선호는 언급되지 않았다.

해석 다른 사람의 정신적 성향에 맞춘다는 것에 대해 잠시 생각해 보자. 나의 말뜻은 다음과 같다. 어떤 순간이든지, 사람은 일어나고 있는 일에 대해 특정한 의견을 갖고 있다. 그 사람은 저것보다는 이것을 발견하며, 사건의 다른 측면보다는 어느 측면에 대한 감정을 가지고 판단을 한다. 예를 들어, 배가 고프다면 그 사람은 어느 상점이 식료품을 팔고 있다는 것을 알아챌 것이며, 그의 친구는 그 상점이 신문을 판다는 것만을 알아챌 것이다. 돈이 부족하다면, 그 사람은 과일 가격이 너무 비싸게 책정되어 있다고 화를 낼 것이며, 한편 그의 친구는 몇 개의 과즙이 풍부한 복숭아를 사고 싶은 유혹을 받을 것이다. 어떤 의미에서 그 두 친구는 똑같은 상점과 그 내용물을 경험하고 있지만, 그들은 그 상점에 대한 아주 다른 경험을 하고 있다. 좀 더 극단적인 사례가 발생하는 것은, 예컨대 그 상점을 영화관으로 오인하는 경우처럼, 사람이 개인 특유의 방식으로 사물을 이해할 때이다.

어휘 adjust to ~에 맞추다 orientation 성향 grocery 식료품 short 부족한 resent 화를 내다 overprice ~에 비싼 값을 매기다 tempt 유혹하다 comprehend 이해하다 peculiar 특유한 take 의견, 해석

05

정답 ④

해설 소리 전달 방식에 따라 그 질이 다르다는 내용으로, 목소리의 경우 자신의 목소리가 남이 듣는 것과 다르게 들린다고 설명한다. 이 때문에 가수는 남에게 자신의 목소리를 물어봐야 하는 반면, 바이올린 연주자는 그럴 필요가 전혀 없다고 하는 것으로 보아, 바이올린 소리는 남이 듣는 것과 같게 들린다는 것을 유추할 수 있다. 따라서 빈칸에 들어갈 말로 가장 적절한 것은 ④ '연주는 (곁에 서 있는 다른 사람에게) 들리는 것과 거의 정확하게 똑같이 들린다'이다.
① 코치가 (곁에 서 있는 다른 사람에게) 도움이 되는 것보다 더 도움이 된다
② 소리가 (곁에 서 있는 다른 사람에게) 퍼지는 것보다 훨씬 더 넓게 퍼져 나간다
③ 청중의 반응이 (곁에 서 있는 다른 사람에게) 중요한 것만큼 중요하나

오답 ① 오히려 가수와 달리 그들이 어떻게 들리는지에 대한 코치의 의견을 들을 필요가 없다고 언급되었다.
② 소리의 질을 비교하는 내용으로, 소리가 확산되는 범위의 비교는 언급되지 않았다.

해석 청중은 전적으로 공기 중에서 생성된 진동을 통해서 소리 신호를 수용하는 반면에, 가수의 경우에는 청각적 자극의 일부가 가수 자신의 뼈를 통해서 귀로 전달된다. 소리를 전달하는 이 두 가지 방식이 다양한 주파수에서 상당히 다른 상대적 효율성을 지니고 있기 때문에, 전반적인 소리의 질이 상당히 다를 것이다. 당신은 아마도 테이프에 녹음되어 있는 상태로 혹은 확성 장치를 통해서 자신의 목소리를 들었을 때 이러한 것을 경험해 보았을 것이다. 그 '낯선 사람의 목소리'를 '열악한 전자기기' 탓으로 돌리기 쉽지만, 이것은 오직 부분적으로만 정당화된다. 그 주된 효과는 당신

이 자신의 목소리를 다른 사람들이 듣는 방식과 다르게 듣는다는 사실 때문에 생긴다. 이는 가장 뛰어난 기량을 지닌 가수들조차도 '자신의 목소리가 어떻게 소리 나는지'에 관해 코치나 발성 지도교사의 의견을 들어야 하지만, 반면에 콘서트 바이올린 연주자들은 전혀 그런 일을 할 필요가 없는 주된 이유들 중 하나이다. 바이올린 연주자에게 있어서 연주는 (곁에 서 있는 다른 사람에게) 들리는 것과 거의 정확하게 똑같이 들린다.

어휘 vibration 진동 auditory 청각의 conduct 전도하다 frequency 주파수 public address system 확성 장치 accomplished 기량이 뛰어난

06

정답 ①

해설 다중 지능 이론의 입장에서 전통적인 교육법을 비판하고 있는 글이다. 빈칸 문장 앞에서 전통적인 교육법은 학생들을 교사들에게 끼워 맞추는 방식이라고 비판하고 있고, 빈칸 문장에서 역접의 연결사 On the contrary가 쓰여 그와 반대되는 교육 방식이 필요하다고 하고 있으므로, 빈칸에 들어갈 말로 가장 적절한 것은 ① '학생들에게 적합할 수 있도록'이다.
② 그들이 질문들에 더 잘 대답할 수 있도록
③ 우리가 우리 고유의 교수법을 선택할 수 있도록
④ 그들이 언어 능력과 논리 능력을 발달시킬 수 있도록

오답 ② 가르치는 방식이 재정립되었을 때 나타날 수 있는 효과 중 하나로 유추할 순 있으나, 질문에 답하는 능력은 글에서 언급되지 않으며 주제를 포괄하기에 지엽적이다.
④ 2가지 지능(언어와 논리)에만 초점을 맞추는 전통적인 교육법을 비판하는 내용이므로 적절하지 않다.

해석 다중 지능 이론은 지능에 대한 전통적인 관념에 이의를 제기한다. 그것은 또한 지능 검사의 가치에 대해 의구심을 갖는다. 다중 지능 연구자들은 전통적인 교육과 검사가 사람들이 소유하고 있는 7가지 종류의 지능 중 2가지인 언어 능력과 논리 능력에만 초점을 맞춘다고 지적한다. 그래서 언어와 논리에 의존하는 방식으로 배우지 않은 아이들은 부적격하다고 불린다. 그러나 「Seven Kinds of Smart」의 저자인 Thomas Armstrong에 따르면, 아이들은 괜찮지만 교수법이 부적절하다. "전통적인 교육에서 우리는 학생들을 우리 방식대로 가르치려고 한다. 반대로 우리는 학생들에게 적합할 수 있도록 가르치는 방식을 재정립해야 한다."라고 그는 설명한다. "우리는 서로 다른 아이들이 서로 다른 방식으로 배우며 모든 학습 방식들이 괜찮다는 것을 인정할 필요가 있다. 그때 우리는 진정으로 교육 분야에 종사하는 것이 될 것이다."라고 그는 덧붙인다.

어휘 multiple intelligence 다중 지능 challenge 이의를 제기하다 possess 소유하다 inadequate 부적격한, 부적절한

07

정답 ④

해설 코끼리가 동료들에게 다가가서 코를 흔드는 행위는 먹이를 몰래 빼앗아 먹기 위한 것임을 빈칸 이후의 내용에서 설명하고 있다. 따라서 빈칸에 들어갈 말로 가장 적절한 것은 ④ '이러한 행위가 부정직한 의도를 감추고 있었다'이다.
① 이런 행위 뒤에는 그들의 친화적인 본성이 숨겨져 있었다
② 코를 흔드는 것은 그들의 지배적인 위치를 확실하게 했다
③ 그들의 코는 외부의 위험을 경고하기 위해 사용됐다

오답 ① 오히려 친화적으로 보이는 행위 뒤에 불순한 의도가 숨어 있었다는 내용이다.
② 다른 코끼리의 먹이를 대놓고가 아닌 몰래 훔쳐 먹는 것을 지배력을 공고히 하는 것이라고는 볼 수 없으며 그렇게 언급된 적도 없다.

해석 몇 년 전에 동물 연구가 Maxine Morris는 인디애나의 Washington Park Zoo에 있는 한 무리의 아시아 코끼리들을 관찰하면서 몇 가지 신기한 습성을 포착했다. 먹이 제공 시간에 코끼리마다 커다란 건초 묶음을 하나씩 받았다. Morris는 몇몇 코끼리들이 자기 몫의 건초를 재빠르게 먹고는 느리게 먹는 동료들에게 다가가서, 겉으로는 별다른 의도가 없는 것처럼 코를 좌우로 흔들기 시작하는 경향이 있다는 것을 알아챘다. 모르는 사람들에게 이 코끼리들은 그저 인사를 나누고 있는 것처럼 보였다. 하지만 Morris의 반복된 관찰은 이러한 행위가 부정직한 의도를 감추고 있었다는 것을 알려주었다. 일단 코를 흔드는 코끼리들이 다른 코끼리에게 충분히 가까워지면, 그들은 갑자기 먹지 않은 건초를 잡아채서 재빠르게 먹어 치우곤 했다. 코끼리들은 근시이기로 악명 높아서 먹이를 천천히 먹는 코끼리들은 도둑질을 전혀 알아차리지 못하는 경우가 많았다.

어휘 spot 포착하다 bundle 묶음 hay 건초 trunk (코끼리의) 코 seemingly 겉으로는 aimless 목적 없는 pass the time of day 인사를 나누다 sufficiently 충분히 gobble up 잡아먹다 notoriously 악명 높게 nearsighted 근시의 theft 도둑질 dominant 지배적인 mask 감추다

08

정답 ②

해설 본문은 과거나 미래가 아닌 현재에 충실할 것을 역설하고 있다. 현재를 중요시 여기는 것을 강조하고 있으므로 문맥상 빈칸에 들어갈 말로 가장 적절한 것은 ② '그 순간에 머무르는 것'이다.
① 과거를 되돌아보는 것
③ 미래를 계획하는 것
④ 과거를 단절시키는 것

오답 ④ 과거에 너무 얽매이지 말라는 내용이 있긴 하나 과거를 아예 끊어 내라는 것을 의미하지는 않으며, 글의 중심 소재는 과거가 아닌 현재이다.

해석 개인적인 행복의 성취는 당신이 생각하는 것보다 더 가까이에 있다. 그러나 먼저, 항상 현재를 접하고 있는 것이 중요하다. 우리는 모두 현재에 있지만 그것이 우리의 생각도 현재에 있다는 것을 의미하지는 않는다. 그리고 바로 거기에 우리의 개인적인 행복에 대한 난관이 있다. 우리는 종종 과거로부터 나쁜 것만을 가져오고, 현재를 재빠르게 지나친 채, 거짓으로 미래를 만들어낸다. 그것의 결과는 주로 완벽하지 않은 과거에 대한 죄책감, 존재하지 않는 미래에 대한 근심, 그리고 현재에 대한 초조함이다. 우리는 너무나도 자주 어떤 일이 일어날지에, 혹은 어떤 일이 일어났는지에 너무 얽매여 어떤 일이 일어나고 있는지에 대해서는 경험하지 못한다. 그 순간에 머무르는 것은 세상을 당신이 그래야 한다고 믿는 대로가 아닌, 있는 그대로 볼 기회를 준다. 그것은 당신이 두려움과 근심으로 표현된 정보가 아닌 진실을 보게 하고 실제 자료를 보게 한다. 그리고 이것은 당신으로 하여금 당신 자신과, 다른 사람들과, 그리고 당신을 둘러싼 세상을 즐길 수 있도록 할 것이다.

어휘 therein 거기에 breeze through 재빨리 통과하다 falsely 거짓으로 frequently 자주 impatience 초조함, 조바심 award 주다 couch in ~으로 표현하다

09

정답 ②

해설 예전에는 부모가 아이들을 다른 사람들과 똑같은 방식으로 성장하도록 양육했지만, 오늘날에는 아이들의 개별성을 존중하는 방식으로 양육한다고 했다. 따라서 빈칸에 들어갈 말로 가장 적절한 것은 ② '아이들의 개성을 억누르기보다 축하하는'이다.
① 개인적인 자질을 향상시키기보다 무시하는
③ 부모의 감독을 행하기보다 단념하는
④ 그들 아이의 짓궂음을 간과하기보다 분석하는

오답 ① 개인적 자질을 무시하는 것은 오늘날이 아닌 과거의 추세이므로 적절하지 않다.
③ 아이의 성향을 존중하여 덜 제한하는 것도 부모의 지도 방식 중 하나이고, 이것이 지도를 아예 포기하는 것을 의미하지는 않는다.

해석 오늘날, 어느 시점에서, 부모는 그의 아이가 왼손잡이인 경향이 있다는 것을 깨닫는다. 그 부모는 당황한다. 그 아이는 놀림을 받을까? 글을 쓰는 데 힘이 들까? 배제당할까? 과거에 부모는 이런 경향을 몰아내기 위해서 가능한 모든 것을 했을 것이다. 오늘날 더욱더 많은 부모들이 그것은 괜찮으며 심지어 특별한 것일지 모른다고 말하면서 어깨를 으쓱한다. 또는 그것을 말리는 그들의 시도는 더욱 온화하다. 이것은 유례없는 반응이 아니다. 이것은 아이들의 개성을 억누르기보다 축하하는 쪽으로의 더 커다란 추세의 일부이다. 아이들에게 유치원생으로 성장할 여분의 시간을 주는 것에서부터 그들의 채식주의적인 식성을 수용하는 것에 이르기까지, 오늘날 부모들은, 그 반대 방식이 아닌, 아이들에게서 단서를 찾아낸다. 왼손잡이는 빙산의 일각에 불과하다. 오늘날의 세상에서, 육아는 아이를 순응의 틀로 찍어내려고 하는 것이 아닌, 아이 자신의 인격체로 성장하도록 두는 것에 관한 것이다.

어휘 panic 당황하다 exorcise 몰아내다 shrug one's shoulders 어깨를 으쓱거리다 discourage 말리다 mild 온화한 isolated 단발적인, 유례없는 accommodate 수용하다 appetite 성향, 기호 cue 단서 iceberg 빙산 mold 틀 conformity 순응 neglect 무시하다 abandon 포기하다 administer 관리[감독]하다 supervision 감독, 지도 mischief 장난(기)

10

정답 ①

해설 태양이 점점 더 뜨거워지면서 바다의 물이 증발하여 대기 속에서 분해되고, 일부 성분은 우주 밖으로 나갈 것이라는 내용의 글이다. 따라서 빈칸에 들어갈 말로 가장 적절한 것은 ① '새어 나가다'이다.
② 얼다 ③ 흘러넘치다 ④ 축적되다

오답 ③④ 물의 양이 늘어난다는 선지는 바닷물이 증발하여 대기 속으로 사라진다는 내용과 반대된다.

해석 태양이 그 핵이 수축하고 가열되면서 서서히 더 밝아지고 있다. 10억 년 후에는 태양이 오늘보다 약 10% 더 밝아져서 불편할 정도로까지 지구를 가열하게 될 것이다. 바다로부터 증발하는 물은 지구를 습한 금성의 형태로 바꾸게 되는 통제 불능의 온실 효과를 유발하여, (지구가) 영원히 두꺼운 흰 구름 막에 둘러싸여 있게 할 수도 있다. 혹은 그 변화가 어느 정도 시간이 걸리고 더 온화해서, 점점 더 뜨겁고 구름 낀 대기가 한동안은 미생물 생명체를 보호해 줄 수도 있다. 어느쪽이 되었든지, 물은 성층권 속으로 달아나 자외선에 의해 산소와 수소로 분해될 것이다. 산소는 성층권에 남아서 어쩌면 외계인들이 지구에 여전히 생명체가 살고 있다고 착각을 하게 만들 수도 있지만, 수소는 아주 가벼워 우주 공간으로 달아나게 될 것이다. 그래서 우리의 물은 점차 새어 나갈 것이다.

어휘 core 핵 contract 수축하다 evaporate 증발하다 runaway 통제 불능의 damp 습한 shelter 보호하다 microbial 미생물의 stratosphere 성층권 break down 분해하다 hydrogen 수소 inhabit 서식하다

DAY 13 빈칸 추론

본서 p. 128

| 01 | ① | 02 | ② | 03 | ② | 04 | ① | 05 | ④ |
| 06 | ② | 07 | ② | 08 | ③ | 09 | ② | 10 | ① |

01

정답 ①

해설 매력적인 외모를 결정하는 유전자가 간접적인 방식으로 사람이 행동에까지 영향을 미치는 사례와, 다리 근육에 영향을 미치는 유전자가 취미 생활 등 다른 행동에까지 간접적인 영향을 끼치는 사례가 소개되어 있다. 따라서 빈칸에 들어갈 말로 가장 적절한 것은 ① '유전자는 우회적인 방법들을 통해 행동에 영향을 끼친다'이다.

② 성격은 유전과 행동의 문제이다
③ 환경에 대한 적응이 진화에 중요하다
④ 자연 선택은 행동 신호에 의해 활성화된다

오답 ② 첫 번째 예시에서 유전자로 인한 성격의 변화가 언급되기는 하나 이는 결과적으로 행동의 변화를 설명하기 위한 부연일 뿐이고, 두 번째 예시에선 행동의 변화만 나오는 것을 보면 알 수 있듯 글의 중심 소재는 '성격'이 아니다.
③④ 환경에 대한 적응을 통해 나타나는 행동 변화는 언급되었으나, 진화나 자연 선택은 언급되지 않았다.

해석 유전자가 특정한 행동의 발현 가능성을 정확히 어떻게 높이는가에 대한 것은 복잡한 문제이다. 일부 유전자들은 뇌 내 화학 물질들을 직접 통제하지만, 다른 유전자들은 행동에 간접적인 영향을 끼친다. 당신의 유전자들이 당신을 특별히 매력적으로 만든다고 가정해보자. 그 결과, 낯선 사람들이 당신을 향해 미소를 지으며, 많은 사람들이 당신을 알고 싶어 한다. 당신의 외모에 대한 그들의 반응은 당신의 성격을 변화시킬지도 모르고, 그렇게 된다면, 그 유전자들은 당신의 환경을 바꾸어 당신의 행동을 바꾸게 된 것이다. 또 다른 예로, 평균 이상의 키, 달리기 속도, 조정력을 촉진하는 유전자를 갖고 태어난 아이를 상상해보자. 그 아이는 일찍이 농구에서 뛰어난 모습을 보여주며, 곧 점점 더 많은 시간을 농구를 하며 보내게 된다. 곧 그 아이는 텔레비전을 보거나 체스를 하거나 우표를 수집하는 것과 같은 다른 취미에는 시간을 덜 쓰게 된다. 따라서 많은 행동들의 측정된 유전 가능성은 부분적으로는 다리 근육에 영향을 주는 유전자에 따라 좌우되는 것인지도 모른다. 이것은 가상의 예에 불과하지만, 다음과 같은 요점을 분명히 보여준다. 유전자는 우회적인 방법들을 통해 행동에 영향을 끼친다.

어휘 coordination (신체 동작의) 조정력 pursuit 취미 heritability 유전 가능성 hypothetical 가상의 illustrate 분명히 보여주다 roundabout 우회적인 stimulate 자극하다, 활성화하다 cue 신호

02

정답 ②

해설 육체노동자의 실질 수입 상승으로 육체노동자 계급과 사무직 노동자 계급 간의 오랜 구분이 점점 흐려지고 있다는 내용의 글이다. 따라서 빈칸에 들어갈 말로 가장 적절한 것은 ② '덜 분명한'이다.

① 덜 흐릿한
③ 더 안정적인
④ 가장 중요한

오답 ①③ 오히려 사회 계급 간의 구분이 흐릿해지고 불안정해졌다는 내용이다.

해석 지난 20년 동안 육체노동자들의 실질 수입 상승은 절대적인 면에서 클 뿐만 아니라 사무직 노동자들의 수입 인상에 비해서도 더 컸다. 이러한 수입 상승의 결과 노동자 계급과 중산 계급들 사이의 오래된 구분이 흐려져서, 이제는 많은 육체노동자 가족들이 예전에 중산 계급의 것으로 여겨졌던 습관과 기호, 그리고 어느 정도의 태도를 습득하고 있다. 노동자 계급의 상당한 신분 상승 때문에 직업에 근거한 사회적 구별은 덜 분명해졌다. 그러한 사회적 구별이 존재하는가 그리고 그러한 사회적 구별은 무엇으로 이루어지는가는 사람이 그 나라의 어떤 부분을 바라보는가에 의존한다. 그러나 오늘날 사람들은 의사가 차고 관리인보다 몇 단계 위에 있다고 여겨진다거나 지역 주립 학교의 교장이, 이제는 그 교장 급여의 4분의 1이 아니라 더 많이는 아니더라도 그만큼 버는 숙련 노동자보다 더 높은 존재로 여겨진다고 생각해서는 안 된다.

어휘 manual 육체노동의 blur 흐리게 하다 formerly 이전에 upward mobility 사회적 상태의 상승 garage 차고 headmaster 교장 quarter 4분의 1 fuzzy 흐릿한 clear-cut 명백한, 딱 떨어지는

03

정답 ②

해설 러스트 벨트에 속한 지역의 분진성 오염물질로 인해 공기 질이 악화되었지만, 새 연구 결과 이 오염물질이 태양의 빛과 열을 반사시켜 이 지역의 기온을 실제로 낮추었다는 것이 글의 요지이므로 빈칸에 들어갈 말로 가장 적절한 것은 ② '전체 지역에 걸친 최종적인 냉각'이다.

① 이산화탄소의 축적
③ 지구 온난화의 급격한 가속화
④ 느리지만 꾸준한 온도의 상승

오답 ①③④ 분진성 오염물질이 이산화탄소와 다르게, 온도를 떨어뜨려 지구 온난화를 늦추는 데 도움될 수 있다는 내용이다.

해석 러스트 벨트(미국 북부의 사양화된 공업지대)는 공기 질이 좋지 않은 것으로 악명이 높다. 수십 년 동안 석탄 공장, 철강 생산, 자동차 배기가스는 황산염 같은 분진을 미국 동부지역 대기권으로 뿜어냈다. 특히 공기 질(과 관련된) 법안이 1970년대에 등장하기 시작하기 전에 분진으로 된 오염 물질은 산성비, 호흡기 질환, 오존 파괴의 원인이었다. 하지만 하버드 대학의 새로운 연구는 러스트 벨트의 분진으로 이루어진 안개가 특히 가장 두꺼울 때, 기후 변화의 영향을 늦추는 데 도움이 되었을 수도 있다는 사실을 시사한다. 20세기 내내 지구의 온도는 섭씨 1도 가까이 상승하였다. 하지만 미국 동부와 중부의 주들은 같은 온도의 상승을 보이지 않았다. 사실 그곳의 온도는 같은 기간에 실제로 떨어졌다. 그 이유는 분진으로 된 물질로 보인다. 이산화탄소처럼 대기에 따뜻한 공기를 가두는 대신에 황산염과 같은 미세한 입자들은 태양의 빛과 열을 반사시킨다. 그것들은 심지어 같은 일을 하는 물기 많은 구름 방울과 무리 지을 수도 있다. 그 결과는 전체 지역에 걸친 최종적인 냉각이다.

어휘 notorious 악명 높은 coal 석탄 plant 공장 emission 배출, 배기 particulate 분진(의) sulfate 황산염 acid 산성의 respiratory 호흡의 depletion 고갈 carbon dioxide 이산화탄소 fine 미세한 particle 입자 droplet 작은 (물)방울 accumulation 축적 net 순, 최종적인 steep 급격한

04

정답 ①

해설 우리가 아무 생각 없이 듣는 배경음악조차도 인지적이고 생리적인 영향을 미치며, 우리는 음악을 들으면서 저절로 감정이 생겨 나오게 된다는 내용이다. 따라서 이러한 음악의 특성을 나타내는, 빈칸에 들어갈 말로 가장 적절한 것은 ① '우리의 기분을 조종한다'이다.
② 듣는 사람의 고민을 덜어준다
③ 높은 집중을 요구한다
④ 진짜 의미를 숨긴다

오답 ③ 오히려 집중할 필요가 없다고 언급되며, 음악이 미치는 영향조차 자동적인 것이므로 적절하지 않다.
④ 음악의 진정한 의미는 언급되지 않았으며, 그것을 자주 숨긴다는 내용 또한 없다.

해석 음악은 우리가 듣고 있는 동안에 이를 인지하고 있어야 하는 수고를 덜 하게 하는 듯하다. 청중은 연주를 감상하면서 그 연주자나 작곡가가 표현하려는 바를 이해하려고 하지만, 그들이 그렇게 해야만 하는 것은 아니다. 집중하거나 열심히 들을 필요 없이 단지 편안히 앉아서 음악이 당신의 몸과 마음을 적시게 하면 된다. 사실, 우리는 저녁 식사를 하면서 대화하거나 여러 활동들을 하는 동안 자주 음악을 배경으로 깔아놓는다. 그러나 이러한 배경음악조차 인지적이고 생리적인 영향이 있다. 우리가 상대의 말을 들으면서 무의식적으로 그의 생각을 유추하고 어느 정도는 그 생각들을 공유하는 것처럼, 우리는 음악을 들으면서 무의식적으로 우리 안에서 감정을 불러일으킨다. 사실상, 음악은 자주 우리의 기분을 조종한다.

어휘 cognitive 인지적인 signify 의미하다 sit back 편안히 앉다 physiological 생리적인 utterance 발언 manipulate 조종하다, 다루다 relieve 완화하다 agony 고뇌 conceal 숨기다

05

정답 ④

해설 발 크기와 어휘량의 높은 상관관계는 인과에 의해서가 아니라 두 현상이 공통으로 아이가 성인이 되면서 일어나는 어떠한 원인 때문이라고 한다. 따라서 빈칸에는 인간의 성장과 관련된 내용이 적합하므로, 빈칸에 들어갈 말로 가장 적절한 것은 ④ '인간 발달 과정의 특징'이다.
① 언어 습득의 부산물
② 흔하지 않은 사건들 사이의 인과 관계
③ 신체적 성장과 정신적 성장 사이의 차이

오답 ② 흔하지 않은 사건들에 관해서는 언급되지 않으며, 글에서 제시된 상관관계는 인과 관계가 아니므로 적절하지 않다.
③ 신체적 성장을 발 크기와, 정신적 성장을 어휘량과 연관시킨다 해도, 이 둘 간의 차이를 설명하는 글이 아니다.

해석 우연히 발생할 수 있는 것보다는 훨씬 더 체계적이지만 직접적인 인과관계의 증거로서 다루기에는 불합리한 상관관계의 예를 찾기는 쉽다. 예를 들면, 신발 크기와 어휘량 사이에는 높은 수준의 상관관계가 있는데, 더 큰 신발을 신는 사람들이 더 작은 신발을 신는 사람들보다 훨씬 더 많은 어휘를 아는 경향이 있다. 하지만 발의 크기가 더 크다고 해서 누구나 더 많은 어휘를 아는 것은 아니며, 많은 어휘를 안다고 해서 발이 자라는 것도 아니다. 그 상관관계에 관한 분명한 설명은 아이들이 어른들보다 발이 훨씬 더 작은 경향이 있다는 것이고, 아이들은 나이가 들어가면서 서서히 어휘를 습득하기 때문에 평균적으로 발이 더 작은 사람들이 더 적은 어휘를 안다는 것은 거의 놀랄만한 일이 아니다. 다시 말해서, 발 크기와 어휘량은 유아기에서 성인기로 가는 인간 발달 과정의 특징의 관점에서 설명될 수 있는데, (그것은) 관찰된 두 현상이 공통으로 가지는 원인이다.

어휘 correlation 상관관계 systematic 체계적인 by chance 우연히 absurd 터무니없는, 불합리한 causal 인과 관계의 infancy 유아기 by-product 부산물 acquisition 습득

06

정답 ②

해설 외래성이라는 주관적인 느낌이 질병 확산의 가능성을 암시하는 두 가지 이유를 설명하며, 외부인으로 인식되는 사람에 대한 판단에 관해 서술하는 글이다. 따라서 빈칸에 들어갈 말로 가장 적절한 것은 ② '감염의 위험을 제기하는'이다.
① 현지 사람들을 고립시키는
③ 새로운 기술을 전달하는
④ 지역 위생 기준을 충족시키는

오답 ① 외부인들이 현지인들을 전염에 노출시킨다는 인식이 있을 뿐, 이들을 고립시킨다는 내용은 언급되지 않았다.
④ 외부인들은 흔히 지역 위생 기준에 관한 규범을 알지 못한다고 언급된다.

해석 '외래성'의 주관적인 느낌이 은연중에 병의 확산 가능성을 암시할 수도 있는 데는 적어도 두 가지 이유가 있다. 첫째로, 역사적으로, 외부 사람들과의 접촉은 외부 세균에의 노출을 증가시켰고, 그 세균들은 그 현지 사람들에게 전해졌을 때 특히 전염성이 강한 경향이 있었다. 두 번째로, 외부인들은 흔히 세균 전파를 막아주는 역할을 하는 그 지역의 행동 규범을 알지 못하고 (예를 들어, 위생, 음식 준비와 관련된 규범들을) 결과적으로 그들은 이러한 규범들을 위반할 가능성이 더 높으며, 그것에 의해 그 지역 사람들 내에서 세균 전염의 위험을 증가시킨다. 그러므로 외부인이라는 지위에 의해 암시되는 다른 위험들 외에도, 주관적으로 외부인이라고 인식되는 사람들은 은연중에 감염의 위험을 제기하는 것으로 판단될 가능성이 크다.

어휘 subjective 주관적인 implicitly 은연중에 exotic 외래의 contagious 전염성 있는 ignorant 무지한 norm 규범 transmission 전염 pertaining to ~에 관한 hygiene 위생 outgroup 외집단 pose 제기하다 novel 새로운, 참신한

07

정답 ②

해설 우리의 삶은 낮과 밤처럼 밝은 면과 어두운 면 모두를 가지고 있으며, 어두운 면 또한 삶의 일부분으로 받아들여야 한다는 내용의 글이다. 따라서 빈칸에 들어갈 말로 가장 적절한 것은 ② '인생이라는 시계추 위에서 앞뒤로 움직인다'이다.
① 모든 어두운 면들에 대비되어 있어야 한다
③ 우리 인간은 언제나 행복을 추구한다는 것을 깨닫는다
④ 삶이 우리에게 주는 역경을 통해 지도자로 성장한다

오답 ① 인생의 어두운 면을 받아들여야 한다고 했을 뿐, 그것에 대비해야 한다는 내용이 아니다.
④ 역경을 삶의 과정의 일부분으로 인정해야 만족감이 높아진다고 했을 뿐, 지도자로 성장한다는 내용은 없다.

해석 우리가 씨름하는 가장 큰 역설들 중 하나는 우리 자신의 어둡거나

그늘진 면들이다. 종종 우리는 그것들을 제거하려고 하지만, '어두운 면들'을 없애 버릴 수 있다는 믿음은 비현실적이고 거짓된 것이다. 우리는 우리 자신의 반대되는 힘들 사이에서 균형을 찾을 필요가 있다. 이렇게 균형을 잡는 일은 어렵지만, 그것은 삶의 일부분이다. 이것을 낮 다음에 밤이 오는 것만큼이나 자연스러운 경험으로 볼 수 있다면, 우리는 밤이 절대로 오지 않을 것처럼 노력할 때보다 더 많은 만족감을 발견할 것이다. 인생에는 폭풍우가 있다. 폭풍우는 늘 지나간다. 밤으로 바뀌지 않았던 낮이나 영원히 계속되었던 폭풍우가 결코 없었던 것과 마찬가지로, 우리는 인생이라는 시계추 위에서 앞뒤로 움직인다. 우리는 좋은 일과 나쁜 일, 낮과 밤, 음과 양을 경험한다.

어휘 paradox 역설 wrestle (힘든 문제를 해결하기 위해) 씨름하다 banish 없애다 inauthentic 진짜가 아닌 contentment 만족 give way to ~로 바뀌다 the yin and the yang 음양 pendulum (시계의) 추 adversity 역경

08

정답 ③

해설 이 글은 산업 혁명을 통해 생산된 물질적 잉여와 교육의 필요성 때문에 아동기와 성인기 사이에 간격이 생기게 되었고, 이 새로운 삶의 단계를 표현하기 위해 청소년기라는 용어가 만들어졌다는 내용이다. 청소년기는 자연스러운 시기 구분이 아닌 사회 구조의 변화에 의해 생긴 개념이므로, 빈칸에 들어갈 말로 가장 적절한 것은 ③ '사회적 발명품'이다.
① 전근대적인 개념
② 가상의 기간
④ 부정확한 분류

오답 ① 청소년기라는 개념은 1900년대 초에 생겼다고 언급되며, '언제'가 아닌 '어떻게' 생긴 건지가 글의 핵심이다.
② 청소년기는 사회 구조 변화로 실제 존재하게 된 공백기를 일컫는다.
④ 청소년기라는 개념의 정확성을 논하진 않았다.

해석 청소년기는 생애 시기의 '자연스러운' 구분이 아니라 사회적 발명품이다. 이전 세기에서, 사람들은 중간에 잠시 머무는 시기 없이 아동기에서 청년기로 그냥 넘어갔다. 하지만 산업 혁명이 풍부한 물질적 잉여를 가져와서 역사상 최초로 수백만의 사람들이 십 대에 노동력 밖에 머물 수 있었다. 동시에, 교육이 성공을 이루는 데 더욱 중요한 요소가 되었다. 산업화된 사회에서 이 두 가지 영향력의 결합이 아동기와 성인기 사이에 공백을 만들어냈다. 1900년대 초, 내면의 혼란으로 유명해진 인생에서의 이 새로운 단계를 나타내기 위해 '청소년기'라는 용어가 만들어졌다.

어휘 adolescence 청소년기 stopover 머묾 Industrial Revolution 산업혁명 abundance 풍부 surplus 잉여 coin (새로운 낱말어구를) 만들다 turmoil 혼란 classification 분류

09

정답 ②

해설 광고 메시지가 훌륭하더라도 그것이 엉뚱한 시청자 앞에 놓이게 되는 경우 시간과 노력을 완전히 낭비한 것이 된다는 내용의 글이다. 예시에서도 대중매체 팀의 의도와 다른 시청자를 대상으로 쓰인 메시지의 실패가 제시되므로, 빈칸에 들어갈 말로 가장 적절한 것은 ② '의도된 시청자에게 도달하지 못하다'이다.

① 시청자들의 욕구를 포착하지 못하다
③ 경쟁사의 메시지 요소와 비슷하다
④ 시청자의 주목을 끌지만 구매를 야기하지는 못하다

오답 ① 메시지의 기능 이전에, 그 목표 대상부터 올바른지의 문제에 관한 글이다.
④ 애초에 의도된 시청자의 주의부터 끌지 못한다는 내용이다.

해석 멋진 광고 캠페인 계획이 있다고 해보자. 주제는 기억할 만하고, 시각 자료는 인상적이며, 문구는 강하다. 그러한 메시지 요소가 의도된 시청자에게 도달하지 못하면 무슨 소용인가? 당신이 통조림 수프를 판매한다고 가정해 보자. 대중매체 팀은 통조림 수프의 전통적인 사용자, 즉 어린이들의 어머니를 목표로 삼지만, 광고문 팀은 독신자들이 신속하고 건강에 좋은 식사를 위해 수프를 먹게끔 권장하도록 의도된 광고를 준비한다. 대중매체와 광고문의 전략이 일치하지 않기 때문에 그 메시지는 대중매체의 시청자에게 그다지 의미가 통하지 않을 것이다. 엉뚱한 시청자 앞에 놓인 멋진 광고 메시지는 시간과 노력의 완전한 낭비일 뿐이다. 만약 당신이 메시지 전략에 집중하여 대중매체 전략을 무시한다면, 총체적인 패키지, 즉 캠페인, 예산, 그리고 모든 사람들의 노고에 손해를 입히는 위험을 감수하게 된다.

어휘 memorable 기억에 남는 impressive 인상적인 emphatic 강조된, 강경한 copy 광고문 wholesome 건강에 좋은

10

정답 ①

해설 상대방을 자신에 의존하게 하면 상대방을 마음대로 주무를 수 있다는 내용으로, 부하에 의존하는 지배자를 예시로 들었다. 실제로는 부하가 지배자를 지배하는 것이므로, 빈칸에 들어갈 말로 가장 적절한 것은 ① '제어하는'이다.
② 피하는 ③ 존경하는 ④ 구조하는

오답 ④ 도움을 준다는 언급이 있으나 구조라고 하긴 어려우며, 그렇다 하더라도 이는 상대를 마음대로 움직이기 위한 과정에 불과하다.

해석 궁극적인 힘은 주위 사람들을 당신이 원하는 대로 행동하게 하는 힘이다. 당신이 그들을 강제하거나 해치지 않고 이것을 행할 수 있을 때, 주위 사람들이 기꺼이 당신이 바라는 것을 당신에게 줄 때, 당신의 힘은 건드릴 수 없게 된다. 이런 지위를 성취하는 최상의 방법은 의존성의 관계를 만드는 것이다. 지배자는 당신의 도움을 요구하지만, 그는 당신 없이는 약하거나 활동할 수 없다. 당신이 그의 일 안에 아주 깊숙이 관여하고 있어, 당신을 없애면 그가 큰 어려움에 처하게 되고, 혹은 적어도 당신을 대체할 새로운 사람을 훈련하려면 귀중한 시간을 잃어버리게 된다. 그런 관계가 확립되면, 당신이 우위에 있고, 지배자를 당신이 바라는 대로 행동하게 할 수 있다. 실제로 왕을 제어하는 부하의 경우가 전형적인 사례이다.

어휘 ultimate 궁극적인 willingly 기꺼이 grant 부여하다 dependence 의존 do away with 죽이다, 제거하다 have the upper hand 우위에 있다

DAY 14 빈칸 추론

본서 p.138

| 01 | ④ | 02 | ④ | 03 | ③ | 04 | ① | 05 | ③ |
| 06 | ③ | 07 | ④ | 08 | ③ | 09 | ③ | 10 | ④ |

01

정답 ④

해설 까다로운 선택을 해야 하는 사람들이 그렇지 않은 사람들보다 문제 해결에 미흡했던 사례와 감정을 억제하도록 강요받은 사람들이 이후 신체적 인내에 미흡했던 사례 등을 통하여 이러한 통제가 오히려 사람들의 자기 통제력을 소진시켜버린다는 것을 알 수 있다. 따라서 빈칸에 들어갈 말로 가장 적절한 것은 ④ '소모적인'이다.
① 일관성 없는 ② 보답하는 ③ 이기적인

오답 ① 오히려 일관되게 통제를 잃는 부정적인 결과들을 냈다고 제시된다.
② 스스로 감독하는 만큼의 결과가 나오긴커녕 통제를 잃게 된다는 내용이므로 적절하지 않다.

해석 수십 개의 연구가 자기 감독의 소모적인 성질을 증명해 왔다. 예를 들면, 혼수 리스트를 마련하거나 새로운 컴퓨터를 주문하는 일과 같은 까다로운 선택과 (하나를 얻기 위해서는 다른 하나를 포기해야 하는) 거래를 하도록 요청받은 사람들은 힘든 선택을 하지 않았던 사람들보다 집중하고 문제를 해결하는 것을 더 못했다. 한 연구에서, 몇몇 사람들은 아픈 동물에 대한 슬픈 영화를 보는 동안 자신들의 감정을 억제하도록 요청을 받았다. 그 후, 그들은 눈물을 마음껏 흘리도록 허락된 사람들보다 더 적은 신체적인 인내를 보여주었다. 그 연구는 우리가 폭넓은 다양한 상황, 즉 다른 사람들에게 주는 우리의 인상을 관리하는 것, 공포에 대처하는 것, 소비를 통제하는 것, "흰색 곰에 대해 생각하지 마라"와 같은 단순한 지시에 집중하려고 노력하는 것, 그리고 수많은 다른 것들에서 자기 통제력을 소진해버린다는 것을 보여준다.

어휘 self-supervision 자기 감독 tricky 까다로운 trade-off 기래, 교환 wedding registry 혼수품 기록부 restrain 억제하다 endurance 인내 burn up 소모하다 cope with ~에 대처하다

02

정답 ④

해설 글 초반에는 온라인 커뮤니티의 순기능이 제시됐지만, 중반부에 역접 연결사 However이 나와 그 뒤부턴 역기능이 제시될 것을 알 수 있다. 빈칸 이후에는 어떤 개인 정보를 공개할지 신중히 해야 한다고 하였으므로, 빈칸에는 개인 정보와 관련된 부정적인 내용이 와야 한다. 따라서 빈칸에 들어갈 말로 가장 적절한 것은 ④ '이 참여는 개인의 사생활에 큰 대가를 치르게 하기'이다.
① 피해야 할 민감한 정치적인 문제가 있기
② 그 사람들은 사이버 공간을 실제 세상과 혼동하기
③ 그들이 가입하기를 원하는 온라인 커뮤니티를 찾기가 힘들기

오답 ① 자유로운 정치적 참여가 가능하다고 언급될 뿐, 민감한 정치 문제를 피해야 한다는 내용은 없다.
② 디지털 정체성에 관한 언급은 있으나, 사람들이 디지털 세상과 실제 세상을 혼동한다는 내용은 없다.

해석 온라인 커뮤니티는 하나의 참여 형태를 구성한다. 즉, 그것들은 인터넷의 발명 이전에는 가능하지 않았던 사회적이고 정치적인 배출구를 제공한다. 그것들은 또한 수직적, 하향식으로 힘을 행사하는 문지기에 의한 통제의 대상이 되지 않는 새로운 형태의 사회적, 정치적 참여를 허락한다. 사용자의 관심이 사용자가 누구와 상호 작용할지를 결정한다. 하지만 개인 대 개인 관계의 바로 그 힘이 그것들에 참여하는 사람들을 틀림없이 망설이게 하는데, 때때로 이 참여는 개인의 사생활에 큰 대가를 치르게 하기 때문이다. 이것은 어떤 개인이 사회적 네트워크 활동에 참여하는 것을 피해야 한다고 말하는 것이 아니라, 그 개인이 어떤 개인 정보를 세상에 드러낼 것인지를 의식적으로 선택해야 한다는 것을 말할 뿐이다. 비록 사람들이 깨닫지 못할지도 모르지만, 이러한 정보의 공개를 통해서 그 개인은 일단 형성되면 바꾸기 어려울 수 있는 디지털 정체성을 만들고 있는 것이다.

어휘 constitute 구성하다 engagement 참여 outlet 배출구 vertical 수직의 top-down 하향식의 peer-to-peer 개인 대 개인 give pause 망설이게 하다 consciously 의식적으로 expense 비용, 대가

03

정답 ③

해설 소유물을 한번 업그레이드하면 이전 상태로 돌아가는 것이 매우 어렵다는 내용의 글이다. 빈칸은 그 현실에 반대되는 환상을 가리키므로, 이전으로 쉽게 돌아갈 수 있다는 내용이 와야 한다. 이는 빈칸 뒤에 현실의 예로 수준이 다시 낮아지는 것을 피하려 어떠한 희생도 감수한다는 내용이 제시된 것을 봐도 알 수 있다. 따라서 빈칸에 들어갈 말로 가장 적절한 것은 ③ '우리는 언제든 이전의 상태로 되돌아갈 수 있다'이다.
① 우리는 현재 생활에 만족하지 않는다
② 우리는 소유의 병폐에 빠져있다
④ 우리는 명예를 위해 기꺼이 즐거움을 희생한다

오답 ① 우리가 늘 삶의 질을 향상시키고 싶은 유혹에 노출된다고 언급되나, 이는 현실이지 환상이 아니다.
② 우리가 소유의 병폐에 빠져있는 것 역시 환상이 아닌 현실이다.

해석 소유의 병폐에는 알려진 약이 없다. Adam Smith가 말했듯이, 소유는 우리 삶에 깊이 얽혀 있다. 하지만 그것을 인식하고 있는 것이 도움이 될 수 있다. 우리는 주변 어디서나 더 큰 집, 두 번째 차, 새 식기세척기, 잔디 깎는 기계 등을 구매하여 우리 삶의 질을 향상시키고자 하는 유혹을 목격한다. 그러나 일단 우리가 우리의 소유물을 업그레이드하고 나면 되돌아가기가 굉장히 힘들다. 소유는 우리의 견해를 손쉽게 바꾸어 버린다. 갑자기 이전의 소유 상태로 되돌아가는 것은 우리가 받아들일 수 없는 손실이다. 그래서 삶의 질이 향상될 때, 우리는 언제든 이전의 상태로 되돌아갈 수 있다는 환상에 빠지지만, 실제로는 그럴 가능성이 작다. 예를 들어, 더 작은 집으로 수준이 낮아지는 것은 손실로 받아들여져 심리적으로 괴롭고, 우리는 그러한 손실을 피하고자 어떠한 희생도 기꺼이 한다.

어휘 ills 병폐 ownership 소유 be woven into ~에 얽혀 있다 temptation 유혹 lawn mower 잔디 깎는 기계 sacrifice 희생; 희생하다

04

정답 ①

해설 동료들에 동의하려는 성향이 독립적인 사고와 이성적인 판단을 하려는 성향보다 강하다는 것을 밝힌 실험 내용이다. 따라서 빈칸에 들어갈

말로 가장 적절한 것은 ① '집단의 압력에 굴복해서'이다.
② 정답을 알아내서
③ 다른 집단 구성원들을 끌어들여서
④ 의사결정에 있어서 이성적인 판단을 사용해서

오답 ②④ 집단에 순응하여 이성적 판단으로 정답을 고르지 못했다는 글의 내용과 반대된다.
③ 오히려 다른 구성원들이 피실험자를 오답으로 끌어들였다는 내용이다.

해석 심리학자 Solomon Asch는 사람들이 독립적인 사고와 이성적인 판단을 하려는 성향보다 동료들에게 동의하려는 성향이 더 강한지 여부를 알고 싶었다. Asch는 12명의 대학생들로 이루어진 집단들을 모아서, 그들이 시각적 지각에 관한 실험에 참여할 거라고 알렸다. 그는 그들에게 세 선분을 보여주고서 차례대로 어느 선이 가장 긴지를 각자에게 물었다. 그것은 쉬운 일이었고 정답은 명백했다. 하지만, Asch는 그 실험의 실제 피실험자에 해당하는 각 집단의 마지막 사람을 제외한 모든 사람들에게 은밀히 중간 길이의 선이 가장 길다고 말하도록 지시했다. 나중에 밝혀진 것처럼, 실제 피실험자의 70% 이상이 집단의 압력에 굴복해서 중간 길이의 선이 가장 길다고 말했다.

어휘 rational 이성적인 assemble 모으다 perception 지각 line segment 선분 in turn 차례로 cave in to ~에 굴복하다 rope in ~을 유인하다, 끌어들이다

05

정답 ③

해설 이 글은 음식이 집단 정체성에 대한 정서적 유대를 형성한다는 내용이다. 빈칸 앞에서는 하나의 공동체를 양성하는 데 요리가 중요하다고 했으며, 뒤에서는 공동체의 운명이 그 구성원들을 얼마나 잘 먹이는지에 달려있다고 했다. 따라서 빈칸에 들어갈 말로 가장 적절한 것은 ③ '한 공동체의 일체성과 지속성'이다.
① 누군가의 다양한 문화적 경험
② 누군가의 고유한 성격과 취향
④ 다른 문화에 대한 한 공동체의 지배

오답 ①② 집단 유대감에 관한 글이므로 개인에 초점을 둔 선지는 적절하지 않다.

해석 음식은 먹는 사람을 구별 지을 뿐만 아니라 결속하기도 하는데, 이는 사람이 먹는 것과 먹는 방식이, 국가든 민족성이든 집단 정체성에 대한 그 사람의 정서적 유대의 많은 부분을 형성하기 때문이다. 저명한 20세기 중국의 시인이자 학자인 Lin Yutang은 "조국에 대한 우리의 사랑은 대개 우리의 유년기에 대한 강렬한 감각적 만족의 기억에 관한 문제입니다. 미국 정부에 대한 충성은 미국 도넛에 대한 충성이고, 독일 조국에 대한 충성은 Pfannkuchen(독일 팬케이크)과 Stollen(독일 빵)에 대한 충성입니다"라고 말한다. 음식과 국가적 혹은 민족적 일체화 간의 그런 강한 연관성은 요리와 밥상 이야기가 한 공동체와 그 공동체의 문명의 훈련장에서 중요한 위치를 차지하고, 그래서 먹고, 요리하고, 요리에 대해서 이야기하는 것이 한 공동체의 일체성과 지속성에 지극히 중요하다는 진리를 분명히 나타낸다. 다시 말하자면 한 공동체의 운명은 그 공동체가 얼마나 그 구성원들을 잘 먹이는지에 달려 있다.

어휘 tie 유대 ethnicity 민족성 scholar 학자 fatherland 조국 recollection 기억 keen 강렬한 sensual 감각적인 Uncle Sam 미국 정부 Vaterland (독일의) 조국 identification 일체화 cuisine 요리(법) nourish 영양분을 공급하다 wholeness 일체(성) continuation 지속(성) dominance 지배

06

정답 ③

해설 소비자는 신념 체계로 기능하는 경제 체계에서 살아가고 있기에, 엄격하게 통제되는 공동의 행동 패턴을 따르게 되어 자유롭고 자의적인 선택은 할 수 없다는 내용이다. 따라서 빈칸에 들어갈 말로 가장 적절한 것은 ③ '임의의 힘에 대한 자발적인 반응이 아니다'이다.
① 상업 매체의 의도에 좌우되지 않는다
② 조절되지 않은 개인 선택의 산물이다
④ 시장의 요구에 영향을 받지 않는다

오답 ② 개인의 선택은 상업 매체의 의도에 따라 시장의 요구에 부응하도록 크게 조절된다는 내용의 글이다.

해석 1900년대 중반에, John Kenneth Galbraith는 소비자는 단순히 시장에 참여하는 것만이 아니라, 사회 전반에 걸친 권력의 체계적 배치의 산물이기도 하다고 주장하여 경제학 분야를 깜짝 놀라게 했다. 이러한 권력의 배치 내에서, 상업 매체는 반드시 소비자가 경제의 일반 요건에 부응하는 가치와 신념을 채택하게 한다. 대중 행동 패턴에 개인이 참여하는 것은 임의의 힘에 대한 자발적인 반응이 아니다. 신념 체계로 작동하는 경제 체계 내에 살고 있기 때문에 소비자들은 공동의 소비 패턴에 참여한다. 그것(신념 체계로 작동하는 경제 체계)은 일의 의미와 가치에 상당한 통제력을 행사한다. 경제가 신념 체계로 기능할 때, 그것은 소비자의 자유로운 선택에 엄격한 제한을 둔다. 소비자로서, 우리의 선택은 전적으로 우리 자신의 것이 아니다. 우리의 신념, 가치, 생각, 그리고 감정은 시장의 요구에 맞추도록 크게 조절된다.

어휘 systematic 체계적인 deployment 배치 commercial 상업의 condition 조절하다 agenda 의제, 의도 spontaneous 자발적인

07

정답 ④

해설 자신의 입장을 변호하기보다 상대방에게 왜 그것이 사실이라고 생각하는지 말해달라고 함으로써 새로운 관점을 배울 수 있다는 것이 글의 요지이다. 따라서 빈칸에 들어갈 말로 가장 적절한 것은 ④ '새로운 것을 배울 수 있는지'이다.
① 그 말이 옳은지 아닌지
② 자신의 입장을 언제 말해야 할지
③ 어떻게 잘못된 점이 즉시 고쳐질 수 있는지

오답 ① 상대의 말의 옳고 그름과는 상관없이, 자신과 다른 관점을 배우는 것에 관한 글이다.
③ 친구의 잘못을 고치려 애쓰지 말라고 언급되며, 옳고 그름을 논하는 글도 아니다.

해석 한 친구가 당신에게 "자유주의자들이나 보수주의자들이 우리 사회 문제의 주요 원인이야"라고 말한다고 가정해보자. 자동으로 당신 자신의 입장을 변호하려고 하는 대신에 그것이 무엇이든 새로운 것을 배울 수 있는지를 봐라. 당신의 친구에게 "왜 그것이 사실이라고 생각하는지 말해줘."라고 말해라. 이것을 숨은 의도를 가진 채 또는 당신의 입장을 방어하거나 증명하고자 하는 준비로서 말하지 말고, 단순히 다른 관점을 배우기 위해서 말해라. 당신 친구의 생각을 고치거나 그가 어떻게 잘못되었는지 알게 하기 위해 애쓰지 마라. 좋은 청자가 되는 연습을 해라. 일반적인 믿음과는 반대로, 이런 태도는 당신을 약하게 만들지 않는다. 그것은 당신이 당신의 믿음에 대해 열정적이지 않다거나, 당신이 틀렸다고 인정하는 것

을 의미하지 않는다. 당신은 그저 또 다른 관점을 보려 애쓰고 먼저 이해하려 하고 있는 것뿐이다. 끊임없이 완고한 입장을 보여주기 위해서는 막대한 에너지가 필요하다. 반면에, 다른 누군가를 옳게 하는 것은 에너지가 필요하지 않다. 사실, 그것은 명백히 에너지를 주는 것이다.

어휘 liberal 자유주의자 conservative 보수주의자 hidden agenda 숨은 의도 passionate 열정적인 enormous 막대한 rigid 완고한 outright 명백히

08

정답 ③

해설 근대 표준 영어는 정부의 표준 절차에 대한 필요성에서 기인했다는 내용의 글로, 그 시초가 신속한 재판과 왕권 강화를 위한 법정 언어였다고 한다. 빈칸 뒤에서도 행정적 필요에 의해 발달되었다고 하므로, 빈칸에 들어갈 말로 가장 적절한 것은 ③ '관료 정치의 부산물'이다.
① 민중들의 목소리
② 외국 영향의 결과
④ 고대 문학의 기초

오답 ① 일반 대중에 의한 자발적 발달이 아닌, 행정적인 필요에 의한 발달이라고 언급되므로 적절하지 않다.

해석 오늘날 우리가 알고 있는 표준 문자 언어는 근대 영어 초기 동안 확립되었다. 언어의 표준화는 무엇보다도 업무를 수행하고 기록을 하며 국민들과 의사소통을 하기 위한 중앙정부의 표준 절차에 대한 필요성에서 기인하였다. John H. Fisher는 표준 영어는 처음에 영국 국민들을 신속하게 재판하고 영국 내에서의 왕의 영향력을 강화하고자 15세기에 설립된 대법관 법정의 언어였다고 주장한다. 표준 언어는 일반 대중들에 의해 자발적으로 발달하거나 작가와 학자들의 솜씨에 의해서 발달한 것이라기보다는 특정한 행정적 필요성을 충족시키고자 발달된, 관료 정치의 부산물이다.

어휘 standardization 표준화 conduct 행하다 give justice 재판하다 prompt 신속한 consolidate 강화하다 administrative 행정적인 spontaneous 자발적인, 자연스러운 artifice 책략, 솜씨 scholar 학자 byproduct 부산물 bureaucracy 관료 체제

09

정답 ③

해설 이미 지나간 일에 대한 감정을 다시 부추기는 'pot-stirrer'에 관한 내용이다. 이 'pot-stirrer'는 갈등을 털어버렸음에도 그것을 다시 언급해 안 좋은 감정을 계속 상기시키므로, 빈칸에 들어갈 말로 가장 적절한 것은 ③ '그 사람에 대한 화를 계속 품고 있기'이다.
① 당신의 이웃의 장점을 찾기
② 당신의 내적 평화를 잃지 않기
④ 당신의 이웃의 일에 연관되지 않기

오답 ② 오히려 내적 평화를 잃게 한다는 내용이다.
④ 이웃과 이미 해결된 사안을 다시 생각하게 하므로, 이웃의 일에 연관되지 않게 한다는 것은 적절하지 않다.

해석 'pot-stirrer'는 이미 해결된 감정적인 문제들을 화제에 올리는 사람이다. pot-stirrer들은 갈등의 재미를 위해 감정의 불에 부채질을 하고 그것이 계속해서 타오르기를 원한다. 그들은 알아보기 힘들 수도 있다. 그들은 심지어 '도움이 되는' 친구나 '배려해서' 들어주는 사람으로 종종 보이기까지 한다. 당신이 당신의 이웃과의 사소한 갈등을 이제 막 털어 버렸을 때 당신의 다른 이웃이 그 사람에 대한 화를 계속 품고 있기를 당신에게 부추기면서 그 사람이 얼마나 짜증나는 사람인지를 계속해서 화제에 올린다고 해보자. 직장에서도 똑같이 적용된다. 한 동료가 그 훌륭한 아이디어에 대해 정말로 공로를 인정받아야 할 사람이 Gail이 아니라 당신이라고 계속해서 당신에게 상기시킨다. 그 혹은 그녀가 그런 말을 할 때마다 그것은 당신을 화나게 하고 당신의 상처를 다시 덧나게 한다.

어휘 subtle 미묘한, 감지하기 힘든 let go of ~을 놓다, (생각을) 버리다 credit 공로 wound 상처 virtue 장점 hold on to ~에 매달리다 irritation 짜증

10

정답 ④

해설 빈칸 문장에 이어지는 문장에서 da Vinci는 일상에서 여러 사람들의 자세와 행동을 탐구하라고 강조했다. 이러한 열린 관찰의 자세가 그의 심오한 인물 구현의 원천이었던 것이므로, 빈칸에 들어갈 말로 가장 적절한 것은 ④ '다양한 계층의 인간에 대한 깊은 관심'이다.
① 다른 사람의 행동에 대한 비난
② 심미적인 세부 사항에 대한 평생 동안의 관심
③ 타인을 돕기 위한 인내심과 헌신

오답 ① 자신을 향한 질책을 포함한 타인의 의견에 귀를 기울이라고 했을 뿐, 타인을 비난하는 내용은 없다.
② 심미적 디테일에 관한 내용은 언급되지 않았다.

해석 1452년 이탈리아 피렌체에서 태어난 Leonardo da Vinci는 심도 있는 지식과 혁신적 기량으로 추앙받았다. 그것과는 별개로 그의 다양한 계층의 인간에 대한 깊은 관심은 그의 그림과 회화의 대상에 조명된 인물에 대한 심오한 깊이의 원천이다. 그는 "당신이 산책을 나간다면, 다른 사람들이 이야기하거나 다툴 때, 웃을 때나 실랑이를 벌일 때, 그들의 자세와 행동을 관찰하고 생각해 보라. 그들의 행동뿐만 아니라 그들을 지지하는 사람들과 구경꾼들도 마찬가지이다."라고 조언했다. Leonardo의 날카로운 관찰력은 타인과 어울리는 기술의 실질적 이해를 습득하도록 했고, 개인 내 지능(자각 능력)을 개발하기 위해 평생 전념함으로써 대인 간 지능을 보완했다. Leonardo는 또한 깊은 사색과 반성뿐만 아니라 피드백을 구함으로써 자각 능력을 길렀으며, 독자들에게 "인내심을 갖고 타인의 의견을 듣기를 바라고, 당신을 질책하는 사람이 질책할 이유가 있는지를 깊게 생각하고 반성하라."라고 충고했다.

어휘 celebrate 찬양하다 prowess 기량 profound 깊은, 심오한 illuminate 조명하다 counsel 조언하다 posture 자세 scuffle 옥신각신하다 onlooker 구경꾼 acute 날카로운 complement 보완하다 interpersonal 대인관계의 intrapersonal 개인 내의 contemplation 사색 censure 질책하다; 비난 aesthetic 심미적인 all walks of life 사회 각 계각층

DAY 15 빈칸 추론

| 01 | ④ | 02 | ② | 03 | ③ | 04 | ④ | 05 | ② |
| 06 | ② | 07 | ④ | 08 | ③ | 09 | ② | 10 | ③ |

01

정답 ④

해설 뱅크스 소나무가 화재 때문에 오래 살지 못하면서도 그 화재로 인해서만 번식할 수 있게 진화한 것은 역설이라고 할 수 있으므로, 빈칸에 들어갈 말로 가장 적절한 것은 ④ '진화의 역설'이다.
① 갑작스러운 창조
② 악순환
③ 일시적 생존

오답 ② 화재로 인해 죽으면서도 번식하는 모순적인 상황을 '악순환'이라고 할 수는 없다.
③ 뱅크스 소나무가 보통 오래 살지 못한다고 언급되나, 화재와의 관계가 글의 핵심이므로 적절하지 않다.

해석 뱅크스 소나무는 200년 이상 된 것이 발견되기는 하지만 그 나무는 북쪽 수림대에 흔한 산불 때문에 오래된 수령에 거의 도달하지 못한다. 화재가 너무 흔하기 때문에 뱅크스 소나무는 그것의 자연의 적으로 보이는 것과 공존하도록 진화되었다. 실제로 그것은 번식하려면 화재를 필요로 한다. 보통 굳게 닫혀 봉해진 솔방울은 화재의 열로만 열리고 씨를 방출한다. 그 (솔방울을) 밀봉하고 있는 송진은 섭씨 50도 이상에서 녹기 시작하지만 솔방울은 섭씨 482도 같이 높은 열을 30초 동안 견딜 수 있고 섭씨 700도의 순간적인 폭발을 견딜 수 있다. 화재의 열기 없이, 그 씨는 좀처럼 방출되지 않는다. 솔방울이 열릴 때, 가볍고 날개 달린 씨는 불의 통풍에 의해 위로 옮겨지고, 널리 퍼진다. 뱅크스 소나무는 '진화의 역설'의 한 예이다.

어휘 boreal forest 북쪽 수림대, 북방림 adversary 적, 상대 reproduce 번식하다 seal 봉하다, 밀봉하다 resin 송진, 수지 withstand 견디다 instantaneous 즉시의, 순간의 blast 폭발 draft 통풍 vicious 악질의 temporary 일시적인 paradox 역설

02

정답 ②

해설 이슬람 여학생들이 빨리 다른 학생들과 더 잘 어울리도록 도우려던 몇몇 교사들의 지나친 열의가 오히려 일부 이슬람 여학생들이 학교에 오지 않는 상황을 만들었다는 내용이므로, 빈칸에 들어갈 말로 가장 적절한 것은 ② '(문화에 적응할) 그 기회를 완전히 없애는 데 기여했다'이다.
① 자신들의 능력에 대한 확신으로 이어졌다
③ 이슬람 대중들의 마음에 호소했다
④ 학생들 간의 조화로운 관계를 촉진시켰다

오답 ① 교사들이 의도한 바를 실패했다는 내용이며, 이는 그들의 '능력'에 따라 생긴 결과로 보기도 어렵다.
④ 이민 학생들이 다른 학생들과 어울리기는커녕 그럴 기회조차 사라졌다는 내용이다.

해석 일부 교사들은 이민 학생들이 가능한 한 빨리 다른 학생들과 어울리게 만들기를 간절히 바란다. 그들은 이 아이들이 새로운 환경에 적응하려고 애쓰는 중에 경험하는 과도기를 좀처럼 고려하지 않는다. 그 교사들의 이런 과도하게 열성적인 접근 방법은 주류 사회에 편입하는 과정을 가속하기보다, 때때로 정반대의 결과를 가져올 수도 있다. 그런 부정적인 결과의 한 사례가 몇몇 이슬람 가족이 포함된 일련의 워크숍을 진행하는 도중에 발생했다. 그 지역 학교에서 이슬람 여학생들은 전통적인 머리 스카프(hijab)를 착용한 반면 다른 학생들은 하지 않았다. 이슬람 여학생들이 머리 스카프가 없으면 다른 학생들과 더 잘 어울릴 수 있다고 생각하였기에, 교사들은 그들에게 집으로 돌아가기 전에 다시 착용할 수 있다고 말하며 학교에서는 (머리) 스카프를 벗을 것을 권유했다. 그 후 얼마 지나지 않아, 머리 스카프를 벗은 여학생들 중의 일부가 더 이상 학교에 나오지 않았다. 그래서 문화적 적응 과정을 가속화하려는 교사들의 열의는 (문화에 적응할) 그 기회를 완전히 없애는 데 기여했다.

어휘 transitional phase 과도기 accelerate 가속화하다 mainstream 주류에 편입시키다 overzealous 지나치게 열의가 있는 acculturation 문화적 적응 conviction 확신 abolish 없애다

03

정답 ③

해설 세계화 사회에서의 다양성의 가치를 역설하는 글이다. 빈칸에는 다양한 사회적·경제적·신체적 특징을 가진 사람들과 함께 일할 때 깨닫게 되는 것에 대한 내용이 들어가야 하므로 빈칸에 들어갈 말로 가장 적절한 것은 ③ '그들 사이에 다양성의 수준이 점점 증가한다'이다.
① 결과는 개별 부분의 총합으로부터 나온다
② 차이에 가치를 두는 것은 모순적이게도 분리를 초래한다
④ 더 많은 창의성을 위해서 더 많은 집단의 지도자가 필요하다

오답 ① 본문에서 전체는 개별 부분의 총합보다 크다는 시너지 효과에 가치를 두라고 했는데, 결과가 개별 부분의 총합으로부터 나온다는 말은 전체가 개별 부분의 총합과 같다는 것을 의미하므로 적절하지 않다.
② 오히려 차이에 가치를 두는 것이 전체를 이루는 데 중요하다는 내용이므로 적절하지 않다.

해석 세상은 점점 더 상호의존적으로 되어 가고 있고, 그것은 우리가 차이에 가치를 두는 것을 매우 중요하게 만든다. 비록 당신이 세계적 차원이 아니라, 단지 작은 마을에 있는 직장에서 일하고 있다고 하더라도 나이가 많거나 어리거나, 키가 크거나 작거나, 흑인이거나 백인이거나, 부유하거나 가난한 사람들과 함께 일할 때, 그들 사이에 다양성의 수준이 점점 증가한다는 것을 알게 될 것이다. 어떤 것에 다른 것보다 더 많은 가치를 두는 것은 권할 만한 것이 못 되는데, 그것들 모두 전체를 이루는 데 필요하기 때문이다. 그것은 시너지 효과라고 불리는데, 전체는 개별 부분의 총합보다 크다는 의미이다. 그것에 가치를 두라. 그것은 모든 당사자에게 어느 정도 초기의 적응을 필요로 할 수 있지만, 장기적으로는 이익이 된다. 동질성은 과거의 것이다. 이질성은 그것의 가치를 증명했는데, 바로 더 많은 두뇌, 더 많은 가치관, 더 많은 관점, 더 나은 해결책, 더 큰 결과물, 더 많은 창의성, 그리고 늘어난 이해이다. 그것들은 단지 통 안에 있는 모든 청어가 똑같은 것은 아니라는 사실을 받아들이는 것의 이점의 일부분일 뿐이다.

어휘 interdependent 상호의존적인 recommendable 권할 만한 pay off 이익이 되다 homogeneity 동질성 heterogeneity 이질성 output 결과물, 산물 embrace 수용하다 herring 청어 barrel 통

04

정답 ④

해설 글에서 묘사된 기계적으로 생각하는 사람은 융통성이 없고 모든 게 자신의 기존 지식체계와 일치해야 직성이 풀리는 사람이므로, 빈칸에 들어갈 말로 가장 적절한 것은 ④ '강력하게 품고 있는 견해를 수정하도록'이다.
① 지도자 역할을 되찾도록
② 동일한 문제를 재고하도록
③ 복잡한 상황을 해결하도록

오답 ② 익숙지 않은 상황(unfamiliar situations)처럼 기존과 같거나 비슷하지 않은 것을 마주할 때 불편해한다는 내용이며, 다시 생각하는 것이 곧 생각을 바꾸는 것을 의미하지는 않는다.
③ 기계적으로 생각하는 사람은 '일관성'에 집착한다는 내용으로, 상황의 '복잡성'에 대한 반응은 따로 언급되지 않았다.

해석 기계적으로 생각하는 사람은 자신의 견해를 상당히 자랑스러워하며, 그것을 '옳다'고 믿는다. 그는 사람이 상황들, 사실상 거의 모든 상황에 대해 '입장을 갖는 것'이 적절하며 필요하다고 믿는다. 어떤 주제에 대해 광범위한 일반화를 할 때마다, 그는 비슷한 주제에 대해 융통성 없는 입장을 취하는 데 충실하다. 그는 무엇보다도 반드시 '일관되어야' 한다. 기계적으로 생각하는 사람을 면밀하게 연구해 보면, 호기심인 것처럼 보이는 것의 특이한 결핍 상태를 알아챌 것이다. 그는 질문을 거의 하지 않고, 자신의 세계에 대한 새로운 정보도 좀처럼 구하지 않는다. 그가 다른 사람에게서 뭔가를 배웠다고 인정하는 일도 거의 없을 것이다. 그는 책을 거의 읽지 않으며, 논픽션 자료는 당연히 읽지 않는다. 남자라면 그는 스포츠 면을 읽을지도 모르는데, 그것이 그가 사는 사회의 남자에게 용인될 수 있는 행동이기 때문이며, 혹은 여자라면 그녀는 신문의 여성란을 읽을지도 모른다. 기계적으로 생각하는 사람은 익숙하지 않은 상황에서 눈에 띄는 불편함을 드러낼지도 모르고, 그가 강력하게 품고 있는 견해를 수정하도록 만드는 사실에 직면할 때는 당황할지도 모른다.

어휘 voice (말로) 나타내다 sweeping 광범위한 generalization 일반화 rigid 융통성 없는 consistent 일관된 singular 두드러진, 특이한 apparent ~인 것처럼 보이는 curiosity 호기심 confront 직면하다 reclaim 되찾다

05

정답 ②

해설 책을 제본하는 기술이 도입되면서, 상호 참조와 색인 등이 생겨 보고 싶은 부분을 위치에 구애받지 않고 손쉽게 찾아볼 수 있게 되었다는 내용이므로, 빈칸에 들어갈 말로 가장 적절한 것은 ② '정보의 위치를 찾는'이다.
① 기술을 남용하는
③ 문서를 제거하는
④ 단어의 철자를 적는

오답 ③ 소장해야 할 책이 줄어든 것을 문서 제거로 본다 하더라도, 이는 정보 검색의 편리함을 부연하는 내용에 불과하다.

해석 사람들이 파피루스처럼 펼쳐지는 것보다 넘겨질 수 있는 페이지를 가진 책을 제본하기 시작했을 때, 정보의 위치를 찾는 과정이 변했다. 이제 독자는 본문에서 쉽게 뒤로 가서 예전에 읽은 구절을 찾거나 동일한 작품의 멀리 떨어져 있는 부분 사이에서 이것저것 찾아볼 수도 있다. 하나의 기술적 변화로 인해, 상호 참조가 가능해졌고 동시에 전집을 소장하기에 필요한 물리적 공간이 급격하게 줄어들었다. 색인이 가능해진 것처럼 페이지 수를 매기는 것이 가능해졌다. 목차표가 참조할 수 있는 사항이 되었다.

어휘 bind 제본하다 unroll 펼치다 browse 훑어보다, 검색하다 cross-referencing 상호 참조 house 소장하다 index 색인 workable 운용[실행] 가능한 abuse 남용하다 locate ~의 위치를 찾다 eliminate 제거하다

06

정답 ②

해설 내담자가 스스로 판단을 내릴 때 힘을 얻을 수 있다고 하였으므로, 상담자가 구체적이고 폐쇄적인 응답(선택이 제한된 응답)을 주면 내담자 스스로 결정을 내릴 능력을 충분히 기를 수 없을 것이라고 추론할 수 있다. 따라서 빈칸에 들어갈 말로 가장 적절한 것은 ② '감소시킨다'이다.
① 드러낸다 ③ 증가시킨다 ④ 만든다

오답 ①③④ 나머지 선지들은 모두 글의 내용과 반대로 내담자의 성장 가능성에 긍정을 표하고 있으므로 적절하지 않다.

해석 내담자가 자신이 취해야 할 방향(어떤 선택을 해야 하고, 어떤 접근 방법을 사용해야 하는가 등)과 관련하여 정보를 찾고 있을 때, 상담자의 입장에서 그 사람에게 무엇을 해야 하는지 말하고 싶은 강한 충동이 늘 존재하는데, 특히 상담자가 내담자의 문제에 대해 최상의 답을 알고 있다고 느낀다면 더욱 그렇다. 그러나 만약 내담자 자신이 판단을 내리도록 허락된다면 내담자는 힘을 얻을 것이기 때문에 이것은 일반적으로 피해야 하는 것이다. 그리고 그 힘은 내담자가 가장 필요로 하는 자신감을 줄 것이다. 분명히 상담의 가장 중요한 목표 중 하나는 내담자가 더 나은 결정을 하게 하는 것이고 이러한 과정은 부분적으로 상담자가 의사결정 과정에서 능동적인 존재가 되는 것을 요구할 수 있다. 하지만 구체적이고 폐쇄적인 응답(선택이 제한된 응답)으로 내담자가 뭔가 결정을 내려야 하는 질문에 대답하는 것은 내담자가 결정을 내릴 수 있을 만큼 충분히 성장할 가능성을 상당히 감소시킨다.

어휘 temptation 유혹, 충동 counselor 상담사 oriented ~을 지향하는 closed-ended 폐쇄형의

07

정답 ④

해설 회의에 참여하는 인원이 늘어날수록 참여자 간의 관계의 조합 또한 기하학적으로 늘어나 생산적인 회의가 이루어질 수 없다고 하였으므로, 빈칸에 들어갈 말로 가장 적절한 것은 ④ '회의의 목표를 달성하지 못할 위험'이다.
① 참여자 간의 상호 이해
② 회의 중의 높은 긴장
③ 더 원활한 의사소통의 어려움

오답 ②③ 회의에 사람이 추가되면 긴장이 높아지거나 의사소통이 어려워질 것이라 추론할 수도 있겠으나, 글에서 '긴장'이나 '의사소통'에 관해 따로 언급된 적은 없다. 주제문인 첫 문장과 빈칸 문장 앞에 나와 있듯 글의 중심 소재는 '회의의 생산성'이며, 높은 긴장이나 의사소통 장애는 그 생산성을 해치는, 즉 회의 목표 달성을 방해하는 부수적인 요인들로 추측될 수 있을 뿐이다.

해석 회의를 최대한으로 활용하기 위해서는 위험 요소를 제한하고 목표를 달성하도록 집단을 집중시켜야 한다. 각각의 사람들은 회의에 재능과

능력뿐만 아니라 자신의 기본적인 욕구, 경쟁심, 열망, 의제, 성격 그리고 감정들을 가지고 온다. 게다가, 각각의 사람들이 회의에 더해짐에 따라, 구성원들 사이의 관계의 수는 기하학적으로 늘어난다. 세 사람이 만나면 그 역학은 A 대 B, A 대 C, 그리고 B 대 C, 즉 세 세트의 관계이다. 그러나 네 사람이 모인 회의는 참가자들 사이에 여섯 세트의 관계를 만든다. 열 명이 모인 회의는 실제로 마흔다섯 개의 다른 관계를 만든다. 회의의 규모가 커짐에 따라 생산성은 급격하게 줄어든다. 추가된 각각의 사람은 <u>회의의 목표를 달성하지 못할 위험</u>을 증가시킨다.

어휘 get the most out of ~을 최대한 활용하다 aspiration 열망 agenda 의제 geometrically 기하학적으로 dynamics 역학 mutual 상호적인

08
정답 ③
해설 지구상엔 수많은 언어가 존재하는데, 각 언어권 사람들은 다른 언어권의 문화적 특징을 수용하는 것에 거부감을 느껴 문화 교류를 애써 차단하려고 한다는 내용이다. 빈칸에는 이렇듯 문화 전파로부터 자신을 단절시키는 인간의 특징을 설명하는 말이 들어가야 하므로, 빈칸에 들어갈 말로 가장 적절한 것은 ③ '서로 구별되는 집단으로 분열하는'이다.
① 서로 비슷한 언어를 만들어내는
② 서로 다른 언어로 의사소통하는
④ 몇몇 비언어적 행동이 의미하는 바를 파악하는
오답 ① 지구상에 수많은 언어가 존재하듯 사람들이 서로 다른 언어를 쓴다는 글의 내용과 반대된다.
② 사람들이 서로 다른 언어를 쓴다는 내용이 언급되긴 하나, 이는 그러한 사람들의 문화적 단절을 설명하기 위한 전제에 불과하다.
해석 인간은 <u>서로 구별되는 집단으로 분열하는</u> 강한 소질을 갖고 있다. 예를 들어, 뉴기니섬에는 800개가 넘는 언어가 있는데, 몇몇 언어는 단지 몇 마일 건너편에 있는 지역에서 사용되지만 어느 상대편에게도 프랑스어와 영어만큼이나 이해가 되지 않는다. 지구상에는 7,000개의 언어가 쓰이고 있으며, 각각의 언어를 말하는 사람들은 이웃으로부터 단어, 전통, 의식, 또는 취향을 차용하는 데 매우 거부감을 갖는다. "문화적 특징의 수직적 전파가 대체로 눈에 띄지 않고 이루어지는 반면에, 수평적 전파는 의심 또는 심지어 격한 분노를 가지고 대해질 가능성이 훨씬 더 크다."라고 진화 생물학자인 Mark Pagel과 Ruth Mace는 말한다. "문화는 전달자를 사살하길 좋아하는 것 같다." 그들이 말하는 것처럼, 사람들은 생각, 기술, 그리고 습관의 자유로운 흐름으로부터 자기 자신을 단절시키기 위해서 최선을 다하는데, 이는 문화 교류의 영향을 제한한다.

어휘 comprehensible 이해할 수 있는 resistant 저항하는 vertical 수직의 transmission 전파 horizontal 수평의 suspicion 의심 fierce 사나운, 격한 cut off ~을 단절시키다 akin to ~와 유사한 split 분열되다 grasp 파악하다 nonverbal 비언어적인

09
정답 ②
해설 작동 기억 내의 정보는 시각 형태보다는 주로 청각 형태로 저장된다고 하였다. 또한 실험 사례를 통하여 사람들이 글자를 잘못 기억할 때, 원래 글자와 시각적으로보다 청각적으로 유사한 글자로 착각한 경우가 훨씬 많았음을 알 수 있다. 따라서 빈칸에 들어갈 말로 가장 적절한 것은 ② '그 글자들이 어떻게 보였는가보다는 어떻게 들렸는가'이다.
① 그 글자들이 어떻게 시각적으로 표현되었는가
③ 그 글자들이 어떻게 발음되었는가보다는 어떻게 배열되었는가
④ 그 글자들이 얼마나 오래 보였는가보다는 얼마나 자주 나타났는가
오답 ① 시각적 특성보다 청각적 특성이 결정적이었다는 글의 내용과 반대된다.
해석 작동 기억 내에 저장된 많은 정보는, 특히 그 정보가 언어를 기반으로 할 때, 청각 형태로 암호화된다. 예를 들어 Conrad의 초창기 한 연구에서, 성인들에게 한 번에 하나씩 3/4초의 간격으로 연속된 여섯 개의 글자를 시각적으로 보여줬다. 연속된 글자들의 마지막 글자가 제시되자마자, 그 연구 참가자들은 쉽게 기억해 낼 수 없는 글자들을 짐작해 보면서, 자신들이 봤던 여섯 개의 글자들을 모두 적었다. 사람들이 글자들을 잘못 기억해 냈을 때, 그들이 봤다고 말한 글자들은 <u>그 글자들이 어떻게 보였는가보다는 어떻게 들렸는가</u>의 측면에서 실제 자극과 유사한 경향이 더 컸다. 예를 들면 연구 참가자들은 글자 'F'를 청각적으로 유사한 글자 'S'로 131번 '기억해 냈지만', 시각적으로 유사한 글자 'P'로는 14번 기억해 냈을 뿐이었다. 마찬가지로 참가자들은 글자 'V'를 'B'로 56번 기억해 냈지만, 'X'로는 5번만 기억해 냈다.

어휘 encode 암호화하다 auditory 청각의 sequence 연속적인 것 interval 간격 recall 기억해 내다 stimulus 자극(pl. stimuli) pronounce 발음하다

10
정답 ③
해설 같은 종(유전자)의 동물들은 유사한 사회적 행동을 하는 경향이 있다고 하며, 보통의 침팬지와 보노보의 예시를 통해 DNA가 바뀌지 않는 이상 동물의 행동에 극적인 변화는 없을 것이라고 하였다. 따라서 빈칸에 들어갈 말로 가장 적절한 것은 ③ '유전적 돌연변이'이다.
① 혁명적인 생각
② 사회적 합의
④ 종 간 경쟁
오답 ①② 침팬지의 혁명과 합의가 언급되긴 하나, 이는 동물들이 보통 유전적 경향을 벗어날 수 없음을 강조하기 위한 표현일 뿐 주제와는 거리가 멀다.
해석 사회적 동물의 행동은 환경 요인들과 개별 특성들의 영향을 받을 수도 있다. 그렇지만, 어떤 특정한 환경에서 동일한 종의 동물들은 유사한 방식으로 행동하는 경향이 있다. 대개 사회적 행동에서의 유의미한 변화는 <u>유전적 돌연변이</u> 없이는 나타날 수 없다. 예를 들어, 보통의 침팬지들은 우두머리 수컷이 이끄는 계층적 집단에서 생활하는 유전적 경향이 있다. 가까운 친척 관계에 있는 침팬지 종, 보노보의 구성원들은 보통 암컷 동맹들로 지배되는 더 평등주의적인 집단에서 생활한다. 평범한 암컷 침팬지들이 자신의 보노보 친척들에게서 교훈을 얻어 여성주의 혁명을 꾀할 수는 없다. 수컷 침팬지들이 헌법 제정 의회에 모여 우두머리 수컷이라는 관직을 폐지하고, 이제부터는 모든 침팬지들이 동등한 존재로 대우받아야 한다고 선언할 수도 없다. 행동에서의 그러한 극적인 변화는, 침팬지의 DNA에서 무언가가 변화했어야만 나타날 것이다.

어휘 peculiarity 특성 hierarchical 계층의 alpha male 우두머리 수컷 egalitarian 평등주의의 alliance 동맹 stage 꾀하다 constitutional assembly 헌법 제정 의회 abolish 폐지하다 consensus 합의 mutation 돌연변이

DAY 16 이메일

본서 p. 158

| 01 | ② | 02 | ② | 03 | ② | 04 | ④ | 05 | ② |
| 06 | ③ | 07 | ④ | 08 | ④ | 09 | ③ | 10 | ② |

01

정답 ②

해설 마켓 인근 주차 공간이 제한적인 것의 문제점을 지적하며, 마켓의 접근성을 높이기 위해 주차 공간을 더 확보해 달라는 내용의 글이다. 따라서 글의 목적으로 가장 적절한 것은 ② '마켓 인근의 주차 공간 확대를 요청하려고'이다.

오답 ③ 더 나은 주차 관리 전략이 언급되나 이는 더 많은 차량이 주차될 공간을 확보하려는 조치 중 하나일 뿐이며, '관리인'에 관해서는 언급조차 되지 않았다.

02

정답 ②

해설 마켓 인근에 주차 공간이 부족한 상황이 상인과 고객 모두에게 부정적인 영향을 미치는 것에 대해 고민을 표하는 내용이다. 맥락상 concerns는 '우려'라는 뜻으로 쓰였으므로, 이와 의미가 가장 가까운 것은 ② 'worries(우려)'이다.
① 노력 ③ 관심사 ④ 일, 사업

01-02

해석 수신: 센트럴 구청
발신: Mason Reed
날짜: 11월 11일 월요일
제목: 마켓 인근 주차

구 시설 담당자분께,

저는 시티 마켓 인근 주차 상황에 대한 제 우려를 표하고자 글을 씁니다. 시티 마켓 주변의 주차 공간은 특히 주말과 공휴일에 제한적입니다. 이는 많은 고객을 단념시켜 다른 곳으로 가게 하고, 상인들의 매출 감소와 함께 쇼핑객들이 마켓에서 제공되는 것들을 충분히 즐기지 못하는 결과를 초래합니다.

저는 (마켓) 접근성을 개선하기 위해 더 많은 주차 공간을 만들거나, 기존 시설을 개선하거나, 더 나은 주차 관리 전략을 시행하는 것과 같은 조치를 요청합니다. 예를 들어, 인근 공터를 단기 주차 공간으로 활용하는 것도 하나의 가능성 있는 해결책이 될 수 있습니다.

공영 주차 공간을 개선하면 고객들이 마켓을 더 쉽게 방문할 수 있어, 지역 사회 전체에 유익하고 지역 경제에도 긍정적인 기여를 할 수 있을 것입니다. 이 문제에 대한 시기적절한 조치를 기대합니다.

진심을 담아,

Mason Reed 드림

어휘 parking 주차 (공간) voice 표하다 deter 단념시키다 decline 감소하다 vendor 행상인 implement 시행하다 management 관리 strategy 전략 utilize 활용하다 vacant 빈 lot 부지 short-term 단기의 potential 가능성 있는 benefit 유익하다 contribute to ~에 기여하다 timely 시의적절한

03

정답 ②

해설 노인들이 많이 사용하는 공원 내 운동 기구가 파손되어 있어 안전상 위험을 초래하니 빠른 조치를 취하고, 앞으로도 기구의 유지 보수가 제대로 이루어질 것을 촉구하는 내용의 글이다. 따라서 글의 목적으로 가장 적절한 것은 ② '공원 운동 기구의 관리를 요청하려고'이다.
① 공원 내 노인 전용 시설을 제안하려고
③ 공원의 좋은 유지 보수를 칭찬하려고
④ 공원 내 더 많은 운동 기구를 요구하려고

오답 ④ 운동 기구의 확대가 아닌, 기존 기구의 적절한 유지 보수를 요청하는 내용이다.

04

정답 ④

해설 파손된 운동 기구들을 보수하는 동안만 폐쇄한다는 표지판을 세울 것을 추천한다는 내용이다. 맥락상 temporary는 '임시의'라는 뜻으로 쓰였으므로, 이와 의미가 가장 가까운 것은 ④ 'momentary(잠깐의)'이다.
① 갑작스러운 ② 장기적인 ③ 의무적인

03-04

해석 수신: 공공사업부
발신: Ava Mitchell
날짜: 10월 10일 목요일
제목: 지역 공원

관계자분께,

저는 지역 공원의 유지 보수 문제, 특히 노인들이 주로 사용하는 운동 기구에 관해 알려드리고자 글을 씁니다.

몇 가지 기구가 불안정한 상태입니다. 예를 들어, 레그 프레스 기구는 발판이 헐겁고, 체스트 프레스 기구의 손잡이가 마모되어 날카로운 모서리가 노출되어 있으며, 고정식 자전거의 시트는 갈라져 있습니다. 많은 노인이 매일 운동을 위해 이 기구들에 의존하고 있으며, 이것들의 점점 더 나빠지는 상태가 부상의 위험을 크게 키웁니다.

저는 이 기구들을 수리하거나 교체하기 위한 즉각적인 조치를 취할 것을 강력히 촉구합니다. 또한 유지 보수 기간에 사용자들에게 임시 폐쇄를 알리는 표지판을 설치하는 것을 추천합니다. 기구가 안전하게 유지되는 것을 확실히 하도록 정기 점검 일정을 잡는 것도 도움이 될 수 있습니다.

이 문제를 신속히 해결해 주실 것에 감사드립니다.

안부를 전하며,
Ava Mitchell 드림

어휘 maintenance 유지 보수 specifically 특히 primarily 주로 senior 노인(의) unstable 불안정한 loose 헐거워진 footplate 발판 wear down 마모시키다 stationary 고정된 cracked 금이 간, 갈라진 deteriorate 더 나빠지다 injury 부상 immediate 즉각적인 install 설치하다 signage 신호, 표지판 closure 폐쇄 beneficial 도움이 되는 routine 정례적인 inspection 점검 address 해결하다 promptly 신속히

05

정답 ②

해설 사업체 운영 시간 관련 새 규정에서 '소규모 사업체'에 관한 정의가 모호하여, 그에 대해 더 명확히 설명해 달라는 내용의 글이다. 따라서 글의 목적으로 가장 적절한 것은 ② '새 규정에 대한 명확한 설명을 요청하려고'이다.
① 새 규정이 불공정하다는 것을 항의하려고
③ 새 규정이 통과되었다는 것을 알리려고
④ 새 규정의 시작 날짜에 대해 문의하려고

06

정답 ③

해설 글의 중반부와 후반부에서 소규모 사업체의 정의가 명확하지 않으며, 그것을 정하는 기준을 명시해 달라고 언급되었다. 창출 수익은 수신인이 그저 기준의 예시 중 하나로 들고 있을 뿐, 정확한 기준은 밝혀지지 않았으므로, 글의 내용과 일치하지 않는 것은 ③ '사업체 규모의 정의는 창출 수익에 따라 결정되었다.'이다.
① 사업체 운영 시간에 관한 새 규정이 사흘 전에 통과되었다. → 글의 초반부에서 언급된 내용이다.
② 소규모 사업체의 하루 운영 시간은 이제 최대 16시간이다. → 글의 중반부에서 언급된 내용이다.
④ 코트하우스 카페가 소규모 사업체인지는 밝혀지지 않았다. → 글의 후반부에서 알 수 있는 내용이다.

05-06

해석 수신: information@fordham.gov
발신: ericsnyder@martins.com
날짜: 6월 24일
제목: 새 규정

담당자분께,

시의회가 사흘 전 회의에서 통과시킨 사업체 운영 시간 관련 새 규정을 방금 알게 되었습니다. 그 규정의 표현은 다소 모호해서 의미를 온전히 이해하기가 어렵습니다. 제가 시 정부로부터 더 명확한 설명을 들을 수 있을지 궁금합니다.

제가 이해한 바로는, 그 규정은 이제 소규모 사업체의 하루 운영 시간을 최대 16시간으로 제한합니다. 하지만 규정은 무엇이 "소규모 사업체"로 여겨지는지 명확하게 정의하고 있지 않습니다. 의회에서 소규모 사업체의 기준에 부합하는 것을 어떻게 결정하는지 명확히 해주시겠습니까? 직원 수, 창출 수익 또는 다른 기준에 따라 정의되는 겁니까?

이 정의를 이해하는 것은 제가 제 사업장인 코트하우스 카페가 이 범주에 해당하는지 판단하는 데 매우 중요합니다.

도움을 주셔서 미리 감사드립니다.

안부를 전하며,
Eric Snyder
코트하우스 카페 소유주

어휘 regulation 규정 regarding ~에 관하여 operating hours 운영 시간 council 의회 wording 표현, 단어 선택 somewhat 다소 ambiguous 모호한 implication 함의, 내포된 뜻 maximum 최대 constitute ~이 되는 것으로 여겨지다 clarify 명확하게 하다 qualify 기준에 부합하다 revenue 수익 generate 만들어 내다 criterion 기준(pl. criteria) establishment 영업소 in advance 미리 announce 알리다

07

정답 ④

해설 적절한 신발 착용, 난간 이용, 운전 조심 등 겨울철에 직원들이 지켜야 할 중요한 안전 수칙들을 제시하는 내용의 글이다. 따라서 글의 목적으로 가장 적절한 것은 ④ '겨울철 주요 안전 지침을 안내하려고'이다.

오답 ② 안전사고의 사후 대처보다는 사전 예방에 가까운 내용을 안내하고 있다.

08

정답 ④

해설 겨울철에 미끄러운 바닥에 넘어지지 않도록 상황에 맞는 신발을 신으라는 내용이다. 맥락상 proper는 '적절한'이라는 뜻으로 쓰였으므로, 이와 의미가 가장 가까운 것은 ④ 'appropriate(적절한)'이다.
① 진짜의 ② 격식을 차린, 정식의 ③ 정확한

07-08

해석 수신: selmembers@shimsonlab.com
발신: humanresources@shimsonlab.com
날짜: 2024년 11월 10일
제목: 중요 공지

전 직원분들께,

겨울철이 다가옴에 따라 직장과 가정에서 유의해야 할 몇 가지 중요한 안전 수칙을 상기시켜 드리고자 합니다.

1. 얼어 있거나 젖은 지면에서 미끄러져 넘어지지 않도록 적절한 신발을

착용하십시오.
2. 통로와 출입구에 눈과 얼음이 쌓이지 않게 하십시오.
3. 계단이나 경사로를 오르내릴 때는 난간을 이용하십시오.
4. 위험한 상황은 즉시 관리자에게 보고하십시오.
5. 겨울철에는 조심해서 운전하고 통근 시간에 여유를 두십시오.

이러한 지침을 준수한다면 겨울철에 위험을 최소화하고 안전을 유지할 수 있을 것입니다. 여러분의 안전이 저희의 최대 관심사임을 잊지 마십시오.

따뜻하게 지내십시오!

안부를 전하며,
인사팀

어휘 announcement 공지 remind 상기시키다 keep in mind 명심하다 footwear 신발 prevent 막다 slip 미끄러짐 surface 지면 walkway 통로 entrance 출입구 handrail 난간 ramp 경사로 hazardous 위험한 supervisor 관리자 immediately 즉시 cautiously 조심하여 commute 통근 (시간) minimize 최소화하다 human resources 인사부

09

정답 ③

해설 휴일이 아님에도 불구하고 기록 사무소 문이 잠겨 있어 필요한 기록 사본을 발급받지 못했던 것에 대해 강한 불만을 표하는 글이다. 따라서 글의 목적으로 가장 적절한 것은 ③ '사무소를 이용하지 못한 것에 대해 불평하려고'이다.
① 법적 기록 문서를 요청하려고
② 기록 발급 비용 인하를 요구하려고
④ 온라인 기록 발급 서비스에 대해 문의하려고
오답 ① 기록 문서를 따로 발급해 달라고 요청하는 것이 아니라, 발급받지 못했다는 이미 벌어진 일에 대해 항의하는 내용이다.

10

정답 ②

해설 내일 오후까지 법적 약속 관련 문제를 처리하기 위해 기록 사본을 발급받아야 했지만 사무소가 닫혀 있어 그러지 못했다는 내용이다. 맥락상 settled는 '해결된'이라는 뜻으로 쓰였으므로, 이와 의미가 가장 가까운 것은 ② 'resolved(해결된)'이다.
① 지불된 ③ 점령된, 사용 중인 ④ 시도된

09-10

해석 수신: info@albany.gov
발신: jhatfield@roadrunner.com
날짜: 7월 30일
제목: 정부 기록 사무소

관계자분께,

이 이메일은 시청 건너편에 위치한 정부 기록 사무소에 관한 것입니다. 저는 오늘 아침에 그 사무소를 방문했지만 문이 잠겨 있었고 아무도 내부에서 근무하고 있지 않았습니다. 오늘은 휴일이 아니라 사무소가 열려 있어야 했으므로 이런 일은 용납될 수 없습니다.

저는 내일 오후까지 해결되어야 할 개인적인 문제를 위해 몇 가지 기록 사본을 받아야 합니다. 오늘 사무소에서 그 일을 할 수 있어야 했는데, 그곳이 문을 닫은 것 때문에 이를 해낼 수 없었습니다. 그뿐만 아니라, 직원이 아무도 없는 이유를 알려주는 표지판도 전혀 없었습니다.

내일 사무소가 문을 열겠지만, 제가 법률 관련 약속에 맞춰 제시간에 서류를 받기는 어려울 것입니다. 저는 해명을 요구하는 바이며, 이에 대한 책임자가 징계받을 것을 요청합니다.

유감을 전하며,
Joseph Hatfield 드림

어휘 with regard to ~에 관하여 unacceptable 용납할 수 없는 copy 사본 accomplish 해내다 indicate 나타내다 be bound to RV ~하게 되어 있다 appointment 약속 explanation 해명 reprimand 질책[징계]하다 fee 요금, 수수료 issue 발급하다 unavailability 이용할 수 없음

DAY 17 이메일

본서 p. 168

| 01 | ③ | 02 | ③ | 03 | ③ | 04 | ③ | 05 | ③ |
| 06 | ① | 07 | ④ | 08 | ③ | 09 | ④ | 10 | ③ |

01

정답 ③

해설 중학교 교사가 시장에게 학교에 와서 정부의 기능과 운영 방식에 관해 학생들과 이야기 나누어 달라고 요청하는 내용의 글이다. 따라서 글의 목적으로 가장 적절한 것은 ③ '시장에게 학교에서의 강연을 부탁하려고'이다.

02

정답 ③

해설 글의 중반부에서 시장의 강연을 부탁하는 와중에 9월이나 10월 중 어느 때이든 괜찮다고 언급되므로, 글의 내용과 일치하는 것은 ③ 'Willis의 방문 시간은 두 달 안에서 유동적이다.'이다.
① Watson은 시 정부의 일원이다. → 글의 초반부에서 Watson은 중학교 교사라고 언급되므로 옳지 않다.
② Willis는 30분의 시간을 할애해 달라는 요청을 받는다. → 글의 중반부에서 Willis의 일정 중 약 1시간을 바란다고 언급되므로 옳지 않다.
④ Watson은 자신의 사무실 내선 번호를 알려 준다. → 글의 후반부에서 Watson의 개인 전화번호만 언급되므로 옳지 않다.

01-02

해석 수신: information@salemcityhall.gov
발신: jameswatson@robinson.edu
날짜: 9월 4일
제목: 강의 관련

관계자분께,

제 이름은 James Watson이고, 저는 로빈슨 중학교의 사회 교사입니다. 제 학생들이 이번 달에 정부를 공부하고 있는데, Peter Willis 시장님이 저희 학교에 방문하여 그들과 이야기 나누시도록 그분을 초청하고 싶습니다.

시장님의 일정이 매우 바쁘다는 것은 알고 있지만, 그분이 약 1시간 정도 이야기하고 질문에 답할 시간을 마련해 주셨으면 합니다. 9월이나 10월 중 어느 날과 시간이든 괜찮습니다. 제 학생 중 많은 아이들이 정부가 어떻게 기능하고 운영되는지에 관심을 보였습니다. 시장님께서 이러한 주제로 논의해 주시면 그들에게 귀중한 교육 기회가 될 것입니다.

이 이메일로 회신하시거나 제 개인 전화 (805) 236-5943으로 연락해 주십시오. 대단히 감사합니다.

James Watson 드림

어휘 invite 초청하다 mayor 시장 extremely 극히 approximately 대략 acceptable 허용할 수 있는 function 기능하다 operate 운영되다 discussion 논의 invaluable 귀중한 personal 개인적인 spare 할애하다, 내다 flexible 유동적인 extension 내선, 구내전화

03

정답 ③

해설 새로 설립된 노숙자 쉼터의 인력이 부족하다는 소식을 접하고 그곳에서 자원봉사를 하겠다며 지원하는 내용의 글이다. 따라서 글의 목적으로 가장 적절한 것은 ③ '노숙자 쉼터에 무료 노동을 제공하려고'이다.
① 노숙자 쉼터 이용 자격을 공유하려고
② 노숙자 쉼터의 노고에 감사를 표하려고
④ 노숙자 쉼터에 대해 불평하려고

오답 ① 글에서 자격이 언급되긴 하나, 노숙자 쉼터를 이용할 자격이 아닌, 그곳에서 봉사할 자격에 관한 것이다.

04

정답 ③

해설 이전에 유사한 경험들을 많이 쌓았기 때문에 새 노숙자 쉼터에도 긍정적으로 기여할 것을 확신한다는 내용이다. 맥락상 asset은 '이점, 자산'이라는 뜻으로 쓰였으므로, 이와 의미가 가장 가까운 것은 ③ 'benefit(이득)'이다.
① 자금, 돈 ② 유산 ④ 수확물

03-04

해석 수신: Tom Anderson <tom_anderson@destin.gov>
발신: Lucy Hardaway <l_hardaway@greenmail.com>
날짜: 9월 12일
제목: 노숙자 쉼터
첨부 파일: lucy_hardaway_이력서

Anderson 씨께,

저는 최근 <Daily Herald>에서 시의 새로운 노숙자 쉼터를 설립하는 데 있어 귀하의 중요한 역할에 대해 읽었습니다. 현재 쉼터에 인력이 부족하다는 사실을 알게 되어, 저는 자원봉사자로서 제 시간과 기술을 제공하고 싶습니다.

저는 이전에 노숙자 커뮤니티와 함께 일한 경험이 있습니다. 대학에 다니는 4년 내내 인근 노숙자 쉼터에서 다양한 역할을 맡으며 일했습니다. 이스트 헤이븐에서 사는 동안에도 비슷한 경험을 쌓았습니다.

저는 제가 귀하의 단체에 긍정적으로 기여할 수 있다고 확신합니다. 저는 월요일, 수요일, 목요일 저녁에 일할 수 있고, 토요일 오후에도 그곳에 갈 수 있습니다. 제 자격을 확인하실 수 있도록 이력서를 첨부했습니다.

제 지원서를 고려해 주셔서 감사합니다. 제가 귀하의 단체에 긍정적인 이점이 될 것이라 보시면 언제든지 연락해 주세요.

Lucy Hardaway 드림

어휘 shelter 쉼터 attachment 첨부 파일 resume(= résumé) 이력서 significant 중요한, 큰 presently 현재 understaffed 인원이 부족한 prior 이전의 take on 맡다 confident 확신하는 contribute to ~에 기여하다 qualification 자격 application 지원(서) complain 불평하다

05

정답 ③

해설 커뮤니티 센터에서 전 회원들에게 가족 멤버십, 실내 수영장, 개인 사물함, 수업과 관련한 변경 사항들을 알리는 내용의 글이다. 따라서 글의 목적으로 가장 적절한 것은 ③ '회원 정책의 조정 사항을 설명하려고'이다.
① 회원들에게 새로운 시설을 알리려고
② 회원들의 문의에 응답하려고
④ 멤버십 요금 인상에 대해 사과하려고
오답 ① 개인 사물함을 새로운 시설이라고 볼 수는 있겠으나, 이는 여러 변경 사항 중 하나에 불과하다.

06

정답 ①

해설 커뮤니티 센터의 변경 사항들을 안내하며 질문이나 의견이 따로 있으면 특정 인물에게 전하라는 내용이다. 맥락상 address는 '말하다'라는 뜻으로 쓰였으므로, 이와 의미가 가장 가까운 것은 ① 'speak(말하다)'이다.
② 해결하다 ③ 맞이하다 ④ 일컫다, 꼬리표를 달다

05-06

해석 수신: 모든 회원 <미공개 수취인>
발신: Janet Meyer <jmeyer@worcestercc.org>
날짜: 11월 28일
제목: 중요 업데이트

모든 회원분들께,

1월 1일부터 우스터 커뮤니티 센터에서 다음과 같은 변경 사항들이 시행될 것임을 알려드립니다. 이 업데이트는 모든 회원에게 적용되며, 여러분들의 센터에서의 경험을 향상하기 위한 것입니다. 변경 사항은 다음과 같습니다.

1. 가족 멤버십 요금이 연간 50달러 인상됩니다. 다른 요금은 영향받지 않습니다.
2. 실내 수영장을 이용하고자 하는 모든 회원은 매년 20달러의 추가 요금을 지불해야 합니다.
3. 모든 회원은 이제 남녀 탈의실에 있는 개인 사물함을 이용할 수 있습니다. 예약은 프런트에 문의해 주십시오.
4. 모든 회원은 이제 1년에 한 개의 수업을 무료로 등록할 수 있습니다. 여기에는 학업 및 운동 지도를 제공하는 수업이 포함됩니다.

이 변경 사항들이 커뮤니티 센터에서 제공하는 서비스의 질을 향상하기를 바랍니다. 질문이나 의견이 있으시면 (407) 555-7223으로 Jonah Hampton에게 말씀해 주세요.

진심을 담아,
Janet Meyer
우스터 커뮤니티 센터

어휘 undisclosed 밝혀지지 않은 recipient 수취인 implement 시행하다 as of ~일자로 intended 의도된 fee 요금 additional 추가의 changing room 탈의실 available 이용 가능한 inquire 문의하다; 문의 reserve 예약하다 eligible to RV ~할 수 있는 free of charge 무료로 athletic 운동의 instruction 지도 comment 의견, 지적 notify 알리다 adjustment 조정 apologize 사과하다

07

정답 ④

해설 재정 지원, 교육, 규제 완화와 같은 구체적인 계획을 제시하며 어려움을 겪는 소상공인들을 위한 시의 지원을 촉구하는 내용의 글이다. 따라서 글의 목적으로 가장 적절한 것은 ④ '지역의 소상공인 지원 방안을 제안하려고'이다.
오답 ② 시장이 아닌 소규모 사업체를 위한 지원에 관한 내용이다.

08

정답 ③

해설 제한적인 자원, 대기업과의 경쟁, 팬데믹의 경제적 여파 등 소상공인이 직면한 어려움을 토로하는 내용이다. 맥락상 lasting은 '지속적인'이라는 뜻으로 쓰였으므로, 이와 의미가 가장 가까운 것은 ③ 'enduring(지속되는)'이다.
① 오래된 ② 최근의 ④ 기억할 만한

07-08

해석 수신: 시의회
발신: Dayne Williams
날짜: 8월 22일 목요일
제목: 긴급한 지역 문제

관계자분께,

저는 한 소상공인으로서 우리 지역 사회의 소규모 사업체들이 직면한 긴급한 문제들에 대해 알려드리고자 합니다. 소규모 사업체들은 필수적인 상품, 서비스, 고용 기회를 제공하는 우리 지역 경제의 핵심입니다. 그러나 많은 사업체가 제한된 자원, 더 큰 기업과의 경쟁, 팬데믹의 지속적인 경제적 영향으로 인해 어려움을 겪고 있습니다.

우리 소규모 사업체들을 더 잘 지원하기 위해 다음과 같은 계획을 제안합니다.
1. 재정 지원: 운영 비용 및 성장을 위한 보조금 또는 저금리 대출 제공
2. 교육: 디지털 마케팅, 재무 관리, 사업 개발과 같은 다양한 주제의 워크숍 제공

3. 완화된 규제: 소규모 사업체의 원활한 운영을 지원하기 위한 규칙 및 규제 간소화

이러한 계획은 소규모 사업체를 지원하여 우리 지역 사회 전체에 도움이 될 것입니다. 고려해 주신다면 대단히 감사하겠습니다.

진심을 담아,
Dayne Williams 드림

어휘 urgent 긴급한 encounter 맞닥뜨리다 core 핵심 struggle 어려움을 겪다 competition 경쟁 corporation 기업 pandemic 팬데믹, 전국적인 유행병 initiative 계획 financial 재정의 grant 보조금 interest 이자 loan 대출 operating 운영의 regulation 규제 simplify 간소화하다 smoothly 원활하게 benefit 도움이 되다

09

정답 ④

해설 글의 후반부에서 기술적 문제가 발생한 것은 마이크라고 언급되므로, 글의 내용과 일치하지 않는 것은 ④ '프로젝터에 기술적 문제가 발생했다.'이다.
① BBB가 세미나에 자금 지원을 제공했다. → 글의 초반부에서 언급된 내용이다.
② 예상보다 적은 수가 세미나에 참석했다. → 글의 중반부에서 언급된 내용이다.
③ Brand의 연사 자리는 공석으로 남아 있었다. → 글의 중반부에서 언급된 내용이다.

10

정답 ③

해설 Julian Brand가 세미나에 연사로 나오기로 예정되어 있었으나 취소했다는 내용이다. 맥락상 appearance는 '출연'이라는 뜻으로 쓰였으므로, 이와 의미가 가장 가까운 것은 ③ 'attendance(출석)'이다.
① 모양 ② 인상 ④ 출판

09-10

해석 수신: Anna Crowley <anna_c@austin.gov>
발신: Ivan March <ivan@tpt.com>
날짜: 10월 3일
제목: 회계 세미나

Crowley 씨께,

저는 10월 1일에 시의 거래개선국(BBB)의 후원을 받은 회계 세미나에 참석했습니다. 유감스럽게도, 그 세미나는 형편없이 조직되었고 명시된 목표를 달성하지 못했습니다. 제가 목격한 몇 가지 문제점들을 간략히 말씀드리고자 합니다.

우선, 주최자인 Peter Lanier에 따르면 50명 이상이 (참석할 것으로) 예상되었지만, 명백한 홍보 부족으로 인해 12명만이 참석했습니다. 그 결과 참석자들이 인적 정보망을 형성할 기회가 제한적이었습니다. 또한 예정된 연사 중 한 명인 Julian Brand가 출연을 취소했는데, 대체자가 마련되지 않았습니다. 마이크에 기술적 문제가 있기도 해서 일부 연사의 목소리가 잘 들리지 않았습니다.

이러한 문제점들을 고려할 때, 저는 BBB가 모든 참석자에게 환불을 제공하는 것을 고려하고 행사의 미흡한 점에 대해 사과해야 한다고 생각합니다. 다시는 이런 일이 발생하지 않기를 바랍니다.

유감을 전하며,
Ivan March 드림

어휘 accounting 회계 sponsor 후원하다 bureau 국(局) stated 명시된 objective 목표 outline 간추려 말하다 apparent 명백한, ~처럼 보이는 advertising 광고 anticipate 예상하다 networking 인적 정보망 형성 scheduled 예정된 cancel 취소하다 replacement 대체자 arrange 마련하다 given ~을 고려할 때 refund 환불 apology 사과 shortcoming 부족한 점 funding 재정 지원 vacant 공석인 projector 프로젝터, 영사기

DAY 18 안내문

본서 p.178

| 01 | ③ | 02 | ③ | 03 | ③ | 04 | ④ | 05 | ② |
| 06 | ④ | 07 | ③ | 08 | ③ | 09 | ④ | 10 | ③ |

01

정답 ③

해설 창업을 하는 데 도움을 주기 위해 각종 전문가의 조언을 제공하는 세미나를 소개하는 글이다. 따라서 글의 제목으로 가장 적절한 것은 ③ '창업을 위한 도움을 받으세요'이다.
① 기업 윤리에 관한 무료 세미나
② 적합한 인재를 고용하는 방법에 관한 팁
④ 폐업 위기에 처한 기업을 위한 상담

오답 ④ 폐업 위기에 있는 기업이 아니라, 창업하려는 사람을 대상으로 하는 강연이다.

02

정답 ③

해설 글의 후반부에서 모든 참석자에게는 한 시간의 전화 상담이 무료로 제공된다고 언급되므로, 글의 내용과 일치하지 않는 것은 ③ '전화 상담에는 추가 비용이 든다.'이다.
① 행사는 하루 동안 진행된다. → 글의 중반부에서 언급된 내용이다.
② 강연자 중에는 전직 공무원도 있다. → 글의 중반부에서 언급된 내용이다.
④ 웹사이트에서 추가 정보를 얻을 수 있다. → 글의 후반부에서 언급된 내용이다.

01-02

해석 <u>창업을 위한 도움을 받으세요</u>

항상 자신의 사업을 갖기를 원했지만, 그저 어떻게 시작해야 할지 몰랐던 적이 있으신가요? 각종 정부 규제가 혼란스러우신가요? 대중에게 문을 열기 위해 어떤 허가가 필요한지 잘 모르시나요?

이 질문 중 하나라도 '예'라고 답했다면, 답을 알 수 있는 이번 기회를 놓쳐서는 안 됩니다.

베가스 컨설팅은 9월 14일 금요일 오전 9시부터 오후 5시까지 하루 동안 세미나를 개최합니다. 발표자로는 성공적인 기업가, 전직 공무원, 기업 변호사가 포함됩니다. 여러분은 직접 사업을 시작하는 방법에 대한 단계별 지침을 받게 됩니다.

겨우 250달러의 저렴한 비용으로 이러한 정보와 그 이상을 배울 수 있습니다. 또한 모든 참석자는 원하는 시간에 한 시간 무료 전화 상담을 받게 됩니다.

자세한 내용에 대해서는 www.vegasconsulting.com/seminar에 방문하세요.

어휘 regulation 규제 permit 허가 host 주최하다 entrepreneur 기업가 former 전직의 government official 공무원 attorney 변호사 step-by-step 단계별 instruction 지침 attendee 참석자 consultation 상담 ethics 윤리 firm 회사 closure 폐업, 폐점

03

정답 ③

해설 시에서 운영하는 세 동물 보호소를 소개하며, 유기된 반려동물의 입양을 장려하는 글이다. 따라서 글의 제목으로 가장 적절한 것은 ③ '반려동물을 위해 사랑이 넘치는 보금자리를 마련해 주세요'이다.
① 새로운 반려동물 보호소가 개설됩니다
② 반려동물 구호를 위해 기부하세요
④ 시 반려동물 보호소에 자원봉사자가 필요합니다

오답 ② 기부가 아닌, 입양을 장려하는 글이다.
④ 자원봉사자를 모집하는 글이 아니다.

04

정답 ④

해설 글의 후반부에서 반려동물을 키우는 것에 대해 책임질 준비가 되었는지 살피기 위한 면담이 있다고 했으므로, 글의 내용과 일치하는 것은 ④ '입양 신청자와의 면담이 따로 진행된다.'이다.
① 시는 반려동물의 임시 보호를 우선시한다. → 글의 초반부에서 반려동물에게는 일시적인 해결책이 아닌 평생의 보금자리가 필요하다고 언급되므로 옳지 않다.
② 시가 운영하는 동물 보호소에는 방문할 수 없다. → 글의 중반부에서 시가 운영하는 세 동물 보호소는 방문할 수 있도록 준비되어 있다고 언급되므로 옳지 않다.
③ 반려동물 입양 신청은 무료로 진행된다. → 글의 후반부에서 진지하지 않은 문의를 받지 않기 위해 5달러의 신청 수수료를 부과한다고 언급되므로 옳지 않다.

03-04

해석 <u>반려동물을 위해 사랑이 넘치는 보금자리를 마련해 주세요</u>

우리 시의 동물 보호소는 현재 잃어버렸거나 유기된 동물로 가득 차 있습니다. 저희는 책임감 있는 공동체 일원들의 도움을 구하고 있습니다.

개나 고양이를 입양할 생각이신가요? 그것은 큰 결정입니다. 이 동물들에게는 일시적인 해결책이 아니라 안전하고 사랑이 넘치는 영원한 보금자리가 필요합니다. 이들은 외롭고 겁이 많으며 과거에 길거리에서 힘든 삶을 살았던 경우가 많습니다. 반려동물을 입양한다는 것은 동물이 잘 자랄 수 있는 안정적이고 보살핌이 있는 환경을 제공한다는 의미입니다.

우리 시에는 세 곳의 동물 보호소가 당신의 방문을 위해 준비되어 있습니다.

주소	전화번호
그로브가 43번지	(703) 643-8821
애버크롬비로 193번지	(703) 238-8432
리버티길 56번지	(703) 981-2121

입양하기 전에: 간단한 신청서를 작성하셔야 합니다. 진지하지 않은 문의를 받지 않기 위해 신청 수수료 5달러가 부과됩니다. 또한 반려동물을 키우는 것에 대해 책임질 준비가 되었는지 확인하기 위해 친절한 면담을 진행합니다.

반려동물을 입양하는 것은 단순히 보금자리를 주는 것만이 아닙니다. 여러분의 삶에 기쁨과 애정을 가져다줄 평생의 친구를 만드는 일입니다.

어휘 animal shelter 동물 보호소 abandoned 버려진, 유기된 adopt 입양하다 temporary 임시의 stable 안정적인 thrive 잘 자라다 application 신청 fee 수수료 discourage 막다 unserious 진지하지 않은 inquiry 문의 commitment 헌신, 책임 ownership 소유 lifelong 평생 동안의 affection 애정

05

정답 ②

해설 글의 중반부에서 매년 일부 팀은 지도해 줄 코치가 없어 어려움을 겪는다고 언급되므로, 글의 내용과 일치하는 것은 ② '일부 팀은 그들을 도울 코치가 없다.'이다.
① 유소년 축구 리그는 여름에 열린다. → 글의 초반부에서 유소년 축구 리그는 가을에 열리는 것을 알 수 있으므로 옳지 않다.
③ 등록하기 위해서는 코칭 경험이 필요하다. → 글의 후반부에서 축구 경기나 전문 코칭 경험이 없어도 괜찮다고 말했으므로 옳지 않다.
④ 등록은 온라인 웹사이트를 통해 받는다. → 글의 후반부에서 등록하기 위해서는 전화해야 한다고 언급되므로 옳지 않다.

06

정답 ④

해설 일부 팀의 경우 축구 시즌 동안 팀을 지도할 코치가 없어 어려움을 겪는다는 내용이다. 맥락상 guide는 '지도하다'라는 뜻으로 쓰였으므로, 이와 의미가 가장 가까운 것은 ④ 'instruct(지도하다)'이다.
① 관광하다 ② 보호하다 ③ 통제하다

05-06

해석 유소년 축구를 코치하세요

가을이 다가오는데, 이는 곧 축구 시즌이 다가온다는 의미이기도 합니다. 켄모어 커뮤니티 센터에서는 그때 5세에서 17세 사이의 소년 소녀를 위한 유소년 축구 리그를 개최할 예정입니다. 하지만 이번 시즌을 성공으로 이끌기 위해서는 도움이 필요합니다.

매년 일부 팀은 시즌 동안 지도해 줄 코치가 없어 어려움을 겪습니다. 많은 공동체 일원들이 기꺼이 그 일을 하고 싶어 하지만 그 일을 어떻게 해야 할지 모르는 경우가 많습니다.

그래서 8월 21일 일요일에 유소년 축구 코치가 되고자 하는 분들을 위한 코칭 워크숍을 개최합니다. 참석자들은 축구 규칙, 연습 운영 방법, 경기 코칭 방법을 배우게 됩니다.

축구 경기 코치 경험이 없거나 전문 코칭 경험이 없어도 괜찮습니다. 저희는 코치가 필요하며 여러분이 그것이 되어 주기를 원합니다.

등록을 위해서는 Richard Willis에게 (403) 555-1832로 전화 주세요.

어휘 host 주최하다 struggle 어려움을 겪다 attendee 참가자 run 운영하다 practice 연습 register 등록하다 via ~을 통해

07

정답 ③

해설 각종 놀이기구, 게임, 포장마차, 음악 콘서트 등 여러 행사를 즐길 수 있는 마을 축제 개최 소식을 알리는 글이므로, 글의 제목으로 가장 적절한 것은 ③ '와서 즐겨보세요: 마을 축제가 돌아옵니다'이다.
① 4월에 예정된 연례 마을 퍼레이드
② 자신의 실력을 테스트하고 흥미로운 경품을 얻으세요
④ 푸드 트럭 축제가 우리 마을에 옵니다

오답 ②④ 경품을 주는 게임이나 포장마차는 여러 즐길 거리 중 하나로 언급되었을 뿐이므로 글의 전체 주제를 포괄하기에는 지엽적이다.

08

정답 ③

해설 글의 중반부에서 포장마차는 세계 각국의 음식을 선보인다고 언급되므로, 글의 내용과 일치하지 않는 것은 ③ '이 행사의 포장마차는 현지 요리를 제공한다.'이다.
① 이 행사는 이전에 마을에서 주최된 적이 있다. → 글의 초반부에서 2년 연속 개최하는 것이라고 언급되므로 작년에도 행사가 열린 것을 알 수 있다.
② 방문객들은 행사에서 다양한 놀이기구를 탈 수 있다. → 글의 중반부에서 언급된 내용이다.
④ 게임을 하고 놀이기구를 타려면 사람들은 돈을 지불해야 한다. → 글의 후반부에서 언급된 내용이다.

07-08

해석 와서 즐겨보세요: 마을 축제가 돌아옵니다

2년 연속으로 마을 축제가 다가옵니다. 올해 행사는 4월 3일부터 16일까지 마을 동쪽 가장자리에 있는 축제 마당에서 열립니다.

모든 연령대의 어린이와 신사 숙녀 여러분을 초대합니다. 여러분이 즐길 수 있는 관람차, 롤러코스터, 회전목마, 범퍼카 등의 놀이기구가 준비되어 있습니다. 또한 여러분은 경품을 제공하는 여러 게임을 할 수 있습니다. 세계 각국의 맛있는 음식을 맛볼 수 있는 포장마차에 들러보세요. 음악 콘서트, 연극 및 기타 쇼와 같은 특별 행사도 열립니다.

축제는 매일 오전 11시부터 자정까지 열립니다. 입장료는 없지만 각 놀이기구와 게임에는 비용이 발생합니다. 입장권은 각 놀이기구나 게임 현장에서 구매하실 수 있습니다.

상상하지 못했던 재미를 경험하고 싶다면 방문하고 싶은 만큼 방문해 보세요.

어휘 consecutive 연이은 fairground 축제 마당 edge 가장자리 Ferris wheel 관람차 merry-go-round 회전목마 numerous 많은 drop by ~에 들르다 food stall 노점, 포장마차 feature 특별히 포함하다 admission fee 입장료 purchase 구매하다 annual 연례의 host 주최하다 local 현지의 dish 요리

09

정답 ④

해설 글의 후반부에서 모든 캠프 참가자는 20달러의 참가비를 미리 지불해야 한다고 언급되므로, 글의 내용과 일치하는 것은 ④ '20달러의 참가비는 사전에 지불해야 한다.'이다.
① 캠핑 기간은 3박 4일이다. → 글의 초반부에서 캠핑은 2박 3일 동안 진행된다고 언급되므로 옳지 않다.
② 부모는 캠핑에 동행할 수 없다. → 글의 초반부에서 가이드 역할을 하는 일부 부모가 동행한다고 언급되므로 옳지 않다.
③ 7월 14일 오전 9시에 캠핑장에 도착할 예정이다. → 글의 중반부에서 캠핑장에 도착하는 시간은 오전 11시임을 알 수 있으므로 옳지 않다.

10

정답 ③

해설 2박 3일 동안의 캠핑 일정에 참가할 수 있는 사람은 13세부터 16세까지의 청소년이라는 내용이다. 맥락상 eligible은 '~할 자격이 있는'이라는 뜻으로 쓰였으므로, 이와 의미가 가장 가까운 것은 ③ 'entitled(~할 자격이 있는)'이다.
① 제한된 ② 제공된 ④ 장려된

09-10

해석 청소년 캠핑 여행

렉싱턴 커뮤니티 센터는 올여름 지역 청소년들에게 블랙 마운틴 국립공원에서 캠핑할 수 있는 기회를 제공하게 되어 기쁘게 생각합니다.

13세에서 16세 사이의 청소년에게는 7월 14일 금요일부터 16일 일요일까지 2박 3일간 캠핑 여행에 참여할 자격이 주어집니다. 캠프 참가자들은 커뮤니티 센터 직원과 가이드 역할을 하는 일부 부모와 동행하게 됩니다.

일정표:

날짜	시간	활동
7월 14일 금요일	오전 9:00	버스 타고 커뮤니티 센터에서 출발
	오전 11:00	캠핑장 도착
7월 15일 토요일	하루 종일	액티비티의 날
7월 16일 일요일	오후 6:00	커뮤니티 센터 도착

캠프 참가자들은 다양한 액티비티에 참여할 수 있습니다. 그중에는 하이킹, 낚시, 카누, 조류 관찰, 수영 등이 있습니다. 모든 캠프 참가자는 20달러의 참가비를 미리 지불해야 합니다. 자세한 내용에 대해서는 잭슨로 67번지에 위치한 렉싱턴 커뮤니티 센터를 방문하세요.

어휘 announce 알리다 local 지역[현지]의 opportunity 기회 youth 청소년 accompany 동행하다 depart 떠나다, 출발하다 engage in ~에 참여하다 fee 비용, 수수료 in advance 사전에, 미리

DAY 19 안내문

본서 p. 188

| 01 | ④ | 02 | ① | 03 | ④ | 04 | ① | 05 | ③ |
| 06 | ③ | 07 | ④ | 08 | ① | 09 | ① | 10 | ③ |

01

정답 ④

해설 곧 개관하는 문화 센터의 위치, 프로그램, 개관 날짜, 특별 행사 등 여러 정보를 알리기 위한 글이므로, 글의 제목으로 가장 적절한 것은 ④ '문화 센터가 곧 문을 엽니다'이다.
① 문화 센터를 이전합니다
② 시 문화 센터에 일자리가 있습니다
③ 지금 음악 수업을 신청하세요

오답 ② 문화 센터에서 봉사할 수 있다고 언급될 뿐, 이곳에서 일자리를 찾을 수 있다는 내용은 언급되지 않았다.
③ 음악 수업은 문화 센터가 제공하는 많은 수업 중 하나일 뿐이며, 이 글의 주목적이 음악 수업을 들을 사람들을 모집하는 데 있지는 않으므로 적절하지 않다.

02

정답 ①

해설 글의 초반부에서 언급된 문화 센터의 다양한 프로그램 중에 노래 레슨도 포함되므로, 글의 내용과 일치하는 것은 ① '노래 수업을 개설한다.'이다.
② 수업은 8월 5일에 시작한다. → 글의 중반부에서 수업은 8월 7일에 시작하는 것을 알 수 있으므로 옳지 않다.
③ 첫 번째 특별 행사는 주말에 열린다. → 글의 후반부에서 첫 번째 특별 행사는 금요일, 즉 평일에 열리는 것을 알 수 있으므로 옳지 않다.
④ 더 이상 자원봉사자를 모집하지 않는다. → 글의 후반부에서 주민들이 자원 봉사에 동참하도록 격려하고 있으므로 옳지 않다.

01-02

해석 문화 센터가 곧 문을 엽니다

데이비드슨 시는 8월에 새로운 문화 센터를 개관할 예정입니다. 이 건물은 헤럴드길과 실버로 북동쪽 코너에 위치합니다.

이 센터는 문화뿐만 아니라 학습과 오락의 원천이 될 것입니다. 모든 지역 주민들은 센터를 방문하여 센터에서 주최하는 다양한 행사와 활동에 참여할 수 있습니다. 그중에는 언어와 음악 수업은 물론 노래와 댄스 레슨도 포함됩니다.

세부 내용:
• **개관 날짜**: 8월 5일 월요일
• **수업 시작일**: 8월 7일 수요일

첫 번째 특별 행사:
• **행사**: 퓨전 아트 페스티벌

- **날짜**: 8월 9일 금요일
- **시간**: 오전 10:00 - 오후 8:00

주민들은 또한 행사 진행, 고객 서비스, 예술 작품 설치 지원 등의 자원봉사를 하도록 장려됩니다. 관심 있으신 분은 (555) 143-4329로 전화 주세요.

어휘 located ~에 위치한 local 지역의 resident 주민 numerous 많은 host 주최하다 encourage 장려하다 facilitation 용이하게 하기 installation 설치 relocate 이전하다 sign up 등록하다

03

정답 ④

해설 글의 후반부에서 해당 프로그램은 계절에 무관하게 연중 내내 이용 가능하다고 언급되므로, 글의 내용과 일치하지 않는 것은 ④ '일부 계절에는 프로그램이 운영되지 않는다.'이다.
① 최소 체류 기간은 이틀이다. → 글의 초반부에서 언급된 내용이다.
② 별을 관찰할 기회가 주어진다. → 글의 중반부에서 언급된 내용이다.
③ 현지 전문가가 프로그램에 참여한다. → 글의 후반부에서 언급된 내용이다.

04

정답 ①

해설 농촌 체험 프로그램 기간 동안 숙박이 저렴한 비용으로 제공된다는 내용이다. 맥락상 reasonable은 '적정한'이라는 뜻으로 쓰였으므로, 이와 의미가 가장 가까운 것은 ① 'fair(적정한)'이다.
② 순한 ③ 논리적인 ④ 평균의

03-04

해석 농촌 생활 체험 기회

우리 지방 자치 정부는 농촌 체험 프로그램을 통해 아주 특별한 기회를 제공합니다. 다양한 마을에서 이틀에서 2주 사이의 프로그램을 통해 농촌 생활을 즐겨보세요. 주요 활동은 다음과 같습니다.

- **농사 체험**: 과일 따기, 채소 재배, 곡식 추수
- **자연 감상**: 가이드가 안내하는 자연 산책, 별 관측
- **기타**: 전통 음식 만들기, 지역 공예 워크숍

최소 5인 이상의 그룹에 열려 있는 이 프로그램은 현지 전문가의 참여를 통해 종합적인 체험을 제공합니다. 숙박은 적정한 비용으로 제공되며, 자세한 사항은 저희 웹사이트에 있습니다. 이 프로그램은 계절에 무관하게 연중 내내 이용 가능합니다. 신청하려면 www.ruralexperience.kr에 방문하여 신청서를 작성해 주세요.

어휘 rural 농촌[시골]의 crop 농작물 harvest 추수하다 star gazing 별 관측 craft 공예 comprehensive 종합적인 local 현지의 accommodation 숙박 year-round 연중 계속되는 regardless of ~와 관계없이 application 신청

05

정답 ③

해설 글의 후반부에서 머드 화장품 부스 및 머드 킹과 퀸 대회가 언급되나, 머드 화장품 부스는 피부에 좋은 보령 진흙의 성분을 경험하는 행사이며, 머드 킹과 퀸 대회는 패션쇼이므로 피부 미인 콘테스트는 진행되지 않는 것을 알 수 있다. 따라서 글의 내용과 일치하지 않는 것은 ③ '피부 미인 콘테스트가 행사 중에 열린다.'이다.
① 매년 있는 행사이다. → 글의 초반부에서 언급된 내용이다.
② 다양한 행사가 일주일 이상 펼쳐진다. → 글의 초반부에서 언급된 내용이다.
④ 조기 신청자에게는 특별 할인 혜택이 주어진다. → 글의 후반부에서 언급된 내용이다.

06

정답 ③

해설 머드 화장품 부스에서 풍부한 미네랄을 함유하고 있는 보령 진흙을 경험할 수 있다는 내용이다. 맥락상 rich는 '풍부한'이라는 뜻으로 쓰였으므로, 이와 의미가 가장 가까운 것은 ③ 'abundant(풍부한)'이다.
① 값비싼 ② 귀중한 ④ 유익한

05-06

해석 보령 머드 축제 2024

세계적으로 유명한 머드 축제에 함께하세요. 이 연례 행사는 아름다운 해변에서 진흙을 소재로 한 활동을 경험하기 위해 전 세계에서 온 방문객들을 끌어모읍니다.

날짜: 2024년 7월 19일 - 7월 28일
장소: 보령 대천해수욕장

행사 하이라이트:
- 머드 레슬링: 흥미진진한 진흙 구덩이에서 친구들과 겨뤄보세요.
- 머드 슬라이드: 거대한 머드 슬라이드를 즐기세요.
- 머드 마라톤: 재미가 넘치는 마라톤에서 지구력을 시험하세요.
- 머드 화장품 부스: 보령 진흙의 풍부한 미네랄과 피부 효능을 경험하세요.
- 머드 킹과 퀸 대회: 머드 패션쇼에서 왕관을 두고 경쟁하세요.

입장권 정보:
- www.boryeongmudfestival.com 또는 입구에서 입장권을 구매하세요. 조기 신청 할인 혜택이 제공됩니다!

어휘 annual 연례의 pit 구덩이 endurance 지구력 cosmetics 화장품 purchase 구매하다 entrance 입구 early-bird 얼리 버드, 조기에 신청하는 discount 할인

07

정답 ④

해설 글의 후반부에서 최고 기록자와 가장 많은 기금을 모금한 참가자에게 상장을 수여한다고 언급되므로, 글의 내용과 일치하지 않는 것은 ④ '모

든 참가자에게 상장이 주어진다.'이다.
① 암 연구 및 환자 지원을 위한 행사이다. → 글의 초반부에서 언급된 내용이다.
② 달리는 거리는 세 유형으로 나뉜다. → 글의 초반부에서 언급된 내용이다.
③ 참가자가 모금 목표액을 정할 수 있다. → 글의 중반부에서 언급된 내용이다.

08

정답 ①

해설 모든 참가자는 무료 티셔츠와 선물 주머니를 받게 된다는 내용이다. 맥락상 complimentary는 '무료의'라는 뜻으로 쓰였으므로, 이와 의미가 가장 가까운 것은 ① 'free(무료의)'이다.
② 귀중한 ③ 추가의 ④ 할인된

07-08

해석 제15회 Running for a Cure에 여러분을 초대하게 되어 매우 기쁘게 생각합니다. 여러분의 모든 걸음과 여러분이 모금한 모든 기금은 획기적인 암 연구를 촉진시키고, 도움이 필요한 환자들에게 중요한 지원을 제공합니다. 함께 변화를 만들어 갑시다!

행사 세부 사항:
- 날짜: 6월 22일 토요일
- 시간: 오후 4시 - 오후 8시
- 장소: 올림픽 메인 스타디움
- 거리: 5km, 10km, 하프 마라톤

등록:
- www.runforcure.or.kr에 방문하세요.
- 양식을 작성하고 모금 목표를 설정하세요.

추가 정보:
- 모든 참가자는 <u>무료</u> 티서츠와 깜짝 선물이 담긴 선물 주머니를 받게 됩니다.
- 최고 기록자와 가장 많은 기금을 모금한 참가자를 위한 특별한 선물과 상장이 기다리고 있습니다.
- 가족 친화적인 활동, 가벼운 식사, 영감을 주는 공동체 분위기를 즐겨보세요.

기금 모금:
- 친구, 가족, 동료에게 후원을 요청하세요. 개인 모금 페이지를 소셜 미디어에 공유하여 활동을 확대하세요. 크든 작든 모든 기부는 우리가 치료에 더 가까워지도록 한다는 사실을 기억하세요.

어휘 thrilled 신이 난 annual 연례의 raise (자금을) 모으다 fuel 촉진하다 groundbreaking 획기적인 cancer 암 vital 필수적인 in need 어려움에 처한 register 등록하다 fundraising 모금 participant 참가자 goody bag 선물 주머니 refreshments 다과 inspiring 영감을 주는, 격려하는 atmosphere 분위기 reach out 연락을 취하려 하다 colleague 동료 sponsorship 후원 amplify 증폭시키다

09

정답 ①

해설 실내 정원을 가꾸는 방법을 알려주는 여러 강의를 안내하는 글이므로, 글의 제목으로 가장 적절한 것은 ① '실내 정원 가꾸기에 대해 더 배워보세요'이다.
② 우리 환경을 위해 같이 나무를 심어요
③ 저희 정원을 방문하여 멋진 사진을 찍으세요
④ 우리 지역 식물의 아름다움에 대해 알아보세요

오답 ② 같이 나무를 심는다는 내용은 언급되지 않았다.
④ 지역에서 자라는 식물에 대해 배우기 위한 강의가 아니다.

10

정답 ③

해설 글의 후반부에서 현장 접수는 받지 않는다고 언급되므로, 글의 내용과 일치하지 않는 것은 ③ '온라인과 현장 접수 모두 가능하다.'이다.
① 모든 세션은 오후에 열린다. → 글의 중반부에서 언급된 내용이다.
② 대전 시민은 할인받을 수 있다. → 글의 중반부에서 언급된 내용이다.
④ 지원자가 많을 시 대기자 명단이 만들어진다. → 글의 후반부에서 언급된 내용이다.

09-10

해석   **실내 정원 가꾸기에 대해 더 배워보세요**

다음 세션은 실내 정원 가꾸기와 식물 관리에 대한 공동체의 이해를 돕기 위해 마련되었습니다. 적절한 기술을 알려드림으로써 건강하고 아름다운 실내 식물을 유지하기 위한 지식을 익히도록 돕고자 합니다.

날짜	시간	강의 주제
7월 6일 토요일	15:00 - 17:00	실내 식물 선택 및 배치
7월 13일 토요일	13:00 - 15:00	실내 식물을 위한 해충 및 질병 관리
7월 20일 토요일	14:00 - 16:00	물 주기 및 습도 관리

수강료는 각 세션당 10달러입니다. 모든 세션은 대전 센터에서 진행됩니다. 대전 시민은 거주 사실을 증명할 경우 10% 할인을 받을 수 있습니다. 참가 인원은 최대 50명으로 제한됩니다.

6월 30일은 온라인으로 접수할 수 있는 마지막 날입니다. 접수하기 위해서는 www.daejeoncenter.or.kr을 방문하세요. 현장 접수는 받지 않습니다. 신청자가 정원보다 많을 경우, 취소로 인해 발생할 수 있는 공석을 채우기 위해 대기자 명단이 만들어집니다.

어휘 indoor 실내의 gardening 정원 가꾸기 proper 적절한 equip (지식 등을) 익히게 하다 maintain 유지하다 lecture 강의 placement 배치 pest 해충 disease 질병 water 물을 주다 humidity 습도 discount 할인 residence 거주 register 접수하다 on-site 현장의 applicant 신청자 waiting list 대기자 명단 opening 공석 local 지역의

DAY 20 웹페이지 글

본서 p. 198

| 01 | ④ | 02 | ② | 03 | ④ | 04 | ④ | 05 | ④ |
| 06 | ③ | 07 | ③ | 08 | ③ | 09 | ④ | 10 | ④ |

01

정답 ④

해설 5번째 문장에서 기존 또는 신규 임대차 계약이 있는 경우에만 주택 계약서가 필요하다고 언급되므로, 글의 내용과 일치하지 않는 것은 ④ '모든 신청자는 주택 계약서를 제출해야 한다.'이다.
① 그것은 청년들에게 저렴한 주택을 제공하는 것을 목표로 한다. → 첫 문장에서 언급된 내용이다.
② 그것에는 청년들을 위한 임대 보증금 지원이 포함된다. → 2번째 문장에서 언급된 내용이다.
③ 신청 시 자격 제한이 있다. → 4번째 문장에서 언급된 내용이다.

해석 청년 주거 지원 프로그램

정부는 19세에서 39세 사이의 청년들에게 저렴하고 안전한 주거 옵션을 제공하기 위해 고안된 청년 주거 지원 프로그램을 시작한다고 발표했습니다. 이 프로그램은 자격이 있는 신청자에게 월세 보조금, 보증금 지원 및 주택 상담과 같은 혜택을 제공합니다. 신청서는 9월 1일부터 11월 30일까지 온라인으로 제출할 수 있습니다. 신청자는 소득 및 거주 기준을 충족해야 합니다. 필요한 서류에는 모든 신청자의 소득 증명서와 신분증이 포함되며, 기존 또는 신규 임대차 계약이 있는 경우에만 주택 계약서가 필요합니다. 더 많은 정보를 얻으려면 제공된 링크[여기]를 클릭하세요. 자격을 갖춘 모든 청년들이 안정적이고 저렴한 주거를 확보할 수 있는 이 기회를 활용하시길 권장합니다.

어휘 housing 주거, 주택 launch 시작 affordable 저렴한 secure 안전한; 확보하다 benefit 혜택 rent 임대, 월세 subsidy 보조금 security deposit 보증금 counseling 상담 eligible 자격이 있는 applicant 신청자 residency 거주 criterion 기준(pl. criteria) identification 신분증 lease 임대차 계약 take advantage of ~을 활용하다 stable 안정적인

02

정답 ②

해설 글의 중반부에서 앱 내 이용 가능한 정보로 박테리아, 세균 및 기타 병원균을 확실히 제거하기 위한 식품 준비 방법이 언급되므로, 글의 내용과 일치하는 것은 ② '사용자는 식품에서 박테리아를 제거하는 방법을 배울 수 있다.'이다.
① 전문 요리사들 전용으로 개발되었다. → 글의 초반부에서 가정용으로도 이상적이라고 언급되었으므로 옳지 않다.
③ 유통 기한이 가까운 식품을 사용하는 요리법을 제공해 준다. → 글의 중반부에서 식품들의 유통 기한을 확인하는 방법만 언급될 뿐, 유통 기한이 임박한 식품의 요리법에 관해서는 언급되지 않았으므로 옳지 않다.
④ 사용자는 자신의 식품 알레르기 경험을 다른 사람들과 공유할 수 있다. → 글의 후반부에서 앱이 식품 알레르기성 반응을 인식 및 치료하는 방법에 대한 정보를 제공한다고만 언급될 뿐, 사용자들끼리 경험을 공유할 수 있다는 내용은 언급되지 않았으므로 옳지 않다.

해석 폴섬 시에서 가정용 및 전문가용으로 이상적인 앱인 Safe Food를 이제 막 출시했습니다. Safe Food는 주민들이 식품 안전 및 준비에 대한 다양한 측면을 확실히 인식하게 되도록 설계되었습니다. 이 앱은 다음과 같은 정보를 제공합니다.

* 다양한 과일, 채소, 육류 및 유제품을 안전하게 보관하는 방법
* 박테리아, 세균 및 기타 병원균을 확실히 제거하기 위한 식품 준비 방법
* 신선 식품, 통조림 및 냉동식품의 유통 기한을 확인하는 방법
* 특정 식품 섭취 후 알레르기성 반응을 인식하고 치료하는 방법

Safe Food는 귀하와 귀하의 가족이 섭취하는 식품이 적절하게 조리되고 신선하며 섭취하기에 안전하도록 보장할 것입니다.

어휘 dairy product 유제품 germ 세균 pathogen 병원균 eliminate 제거하다 expiration date 유통 기한 allergic 알레르기성의 reaction 반응 ingest 섭취하다 guarantee 보장하다 consume 섭취하다

03

정답 ④

해설 마지막 문장에서 사전 예약뿐만 아니라 공항에 도착해서 요청하는 것도 가능하다고 언급되므로, 글의 내용과 일치하지 않는 것은 ④ '그것을 이용하려면 사전 예약이 필수이다.'이다.
① PRM만 사용할 수 있는 보안 검색대가 있다. → 2번째 문장에서 언급된 내용이다.
② 그것은 체크인 시 PRM에 대한 지원을 제공한다. → 2번째 문장에서 언급된 내용이다.
③ PRM은 셔틀버스에서 지정된 좌석을 사용할 수 있다. → 3번째 문장에서 언급된 내용이다.

해석 인천 공항 승객을 위한 특별 지원 서비스

인천 공항은 거동이 불편한 승객들(PRM)의 편안한 이동을 보장하기 위해 종합적인 특별 지원 서비스를 제공합니다. 서비스에는 휠체어 대여, PRM 전용 체크인 카운터 및 보안 검색대, 공항 이동 및 체크인 수속 지원, 단기 및 장기 주차장 전용 공간 등이 포함됩니다. 또한, 지정 좌석이 있는 전용 셔틀버스, 유도 블록, 점자 표지판, 장애인용 화장실 및 시설도 제공됩니다. 공항 의료 센터에서 응급 의료 서비스도 이용하실 수 있습니다. 공항 웹사이트 또는 고객 서비스 센터를 통해 미리 예약을 하시거나 (공항에) 오셔서 도움을 요청하실 수 있습니다.

어휘 assistance 지원, 도움 comprehensive 종합적인, 포괄적인 ensure 보장하다 comfortable 편안한 navigation 이동 mobility 이동성 dedicated 전용의 security checkpoint 보안 검색대 reserved 따로 둔, 지정의 guidance block 유도 블록 braille 점자 accessible 이용하기 쉬운, 장애인용의 facility 시설 in advance 미리 assigned 할당된, 지정된

04

정답 ④

해설 글의 후반부에서 점검원이 시간이나 요일 관계없이 파견될 것이라고 언급되므로, 글의 내용과 일치하지 않는 것은 ④ '점검원은 영업시간에만 일정이 잡힌다.'이다.
① 미드타운 가스는 가정과 사업체 모두에 서비스를 제공한다. → 글의 초

반부에서 언급된 내용이다.
② 고객을 위한 모든 검사는 무료로 실시된다. → 글의 초반부에서 언급된 내용이다.
③ 전화 응답이 즉시 제공된다. → 글의 중반부에서 언급된 내용이다.

해석 미드타운 가스에서는 저희 고객의 안전이 무엇보다 중요합니다. 당사는 누출이나 기타 문제가 없는지 확인하기 위해 모든 주택과 사업장에 대해 매년 점검을 실시합니다. 이러한 검사는 고객에게 무료로 제공됩니다.

가스 냄새가 나거나 누출이 의심되는 경우, 온라인으로 여기를 클릭하거나 (306) 555-8711로 전화하여 즉시 연락해 주세요. 전화가 즉시 응답되거나 몇 분 내로 온라인 회신을 받으실 수 있습니다. 시간이나 요일에 관계없이 점검원이 신속히 파견될 것입니다. 점검원이 문제의 성격을 확인하기 위해 연락할 수 있도록 주소와 전화번호를 알려 주세요.

어휘 conduct 실시하다 inspection 점검 leak 누출 free of charge 무료로 suspect 의심하다 immediately 즉시 at once 즉시 response 회신, 응답 promptly 신속히 identify 확인하다 at no cost 무료로 solely 오로지 business hours 영업시간

05

정답 ④

해설 마지막 2번째 문장에서 추가 비용을 내면 제주 올레 패스포트 QR 스탬프 서비스를 이용할 수 있다고 언급되므로, 글의 내용과 일치하지 않는 것은 ④ '그것에는 무료 제주 올레 패스포트 QR 스탬프 서비스가 포함되어 있다.'이다.
① 그것은 모든 올레길에 대한 실시간 경로 정보를 제공한다. → 2번째 문장에서 언급된 내용이다.
② 그것에는 주변 서비스와 날씨에 대한 정보가 포함되어 있다. → 3번째 문장에서 언급된 내용이다.
③ 그것은 사용자가 코스를 벗어날 경우 경고하는 신호를 제공한다. → 5번째 문장에서 언급된 내용이다.

해석 제주 올레 패스 앱으로 제주를 탐험하세요
제주 올레 패스 애플리케이션은 아름다운 제주 올레길을 탐험하는 데 있어 최고의 가이드입니다. 이 사용자 친화적인 앱은 26개 제주 올레길 코스 전체에 대한 상세한 지도와 실시간 내비게이션을 제공합니다. 기능에는 코스 설명, 관심 지점, 주변 (편의) 시설, 최신 날씨 정보가 포함됩니다. 또한, 이 앱은 제주도의 다양한 풍경 속에서의 여정을 더욱 풍성하게 만들어 줄 지역의 야생 동물에 대한 정보를 제공합니다. GPS 추적 기능을 통해 길을 쉽게 찾고 코스를 유지할 수 있으며, 경로 이탈 시 알림 기능도 추가되어 있습니다. 제주 올레 패스 앱은 무료이며 추가 비용을 지불하면 앱에 포함된 제주 올레 패스포트 QR 스탬프 서비스를 이용할 수 있습니다. 이전에는 종이 형태로만 제공되던 제주 올레 패스포트는 이제 온라인으로도 이용할 수 있습니다.

어휘 ultimate 최고의 trail 길 user-friendly 사용자 친화적인 real-time 실시간의 route 경로, 코스 feature 특징, 기능 description 설명 wildlife 야생 동물 enhance 향상하다 diverse 다양한 landscape 풍경 tracking 추적 alert 경보, 알림 go off ~에서 벗어나다 previously 이전에 close-by 인접한 warn 경고하다

06

정답 ③

해설 5번째 문장에서 개별 상황에 따라 상담 시간이 조정될 수 있다고 언급되므로, 글의 내용과 일치하는 것은 ③ '상담 시간은 개인의 필요에 맞춰 조정될 수 있다.'이다.
① 모든 지역 주민들은 10주 동안 매일 서비스를 이용할 수 있다. → 2번째 문장에서 주민들은 10주 동안 주 2회 무료로 이용할 수 있다고 언급되므로 옳지 않다.
② 모든 상담 세션은 원칙상 대면으로 진행된다. → 4번째 문장에서 세션 이용은 대면과 온라인 모두 가능하다고 언급되므로 옳지 않다.
④ 고객 요청에 따라 추가 상담 세션이 제공된다. → 마지막 2번째 문장에서 고객이 아닌 상담사의 의견을 바탕으로 추가 상담이 배정될 수 있다고 언급되므로 옳지 않다.

해석 지역 심리 상담 센터 개소
새로운 지역 심리 상담 센터가 문을 열었습니다. 모든 주민들이 이용할 수 있으며, 주민들은 이곳을 10주 동안 주 2회 무료로 이용할 수 있습니다. 면허가 있는 치료사 팀이 스트레스, 불안, 우울증, 기타 정신 건강 문제에 대해 전문적이고 개인 맞춤화된 도움을 줍니다. 세션은 대면 형식과 온라인 형식으로 모두 제공됩니다. 저희 웹사이트에 상담 세션 일정이 게시되며, 시간은 개별 상황에 따라 조정될 수 있습니다. 10주의 무료 세션 기간 후 상담사의 의견에 따라 추가 상담이 마련될 수 있습니다. 센터는 개인적인 걱정을 논할 수 있는 안전하고 비밀이 보장되는 환경을 제공함으로써 정신 건강 및 복지를 향상하는 것을 목표로 합니다.

어휘 psychological 심리의, 정신의 counseling 상담 resident 주민 licensed 면허[자격증]를 소지한 therapist 치료사 expert 전문적인 personalized 개인 맞춤화된 anxiety 불안 depression 우울증 in-person 대면의 post 게시하다 adjust 조정하다 circumstance 상황 arrange 마련하다 complimentary 무료의 confidential 은밀한 adapt 조정하다 upon request 요청에 따라

07

정답 ③

해설 사내 홈페이지에서 입사 지원을 하는 방법과 절차를 설명하는 내용의 글이다. 따라서 글의 목적으로 가장 적절한 것은 ③ '입사 지원 절차에 대한 안내를 제공하려고'이다.
① 공석에 대한 자세한 직무 설명을 제공하려고
② 회사 연혁과 장기 비전을 공유하려고
④ 회사 인트라넷의 사용 방법을 설명하려고
오답 ① 일자리에 대한 직무 소개가 상세히 언급되어 있지 않다.

해석 WPL 사는 여러 지사와 공장에 필요한 인력을 지속적으로 채용하고 있습니다. 입사 지원에 관심이 있는 사람은 누구나 온라인으로 지원할 수 있습니다. 먼저 "구인 공고" 페이지를 방문하여 관심 있는 직무를 클릭하십시오. 그런 다음 화면에 표시되는 지원서를 작성하십시오. 그 이후, 귀하의 이력서를 업로드하십시오. 그러면 WPL 사의 직원으로서 귀하가 어떻게 기여할 수 있는지 설명하셔야 하는 페이지로 이동하게 됩니다. 안내에 따라 해당 부분을 작성하십시오. (작성하신) 답변이 만족스러우시면 "지원서 제출" 버튼을 클릭하십시오. 그러면 절차상 다음 단계를 설명하는 이메일을 받게 됩니다.

어휘 constantly 지속적으로 hire 채용하다 numerous 다수의 apply for

~에 지원하다 complete 작성하다 résumé 이력서 direct 방향 짓다, 보내다 instruction 설명 vacancy 공석 intranet 인트라넷, 내부 전산망

08

정답 ③

해설 4번째 문장에서 SSA가 사회 보장 번호 발급을 담당한다고 언급되므로, 글의 내용과 일치하는 것은 ③ '그것은 사회 보장 번호를 할당하는 일을 처리한다.'이다.
① 그것은 전적으로 지역 차원에서 운영되는 기관이다. → 첫 문장에서 미국 정부의 기관이라고 언급되며 이는 지역 차원을 넘어선 국가 차원이라는 뜻이므로 옳지 않다.
② 그것은 청년들을 재정적으로 지원하는 프로그램을 운영한다. → 3번째 문장에서 저소득 노인과 장애인을 재정 지원하는 프로그램을 감독한다고만 언급될 뿐, 청년 지원에 관해서는 언급되지 않았으므로 옳지 않다.
④ 그것은 근로자 소득의 대략적인 추정치를 계산한다. → 마지막 2번째 문장에서 '정확한' 근로자 소득 기록을 '보유'한다고 언급되므로 옳지 않다.

해석 사회보장국
미국 연방 정부 기관인 사회보장국(SSA)은 사회 보장 프로그램을 관리하는 책임을 맡고 있습니다. 주요 책무는 신청서를 처리하여 은퇴, 장애, 유족 보험 혜택을 자격 있는 사람에게 배분하는 일을 포함합니다. SSA는 저소득층 노인, 시각 장애인, 또는 장애인에게 재정 지원을 제공하는 보충적 보장 소득(SSI) 프로그램을 감독합니다. SSA는 사회 보장 번호 발급과 사회 보장 신탁 기금 관리도 담당합니다. 또한 모든 근로자의 정확한 소득 기록을 보유하여 신뢰할 수 있는 수당 계산을 보장합니다. SSA의 목표는 이 프로그램들을 제대로 관리함으로써 수백만 미국인의 재정적 안정을 보장하는 것입니다.

어휘 security 보장 primary 주요한 responsibility 책무 process 처리하다 application 신청(서) distribute 배분[할당]하다 benefit 혜택, 수당 retirement 은퇴 disability 장애 survivor 유족, 생존자 insurance 보험 eligible 자격이 있는 oversee 감독하다 supplemental 보충의 give out 지급[발급]하다 trust fund 신탁 기금 accurate 정확한 earning 소득 reliable 믿을 수 있는 calculation 계산 rough 대강의 estimate 추정치

09

정답 ④

해설 글의 후반부에서 프리미엄 기능에는 매달 5달러가 부과된다고 언급되므로, 글의 내용과 일치하지 않는 것은 ④ '그것은 프리미엄 기능에 대해 5달러의 일회성 요금을 부과한다.'이다.
① 그것은 국립 공원에 대한 실시간 기상 알림을 제공한다. → 글의 초반부에서 언급된 내용이다.
② 이용자들은 그것에서 하이킹 및 자전거 루트 지도를 얻을 수 있다. → 글의 중반부에서 언급된 내용이다.
③ 방문객들은 그것을 통해 공원 직원에게 질문할 수 있다. → 글의 중반부에서 언급된 내용이다.

해석 우리나라 국립 공원을 방문하는 분들은 이제 누구나 무료로 **Visit National Parks** 모바일 앱을 이용할 수 있다는 사실에 반가워하실 것입니다. 이 앱을 통해 방문객들은 다음을 수행할 수 있습니다.

* 공원의 실시간 기상 상황에 대한 업데이트 받기
* 주차장, 화장실, 안내소, 피크닉장, 캠프장의 위치 확인
* 하이킹 및 자전거 코스가 표시된 지도 다운로드
* 공원 직원에게 연락하여 문의 및 도움 요청
* 다른 방문객을 위한 사진 게시 및 리뷰 남기기

시작하려면 여기를 클릭하고 설명에 따라 모바일 기기에 앱을 다운로드하여 설치하세요. 캠프장 우선 이용과 독점 조기 예약 옵션과 같은 프리미엄 기능을 이용하는 데 매월 5달러의 요금이 부과됩니다.

어휘 real-time 실시간의 campground 캠프장 feature 특별히 포함하다; 기능 trail 코스, 루트 inquiry 문의 instruction 설명 install 설치하다 priority 우선 exclusive 독점적인 booking 예약 charge 청구하다

10

정답 ④

해설 마지막 문장에서 시장과 시의원들과의 만남을 주선하려면 '여기'를 클릭하라고 언급되는데, 이는 웹페이지를 통해 진행된다는 의미이다. 따라서 글의 내용과 일치하지 않는 것은 ④ '시장과의 만남은 전화로 주선되어야 한다.'이다.
① Sarah Washington이 시장으로 선출되었다. → 3번째 문장에서 언급된 내용이다.
② Roger Walls가 새로운 의원으로 합류한다. → 4번째 문장에서 언급된 내용이다.
③ Patricia Sellers는 연속으로 5번째 임기를 수행하고 있다. → 마지막 3번째 문장에서 언급된 내용이다.

해석 인구 약 37,000명이 거주하는 그로버 시는 가장 최근의 지방 선거를 마쳤습니다. 시 주민들은 새로운 시장과 3명의 시의원을 선출하는 투표를 실시했습니다. Sarah Washington이 새로운 시장이며 임기는 4년입니다. 새로 선출된 시의원은 Darren Hanover, Melissa Stanton, Roger Walls입니다. 시의회는 총 5명의 위원으로 구성되어 있으며, 이 중 2명은 재선되었습니다. Patricia Sellers는 5번 연속 임기를 수행하게 되며, Douglas Peterson은 두 번째 임기를 수행하게 됩니다. 6명 모두 시청에 사무실을 두고 있으며 (406) 555-9848로 전화하면 연락할 수 있습니다. 이분들과의 만남을 주선하려면 여기를 클릭하세요.

어휘 approximately 대략 conclude 마치다 election 선거 term 임기 consecutive 연이은 councilor 의원 in a row 연속으로

DAY 21 실전 모의고사 1회

본서 p. 210

| 01 | ④ | 02 | ③ | 03 | ② | 04 | ④ | 05 | ② |
| 06 | ③ | 07 | ② | 08 | ② | 09 | ① | 10 | ② |

01

정답 ④

해설 글의 후반부에서 11월 1일과 2일에는 입장료가 50% 할인된다고 언급되므로, 글의 내용과 일치하지 않는 것은 ④ '입장료는 11월 내내 동일하다.'이다.
① 새로운 부속 건물에서는 르네상스 미술 작품을 전시할 예정이다. → 글의 초반부에서 언급된 내용이다.
② 새 전시의 일부 작품은 박물관이 소유하고 있지 않다. → 글의 중반부에서 언급된 내용이다.
③ 개관식에서는 연설이 있을 예정이다. → 글의 후반부에서 언급된 내용이다.

02

정답 ③

해설 11월 1일과 2일에는 기본 입장료에서 50% 할인된 가격으로 입장권을 제공한다는 내용이다. 맥락상 discounted는 '할인된'이라는 뜻으로 쓰였으므로, 이와 의미가 가장 가까운 것은 ③ 'deducted(차감된)'이다.
① 제공된 ② 도외시된 ④ 증가된

01-02

해석 르네상스 미술에 대해 알아보세요

고든 박물관이 11월 1일 토요일에 새로운 부속 전시관을 개관한다는 소식을 알려 드리게 되어 기쁘게 생각합니다.

이 부속 전시관에는 르네상스 시대의 예술 작품이 전시될 예정입니다. 오셔서 이탈리아, 프랑스, 네덜란드, 영국 출신의 거장들이 만든 작품을 감상해 보세요. 영구 소장품에는 50점 이상의 그림이 있는 반면, 다른 40점은 향후 2년간 박물관에 대여될 예정입니다.

박물관은 11월 1일 토요일 정오부터 오후 2시까지 특별 개관식을 개최합니다. 누구나 자유롭게 참석할 수 있습니다. 박물관 큐레이터인 Julio Marino와 르네상스를 전공하는 저명한 미술사학자인 Dean Verma 교수의 연설이 있을 예정입니다.

11월 1일과 2일에는 박물관 입장료가 50% 할인됩니다. 11월 3일부터는 기본 입장료로 1인당 10달러, 어린이와 노인은 7달러가 적용됩니다.

어휘 wing 부속 건물, 동 feature 특징을 이루다 permanent 영구적인 on loan 대여하여 noted 유명한 specialize 전공하다 admission fee 입장료 the elderly 노인들

03

정답 ②

해설 지역 주민들이 긴 대기 시간, 불충분한 의료진 및 시설 등 공공 보건 서비스를 이용하며 겪는 불편 사항들을 나열하며 그에 대한 개선 방법을 제안하는 내용의 글이다. 따라서 글의 목적으로 가장 적절한 것은 ② '지역 공공 보건 서비스의 개선을 요청하려고'이다.

오답 ④ 지역 공공 보건 서비스 개선 시 보건소의 자원이나 권한을 넘어설 경우, 정부가 아닌 지역 자치 단체에 도움을 요청하라는 내용이며, 애초에 보건소 외부 단체의 개입을 적극적으로 요구하고 있지도 않다.

해석 수신: 보건소장
발신: Emma Turner
날짜: 8월 22일 목요일
제목: 공공 보건 서비스

보건소장님께,

이 이메일이 당신께 잘 전달되길 바랍니다. 저는 우리 지역 사회 공공 보건 서비스의 현재 상태에 대한 우려를 전달하고자 연락드립니다. 많은 주민이 긴 대기 시간, 부족한 의료진, 불충분한 시설을 겪고 있습니다. 최근 몇 달간, 저는 병원을 방문하면서 이러한 불편 사항들을 목격했습니다.

저는 우리의 공공 보건 서비스를 향상하기 위한 즉각적인 조치를 요청합니다. 여기에는 의료 전문가 수를 늘리고, 의료 시설을 업그레이드하고, 환자 관리 프로세스를 개선하는 것이 포함될 수 있습니다. 이러한 변화들이 보건소의 자원이나 권한을 넘어서는 것이라면, 이 중대한 문제를 해결하기 위해 지역 자치 단체에 도움을 요청하시기를 촉구합니다.

이 중요한 문제에 관심을 가져 주셔서 감사합니다.

진심을 담아,
Emma Turner 드림

어휘 reach out 연락하다, 접근하다 convey 전달하다 regarding ~에 관하여 resident 주민 insufficient 불충분한 inadequate 불충분한 facility 시설 inconvenience 불편 immediate 즉각적인 enhance 향상하다 authority 권한, 당국 assistance 도움 address 해결하다

04

정답 ④

해설 어른의 간섭이 없는 아이들의 집단에서는 권력이 센 아이가 집단을 완전히 지배하여 훨씬 적은 자유가 존재하며, 타인에 대한 배려는 어른의 간섭이 있어야 학습된다는 내용이다. 따라서 글의 주제로 가장 적절한 것은 ④ '보육에 있어서 어른의 간섭의 필요성'이다.
① 보육에 있어서 자유의 중요성
② 다양한 환경에서의 아이들의 행동 이해하기
③ 아이들 집단에서 승자와 노예의 관계

오답 ① 아이들 관계에 있어서의 자유를 위해서라도 보육에 있어서는 오히려 반대로 간섭이 중요하다는 내용이다.
③ 아이들 집단 내 승자와 노예는 어른의 간섭이 없을 때의 사태를 설명하기 위해 언급될 뿐, 이 둘의 관계는 중심 소재가 아니다.

해석 자유를 옹호하는 몇몇 사람들이 크게 중요하게 여기지 않는 고려 사항이 있다. 어른의 간섭 없이 남겨진 아이들 집단에서는 더 강한 아이의 독재가 있는데, 그것은 대부분의 어른의 독재보다 훨씬 더 잔혹할 가능성이 있다. 만약 두세 살배기인 두 명의 아이들이 함께 놀도록 남겨지면, 그들은 몇 번의 다툼 끝에 어느 쪽이 승자가 될 것인지 발견하고, 그리고 나서 나머지 한 명은 노예가 될 것이다. 아이들의 수가 더 많아지면 한두 명이 완전히 지배를 하게 되고, 나머지 아이들은 어른들이 더 약하고 덜 호전적인 아이들을 보호하기 위해 간섭했더라면 가졌을 자유보다 훨씬 적은 자유를 가지게 된다. 다른 사람들을 배려하는 것은 대부분의 아이들에 있어 저절로 생겨나는 것이 아니라 가르쳐져야 하는 것이고, 권한 행사를 하지 않고서는 거의 가르칠 수 없다. 아마도 이것은 어른들이 권한을 포기하는 것에 반대하는 가장 중요한 논쟁일 것이다.

어휘 advocate 옹호자 attach (중요성을) 두다 interference 간섭 tyranny 독재 brutal 잔혹한 bound ~할 가능성이 큰 mastery 지배(력) pugnacious 호전적인 spontaneously 자발적으로 abdication (권력의) 포기

05

정답 ②

해설 우리의 방과 소유물은 우리가 가치 있게 여기는 것을 표현한다는 내용의 글이므로, 글의 요지로 가장 적절한 것은 ② '우리가 사는 것은 우리가 삶에서 가치 있게 여기는 것을 반영한다.'이다.
① 우리가 사는 곳이 우리가 소비하는 것을 결정한다.
③ 윤리는 소비자 행동에 거의 영향을 끼치지 않는다.
④ 과도한 지출은 우리의 윤리적 가치관에 어긋난다.

오답 ③ 우리의 소비 행위에 우리의 윤리적 가치관이 반영된다는 글의 내용과 반대된다.

해석 우리가 방에 가구를 비치하거나 옷장을 채울 때, 우리는 "나는 그것을 원한다"라고 말할 뿐만 아니라, 제조업자들에게 "그것을 더 많이 만들어라"라고도 말한다. 즉 추출, 생산, 분배, 마케팅, 판매의 전 과정을 가동시키는 것이다. 그 과정에서 우리는 이 정도 수준의 소비는 정상이고, 자연스러우며 좋은 거라고 서로에게 말한다. 그러므로 우리가 내리는 각각의 결정은 윤리학의 사례 연구이자, '좋은 삶'의 성격에 대한 결정이다. 우리에게 이용 가능한 물건을 살펴볼 때, 우리는 어떤 물건이 우리에게 좋고 왜 그런지에 관한 판단을 내리고 있다. 우리는 윤리적 성찰에 참여하고 있다고 생각하진 않지만, 우리가 가치 있게 여기는 것과 물질세계에서 우리의 가치관을 어떻게 구현할지를 결정하고 있다. 우리의 방과 소유물은 정체성과 공동체에 대한 메시지를 보낼 뿐만 아니라, 우리가 좋든 싫든 우리의 윤리적 감수성 또한 표현한다.

어휘 furnish 가구를 비치하다 set in motion ~에 시동을 걸다 extraction 추출 peruse 정독하다, 자세히 조사하다 ethical 윤리의 embody 구현하다 sensibility 감수성 excessive 과도한

06

정답 ③

해설 사업상의 용어인 회계의 역할에 대해 설명하는 글이다. 따라서 회계의 논란이 되는 역할을 고려해서 새로운 이론이 필요함을 언급하는 ③은 글의 흐름상 가장 어색한 문장이다.

해석 회계는 비즈니스 언어라고 일컬어진다. 경영자들은 그들이 (경영을) 잘 하고 있어서 확장을 해야 하는지 또는 잘 하지 못하고 있어서 축소를 해야 하는지 알아보기 위해 수입과 손실의 회계 장부를 사용한다. 회계는 또 다른 이유로 자본의 결정에 기초를 두고 있는데, 한 회사의 재정 상태를 보는 외부의 견해가 그 회사 회계의 기초가 된다. 그것은 주식 가격을 위한 기초가 되고 또한 회사의 대출 기관이 그들의 이자율을 얼마나 청구할 것인지 또는 심지어는 대출을 할 것인지에 대해 결정하는 것의 기초가 되기도 한다. (회계의 논란이 되는 역할을 고려하여 우리는 그러한 결정의 동기가 무엇이었는지를 말해주는 새로운 이론을 발전시킬 필요가 있다.) 회계는 또한 한 회사의 과세의 큰 기초가 된다. 그것들은 또한 한 회사가 언제 파산을 선언해야 하는지, 또는 파산을 선언해야 하는지 말아야 하는지를 결정하는 역할을 한다.

어휘 accounting 회계 accounts (회계) 장부 operating 경영상의, 운영상의 contract 줄이다, 수축시키다 lender 대출 기관 given ~을 고려하여 controversial 논란이 많은 taxation 조세, 과세제도 bankrupt 파산한

07

정답 ②

해설 주어진 문장은 베토벤의 스케치북이 다행히도 복원되었다는 내용이다. ②번 앞 문장은 베토벤의 스케치북이 파손되었다는 내용이고 ②번 뒤에 나오는 문장은 스케치북 복원이 가져온 결과가 나온다. 따라서 주어진 문장이 들어가기에 가장 적절한 곳은 ②번이다.

해석 베토벤은 자주 하는 산책 중에 종잇조각을 가지고 다녔다. 그리고 음악적 악상이 떠오를 때 그것을 기록했다. 집에서, 그는 큰 스케치북을 가지고 거기에다 음악을 반복해서 만들고, 그것을 지우고, 다시 시작하면서 결과를 베끼거나 새로운 악상에 들어갔다. 베토벤이 죽은 후, 이 스케치북들은 흩어졌고, 많은 경우 파손되었다. 다행히도, 가장 지속적인 전후 음악학에서의 탐색 프로그램 중의 하나가 그것들의 원래의 순서를 재구성하는 데 성공했다. 그 결과, 당신은 그것들을 통해 연구를 할 수 있고, 우리가 아는 그 음악을 향해 베토벤이 서서히 나아갔던 그 고통스러운 과정을 추적할 수 있는 것이다. 예를 들어, 'Ode to Joy'의 첫 악절이 그에게 별 어려움 없이 왔던 것처럼 보일지라도, 중간 악절은 그에게 엄청난 고통을 주었다. 거기엔 베토벤이 하나의 악상을 시도한 연속적인 스케치가 있고, 그리고 또 있다. 그리고 당신은 음악의 가장 독특하고 표현적인 특징들이 오직 작곡 과정의 마지막 단계에서 함께 온다는 것을 알게 된다.

어휘 sustained 지속적인 postwar 전후의, 2차 대전 이후의 musicology 음악학 scrap (종이·옷감 등의) 조각 fashion 만들다 cross out 줄을 그어 지우다 trace 추적하다

08

정답 ②

해설 주어진 글은 서양인들이 행위자가 없는 '자연적 발생'의 개념을 이해하기 어렵다는 내용이다. (B)에서는 '사건에는 행위자, 책임자가 있어야 한다'는 미국인의 사고방식을 언급하며 주어진 글의 내용을 부연한다. 뒤이어 (C)에서 영어가 미국인들의 이러한 사고방식을 반영한다고 언급하며, 이에 대한 예시로 (A)에서는 가주어 it의 사용을 소개한다. 따라서 글의 순서로 가장 적절한 것은 (B) - (C) - (A)이다.

해석 '자연적으로 일어난 사건' 또는 '사건의 발생'은, 중국인과 다른 많

은 비서양인에게만큼 미국인에게도 친숙하거나 이해되는 개념은 아니다. 사건은 그저 발생하거나 자연적으로 일어나는 것이 아니라, 원인으로 볼 수 있는 동인 및 행위자를 필요로 한다. (B) 미국인은 누가 책임을 지는지, 즉 누가 그 일을 행했는지 혹은 행해지게 했는지를 밝히고 나서야, 사건 발생에 대한 진술에 만족해한다. '아니 땐 굴뚝에 연기 나랴'라는 말은 각각의 결과 내지는 사건에는 원인이 되는 행위자가 있다는 것을 의미한다. (C) 영어는 미국인(과 영국인)의 이런 사고의 특질을 반영한다. 예를 들어, 영어에서는 주어 없이는 비가 자연적으로 내리는 것을 나타낼 수가 없다. (A) 'Is raining.'이라는 진술을 허용하는 로망스어군과는 다르게, 영어 화자는 'It is raining.'이라고 말하기 위해 가주어를 만들어 내야만 한다. 이 영어 문장에서 'it'은 주어 자리를 채우는데, 이 자리는 일반적으로 동사의 행위자와 연관되어 있다.

어휘 occurrence 발생하는 것 quality 특징 dummy 가짜의 causative 원인이 되는

09

정답 ①

해설 우리는 기술을 통해 새로운 식생활을 가능케 했으며 우리가 섭취할 종의 개체 수를 증폭시켰고 먹이사슬을 새로 만들었다는 내용의 글이다. 따라서 빈칸에 들어갈 말로 가장 적절한 것은 ① '수정하다'이다.
② 위태롭게 하다 ③ 뒤집다 ④ 보존하다

오답 ③ 먹이사슬에 변화를 일으켰다는 내용은 맞으나, 포식자와 피식자의 관계를 완전히 뒤엎은 것은 아니다.
④ 먹이사슬을 그대로 보존한 것과는 반대된다.

해석 사람들은 자연 대부분의 포식자들과 다르다고 알려져 있다. 한 가지 예를 들면 불을 이용한 조리, 경작, 음식 저장 등의 혁명적인 방식을 통해 우리가 의존하는 먹이사슬을 상당히 수정할 수 있는 능력을 길러왔다. 요리는 여러 동식물을 더욱 잘 소화할 수 있도록 하고, 다른 종들이 잡아먹히지 않으려고 사용하는 많은 화학적 방어물들을 극복함으로써 식생활 습관에 대한 새로운 전망을 제시하였다. 농업은 우리로 하여금 선호되는 소수의 음식 개체의 수를 증폭시켰다. 그럼으로써 인구 또한 증가하였다. 최근에는 토양의 합성비료에서부터 자동차 컵 받침에 맞는 전자레인지용 캔 수프에 이르기까지 산업을 통해 먹이사슬을 재창조해왔다. 우리의 건강과 자연계의 건강을 위해, 이 마지막 혁명이 시사하는 점에 대해서 우리는 여전히 파악하려 애쓰고 있다.

어휘 substantially 상당히 vista 전망 edibility 먹을 수 있음 render (~되게) 만들다 digestible 소화하기 쉬운 deploy 효율적으로 사용하다 vastly 대단히 reinvent 재발명[창조]하다 synthetic 합성의 microwaveable 전자레인지로 조리할 수 있는 implication 함축, 암시

10

정답 ②

해설 사람들은 동물에게 사랑을 표현하고 동물을 위한 법을 제정하는 등 동물에 매우 호의적인 행동을 보이지만, 동시에 특정한 목적을 가지고 동물들을 학대하거나 죽이기도 한다고 하였다. 인간과 동물의 관계에 있어 긍정적, 부정적 측면을 모두 서술하고 있으므로 빈칸에 들어갈 말로 가장 적절한 것은 ② '모순'이다.
① 적대감 ③ 보호하려는 것 ④ 책임감

오답 ①③④ 사람의 동물을 향한 양면적인 태도에 관한 글이므로, 긍정적이거나 부정적인 한 면만 언급하는 선지는 정답이 될 수 없다.

해석 사람과 동물의 관계는 모순으로 가득 차 있다. 그들(사람)은 그들(동물)을 향한 사랑과 감사를 표현하고 동물에 대한 학대를 막기 위한 법률을 제정해왔다. 미국은 반려동물 부양 사회로, 개, 고양이, 앵무새, 햄스터, 다른 반려동물을 합친 수가 사람보다 많으며 그들을 돌보기 위해 연간 600억 달러의 산업체가 있다. 수많은 미국인들이 어떠한 방법으로든지 야생동물과 관계를 맺고 있으며, 그들의 가장 행복한 순간 중 일부는 훼손되지 않은 (자연) 환경에서 일어난다. 하지만 이런 것과 동시에, 그들은 매년 음식, 옷, 연구, 그리고 다른 목적을 위해 수십억의 생명을 죽이거나 학대하며 대규모로 동물들을 착취한다.

어휘 fraught 가득한 appreciation 감사 enact 제정하다 cruelty 잔학 행위, 학대 unspoiled 훼손되지 않은 abuse 학대하다

DAY 22 실전 모의고사 2회

본서 p. 220

| 01 | ① | 02 | ③ | 03 | ③ | 04 | ③ | 05 | ④ |
| 06 | ③ | 07 | ② | 08 | ③ | 09 | ③ | 10 | ④ |

01

정답 ①

해설 시의 전통인 추수감사절 퍼레이드를 올해 취소한다는 소식에 아쉬움을 표하고, 그 결정을 재고하여 퍼레이드를 개최해 줄 것을 간청하는 내용의 글이다. 따라서 글의 목적으로 가장 적절한 것은 ① '시에서 퍼레이드를 개최할 것을 요청하려고'이다.
② 퍼레이드의 상세한 역사를 제공하려고
③ 시의 최근 추수감사절 퍼레이드를 칭찬하려고
④ 시에서 지출을 늘릴 수 있는 방법을 제안하려고

02

정답 ③

해설 글의 중반부에서 퍼레이드가 어떤 어려운 외부 상황이 있어도 어김없이 개최되어 왔다고 설명하였고, 후반부에서도 퍼레이드를 처음으로 취소하는 시장이 될 수도 있다고 언급되므로, 글의 내용과 일치하는 것은 ③ '퍼레이드는 시작된 이래로 매년 개최되어 왔다.'이다.
① Murphy는 시의 공고문으로 퍼레이드의 취소를 알게 되었다. → 글의 초반부에서 Murphy가 <The Amity Times>의 기사를 읽고 알게 되었음이 언급되므로 옳지 않다.
② 퍼레이드는 21세기에 접어들면서 시작되었다. → 글의 중반부에서 퍼레이드가 1902년부터 이어져 왔다고 언급되므로 옳지 않다.
④ 후원자들이 퍼레이드 비용을 지원하겠다고 제안했다. → 글에서 후원자들이 지원을 제안했다는 내용은 언급된 적 없고, 글의 후반부에서 Murphy가 후원자를 통해 퍼레이드 비용을 상쇄할 수 있을 것이라고 의견을 냈을 뿐이므로 옳지 않다.

01-02

해석 수신: Ed Taylor <mayored@amity.gov>
발신: Annabeth Murphy <amurphy@neutronmail.com>
날짜: 10월 30일
제목: 퍼레이드

Taylor 씨께,

저는 시에서 올해 추수감사절 퍼레이드를 취소할 계획이라는 <The Amity Times>의 기사를 읽고 실망했습니다. 이 결정을 재고하여 원래 계획대로 퍼레이드를 개최해 주시기를 간청드립니다.

잘 아시다시피, 추수감사절 퍼레이드는 1902년부터 아미티 시의 전통이었습니다. 그것은 심지어 전쟁, 전 세계적인 유행병, 경제난 시기에도 어김없이 개최되어 왔습니다. 그 퍼레이드는 자부심의 원천일 뿐만 아니라, 아미티 시의 주민들을 통합하는 요소입니다.

명시된 취소 원인은 시의 자금 부족입니다. 하지만 저는 비용을 상쇄하는 데 도움이 될 지역 후원자를 확보할 수 있다고 생각합니다. 퍼레이드를 취소한 첫 시장으로 알려지는 것은 분명 후회하실 일이니, 당신의 유산에 미칠 잠재적 영향을 고려해 주시길 바랍니다.

안부를 전하며,
Annabeth Murphy 드림

어휘 dismay 실망 article 기사 state 말하다, 명시하다 aware 알고 있는 without fail 어김없이 pandemic 전 세계적인 유행병 challenge 난문 unify 통합하다 cancellation 취소 secure 확보하다 offset 상쇄하다 potential 잠재적인 legacy 유산 host 개최[주최]하다 notice 공고문

03

정답 ③

해설 글의 중반부에서 웨스턴 토지 개발부는 시골 지역에서 우물을 파거나 연못을 만들고자 하는 사람들을 도와준다고 언급되므로, 글의 내용과 일치하지 않는 것은 ③ '그것은 사람들이 시골 지역에서 연못을 파는 것을 허용하지 않는다.'이다.
① 그것은 부동산 거래를 다룬다. → 글의 초반부에서 언급된 내용이다.
② 그것은 사람들의 허가 취득과 공공시설 설치를 도와준다. → 글의 중반부에서 언급된 내용이다.
④ 그것은 토지 이용이 환경친화적인지 확인하려고 노력한다. → 글의 후반부에서 언급된 내용이다.

해석 웨스턴 토지 개발부

사명

웨스턴 토지 개발부는 주민과 토지 개발업자 모두가 웨스턴 카운티에서 책임감 있게 토지를 관리하고 개발할 수 있도록 지원합니다. 저희 업무에는 부동산 매매, 조경, 점검, 지대 설정 규칙 준수 확인 등이 포함됩니다.

저희는 집을 짓는 사람들이 필요한 허가를 받고 전기, 가스, 수도와 같은 기본 서비스를 설치하는 데 도움을 줍니다. 또한 저희는 시골 지역에 우물을 파야 하거나 연못을 만들고자 하는 분들을 돕습니다. 저희 부서는 토지 개발의 다른 모든 측면을 관리하여 환경이 해를 입지 않게 보호하면서 토지가 효율적으로 사용되도록 보장합니다.

저희의 목표는 인간의 요구와 환경의 건강을 동등하게 고려하는 책임감 있는 토지 개발을 장려하는 것입니다.

어휘 responsibly 책임감 있게 property 부동산 landscaping 조경 inspection 점검 zoning (도시 계획의) 지대 설정 permit 허가 set up ~을 설치하다 well 우물 dig 파다 deal with ~을 다루다 transaction 거래 utility (가스·수도·전화·전기 등의) 공공시설

04

정답 ③

해설 앞부분에서 개인 정보 유출의 심각한 현실을 언급하고, 중반부의

However부터 개인 정보를 지키기 위해서 근본적인 해결책이 필요함을 이야기하며 그 방안을 제시하고 있으므로, 글의 주제로 가장 적절한 것은 ③ '개인 정보를 지키기 위한 해결책'이다.
① 개인 정보의 유출
② 개인 정보의 불법적 용도
④ 신원 확인의 중요성
오답 ① 개인 정보 유출 문제를 제시하곤 있지만, 그 문제의 해결에 더 중점을 둔 글이므로 정답이 되기엔 지엽적이다.
② 개인 정보의 불법적 용도는 하나의 문제점에 불과하며, 그 용도들을 구체적으로 제시하고 있지도 않다.
해석 현재 한국의 인터넷 서비스 사용자의 약 62%에 대해, 주민등록번호와 같은 개인 정보의 대규모 유출이 계속되고 있다. 그 정보는 사람들의 이름, 주민등록번호, 전화번호, 그리고 어떤 경우엔 가족 정보까지 포함하고 있다. 더 충격적인 것은 개인 정보를 얻는 것이 훨씬 더 쉬워졌다는 것이다. 법은 주민등록번호를 불법적 용도로 수집하거나 사용하는 것에 더 강력한 처벌을 규정하고 있다. 그러나 그것만으로는 충분하지 못하다. 근본적인 해결책은 정보가 수집되고 저장되어야 하는 경우를 최소화하거나 온라인상에서 개인 신원을 확인해 줄 대체 수단을 찾는 것일 것이다. 또한 정부는 더 안전한 대안을 마련하고 그것의 사용을 법적으로 의무화하고 기업들이 수집해 온 정보를 삭제시키는 방안을 찾을 필요가 있다.
어휘 leak 유출, 누설 Resident Registration Number 주민등록번호 regulate 규정[규제]하다 wrongful 불법의 alternative 대체의 confirm 확인하다 come up with ~을 생각해 내다 compulsory 강제적인

05

정답 ④
해설 진정한 자유는 바람이 부는 대로 밀려다니는 것이 아니라 북극성을 따라가는 것처럼 목표를 향해 나아가는 것이라고 주장하므로, 글의 요지로 가장 적절한 것은 ④ '외부 압력에 휘둘리지 말고 마음속 목표를 따라야 한다.'이다.
① 다양한 의견을 듣고 진로를 정해야 한다.
② 꿈을 좇을 자유는 누구에게나 보장되어야 한다.
③ 적절한 순간에 십 대들을 돕기 위해선 청소년 상담이 필요하다.
오답 ① 다양한 의견을 듣고 진로를 정하는 것은 바람에 밀려다니는 것에 비유될 수 있으므로 글의 주제와 반대된다.
② 꿈을 좇을 자유는 마음속 목표를 추구하는 것에 있어 전제되는 것이지, 그런 자유의 보장이 중심 내용인 것은 아니다.
해석 상담가로서 나는 종종 북극성을 비유로 활용한다. 내담자들에게 다음과 같이 말한다. 당신은 세상의 바람에 의해 이리저리 흔들리고 있는 배를 타고 있다. 부모님, 선생님, 친구, 언론매체 등의 소리는 당신을 동쪽으로, 서쪽으로, 다시 원위치로 밀어낼 수 있다. 항로를 계속 제대로 따라가기 위해서는, 당신의 북극성, 즉, 당신의 진정한 실체에 대한 의식을 따라가야 한다. 북쪽으로 방향을 잡아야 온 바다로 밀려다니지 않을 수 있다. 진정한 자유는 바람이 부는 대로 아무 쪽이나 가기보다는 북극성을 따라가는 것과 더 관련이 있다. 가끔 자유란 그날 불어오는 바람에 밀려다니는 것인 것처럼 보일 수도 있지만, 그런 종류의 자유는 사실상 환상에 불과하다. 그런 자유는 당신의 배를 한자리에서 빙빙 돌게 할 따름이다. 자유란 당신의 꿈을 향해서 항해하는 것이다.
어휘 metaphor 비유 orient 방향을 잡다 illusion 환상

06

정답 ③
해설 리더의 특징이 예전과 달리 중요하게 생각되지 않는다는 내용의 글이다. 리더십 기술과 특징이 조직의 열망을 성취시키기 위한 핵심적인 요소라는 내용의 ③은 글의 흐름상 가장 어색한 문장이다.
해석 리더십 학자들은 리더의 특징이 리더십이 행사되는 방식의 어떤 다른 변수보다 더욱 중요하다고 생각하곤 했다. 그러나 이제 그들은 더욱 회의적이다. 지능과 같이 한때 매우 중요하다고 여겨졌던 특징은 애매하고 정확하지 않은 암시를 주는 것으로 여겨진다. 그리고 어떤 상황에서 본질적이라고 여겨졌던 특징은 이제 다른 상황에서 거의 관련이 없는 것으로 보인다. 어떤 경우이든 특징의 설명적인 힘은 이제 그것이 한때 그랬던 것보다 덜 그러한 것으로 보인다. (리더십 기술과 특징은 어떤 조직이든 가지고 있는 열망이 성취되도록 확실히 하기 위한 핵심적인 요소이다.) 리더의 특징을 지나치게 강조하는 것은 상황, 당면한 과제의 본성, 그리고 물론 추종자들과 같은 다른 중요한 변수를 충분히 강조하지 않는 것이라는 것이 이제 널리 받아들여지고 있다.
어휘 variable 변수 skeptical 회의적인 fuzzy 애매한 imprecise 정확하지 않은 explanatory 설명하는 aspiration 열망 overemphasize 지나치게 강조하다 underemphasize 충분히 강조하지 않다 at hand 당면한

07

정답 ②
해설 주어진 문장의 Besides testing for competence라는 단서를 통해, 주어진 문장 앞에는 면허증 교부를 위한 능력 시험에 관한 내용이 제시되어야 함을 알 수 있다. 또한 also provides the licensee with a set of rules로 미루어 보아, 주어진 문장 뒤에는 면허증 소지자들이 따라야 할 규칙에 관한 내용이 제시되는 것이 자연스럽다. 따라서 주어진 문장이 들어가기에 가장 적절한 곳은 ②번이다.
해석 면허증 교부는 개인이 직종을 실행할 수 있는 공식적 혹은 법적인 허가를 해주는 것이다. 면허증은 국가나 지방의 기관에 의해서 주어진다. 면허증이 발행되기 전에 특정한 형식상의 절차가 완수되어야 하는데, 예를 들면 신청자에게 요구되는 지식과 기술에 대한 시험이다. 그러한 시험이 통과되지 않으면 면허증 교부기관은 면허증 발행을 거부할지도 모른다. 능력을 시험하는 것 외에도 면허증 교부기관은 또한 면허증 소유자에게 그 면허증을 유지하기 위해 따라야 할 일련의 규칙들을 제공한다. 그 규칙들이 위반되면 그 기관은 면허증 소유자에게 제재를 가하거나 면허증을 취소할 권리를 가질 수 있다. 분명하게도 면허증은 혜택이지 권리가 아니며, 면허증 소유자가 그 혜택을 유지하기 위해서는 규정된 법규를 따라야만 한다. 면허증은 규칙과 법, 그리고 특정 사회적 규범을 시행하기 위해 통제와 교육의 도구로서 사용된다.
어휘 competence 능숙함 licensee 면허를 받은 사람 formality 형식상의 절차 privilege 혜택 sanction 제재를 가하다

08

정답 ③
해설 주어진 글에서는 글쓴이가 목격했던 개 지능 테스트가 소개되고, (B)에서는 그 테스트의 내용을 설명한 뒤 스탠더드 푸들에 대한 테스트를

언급한다. (C)에서는 (B)에서 언급된 푸들을 he로 받으며 푸들의 행동에 대한 설명을 이어가고, 그에 대한 전문가들의 평가를 언급한다. (A)에서는 이와 반대되는 필자의 견해를 제시하며 글을 마무리한다. 따라서 글의 순서로 가장 적절한 것은 (B) - (C) - (A)이다.

해석 몇 년 전에, 내가 유럽에서 개를 연구하고 있을 때, 나는 그 분야의 일류 조련사와 행동주의 심리학자에 의한 한 지능 테스트를 목격했다. (B) 테스트에는 다양한 종의 개가 반대편으로 가기 위해 높은 벽을 넘게 하는 것을 포함시켰다. 개들이 차례로 벽을 뛰어 넘었다. 마지막으로, 스탠더드 푸들의 차례였다. 그 푸들은 마치 그의 앞에 있는 장애물을 가늠하듯 잠시 거기 서 있었다. (C) 그러고 나서, 그 푸들은 태연하게 벽을 돌아 걸어가서 반대편에 있는 그의 동료 경쟁자들에 합류했다. 소위 전문가들은 푸들이 시험을 통과하지 못했다고, 그가 그것(벽)을 뛰어 넘을 지능을 가지고 있지 않다고 결론 내렸다. (A) 반면에 나는 그 푸들이 테스트된 모든 개들 중에 가장 똑똑하다고 결론 내렸다. 장애물에 직면했을 때, 그는 상황을 분석하고, 반대편 벽에 가기 위한 목표를 달성하기 위해 가장 쉬운 방법을 선택했다. 그는 단지 걸어 돌아갔다!

어휘 be confronted with ~에 직면하다 obstacle 장애물 analyze 분석하다 negotiate (도로 등의 힘든 부분을) 넘다 size up 가늠하다

09

정답 ③

해설 친환경성의 지표로 여겨지는 푸드 마일에 대해 주의할 점을 설명하고 있다. 역접 접속사 However로 시작하는 빈칸 문장의 뒤부터 두 가지 사례를 소개하며 현지에서 기르는 것보다 수입하는 것이 더 친환경적일 수 있음을 언급하므로, 빈칸에 들어갈 말로 가장 적절한 것은 ③ '현지에서 기르는 것보다 수입하는 것'이다.
① 집에서 채소를 기르는 것
② 토마토에 유기농 비료를 사용하는 것
④ 기존의 식품보다는 유기농 식품을 구매하는 것

오답 ① 집에서의 재배는 언급되지 않았으며, 현지를 집으로 보더라도 수입하는 것이 더 친환경적일 수 있다는 내용이므로 적절하지 않다.

해석 한 정부 보고서는 영국 주민들이 소비하는 음식물의 수송이 매년 약 1,700만 톤의 이산화탄소를 차지한다고 추정한다. 따라서 친환경적인 소비자들이 푸드 마일, 즉 식품이 이동하는 거리를 점점 더 신경 쓰게 된 것은 이해할 만하다. 하지만, 우리가 친환경성의 지표로서 푸드 마일에 주의해야 할 것은 현지에서 기르는 것보다 수입하는 것이 때로는 더 친환경적일 수 있다는 사실이다. 예를 들어, 현지에서 기른 토마토는 여름에 매우 환경친화적이다. 그러나 겨울에, 토마토는 오로지 인공적인 열이 가해지는 온실의 도움으로 영국 같은 시원한 나라에서 재배될 수 있는데, 이 온실은 많은 에너지를 소비한다. 유사하게 뉴질랜드와 학계가 한 유명한 연구는, 그들 나라에서 생산되어 영국으로 수출된 양이 영국에서 길러져 소비되는 양보다 더 적은 탄소 발자국을 가지고 있다는 것을 보여준다고 주장했다.

어휘 account for ~을 차지하다 green-minded 친환경적 의식이 있는 barometer 지표 artificially 인공적으로 greenhouse 온실 publicize 알리다 academic 학자 lamb 어린 양 carbon footprint 탄소 발자국 fertilizer 비료 conventional 평범한, 기존의

10

정답 ④

해설 밤하늘의 별을 보는 경험에다 별에 관련된 지식을 더해 거대한 우주를 이해할 수 있고, 주유하는 경험에 원유에 관련된 지식을 더해 거대한 에너지 네트워크를 이해할 수 있게 된다는 예시들을 보아, 빈칸에 들어갈 말로 가장 적절한 것은 ④ '경험에 지식을 덧붙이는 것'이다.
① 지역 네트워크를 확립하는 것
② 우주를 인간과 비교하는 것
③ 물체를 이름과 연관시키는 것

오답 ② 우주는 첫 번째 예시의 소재에 불과하며, 우주와 인간을 비교하고 있지도 않다.
③ 어떠한 대상에 관한 경험과 지식을 연관시키는 것이지, 대상과 그것의 이름을 연관시키고 있지는 않다.

해석 너무나 커서 알아챌 수 없는 것들에 직면할 때, 우리는 경험에 지식을 덧붙이는 것으로 그것들을 이해한다. 어두운 저녁 하늘에서 빛나는 별의 첫 모습은 당신이 보는 것을 그 별이 단지 은하계의 2천억 개의 별들 중 가장 가까운 것 중 하나라는 것과 그것의 빛이 수십 년 전에 이동하기 시작했다는 두 가지 사실과 결합시키면 당신을 우주 밖으로 데려갈 수 있을 것이다. 연료를 보급하기 위해 멈추는 동안에 자동차의 연료탱크 안으로 들어가는 휘발유의 냄새는, 미국에서 매일 거의 10억 갤런의 원유가 정제되고 사용된다는 사실과 결합이 될 때, 우리의 상상력이 에너지 무역과 정치의 거대한 국제 네트워크로 퍼져 나가게 해 줄 것이다.

어휘 comprehend 이해하다 combine 결합시키다 twin 한 쌍의 galaxy 은하계 refuel 연료를 주입하다 crude oil 원유 refine 정제하다 vast 거대한 associate 연관 짓다

DAY 23 실전 모의고사 3회

본서 p. 230

| 01 | ④ | 02 | ④ | 03 | ② | 04 | ④ | 05 | ③ |
| 06 | ② | 07 | ④ | 08 | ④ | 09 | ① | 10 | ① |

01

정답 ④

해설 습지 보호 방안을 알리기 위해 지역 환경 단체가 주최하는 회의 참석을 장려하는 안내문이다. 따라서 글의 제목으로 가장 적절한 것은 ④ '우리 습지를 구하기 위한 회의에 참석하세요'이다.
① 우리 습지를 위한 청원에 참여하세요
② 우리 지역 습지를 탐험하세요
③ 우리 습지에서 쓰레기를 줍는 데 자원하세요
오답 ① 청원에 동참하라는 내용은 언급된 바 없다.
② 습지 탐험이 아닌, 보호를 위한 방안을 알리고자 회의를 여는 것이다.

02

정답 ④

해설 방문객과 현지인 모두 습지를 제대로 보호하지 않아 습지가 점점 줄어들고 있다는 내용이다. 맥락상 decline은 '감소'라는 뜻으로 쓰였으므로, 이와 의미가 가장 가까운 것은 ④ 'decrease(감소)'이다.
① 파괴 ② 위험 ③ 거절

01-02

해석 **우리 습지를 구하기 위한 회의에 참석하세요**

습지는 우리 해변 마을에 관광객을 끌어들이는 주요 특색입니다.

안타깝게도 방문객과 현지인 모두를 포함한 많은 사람들이 습지를 보호하지 않아 습지가 감소하고 있습니다. 우리는 우리의 습지를 보호해야 합니다. 습지는 지역 경제에 중요할 뿐만 아니라 조류, 해양 생물, 포유류를 포함한, 그곳에 살고 있는 수많은 생물 종에게 필수적인 곳입니다.

습지 보호를 돕고 싶으신가요? 지역 환경 단체인 '습지를 위하는 주민들'이 그 방법을 알려 드립니다. Ralph Minor 회장이 사람들이 이러한 노력에 기여할 수 있는 방법을 설명하는 강연을 할 예정입니다.

습지가 파괴되는 것을 보고 싶어 하는 사람은 아무도 없습니다. 이 회의에 꼭 참석하세요.

장소: 시사이드 도서관 2층 대회의실
날짜: 6월 23일 금요일
시간: 오후 6시 30분 - 오후 8시

질문이 있는 경우 www.residentsforwetlands.org에 방문하시거나 (203) 555-6811로 전화하여 Tina Washington과의 통화 요청을 해주세요.

어휘 wetland 습지 feature 특색 seaside 해변; 해변의 local 현지인 vital 필수적인 numerous 많은 mammal 포유동물 resident 주민 petition 청원(서)

03

정답 ②

해설 3번째 문장에서 교체 면허증을 요청하는 사람들은 430D 서류의 작성 완료된 사본을 지참해야 한다고 언급되므로, 글의 내용과 일치하는 것은 ② '면허증을 교체하려면 430D 서류를 작성해야 한다.'이다.
① 인터넷으로 면허증 교체를 신청할 수 있다. → 2번째 문장에서 우편이나 온라인으로 신청할 수 없다고 언급되므로 옳지 않다.
③ 수수료는 신용카드로만 결제할 수 있다. → 5번째 문장에서 수수료는 현금이나 신용카드로 지불할 수 있다고 언급되므로 옳지 않다.
④ 신청일 기준 한 달 후에 사진이 부착된 신분증이 발송된다. → 마지막 문장에서 사진이 부착된 영구 면허증은 3주 이내로 발송된다고 언급되므로 옳지 않다.

해석 **교체 운전면허증 수령**

운전면허증을 분실 또는 훼손하신 분들은 교체 면허증을 요청할 수 있습니다. 우편이나 온라인으로는 불가능하며 헤이워드길 67번지에 있는 프로비던스 차량국 사무소에서 직접 요청해야 합니다. 요청을 하시는 분들은 출생증명서의 공증된 사본, 여권 등의 사진이 부착된 유효한 신분증, 430D 서류의 작성 완료된 사본을 지참해야 합니다. 처리 수수료 85달러가 부과됩니다. 수수료는 현금 또는 신용카드로 지불할 수 있습니다. 임시의 종이 운전면허증은 현장에서 발급됩니다. 사진이 부착된 영구 면허증은 3주 이내에 신청자에게 우편으로 발송됩니다.

어휘 replacement 교체 mail 우편; 우편으로 보내다 in person 직접 certified 보증된 copy 복사본 birth certificate 출생증명서 valid 유효한 process 처리하다 fee 수수료 charge 청구하다 temporary 임시의 issue 발급하다 on the spot 현장에서 permanent 영구적인 applicant 신청자

04

정답 ④

해설 비록 선사시대의 시간 기록에 대해 아는 바가 많지 않지만, 여러 증거들을 통해 고대 문명이 시간을 측정하는 나름대로의 방법들을 가지고 있었음을 주장하는 글이므로, 글의 주제로 가장 적절한 것은 ④ '고대 문명의 시간 측정'이다.
① 고대와 현대 사회 간 시간 기록의 차이
② 인류 역사에서 달력 제작의 중요성
③ 천문학과 서양의 종교 의식
오답 ① 현대 사회의 시간 기록에 관한 내용은 언급되지 않았다.
② 수메르 사람들에게 달력이 있었다고 언급되나 이는 고대인들의 시간 측정 방식을 설명하기 위한 일례이며, 글의 중심 내용도 달력 제작의 중요성이 아니다.

해석 고대 문명이 계절, 달, 그리고 연도를 결정하기 위해 하늘을 가로지르는 천체의 뚜렷한 움직임에 의존했다는 사실에도 불구하고, 우리는 선사시대의 시간 기록에 관한 자세한 내용에 대해 알고 있는 것이 거의 없다. 하지만 기록과 인공물을 찾아내는 곳마다, 모든 문화에서 일부 사람들이

시간의 경과를 측정하는 일에 몰두했음을 대체로 발견하게 된다. 2만 년 이상 전에 유럽에 살았던 빙하시대 사냥꾼들은 막대기와 뼈에 선을 긁고 구멍을 파서, 아마도 달의 여러 모습들 사이의 일수를 세었던 것 같다. 5천 년 전에 Tigris 강과 Euphrates 강 사이 계곡에 살던 수메르 사람들은 1년을 30일로 이루어진 달로 나누고 하루를 열두 기간으로 나누었던 달력을 가지고 있었다. 우리는 4천 년 이상 전에 영국에서 지어진 Stonehenge에 관한 문헌 기록을 전혀 가지고 있지 않지만, 그것의 정렬 상태는 그것의 목적에 계절적인 또는 천체의 사건들을 결정하는 것이 분명히 포함되었음을 보여준다.

어휘 celestial body 천체 prehistoric 선사시대의 turn up 찾아내다 artifact 인공물, 인공유물 preoccupied 몰두한 phase 상, 모습 alignment 정렬 astronomy 천문학

05

정답 ③

해설 의미 없는 말을 쓰는 습관을 버리고, 가능하면 분명하게 대답하려고 노력하라는 내용이므로, 글의 요지로 가장 적절한 것은 ③ '자신의 경험을 잘 전달하려면 구체적으로 묘사하라.'이다.
① 자신의 기준으로 다른 사람을 판단하지 말라.
② 상대방의 관심사에 따라 화제를 전환하라.
④ 긍정적으로 반응하여 다른 사람들이 말하도록 격려하라.
오답 ② 대화의 화제가 아닌, 전달 방식에 관한 조언을 담은 글이다.
④ 다른 사람들의 말을 끌어내는 법에 관해선 언급되지 않았다.
해석 "그거 대단하지, 그거 굉장해, 그거참 근사하다니까…" 이런 말에서 직장 동료가 자신의 새 차에 대해서 말하는지, 아니면 당신의 십 대 아들이 사 주기를 바라는 새 전화기를 설명하는지 구별할 수 있는가? 분명 그럴 수 없을 것이다. 우리는 당신이 이유를 말해 주는 경우에만 당신의 경험이 대단하다는 것을 믿게 될 것이다. 우리는 알 필요가 있다. 당신이 무엇을 보았는가? 들었는가? 만졌는가? 맛보았는가? 냄새 맡았는가? 그로 인해 어떤 느낌을 가지게 되었는가? 무엇이 생각나게 되었는가? 다른 사람들이 그저 "대단해", "굉장해", "나빠", "끔찍해"라고 말할 때 주목하라. 다른 사람들을 얼마 동안 지켜보고 나면, 이런 의미 없는 말들을 쓰는 당신 자신의 나쁜 습관을 바꾸고 싶어질 것이다. 자, 연습해 보자. 오늘은 어땠지요? 샌드위치는요? 그 영화는요? "대단했죠."라고 불쑥 말하는 대신, 이런 질문들에 가능한 생생하게 대답하도록 노력하라. 그렇게 하는 법을 배우고 나면, 사람들은 당신을 이야기 달인이라고 부르기 시작할 것이다.

어휘 coworker 동료 meaningless 무의미한 blurt out 불쑥 말하다 vividly 생생하게 concretely 구체적으로

06

정답 ②

해설 St. Helens산의 화산 활동을 생생하게 묘사하고 있는 글이다. 따라서 St. Helens산의 화산 활동이 기후에 영향을 미쳤다는 내용의 ②는 글의 흐름상 가장 어색한 문장이다.
해석 5월 18일 아침 8시 32분에 St. Helens산이 말 그대로 산의 정상을 날려버렸다. 갑자기 그 산은 이전에 비해 1300피트나 낮아졌다. 그와 동시에, 리히터 척도로 강도 5의 지진이 기록되었다. 그것은 눈과 얼음과 뜨거운 암석이 섞인 산사태를 유발했다. 몹시 뜨거운 화산 가스와 암석 파편의 파도가 화산의 측면에서 시속 200마일의 속도로 수평으로 뿜어져 나왔다. (St. Helens산의 화산 활동이 기후에 영향을 미쳤음은 의심의 여지가 없다.) 흘러내린 눈과 얼음이 녹으면서, 진흙과 화산 잔해로 뒤섞인 엄청난 급류를 유발하였고, 그것은 그 경로에 있는 모든 생명체를 파괴시켰다. 분쇄된 암석은 먼지 구름이 되어 대기로 상승했다. 마침내, 화산재와 가스의 뜨거운 구름과 함께 용암이 화산의 새로운 분화구와 측면의 갈라진 틈에서 솟아 나왔다.

어휘 trigger 유발하다 avalanche 사태 scorching 몹시 뜨거운 flank 측면 touch off 유발하다 devastating 엄청난 torrent 급류 debris 잔해 pulverize 분쇄하다 lava 용암 well 솟아 나오다 crater 분화구

07

정답 ④

해설 주어진 문장은 소비자들이 복제약에 대한 의구심 때문에 유명 상표 약을 계속 사용한다는 내용이다. ④번 앞 문장에서는 복제약이 나오더라도 독점회사가 시장에서의 지배력을 가지고 있다는 내용이 나오고, ④번 뒤 문장에서는 소비자들의 유명 상표 고집에 따른 결과가 나오고 있으므로 주어진 문장이 들어가기에 가장 적절한 곳은 ④번이다.
해석 한 회사가 새로운 약을 발견할 때, 특허법은 그 회사에 그 약의 판매에 대한 독점권을 준다. 특허 기간 동안 독점회사는 생산량과 가격을 조절함으로써 이익을 극대화한다. 그러나 결국에 약에 대한 특허 시효가 만료될 때, 다른 회사들은 재빨리 시장에 진입하여 이전 독점회사의 유명 상표 제품과 화학적으로 똑같은 이른바 복제약을 판매하기 시작한다. 그리고 예상하듯이, 경쟁적으로 생산된 복제약의 가격은 독점회사가 부과하고 있었던 가격보다 한참 낮아진다. 그러나 특허 시효의 만료는 독점회사가 모든 시장 지배력을 잃게 하지는 않는다. 일부 소비자들은 아마도 새 복제약들이 그들이 수년 동안 사용해오고 있었던 약과 실제로는 같지 않을 것이라는 두려움 속에서 유명 상표 약을 여전히 충실하게 고수한다. 결과적으로, 이전의 독점회사는 새로운 경쟁자들이 부과한 가격보다 최소한 얼마간이라도 높은 가격을 계속 부과할 수 있다.

어휘 patent 특허 monopoly 독점권 maximize 극대화하다 expire 만료되다 generic product 상표 없는 제품(복제된 제품)

08

정답 ④

해설 인생에는 마감 시한이 있지만 우리는 그것이 언제인지 모른다는 내용의 주어진 글 뒤에는 이를 계산하는 방법을 처음으로 제시하는 (C)가 온다. 또한 (C)의 계산 결과를 'the number of days that you have'로 받은 (B)가 그 다음에 오고, 매일 하나씩 줄어드는 이 숫자를 'This decreasing number'로 받은 (A)가 그 다음에 온다. 따라서 글의 순서로 가장 적절한 것은 (C) - (B) - (A)이다.
해석 한 사람이 불치병을 진단받고 6개월의 시한부 인생을 받았다. 마지막 며칠에, 그는 그의 삶 전체보다 지난 몇 달 간 더 많은 일을 했다고 말했다. 인생에 마감 시한이 있다는 것을 기억하라. 하지만 우리는 그 때가 언제인지 모른다. 그러므로 한번 계산해 보자. (C) 당신이 얼마나 더 오래 살아야 하는지 알아보기 위한 몇 가지 계산을 하게 될 것이다. 평균 기대 수명인 숫자 79부터 시작하라. 이제 당신의 현재 나이를 빼라. 그 수에 365를 곱하라. (B) 당신이 가진 것은 살 수 있도록 당신이 남겨 둔 날들의 수이

다. 이 숫자를 적어두고, 매일 아침 하나씩 지우고 하루가 적어진 새로운 숫자를 써보라. (A) 이 줄어드는 숫자가 당신에게 오늘의 삶을 살아가도록 행동하게 만드는 동기를 부여하는 지속적인 촉매제이다. 당신은 인생에 주어지는 각각의 하루를 그날 당신이 한 일과 맞바꾼다. 훌륭한 거래를 성사시켜라!

어휘 diagnose 진단하다 terminal illness 불치병 constant 지속적인 calculation 계산 life expectancy 기대 수명 subtract 빼다 multiply 곱하다

09

정답 ①

해설 국세청의 회계 감사 가능성을 정확히 예측할 수 있다면 사람들이 의도적으로 피해 갈 수 있지만, 회계 감사 가능성을 정확히 예측할 수 없는 경우에는 모든 사람이 회계 감사를 받을 위험이 있으므로 진실을 말할 가능성이 높아진다는 글이다. 따라서 빈칸에 들어갈 말로 가장 적절한 것은 ① '정직'이다.

② 기만 ③ 투자 ④ 성과

오답 ② 기만은 오히려 회계 감사 공식을 확실히 알 수 있을 때 일어나는 것이다.

해석 누가 국세청의 회계 감사를 받게 될 것인지를 결정하는 어떤 알려진 공식이 있다면 어떤 일이 일어날지 상상해 보라. 당신은 소득 신고서를 제출하기 전에 회계 감사를 받을 것인지 확인하기 위해 그 공식을 적용할 수 있을 것이다. 만약 회계 감사가 예측되지만, 그 공식이 더 이상 회계 감사를 받을 것이라고 예측하지 않을 때까지 소득 신고서를 '수정하는' 방법을 찾을 수만 있다면 당신은 아마도 그렇게 할 것이다. 만약 회계 감사가 불가피하다면, 당신은 진실을 말하는 선택을 할 것이다. 국세청이 완전히 예측 가능해지는 것의 결과는 그것이 완전히 엉뚱한 사람들을 회계 감사할 것이라는 점이다. 회계 감사를 받는 모든 사람은 자신의 운명을 예상하고 정직하게 행동하기를 선택했을 것인 반면에, 회계 감사를 면한 사람들은 그들을 지켜볼 양심만을 가질 것이다. 국세청의 회계 감사 공식이 어느 정도 불분명할 때는, 모든 사람은 어느 정도의 회계 감사의 위험에 직면하는데, 이것이 정직을 장려하기 위한 추가된 동기를 제공한다.

어휘 formula 공식 audit 회계를 감사하다; 회계 감사 tax return 소득 신고서 amend 수정하다 anticipate 예상하다 spare 면하게 하다 conscience 양심 fuzzy 불분명한 incentive 동기

10

정답 ①

해설 이 글은 모호한 의미를 지녀 구체적인 의미를 거의 갖지 않는 속어를 사용하면 자신의 뜻을 명확하게 표현하지 못하고 사고 능력 또한 해치게 된다고 말하고 있다. 빈칸은 날카롭고 예리한 용어를 습득하지 못하는 것, 즉 속어를 사용하는 것이 무엇을 빼앗는지 묻고 있다. 따라서 빈칸에 들어갈 말로 가장 적절한 것은 ① '생각의 도구'이다.

② 성공을 위한 조건
③ 칭찬의 수단
④ 언어 학습의 기회

오답 ③ 칭찬을 나타내는 속어는 하나의 예시로 쓰였을 뿐이며, 그 뜻이 모호할지라도 칭찬의 수단으로 사용되기 때문에 칭찬의 수단을 빼앗는 것도 아니다.

④ 언어의 정확한 뜻을 구별하는 사고 능력을 빼앗는다는 것이지, 언어 학습의 기회 자체를 박탈하는 것은 아니다.

해석 많은 속어의 모호함은 그것들이 신중한 글쓰기에 부적절한 한 가지 이유이다. 최근에 게으른 사람들이 어떤 칭찬의 느낌을 나타내는 방식으로, a swell party, a swell guy, a swell view, a swell dinner, a swell compliment, a swell movie의 경우처럼 'swell(상당히 좋은)'이라는 단어가 매우 대중화되었다. 'swell'은 너무 일반적으로 이용되어서 거의 아무것도 의미하지 않는다. 하지만 신중한 글쓰기에서 언어는 정확해야 한다. 그런 일반적인 용어에 의존한다면, 당신은 자기의 뜻을 명확하게 표현하지 못할 뿐만 아니라, 실제로 당신의 사고 과정도 해친다. 정확한 차이의 관점에서 생각하는 능력은 당신의 어휘 속에 그러한 차이를 표현하는 단어들을 지니고 있는지에 크게 의존한다. 날카롭고 예리한 용어를 습득하지 못하거나 잊어버리는 것은 당신의 정신으로부터 없어서는 안 될 생각의 도구를 빼앗는 것이다.

어휘 vagueness 모호함 slang 속어 inappropriate 부적절한 shade 미묘한 차이, 뉘앙스 commendation 칭찬 terminology 용어 incisive 예리한 diction 말씨, 용어 선택 deprive 빼앗다 indispensable 필수적인

DAY 24 실전 모의고사 4회

본서 p. 240

| 01 | ③ | 02 | ④ | 03 | ③ | 04 | ④ | 05 | ① |
| 06 | ④ | 07 | ③ | 08 | ④ | 09 | ① | 10 | ④ |

01

정답 ③

해설 최근 도서관에서 운영 시간을 단축하기로 한 것에 대해 주민들이 반대하고 있음을 알리기 위해 청원서를 제출하는 내용의 글이다. 따라서 글의 목적으로 가장 적절한 것은 ③ '도서관 운영 시간 단축에 대한 반대를 표하려고'이다.
① 도서관에서 자원봉사를 할 것을 제안하려고
② 도서관에서 더 많은 책을 구하도록 장려하려고
④ 도서관에서 가능한 다양한 활동을 설명하려고
오답 ④ 도서관에서 할 수 있는 활동들이 언급되긴 하나, 이는 현재 운영 시간을 유지해야 함을 주장하기 위한 근거에 불과하다.

02

정답 ④

해설 도서관을 다양한 목적으로 이용하는 주민들이 많음을 이야기하며 도서관 운영 시간의 중요성을 강조하는 내용이다. 맥락상 significantly는 '상당히'라는 뜻으로 쓰였으므로, 이와 의미가 가장 가까운 것은 ④ 'substantially(상당히)'이다.
① 은밀히 ② 훌륭히 ③ 양립되어

01-02

해석 수신: Kevin Morrissey <kmorrissey@dogwoodlibrary.org>
발신: Andrew Schnell <aschnell@readerstime.com>
날짜: 4월 16일
제목: 도서관
첨부 파일: 서명된 청원서

Morrissey 씨께,

저는 귀 도서관의 운영 시간 단축이라는 최근 결정에 반대하는 지역 주민들을 대표합니다. 도서관의 현재 운영 시간을 유지하는 데 찬성하는 지역 주민 600명 이상이 서명한 저희의 청원서를 첨부합니다.

도그우드 도서관은 우리 마을에서 가장 중요한 건물 중 하나입니다. 주민들은 책, 잡지, 신문을 보기 위해 그곳을 찾을 뿐만 아니라 다른 목적, 즉 온라인 검색, 옛 문서 검토, 특별 프로그램 참여, 단체 회의 개최 등으로 방문하기도 합니다.

도서관 운영 시간을 줄이면 이러한 서비스들에 의존하는 많은 주민들에게 상당히 영향을 미치게 됩니다. 귀하의 결정을 재고해 주실 것을 정중히 요청합니다. 저는 언제든지 이 문제를 논의하기 위해 직접 만나 뵐 수 있습니다.

진심을 담아,
Andrew Schnell 드림

어휘 attachment 첨부 파일 petition 청원서 represent 대표하다 oppose 반대하다 operation 운영 in favor of ~에 찬성하여 maintain 유지하다 conduct 행하다 document 문서 rely on ~에 의지하다 humbly 겸허하게, 송구스럽게 available 시간이 있는 in person 직접 encourage 장려하다 acquire 얻다 objection 반대

03

정답 ③

해설 글의 후반부에서 수건은 현장에서 '구매할' 수 있다고 언급되며, 대여할 수 있는 물건은 물총임을 알 수 있으므로 글의 내용과 일치하지 않는 것은 ③ '수건은 현장에서 대여할 수 있다.'이다.
① 해마다 열리는 여름 물놀이 행사이다. → 글의 초반부에서 언급된 내용이다.
② 유명인들이 직접 게임에 참여하게 된다. → 글의 중반부에서 언급된 내용이다.
④ 온라인으로 사전 신청을 해야 한다. → 글의 후반부에서 언급된 내용이다.
해석 해마다 열리는 여름 Water Festival에서 환상적인 시간을 가질 준비를 하세요! 웃음, 물보라, 선의의 경쟁이 있는 오후로 여름 더위를 이겨내세요.

날짜: 2024년 7월 27일 토요일
시간: 오후 1시 - 오후 5시
장소: 민속촌

행사 하이라이트:
- 대규모 물싸움: 수백 명의 참가자가 함께하는 최대 규모의 물총 싸움
- 물놀이 게임: 모든 연령대를 위한 물을 테마로 한 다양한 게임과 활동
- 특별 초대 손님: 게임에 참여할 스포츠 스타와 연예인
- 다과: 차가운 음료와 간식

준비물:
- 좋아하는 물총 (현장에서 물총 대여 가능)
- 갈아입을 옷과 수건 (현장에서 수건 구매 가능)
- 자외선 차단제와 모자

등록:
자리 확보를 위해 www.waterfestival.or.kr에서 온라인으로 사전 등록을 해야 합니다.

어휘 annual 연례의 beat 이기다 splash 물보라 folk 민속의 massive 거대한 refreshments 다과 on-site 현장에서 purchase 구매 sunscreen 자외선 차단제 register 등록하다 in advance 사전에 secure 확보하다

04

정답 ④

해설 조직의 성공과 실패는 지도력만 가지고 되는 것이 아니고, 잘 따르는 사람들이 성공적인 성과에 있어서 중요하다고 이야기하고 있으므로,

글의 주제로 가장 적절한 것은 ④ '효과적인 추종력으로 조직의 성공을 성취하기'이다.
① 지도력의 실패 원인을 조사하기
② 순응과 수동적 추종력을 장려하기
③ 전통적 추종력과 현대적 추종력을 조합하기

오답 ① 지도력 실패의 원인이 아닌, 성공적인 조직의 요인을 조사한 내용이다.
③ 추종자에 대한 예전의 부정적인 개념과 지금의 긍정적인 개념이 대조되고 있을 뿐, 그 둘을 결합하는 내용은 없다.

해석 조직의 성공과 실패는, 따르는 사람들이 그 결과 뒤의 진정한 이유였을지 모름에도 불구하고, 종종 효과적이거나 비효과적인 지도력 때문으로 여겨진다. 높은 성과를 올린 팀과 조직을 보통의 팀과 조직과 구별 짓는 것의 문제를 조사할 때, 대부분의 학자들과 전문가들은 높은 성과를 올린 조직이 훌륭한 지도자와 추종자들을 가지고 있다는 것에 동의한다. 유능하고 자신감 있고 의욕적인 추종자들은 어떤 지도자의 그룹이나 팀의 성공적인 성과에 있어 가장 중요하다. 점점 더 많은 사람들이 추종자들에 대한 낡고 부정적인 생각을 긍정적인 생각으로 대체하고 있다. 효과적으로 따르는 사람들은 추종자들이 맡아왔던 순응적이고 수동적인 역할보다는, 용감하고 책임감 있고 능동적인 것으로 묘사된다.

어휘 organizational 조직의, 조직적인 be attributed to ~의 덕분으로 여겨지다 effective 효과적인 outcome 결과, 성과 examine 조사하다, 시험하다 distinguish 구별하다 scholar 학자 practitioner 전문가 replace 대체하다 conception 개념, 생각 conform 순응하다 passive 수동적인 cast (역을) 맡기다 courageous 용감한

05

정답 ①

해설 불편함을 개선하려는 목적으로 발명이 이루어진 다양한 사례를 소개하는 글이므로, 글의 요지로 가장 적절한 것은 ① '문명의 발전은 현실의 불편을 극복하려는 노력의 결과이다.'이다.
② 모든 문명에 공통으로 발견되는 문화 현상이 있다.
③ 발명품은 그 나라의 민족성을 반영한다.
④ 예기치 못한 실수로 위대한 발명품이 탄생한다.

오답 ② 불만에서 비롯된 획기적인 발명들을 문화 현상으로 보기에는 무리가 있으며, 문명 간 공통점에 관한 내용도 아니다.
④ 예기치 못한 실수가 아니라, 불편을 겪고 싶지 않은 마음에서 위대한 발명이 탄생했다는 내용이다.

해석 우리의 독창성의 동력은 "이래야만 하는가?"라는 의문이며, 그것으로부터 정치 개혁과 과학 발전, 개선된 관계, 더 나은 책들이 생겨난다. 로마인들은 겨울의 추위를 싫어해서 바닥 아래에 설치하는 난방 장치를 개발했다. 그들은 진흙탕 길을 걷고 싶지 않았고 그래서 노로를 포장했다. 그들은 (물이) 얕은 공중목욕탕에 대한 불만을 겪고 싶지 않아서 수로와 지하 배관 시스템으로 산을 관통하고 계곡을 가로질러 물을 끌어왔다. 중국인들은 그들의 선원들이 바다에서 길을 잃는 것을 원하지 않아서, 그들을 돕기 위해 나침반을 발명했다. 그들은 범선이 뒤에서 바람이 불어올 때에만 움직일 수 있는 것에 만족하지 못해서 배가 바람을 거슬러 항해하게 해주는 돛을 발명했다. 우리가 불만스러운 것들을 모두 수용한다면 인간의 위대한 업적은 거의 없을 것이다.

어휘 motor 동력 ingenuity 독창성 reform 개혁 pave 포장하다 shallow 얕은 aqueduct 수로 sail 돛; 항해하다 ethnicity 민족성

06

정답 ④

해설 동물의 세계에서 나타나는 이타주의적 행동에 관한 글이다. 따라서 검은댕기해오라기(green heron)의 물고기 사냥 방법에 대한 내용인 ④는 글의 흐름상 가장 어색한 문장이다.

해석 이타주의적 행동은 동물의 왕국 전체에서, 특히 복잡한 사회 구조를 갖춘 종(種)에서 흔하게 나타난다. 예를 들어, 흡혈 박쥐는 피를 토해 그것을 그날 밤 먹이를 먹지 못한 집단의 다른 구성원들에게 준다. 수많은 조류의 경우에는, 새끼를 낳는 한 쌍이 다른 '도우미' 새들로부터 새끼를 기를 때 필요한 도움을 받는데, 그 도우미 새들은 포식 동물로부터 둥지를 보호해준다. 버빗 원숭이는 자신이 공격당할 가능성이 커질 수 있음에도 동료 원숭이들에게 포식 동물의 존재를 경고하기 위해 경보 신호를 보낸다. (검은댕기해오라기는 지나가는 보행자가 던져주는 빵들을 집어서 물에 떨어뜨린 다음, 빵을 먹으려고 수면으로 떠오르는 물고기를 공격한다.) 사회적 곤충 군락에서, 일개미들은 여왕을 돌보고 둥지를 짓고 보호하며 음식을 찾는데 평생을 바친다.

어휘 altruistic 이타주의의 predator 포식자, 포식 동물 pedestrian 보행자 surface 수면으로 떠오르다 colony 군락, 집단 devote 바치다

07

정답 ③

해설 주어진 문장은 해군 병사들이 그 지폐에 태국 국왕의 사진이 있다는 것을 몰랐다는 내용이다. 이는 해군 병사들이 지폐를 밟아서 경찰에 사죄해야 했던 이유이므로 해당 내용 이후에 나오는 것이 자연스럽다. 또한 ③번 다음에 나온 him은 주어진 문장의 태국 국왕을 받아주는 것이므로, 주어진 문장이 들어가기에 가장 적절한 곳은 ③번이다.

해석 배가 태국에 상륙했을 때, 두 명의 미 해군 병사들이 방콕으로 여행을 갔다. 어떤 거리의 모퉁이에서 잠시 멈추었을 때, 그들은 땅바닥에 있는 지폐를 보고 바람에 날려가지 않도록 그것(지폐)을 밟았다. 그 모습을 보고서 같은 교차로에 있던 두 명의 제복을 입은 경찰관이 그 해군 병사들에게 달려와서 그들을 체포했다. 그 해군 병사들이 풀려날 수 있도록 협상을 했던 미국 장교의 말에 의하면, 그 해군 병사들은 경찰에게 사죄를 해야 했다. 사실상, 그들은 그 지폐에 태국 국왕의 사진이 있다는 것을 알지 못했다. 타이 사람들은 그를 신성하다고 여기므로, 그의 사진을 밟는 것은 용서받을 수 없으며 중대한 범죄가 된다. 당신이 태국을 여행할 때 그러한 문제를 피하려면, 타이 사람들이 왕족들을 얼마나 많이 존경하는지를 알고 있어야 한다.

어휘 intersection 교차로 arrest 체포하다 sacred 신성한

08

정답 ④

해설 초기 인류는 자연 현상에 대한 정보가 없어 위협을 느꼈다는 내용의 주어진 글 다음에 현대인들은 초기 인류와는 달리 자연 현상들의 원인을 알고 있다는 (C)가 오고, (C)에서 언급된 volcanoes와 a solar eclipse를 these phenomena로 받으며 초기 인류와 현대인을 대조하는 (B)가 그 다음에 온다. 또한 자연 현상들을 일으키는 과학적인 이유들의 발견이 사람들의 사고방식을 바꿨다는 (B)의 마지막 문장 다음에, 역접의 접속사

however로 아직도 종교적 사고를 간직한 사람들이 있다는 내용을 제시하는 (A)가 오는 것이 자연스럽다. 따라서 글의 순서로 가장 적절한 것은 (C) - (B) - (A)이다.

해석 화산이 분출했을 때, 지진이 발생했을 때, 혹은 개기일식이 일어났을 때, 초기의 인류가 얼마나 완전한 두려움에 떨었을지 상상해 보라. 그들은 위협을 느꼈다. 오늘날 우리가 이러한 일들에 대해 일반적으로 알고 있는 것을 당시에 그들은 몰랐기 때문이다. (C) 마그마를 방출하는 지각 안에 있는 가스의 부력과 압력 때문에 많은 화산들이 분출한다는 것을 우리는 안다. 달이 태양과 지구 사이를 지나가면서 태양을 완전히 혹은 부분적으로 가릴 때에 일식이 발생한다는 것을 우리는 안다. (B) 초기 인류는 이러한 자연 현상들을 이해하지 못했다. 대신에, 그들은 그러한 자연의 사건들의 원인이 신들의 노여움 때문이라고 여겼다. 그러한 사건의 실질적, 자연적, 인과적 요인을 인류가 발견했을 때, 그들은 그것들에 대한 사고방식을 바꾸었다. (A) 그렇지만, 오늘날에도 이러한 종교적 사고를 가지고 세계 도처에 살고 있는 많은 사람들이 있다. 즉 그들은 자연현상을 과학적으로 설명하지 않는, 뉴튼 이전의 생각에 사로잡혀 있는 것이다.

어휘 tremble 떨다 occurrence 발생 the Earth's crust (지구의) 지각 be prepossessed by ~에 사로잡히다 buoyancy 부력

09

정답 ①

해설 이 글은 AI의 도래와 발전으로 인해 인간에게만 유일했던 것들을 AI에 양보하는 일이 벌어졌고, 인간과 AI의 차이점이 점점 줄어들어 인간을 특별하게 만드는 것이 없다고 말하고 있다. 하지만 '아이러니하게도'라는 표현으로 앞에서 말하고 있는 내용과 역설되는 내용이 빈칸에 들어가야 함을 유추할 수 있다. 즉, AI가 인간과의 차이점을 없애는 것이 아니라 오히려 차이점을 만들어낸다는 내용이 들어가는 것이 '아이러니'에 대한 설명으로 올바르다. 따라서 빈칸에 들어갈 말로 가장 적절한 것은 ① 'AI가 인간성을 정의하는 데 도움을 줄 것이라는'이다.
② 인간도 AI와 같을 수 있다는
③ 인간이 힘든 일로부터 해방될 것이라는
④ AI가 도덕적 딜레마의 해결로 인도할 수 있다는

오답 ② 인간과 AI의 차이가 없다는 것은 In the grandest irony of all 이전에 서술된 내용에 상응하므로 역설적인 것이 아니다.
③ AI가 인간의 일을 대신하는 것은 글의 중심 소재인 '인간 고유성'을 없애는 요소 중 하나로 언급된 것에 불과하다.
④ 도덕적 딜레마에 관해서는 언급되지 않았다.

해석 지난 60여 년 동안, 기계식 공정이 우리가 생각하기에 인간에게만 독특했던 행동과 재능을 복제해왔기 때문에, 우리는 우리를 구분해주는 것에 관한 우리의 생각을 바꿔야만 했다. 더 많은 종의 AI(인공지능)를 발명하면서, 우리는 아마도 인간에게만 유일한 것을 더 많이 양보해야만 할 것이다. 매번 양보하는 일, 즉 우리가 체스를 두거나, 비행기를 조종하거나, 음악을 만들거나, 아니면 수학 법칙을 발명할 줄 아는 유일한 존재가 아니라는 사실은 고통스럽고 슬플 것이다. 우리는 앞으로 30년(사실, 아마도 앞으로 한 세기)을 영속적인 정체성 위기 속에서 보내며, 계속 우리 자신에게 인간이 무엇에 소용이 있는지를 질문하게 될 것이다. 우리가 유일한 도구 제작자나 예술가, 혹은 도덕 윤리학자가 아니라면, 도대체 무엇이 우리를 특별하게 만드는가? 가장 아이러니하게도, 일상적이고 실용적인 AI의 가장 큰 이점은, 비록 그 모든 것이 일어날 것이지만, 향상된 생산성이나 풍요의 경제, 혹은 과학을 행하는 새로운 방식이 아닐 것이다. 인공지능의 도래가 주는 가장 큰 이점은 AI가 인간성을 정의하는 데 도움을 줄 것이라는 것이다.

어휘 replicate 복제하다 set apart 구분하다 surrender 양보하다; 양보 mind 사람, 지성(인) permanent 영속적인 ethicist 윤리학자 utilitarian 실용적인 abundance 풍요 liberate 해방하다

10

정답 ④

해설 신문 보도 빈도수와 사망의 빈도수에 대한 응답자들의 추정치 사이의 상관관계가 높다는 연구 결과를 통해, 자주 쉽게 접하고 이용할 수 있는 정보로 인해 사람들의 판단이 왜곡된다는 것을 알 수 있다. 따라서 빈칸에 들어갈 말로 가장 적절한 것은 ④ '우리의 판단이 가용성에 의해 왜곡될 수 있는가'이다.
① 불행에 대한 우리의 생각이 변하는가
② 우리는 살면서 다양한 위험의 원인을 무시하는가
③ 우리는 과장된 소문의 영향을 받을 수 있는가

오답 ② 흔한 사망 원인을 과소평가한다는 내용이 언급되긴 하나, 이는 판단의 오류에 대한 하나의 예에 불과하다.
③ 정보의 '내용'이 아닌 '노출도'의 영향을 설명하는 글이며, 예시로 제시된 신문 기사를 과장된 소문이라고 할 수도 없다.

해석 여기 어떻게 우리의 판단이 가용성에 의해 왜곡될 수 있는가에 대한 예가 있다. 연구자들은 응답자들에게 도합 40가지 유형의 불행으로 인해 발생하는 연간 사망 수를 추정해 볼 것을 요청했다. 그런 다음, 그들은 사람들의 대답과 실제 사망률을 비교했다. 일반적으로, 더 흔한 사망 원인들(당뇨, 천식, 뇌졸중, 결핵)은 과소평가 된 반면, 극적이고 강렬한 사망 원인들(사고, 살인, 토네이도, 홍수, 화재)은 과대평가 되었다. 왜 그랬을까? 연구자들은 응답자들이 구독하는 가장 유명한 두 신문에 실린 다양한 사망 원인들과 관련된 기사의 수를 세었다. 그들은 신문 보도의 빈도수와 사망 빈도수에 대한 응답자들의 추정치는 상관관계가 높다는 것을 알아냈다. 사람들은 그들이 쉽게 접할 수 있는 살인, 사고 또는 화재에 대한 신문 기사가 만연한 것을, 이러한 기사들이 윤곽을 그린 사건들의 빈도수를 나타내는 표시라고 오해했던 것이다.

어휘 vivid 강렬한 homicide 살인 overestimate 과대평가하다 diabetes 당뇨병 asthma 천식 stroke 뇌졸중 tuberculosis 결핵 story 기사 subscribe 구독하다 frequency 빈도(수) coverage 보도 pervasiveness 만연, 넘침 profile ~의 윤곽을 그리다 exaggerate 과장하다 distort 왜곡하다 availability 가용성

DAY 25 실전 모의고사 5회

본서 p. 250

| 01 | ② | 02 | ④ | 03 | ④ | 04 | ③ | 05 | ① |
| 06 | ③ | 07 | ③ | 08 | ② | 09 | ① | 10 | ③ |

01

정답 ②

해설 4번째 문장에서 EMA가 반대로 소방서의 비상 활동을 조정한다고 언급되며, 그곳의 지시를 따른다고는 언급되지 않았다. 따라서 글의 내용과 일치하지 않는 것은 ② '그것은 소방서의 지시에 따른다.'이다.
① 그것은 허리케인과 같은 긴급한 상황에 대응한다. → 2, 3번째 문장에서 언급된 내용이다.
③ 그것은 다른 기관을 재난에 대응할 수 있도록 교육한다. → 마지막 2번째 문장에서 언급된 내용이다.
④ 그것은 재난 사건의 영향을 받은 사람들에게 돈을 제공한다. → 마지막 문장에서 언급된 내용이다.

02

정답 ④

해설 EMA가 개인과 기업 모두에게 긴급 보조금과 대출을 제공할 수 있다는 내용이다. 맥락상 authorized는 '권한이 있는'이라는 뜻으로 쓰였으므로, 이와 의미가 가장 가까운 것은 ④ 'permitted(허용된)'이다.
① 선출된 ② 작성된, 서면의 ③ 통제된

01-02

해석 재난관리청
재난관리청(EMA)은 1998년에 설립되었습니다. 그 이후로 자연재해 및 기타 비상사태가 발생할 때마다 주도적인 역할을 맡아 왔습니다. 여기(자연재해 및 비상사태)에는 산불, 토네이도, 지진, 허리케인, 건물 붕괴 등이 포함됩니다. EMA는 경찰서와 소방서 등 대응 기관의 비상 활동을 조정합니다. 이러한 활동에는 인력을 배치하고 장비와 같은 자원을 할당하는 것이 있습니다. 또한 EMA는 사고 및 재난 예방, 대비, 구조 대응 및 복구 임무에 대한 다양한 기관의 교육을 담당합니다. 게다가, EMA는 정부가 재난으로 간주한 사건의 부정적인 영향을 받은 개인과 기업 모두에게 긴급 보조금과 대출을 제공할 수 있는 권한이 있습니다.

어휘 disaster 재난 earthquake 지진 collapse 붕괴 coordinate 조정하다 respond 대응하다 assign 배치하다 personnel 인력 allocate 할당하다 prevention 예방 preparedness 대비 rescue 구조 grant 보조금 deem 간주하다 urgent 긴급한 instruction 지시

03

정답 ④

해설 구 내의 외국인 공동체가 불충분한 언어 지원 때문에 행정 절차를 처리하는 데 어려움을 겪고 있음을 설명하며, 그에 대한 해결책으로 다국어 서비스를 제안하는 내용의 글이다. 따라서 글의 목적으로 가장 적절한 것은 ④ '외국인 거주민의 행정 편의를 위한 언어 지원을 건의하려고'이다.

해석 수신: 로건 구청
발신: Mia Harrison
날짜: 7월 29일 월요일
제목: 외국인 관련 행정

관계자분께,

저는 우리 구의 중요한 구성원인 외국인 공동체가 구청에서 행정 절차를 처리하는 데 겪는 시급한 문제를 강조하고자 글을 씁니다. 특히, 많은 사람이 불충분한 번역 지원으로 인해 필수 문서를 취득하는 데 있어 어려움을 겪습니다. 많은 양식과 공적 연락이 한국어로만 제공되고 있어 큰 언어 장벽을 만들고 있습니다. 또한 온라인 포털은 포괄적인 번역 옵션이 부족하여 필수 정보 및 서비스에 대한 접근을 더욱 복잡하게 만듭니다.

다음은 이러한 문제를 해결하기 위한 몇 가지 제안 사항입니다.
• 다양한 언어로 양식과 설명서를 제공해 주세요.
• 행정 기관에 공식 번역 서비스를 마련해 주세요.
• 안내서와 자주 하는 질문들이 있는 다국어 온라인 포털을 개설해 주세요.
• 외국인을 지원하고 언어 장벽을 효과적으로 처리하도록 직원을 교육해 주세요.

이 문제에 대한 귀하의 관심에 감사드립니다. 긍정적인 변화를 보길 기대합니다.

진심을 담아,
Mia Harrison 드림

어휘 highlight 강조하다 pressing 시급한 navigate 처리하다 administrative 행정상의 inadequate 불충분한 translation 번역 communication 연락, 전언 significant 큰 barrier 장벽 comprehensive 포괄적인 complicate 복잡하게 만들다 suggestion 제안 instruction 설명서 multiple 다양한 multilingual 다중 언어의 positive 긍정적인

04

정답 ③

해설 소비자 수요 증가를 통한 경제 활성화, 결근과 채용 및 훈련 비용의 감소, 생산성과 직업 만족도의 상승 등 최저임금 인상의 이익을 설명하고 있으므로, 글의 주제로 가장 적절한 것은 ③ '최저임금 인상의 긍정적 효과'이다.
① 최저임금의 과거와 미래
② 최저임금과 기본급의 관계
④ 최저임금이 물가에 미치는 영향

오답 ② 기본급에 관한 내용은 언급되지 않았다.
④ 글의 주요 소재는 단순 '최저임금' 자체라기보단 '최저임금의 인상'이며, 그 인상이 물가에 미치는 영향은 언급되지 않았다.

해석 최저임금은 고용주가 노동자에게 법적으로 제공할 수 있는 가장 낮은 시급, 일당, 또는 월급이다. 동시에, 그것은 노동자가 자신의 노동을 팔 수 있는 최소 임금이다. 종종, 기업 지도자들은 최저임금을 인상하는 것이 일자리를 없애고 작은 기업들에 피해를 줄 거라고 주장한다. 하지만 증거는 다르게 보여준다. 가난한 노동자들은 자신들이 버는 모든 돈을 소비하

기 때문에 최저임금 인상의 모든 돈은 경제계로 다시 되돌아오고, 이는 소비자 수요를 증가시켜 적어도 없어진 일자리만큼이나 많은 일자리를 만들어낸다. 게다가, 대부분의 고용주는 감소된 결근, 더 낮은 채용 및 훈련 비용, 더 높아진 생산성 및 직업 만족도를 경험하면서 사실상 이익을 얻는다.

어휘 minimum wage 최저임금 absenteeism 결근 recruit 채용하다

05

정답 ①

해설 조건(청결, 사생활, 공간, 조용함)을 제시하며 그에 맞는 주거 환경이 계속 보장되도록 주의해야 함을 강조하고 있다. 따라서 글의 요지로 가장 적절한 것은 ① '쾌적한 주거 환경을 보존하자.'이다.

오답 ④ 인간 본성상 욕구에 관심을 가져야 한다는 언급이 있긴 하나, 이는 안락한 주거의 보존을 설파하기 위한 것이지 인간 본성을 회복해야 한다는 의미는 아니다.

해석 안락한 삶의 조건은 화학적, 물리적인 청결뿐만 아니라 사생활, 공간 및 조용함을 포함한다. 이런 것들은 인간 본성상 매우 뿌리 깊은 욕구에 속하는 것이므로, 우리가 번영함에 따라 이에 대한 요구는 증가할 것이다. 그러나 불행하게도 이러한 안락함들은, 이러한 욕구들에 마땅한 관심을 쏟지 않고 발전이 계속된다면 곧 이용할 수 없게 될 것이다. 너무 늦기 전에 강력한 조치들이 취해져 깨끗하고 사적이며 넓고 조용한 주거가 보장될 수 있도록 해야 할 것이다.

어휘 prosper 번영하다 unavailable 이용할 수 없는 due 마땅한 spacious 넓은 dwelling 주거 guarantee 보장하다

06

정답 ③

해설 윈드 시어라는 급격한 하강 기류로 인해 발생하는 비행기 추락 사고에 대한 내용이므로, 폭풍우의 위치를 감지하기 위한 특수 레이더 시스템이 주요 공항에 설치되고 있다는 내용의 ③은 글의 흐름상 가장 어색한 문장이다.

해석 몇몇 비행기의 추락 사고와 거의 추락할 뻔한 사고는 '윈드 시어'로 알려진 위험하고 급격한 하강 기류 탓으로 여겨졌다. 이 급격한 하강 기류는 일반적으로 천둥을 동반한 폭풍우의 난기류에서 발생하는 고속의 하강 기류 때문에 생기지만, 지상 높은 곳에서 비가 증발할 때 맑은 하늘에서도 발생할 수 있다. 하강 기류는 땅에 부딪혀 내부 순환 형태를 형성할 때 확산된다. 그 형태 속으로 진입하는 비행기는 비행기를 위로 들어 올리는 예기치 못한 상승하는 역풍을 경험하게 된다. (특수 레이더 시스템이 예측할 수 없는 천둥을 동반한 폭풍우의 위치를 감지하기 위해 주요 공항들에 설치되고 있다.) 그것에 저항하기 위해, 조종사는 종종 속도를 줄이고, 보상하기 위해 비행기의 기수를 낮춘다. 그 순환 형태 속으로 더 깊이 들어가면, 바람이 급격히 아래쪽으로 방향을 바꾸게 되고, 비행기가 착륙할 때처럼 지상 근처에 이르렀을 때 갑자기 고도를 잃고 추락할 수 있다.

어휘 wind shear 갑자기 방향이 바뀌는 돌풍 attribute 원인으로 여기다 downdraft 급격한 하강 기류 turbulence 난기류 evaporate 증발하다 inward 내부의, 내심의 headwind 역풍 nose (비행기의) 앞부분 altitude 고도, 높이

07

정답 ③

해설 주어진 문장은 가까운 미래를 기다리는 것을 싫어하는 인간의 경향을 설명한다. 이는 먼 미래의 일에 대해서 하루 기다리는 것을 대수롭지 않게 생각하는 ③번 앞 문장의 내용과 역접의 연결사 however로 연결되는 것이 자연스럽다. 따라서 주어진 문장이 들어가기에 가장 적절한 곳은 ③번이다.

해석 연구에 따르면 사람들은 기다림의 고통을 상상할 때, 그것이 먼 미래에 발생할 때보다는 가까운 미래에 발생할 때 더 고통스러울 것이라고 상상한다. 예를 들어, 대부분의 사람들은 364일 뒤에 19달러를 받기보다 1년 뒤에 20달러를 받고 싶어 한다. 그들은 먼 미래의 일이라면 하루쯤 연기되는 것은 그저 작은 불편함 정도로 생각한다. 그러나 대부분의 사람들은 내일 20달러를 받기보다는 오늘 19달러를 받고 싶어 한다. 그들은 가까운 미래에 일어나는 하루를 기다리는 연기는 참을 수 없는 고통으로 생각한다. 하루를 기다리는 것의 고통의 양이 얼마인지는 그 기다림이 언제 발생하는지와는 관계없이 분명 동일한 것이다. 하지만 사람들은 가까운 미래의 고통이 더욱 심하다고 생각하기 때문에 그것을 피하기 위해 1달러를 기꺼이 포기하려고 하지만, 먼 미래의 고통을 가볍게 여기고 하루쯤 그 고통을 견뎌 1달러를 얻으려고 한다.

어휘 unbearable 참을 수 없는 torment 고통 entail 수반하다

08

정답 ②

해설 주어진 글에서는 스포츠의 본질과 구조가 그 스포츠가 요구하는 심리적 요구사항을 결정한다고 말하며 축구와 스누커의 예시를 도입한다. 이어서 (B)에서 축구와 스누커의 구조적 차이에 대한 설명이 이어지며, (C)에서는 (B)에서 언급된 이러한 구조적 차이로 인해 축구와 스누커에 서로 다른 자질이 필요하다고 말한다. (A)에서는 이를 부연설명하고, 마지막 문장에서 스포츠의 구조가 심리적으로 필요한 자질을 결정한다는 주제를 압축한다. 따라서 글의 순서로 가장 적절한 것은 (B) - (C) - (A)이다.

해석 특정 스포츠가 어떤 심리적 요구사항을 갖고 있는지를 결정하는 가장 중요한 요소 중에는 그것(그 스포츠)의 본질과 구조가 포함된다. 예를 들어, 축구와 스누커의 몇몇 차이점들을 생각해 보라. (B) 전자(축구)는 시간이 정해져 있고, 신체적 접촉이 있는 팀 경기인 반면에, 후자(스누커)는 시간이 정해져 있지 않고, 신체적 접촉이 없는 개인 스포츠이다. 이러한 차이점들은 이 스포츠들로부터 제기되는 정신적 과제들에 영향을 끼칠 확률이 높다. (C) 예를 들어 동기 부여, 의사소통 기술, 그리고 상대의 움직임을 예측하는 능력이 축구 선수들에게는 매우 중요하지만, 스누커 선수들은 정신 집중, 의사 결정, 그리고 실수로부터 정신적으로 회복하는 능력과 같은 인지적 능력에 더 많이 의존한다는 것이 그럴듯하다. (A) 결국, 축구 선수는 그 또는 그녀(상대 선수)를 뒤쫓아 가서 태클을 거는 것으로 상대에게서 공을 되찾으려 할 수 있지만, 스누커 선수는 그 또는 그녀의 상대가 테이블 위의 공을 포켓에 넣고 있는 동안 그저 앉아서 지켜볼 수밖에 없다. 요컨대, 운동의 구조는 그것의 심리적 필요조건에 영향을 미칠 수 있다.

어휘 determinant 결정 요인 opponent 상대편 pot 포켓 샷을 치다 requirement 요구 조건 plausible 그럴듯한 cognitive 인지적인

09

정답 ①

해설 어떤 사람이 매력적이라는 데에는 여러 가지 의견이 있을 수 있지만, 4명의 사람들이 있다는 사실에는 의견이 일치한다는 예를 통해 숫자는 불명확함을 제거하는 역할을 한다는 것을 알 수 있다. 따라서 빈칸에 들어갈 말로 가장 적절한 것은 ① '애매모호함'이다.
② 기만 ③ 확실성 ④ 획일

오답 ③④ 숫자가 오히려 확실성과 획일성을 부여한다는 내용이다.

해석 많은 사람들은 숫자로 나타낸 데이터가 실제 세상의 아름다움을 전할 수 있다는 생각에 동의하지 않는다. 그들은 무언가를 숫자로 전환시키는 것이 왠지 (본래의) 마력을 없애버린다고 생각한다. 사실, 그들의 생각은 매우 잘못된 것이다. 숫자는 우리로 하여금 그러한 아름다움과 마력을 더 명확하고 깊이 있게 인식하고 그것을 더 충분히 이해하도록 만드는 잠재력을 지니고 있다. 확실히, 애매모호함은 사물을 숫자 형태로 표현함으로써 제거될 수 있다. 예를 들어, 만일 내가 방에 사람 네 명이 있다고 말하면 당신은 내가 정확히 무엇을 말하는지 알겠지만, 반면에 만일 내가 어떤 사람이 매력적이라고 말한다면 당신은 내가 무엇을 의미하는지 완전히 확신하지는 못할 것이다. 당신은 심지어 내가 어떤 사람이 매력적이라고 생각하는 것에 반대할 수도 있지만, 내가 방에 사람 네 명이 있다고 말하는 것에 의견을 달리하지는 않을 것이다. 숫자는 국적, 종교, 성별, 나이, 혹은 다른 어떤 인간의 특성과 관계없이 보편적으로 이해된다.

어휘 resistant 반대하는 notion 개념, 생각 numerical 수와 관련된 convey 전하다 strip away 벗겨 내다 admittedly 인정하건대, 확실히 universally 보편적으로

10

정답 ③

해설 동물의 사육이나 농작물의 재배는 인간에게만 이익이 되는 것이 아니라 인간과 동식물 모두에게 이익이 되는 측면을 지닌다는 내용의 글이므로 빈칸에 들어갈 말로 가장 적절한 것은 ③ '양방향 교통로'이다.
① 골칫거리
② 불공평한 희생
④ 제로섬 게임

오답 ② 한쪽만 희생하는 것이 아닌, 서로가 서로를 이용한다는 내용이다.
④ 각자의 이득과 손실의 합이 0이 된다고 하기엔 손실에 관한 내용이 언급되지 않았으므로 적절하지 않다.

해석 비록 농부들은 당시에 그것을 깨닫지 못했지만, 농부들과 재배, 사육되는 식물 및 동물들은 커다란 협상을 했다. 옥수수에 대해 생각해 보자. (옥수수의) 재배는 그것을 인간에게 의존하게 만들었다. 하지만 인간과의 연관은 또한 옥수수로 하여금 별로 알려지지 않은 멕시코 풀로서의 기원을 훨씬 넘어서게 해서, 이제는 지구상에서 가장 널리 재배되는 농작물 중 하나이다. 한편, 인간의 관점에서 보면 옥수수의 재배는 풍부한 새로운 식량원을 이용할 수 있게 해주었다. 하지만 그것의 재배는 (다른 식물들의 재배와 마찬가지로) 사람들로 하여금 농사에 기반을 둔 새로운 생활양식을 택하도록 촉구했다. 인간이 자신의 목적을 위해서 옥수수를 이용하고 있는가, 아니면 옥수수가 인간을 이용하고 있는가? 재배와 사육은 양방향 교통로인 것 같다.

어휘 domesticate 재배하다, 사육하다 bargain 협상 maize 옥수수 abundant 풍부한 cultivation 재배 prompt 촉구하다

DAY 26 실전 모의고사 6회

본서 p. 260

| 01 | ③ | 02 | ① | 03 | ② | 04 | ④ | 05 | ④ |
| 06 | ③ | 07 | ③ | 08 | ② | 09 | ④ | 10 | ③ |

01

정답 ③

해설 소음에 관한 민원이 발생함에 따라 소음 관련 규정을 주민들에게 다시 한번 알리기 위해 공지한 글이다. 따라서 글의 목적으로 가장 적절한 것은 ③ '주민들에게 소음 관리 규정을 상기시키려고'이다.
① 새로운 보안 규정을 소개하려고
② 주민들에게 공동체 행사를 안내하려고
④ 아파트의 보수 프로젝트를 알리려고

02

정답 ①

해설 아파트 소음으로 인해 입주민들이 불편을 겪고 있으므로 자녀가 너무 심한 소음을 내지 않도록 해달라고 부모에게 당부하는 내용이다. 맥락상 measures는 '조치'라는 뜻으로 쓰였으므로, 이와 의미가 가장 가까운 것은 ① 'actions(조치)'이다.
② (무엇의) 양 ③ 제안 ④ 자원

01-02

해석 주목: 아파트 입주민 여러분

힐사이드 아파트 입주민들이 평화롭고 편안한 생활 환경을 누리는 것은 중요합니다. 이에 따라 저희는 입주민 여러분을 위한 중요한 전달 사항이 있습니다.

일부 세대에서 특히 아이들의 고함, 비명, 쿵쿵거리는 소리 등 과도한 소음이 발생한다는 신고가 접수되었습니다. 이러한 소음과 기타 시끄러운 소음으로 인해 인근 입주민들이 불편을 겪고 있습니다. 자녀들이 너무 시끄럽지 않도록 조치를 취해 주시기를 모든 부모님께 요청 드리는 바입니다.

또한, 오후 10시 이후에는 세탁기와 같은 시끄러운 가전제품을 작동하지 말아야 한다는 것을 기억해 주세요. 이러한 기기는 상당한 진동과 소음을 발생시킬 수 있으며, 이는 특히 많은 입주민들이 휴식을 취하는 야간 시간대에 방해가 될 수 있습니다.

어느 정도의 소음은 불가피하다는 점을 이해합니다. 하지만 폐해를 최소화하기 위해 모두의 협조를 부탁드립니다. 이웃을 배려하고 평화로운 공동체 분위기를 유지할 수 있도록 도와주셔서 감사합니다.

어휘 resident 주민 excessive 과도한 stomp 쿵쿵거리며 걷다 unit (아파트) 한 가구 disturb 방해하다 urge 강력히 권고하다 operate 작동시키다 appliance 기기, 가전제품 discourage 막다, 말리다 significant 상당히 큰 vibration 진동 intrusive 거슬리는 inevitable 불가피한 cooperation 협조 minimize 최소화하다 considerate 사려 깊은 atmosphere 분위기 security 보안

03

정답 ②

해설 글의 중반부에서 USTR은 미국 경제에 해가 될 수 있는 국제 무역 분쟁과 갈등을 처리한다고 언급되므로, 글의 내용과 일치하는 것은 ② '그것은 미국의 이익을 위해 무역 분쟁을 처리한다.'이다.
① 그것은 미국의 무역 정책을 제안할 수는 있으나 만들지는 못한다. → 글의 초반부에서 미국의 무역 정책을 만드는 임무도 맡고 있다고 언급되므로 옳지 않다.
③ 그것은 미국의 대외 무역 전략을 독자적으로 개발한다. → 글의 중반부에서 여러 국내외 기관과 협력하여 무역 전략을 개발한다고 언급되므로 옳지 않다.
④ 그것은 현재 WTO에서 아무런 영향력도 행사하지 않는다. → 글의 후반부에서 WTO와 같은 국제 무역 기구에서 미국에 유리하게 무역 규칙을 형성하는 데 힘쓴다고 언급되므로 옳지 않다.

해석 미국 무역대표부

사명
미국 무역대표부(USTR)는 미국의 무역 정책을 만들고 권고하는 임무를 맡고 있습니다.

주요 기능
USTR은 무역 협상을 주도하며, 국제 협정하에 미국의 권리가 확실히 유지되게 하고, 미국 상품과 서비스의 해외 시장 진출에 힘써 수출 기회를 증대합니다. 또한 미국 경제에 해가 될 수 있는 국제적인 무역 분쟁과 갈등을 처리합니다. USTR은 정부 기관, 의회, 산업 이해관계자, 국제 파트너와 협력하여 포괄적인 무역 전략을 개발합니다. 또한, 세계무역기구(WTO)와 같은 주요 국제 무역 기구에서 미국을 대표하며, 세계 무역 규칙을 미국의 이익과 가치관에 유리하게 형성하는 데 힘씁니다.

목표
USTR은 미국의 경쟁력을 증진하고, 경제 성장을 촉진하며, 무역 정책이 미국의 이익과 가치관을 반영하도록 하는 것을 목표로 합니다.

어휘 representative 대표 task ~에게 일을 부과하다 function 기능 negotiation 협상 uphold 유지하다, 옹호하다 boost 신장시키다 disagreement 불화, 논쟁 conflict 갈등 collaborate 협력하다 agency 기관 stakeholder 투자자, 이해관계자 comprehensive 포괄적인 strategy 전략 in favor of ~에 유리하게 interest 이익 competitiveness 경쟁력 take care of ~을 처리하다 dispute 분쟁 independently 독자적으로 exert 행사하다

04

정답 ④

해설 후각 테스트를 통해 알츠하이머병의 발병 가능성을 조기에 진단할 수 있다는 내용이므로, 글의 주제로 가장 적절한 것은 ④ '알츠하이머병의 조기 발견을 위한 후각 테스트'이다.

① 알츠하이머병의 새로운 정의
② 인지 장애의 다양한 원인
③ 알츠하이머병 치료를 위한 식품 사용

오답 ① 처음에 알츠하이머병의 정의가 제시되긴 하나, 새롭게 정의하고 있지는 않다.
③ 글에서 언급된 박하와 땅콩은 알츠하이머병의 치료가 아닌 조기 발견을 위한 것이다.

해석 알츠하이머병은 기억, 사고와 행동에 문제를 야기하는 뇌질환이다. 증상은 보통 서서히 진행되며 시간이 흐르면서 악화된다. 그 질병은 보통 상당한 기억 상실이 명백해지고 나서야 비로소 진단된다. 하지만 조기 발견은 개발 중인 새로운 치료법에 중요한 것으로 판명될 수 있었다. 아마도 박하, 땅콩과 비누와 같은 냄새를 식별하는 간단한 '긁어서 냄새 맡는 테스트'가 초기에 그 질환을 정확히 찾아내는 데 도움이 될 것이다. 이전의 연구에서 뉴욕의 컬럼비아 대학교의 D. P. Devanand 박사는 알츠하이머병의 위험을 증가시키는 가벼운 인지 장애를 가진 77명의 사람들을 추적했다. 2년 후에, 19명의 사람들이 그 질환에 걸리게 되었다. 후각 테스트에서 낮은 점수를 받았지만 자신이 잘했다고 생각했던 사람들이 알츠하이머병에 걸릴 가능성이 가장 컸다.

어휘 diagnose 진단하다 sniff 냄새를 맡다 pinpoint 정확히 찾아내다 impairment 장애

05

정답 ④

해설 자전거 전용도로와 함께 그것을 위한 신호등과 자전거 보관소 등, 자전거 사용을 편안하고 안전하게 만들 시설을 갖춰야 한다는 내용이다. 따라서 필자가 주장하는 바로 가장 적절한 것은 ④ '자전거 이용을 위한 안전시설과 편의 시설이 마련되어야 한다.'이다.

오답 ① '대중교통'이 아닌 '자전거' 관련 시설을 확충해야 한다는 내용이다.

해석 대도시 지역에서 자전거를 타는 것이 편안하고 안전해야 한다는 것은 누구나 알고 있다. 이것은 자전거 전용도로를 만들어야만 가능할 것이다. 자전거 사용을 우선시함으로써 대중교통 체계를 수정할 필요가 있다. 중요한 것은 자전거 전용도로를 위한 신호등을 설치하는 것이다. 우리는 또한 자전거 사망사고의 47%가 교차로에서 발생한다는 것을 마음에 새겨야 한다. 공공 소유의 자전거 숫자 또한 증가되어야 하며, 우리는 도시에 일부 주요 지하철역의 자전거 주차장과 같은 전천후 자전거 보관소를 만들 계획을 세울 필요가 있다. 도시는 성공적인 자전거 혁명을 통하여 건강하고 환경친화적인 장소가 될 것이다.

어휘 metropolitan 대도시의 amend 수정하다 prioritize 우선적으로 처리하다 bear in mind 마음에 새기다 all-weather 전천후의 depository 보관소 eco-friendly 친환경적인

06

정답 ③

해설 아프리카의 의사들이 후천성 면역결핍증후군 환자를 원격으로 치료하기 위해 휴대전화를 이용한다는 내용으로, 아프리카의 휴대전화 사용자들이 노트북이나 사무용 컴퓨터보다 휴대전화를 즐겨 사용한다는 내용의 ③은 글의 흐름상 가장 어색한 문장이다.

해석 아프리카의 많은 지역에서, 휴대전화는 건강관리 분야에서 아주 유용하다. 예를 들어, 남아공에서 휴대전화는 의사들이 후천성 면역결핍증후군이라는 엄청난 문제를 처리하는 데 도움을 준다. 남아공의 감염률은 세계에서 가장 높은 편에 속하며, 각각의 의사에게는 멀리 떨어진 마을에 살고 있는 많은 환자들이 있을지도 모른다. 의사들이 모든 환자들을 직접 방문할 수 없기 때문에, 그들은 특별히 훈련된 의료 종사자들을 보내 환자들을 보고 그들이 자신들의 치료를 올바르게 따르고 있는지 점검한다. (아프리카의 휴대전화 사용자들은 노트북이나 사무용 컴퓨터에서 정상적으로 수행되는 다양한 활동들을 위해 그들의 장치를 더 즐겨 사용하는 성향을 보여 왔다.) 그 다음, 'Cell-Life'라고 불리는 새로운 휴대전화 체계를 사용하여, 의료 종사자들은 문제점들에 대해 의사에게 이야기를 하고 필요할 경우에만 환자들을 의사들에게 보낸다. 이것은 의사들이 그들의 시간을 좀 더 효과적으로 사용하도록 해주며, 그것은 일부 환자들에게 이동의 비용과 어려움을 덜어준다.

어휘 infection 감염 preference 더 좋아함

07

정답 ③

해설 주어진 문장에서는 강제 수용소의 사람들이 행복을 느꼈다고 말하는 것은 터무니없다고 말한다. 이는 수용소에서 있었음에도 불구하고 목적의식을 찾은 사람들에 관한 내용과 접속사 However로 연결되는 것이 자연스럽다. 따라서 주어진 문장이 들어가기에 가장 적절한 곳은 ③번이다.

해석 Viktor Frankl은 자신의 책인 『Man's Search for Meaning』에서 유태인 대학살의 희생자들이 어떻게 그들의 삶에서 의미를 찾을 수 있었는지에 대해 말하고 있다. 강제수용소에서 유대인들이 견뎌내었던 신체적, 정신적 고통에도 불구하고, 그들 중 일부는 그들의 결핍된 존재 속에서 의미와 목적의식을 찾았다. 그들의 목적은 사랑하는 사람들과 재회하는 것 또는 언젠가 그들이 겪어왔던 것을 글로 남긴다는 것이었을 수도 있다. 하지만 심지어 이러한 사람들이 수용소에 있는 동안 행복했다고 말하는 것은 터무니없는 말이다. 행복하기 위해서는, 우리의 삶에서 의미를 찾는 것만으로는 충분치 않다. 우리는 의미에 대한 체험과 긍정적 감정에 대한 체험이 필요하다. 즉, 현재와 미래의 이득이 필요한 것이다.

어휘 absurd 터무니없는 torture 고통 concentration camp 강제 수용소 meager 결핍된

08

정답 ②

해설 과거를 지금보다 단순한 시기라고 규정하는 사람들(Some people)에 대해 언급하는 주어진 문장 다음에 그들(They)에 대한 설명을 부연하는 (B)가 온다. (C)에서는 역접의 연결사 However를 통해 그들의 예상(their expectations)을 반박하고, 과거의 삶이 더 단순한 것은 아니라고 주장한다. (A)에서는 다양한 예시를 나열하며 (B)의 논지를 강화한다. 따라서 글의 순서로 가장 적절한 것은 (B) - (C) - (A)이다.

해석 어떤 사람들은 과거를 되돌아보면서 뭔가 안다는 듯이 미소를 지으며 과거를 더 단순한 시기라고 규정한다. (B) 그들은 과거의 삶을 덜 복잡한 것으로, 그리고 당시 사람들을 더욱 순진한 사람들로 여기고 있음이 분명하다. 그들은 오늘날에 비해 (과거에는) 여러 문제들이 덜 힘들었고, 여러 의문들에 대한 답이 보다 쉽게 찾아질 수 있었고, 일상생활의 고통들

이 덜 심했다고 생각한다. (C) 하지만 그들의 예상과는 반대로, 과거는 대부분의 분야에 있어서 더 단순하지는 않았다. 과거 사람들은 역경 속에서 살아남았고, 일을 했고, 가족들을 부양했으며, 미래를 계획했다. (A) 각종 기계와 장치들은 정교함이 덜했을지는 모르지만, 그러한 것들을 사용하는 것은 결코 쉽거나 단순하지 않았다. 그리고 정복되지 못했던 질병도 더 많았으며 안전하지 못한 일터도 더 많았고, 사회적 부정도 더 많았다.

어휘 sophisticated 정교한 apparently 분명히 naive 순진한 challenging 힘든 intense 심한 hardship 역경

09

정답 ④

해설 사람들이 무한한 욕구를 갖고 있으나 그러한 욕구를 충족시킬 생산 자원이 제한되어 있다는 내용이다. 따라서 이러한 특징을 묘사하는, 빈칸에 들어갈 말로 가장 적절한 것은 ④ '희소성'이다.
① 절약 ② 빈곤 ③ 가능성

오답 ① 자원의 부족에 대해 언급하고 있으나, 이 논의가 절약으로까지 이어지지는 않았다.
② 수요에 비해 공급(자원)이 부족한 현상에 관한 내용으로, 이는 빈곤의 문제와는 별개이다.

해석 제2차 세계 대전 이후 지난 50년과는 달리, 이제 희소성이 세계 경제의 주된 특징이다. 이러한 기본적인 경제적 문제점은 사람들이 무한한 욕구를 갖고 있으나 그러한 욕구를 충족시킬 생산 자원이 제한되어 있기 때문에 발생한다. 수요는 많은데 공급은 부족하다. 예를 들어, 중국으로부터의 수요가 급증함에 따라 유가가 급속히 오르고 있다. 특히 석유가 풍부한 사우디아라비아나 이라크에서는 안전에 대한 불확실성이 또한 석유 시장에 영향을 미쳤다. 중국의 성장하는 경제가 10억이 넘는 인구로부터의 소비자 수요를 자극하였고, 인도, 인도네시아, 한국 같은 다른 아시아 국가들에서도 수요는 또한 빠르게 증가하고 있다. 특히 가뭄이나 내전으로 타격을 입은 아프리카의 지역들에서는 빠르게 증가하는 인구가 식량 공급에 더욱 큰 압박을 준다.

어휘 want 원하는 것 demand 수요 supply 공급 surge 급등하다 stimulate 자극하다 drought 가뭄 civil war 내전

10

정답 ③

해설 On the contrary를 기준으로 앞에서는 영국인들의, 뒤에서는 미국인들의 돈에 대한 태도를 말하고 있다. 미국인들은 자신의 노력을 통해 그들의 아버지 세대보다 더 많은 돈을 벌 수 있다는 기대가 있었지만, 반대로 영국인들은 누군가의 희생을 통해서만 부를 얻을 수 있었으므로 대부분 아버지 세대의 빈부를 그대로 세습해야 했음을 알 수 있다. 따라서 빈칸에 들어갈 말로 가장 적절한 것은 ③ '그들이 훨씬 더 부유하거나 가난하진 않을 것이다'이다.
① 그들이 훨씬 더 열심히 일해야 한다
② 그들이 자신들의 삶을 더 좋게 만들 수 있다
④ 그들이 훨씬 더 부유하거나 가난할 수 있다

오답 ①②④ 유럽인은 개인의 노력 여하에 따라 부나 가난이 정해지는 것이 아니라고 보았다는 내용이므로, 개인이 빈부의 변화를 만들어내는 내용의 선지는 정답이 될 수 없다.

해석 미국인과 영국인 간의 가장 두드러진 차이점은 돈에 대한 그들의 태도이다. 역사적인 사실로서, 모든 유럽인들은 유럽에서 부는 다른 사람을 정복하거나 그들의 노동력을 공장에서 착취하는 방법으로, 오직 다른 사람의 희생을 통해 얻어질 수 있는 것임을 알고 있다. 더군다나 심지어 산업 혁명이 시작된 이후에도 가난에서 벗어나 부를 이루어낸 사람의 숫자가 적었다. 대다수 사람들은 그들의 아버지 세대보다 <u>그들이 훨씬 더 부유하거나 가난하진 않을 것이라</u>는 것을 당연하게 생각했다. 결과적으로, 어떠한 유럽인도 부를 개인적인 공적으로, 가난을 개인적인 실패로 관련시키지 않는다. 이와는 반대로, 모든 미국인들은, 조국의 천연 자원 덕분에, 그들의 아버지 세대보다 더 많은 돈을 벌 수 있다는 합리적인 기대를 할 수 있었다. 그래서 만일 미국인이 돈을 덜 벌게 되면, 그 잘못은 그의 게으름이나 무능력에 돌아간다. 그러므로 미국인이 가치 있게 생각하는 것은 돈 그 자체를 소유하는 것이 아니라 그의 능력에 대한 증명으로서의 돈을 벌 수 있는 힘이다.

어휘 striking 현저한, 두드러진 at the expense of ~을 희생하여 conquer 정복하다 exploit 착취하다 take for granted 당연한 일로 여기다 associate 연관 짓다 merit 가치, 훌륭함 as such 그것 자체 affluent 부유한

DAY 27 실전 모의고사 7회

본서 p. 270

| 01 | ② | 02 | ④ | 03 | ② | 04 | ④ | 05 | ① |
| 06 | ④ | 07 | ③ | 08 | ④ | 09 | ① | 10 | ④ |

01

정답 ②

해설 햄프턴 파워라는 기업에서 사용자들에게 가정 내 전기 배선 및 도시 송전선 점검과 스마트 계량기 설치 등 서비스 품질 개선을 위한 향후 조치를 공지하는 내용의 글이다. 따라서 글의 목적으로 가장 적절한 것은 ② '전력 회사의 계획을 알리려고'이다.
① 정전 신고 방법을 설명하려고
③ 스마트 계량기의 장점을 설명하려고
④ 전기 요금 감면을 제안하려고

02

정답 ④

해설 글의 후반부에서 진행 상황에 대한 일일 업데이트가 온라인으로 제공될 것이라고 언급되므로, 글의 내용과 일치하는 것은 ④ '햄프턴 파워는 매일 진행 상황 보고를 제공할 것이다.'이다.
① 햄프턴 파워의 활동은 한 달간 지속될 것이다. → 글의 초반부에서 두 달간 진행될 것이라고 언급되므로 옳지 않다.
② 주민들은 전기 배선 검사를 받으려면 비용을 지불해야 한다. → 글의 중반부에서 전기 배선 점검이 주민들에게 무료로 실시된다고 언급되므로 옳지 않다.
③ 모든 주민은 스마트 계량기를 받아야 한다. → 글의 중반부와 후반부에서 전화로 예약해서 요청하는 주민들의 가정에 설치될 것이라고 언급되므로 옳지 않다.

01-02

해석 수신: 모든 햄프턴 파워 사용자 <미공개 수취인>
발신: Anthony Rosewood <a_rosewood@hamptonpower.org>
날짜: 3월 10일
제목: 새 소식 업데이트

모든 햄프턴 파워 사용자분들께,

지역 주민들에게 드리는 서비스의 품질을 개선하기 위해, 햄프턴 파워는 4월 1일부터 5월 31일까지 다음과 같은 조치를 취할 예정입니다.

1. 모든 가정집이 전기 배선에 문제가 없는지 확인하고자 점검될 것입니다. 이 점검은 주민들에게 무료로 실시됩니다.
2. 도시 전역의 송전선이 점검되고 결함이 발견되면 교체될 것입니다. 이로 인해 일시적인 정전이 발생할 수 있습니다.
3. 스마트 계량기는 요청하는 주민들의 가정에 설치될 것입니다. 스마트 계량기가 귀하의 집에 적합한지 확인하려면 여기를 클릭하세요.

진행 상황에 대한 일일 업데이트가 온라인으로 제공되며 www.hamptonpower.org/serviceupdates에서 확인하실 수 있습니다. 스마트 계량기 설치를 희망하는 주민은 (906) 555-1273으로 전화하여 예약하세요.

저희는 앞으로도 뛰어난 서비스를 제공하기 위해 최선을 다하겠습니다.

Anthony Rosewood
햄프턴 파워

어휘 undisclosed 밝혀지지 않은 recipient 수취인 undertake 착수하다 inspect 점검하다 electric wiring 전기 배선 transmission 송신 faulty 결함이 있는 temporary 일시적인 power outage 정전 meter 계량기 install 설치하다 determine 알아내다 schedule 일정을 잡다 appointment 약속 outstanding 뛰어난 report 신고하다; 보고 advantage 장점 bill 고지서, 요금

03

정답 ②

해설 스트레스 관리, 영양, 신체 활동에 관한 팁을 제공하여 직원들의 정신적, 신체적 건강 증진 및 업무 생산성 향상을 위한 워크숍을 개최한다는 내용의 글이다. 따라서 글의 제목으로 가장 적절한 것은 ② '직장에서의 건강과 생산성을 증진하세요'이다.
① 전문 경력 개발 세미나
③ 소통에 관한 팀 구축 워크숍
④ 직장 동료들과 경쟁하는 운동 챌린지

오답 ① 전문적인 지식이나 경험을 개발하기 위한 세미나가 아니다.
③ 소통 증진에 관한 내용은 언급되지 않았다.
④ 동료들과 서로 경쟁하는 프로그램이 아니며, 운동뿐만 아니라 전반적인 웰빙에 관한 팁을 전하는 워크숍이므로 적절하지 않다.

해석 **직장에서의 건강과 생산성을 증진하세요**

직원으로서 직장 내 건강관리가 건강뿐 아니라 생산성과 전반적인 업무 만족도에도 어떤 영향을 미치는지 이해하는 것은 매우 중요합니다. 이제는 여러분의 신체적, 정신적 건강에 도움이 될 수 있는 건강관리 전략에 집중해야 할 때입니다.

저희 회사의 건강관리팀은 건강 전문가들과 함께 새로운 건강관리 계획과 여러분이 적극적으로 참여할 수 있는 방법을 논의하는 유익한 워크숍을 개최합니다. 이 워크숍은 웰빙을 향상시킬 수 있는 스트레스 관리, 영양, 신체 활동에 대한 실용적인 팁을 배울 수 있는 기회입니다.

건강을 우선시하지 않는 환경에서 일하고 싶은 사람이 누가 있을까요?

- **장소**: 회사 본사 강당 (참석자가 많을 경우: B201호)
- **날짜**: 2024년 10월 4일 금요일
- **시간**: 오전 9:00 - 오전 11:00

자세한 내용을 위해서는 (555) 123-4567로 전화 주세요.

어휘 employee 직원 vital 극히 중요한, 필수적인 wellness 건강(함), 건강관리 impact 영향을 주다 productivity 생산성 overall 전반적인

satisfaction 만족 strategy 전략 host 주최하다 informative 유익한 initiative 계획 practical 실용적인 management 관리 nutrition 영양 enhance 향상하다 prioritize 우선시하다 corporate 기업의 headquarters 본사 auditorium 강당 attendance 참석자 수

04

정답 ④

해설 외국 여행 시 안전한 음식과 피해야 할 음식, 피해야 할 가게와 가도 괜찮은 식당을 설명하고 있으므로, 글의 주제로 가장 적절한 것은 ④ '외국 여행 시 안전하게 먹는 요령'이다.
① 철저한 식품 위생 검사의 필요성
② 식중독 예방을 위한 음식 조리 방법
③ 식재료와 성공적인 식당 운영의 관계

오답 ① 식품 위생에 관한 내용은 맞지만, 그것을 검사할 필요성에 관한 글이 아니다.
② 음식을 직접 조리하는 방법은 구체적으로 제시되지 않았다.
③ 성공한 식당이 식재료의 신선한 사용을 의미한다는 언급이 있으나, 이는 안전한 식당을 설명하기 위한 부연에 불과하므로 정답이 되기엔 지엽적이다.

해석 "요리할 수 있거나 끓이거나 껍질을 벗길 수 있다면 먹을 수 있다. 그렇지 않으면 먹을 생각을 하지 마라."라는 오래된 속담이 있다. 심지어 오늘날에도 이것은 몇몇 나라들을 여행할 때 들어맞는다. 과일은 정수된 물로 씻거나 껍질을 벗겨야 한다. 아이스크림은 평판이 좋은 상표의 것이면 괜찮지만 아이스크림이 녹은 다음 다시 얼려지는 경우에 대비해 거리의 행상에서 그것을 사는 것은 주의하라. 완전히 조리된 음식이 가장 안전하지만 그것이 다시 가열된 것이라면 그렇지 않다. 덜 익힌 고기, 특히 다진 형태의 고기뿐만 아니라 조개도 피해야 한다. 여행자들이나 현지인들로 가득한 곳은 괜찮을 것이다. 붐비는 식당은 음식이 거의 방치되지 않고 조리된 다음 빠르게 먹어 없어진다는 것을 의미한다.

어휘 peel 껍질을 벗기다 purify 정화하다 reputable 평판이 좋은 vendor 행상인 mince 다진 고기 pack 가득 채우다 stand around 아무 것도 안 하고 있다 hygiene 위생

05

정답 ①

해설 휴일 준비에 너무 몰두하여 정작 그날의 즐거움을 놓치지 말라는 내용이므로, 글의 요지로 가장 적절한 것은 ① '휴일 준비에 힘을 낭비하지 말고 그 시간 자체를 즐겨라.'이다.

오답 ④ 시간과 노력에 관한 언급은 있어도, 돈 소비에 관한 언급은 없다.

해석 봄마다 이집트인들은 Sham el-Nessim, 즉 '봄의 향기'라고 불리는 휴일을 기념한다. 이집트 가정들은 소풍을 하러 가서 신선한 봄기운을 즐기며 야외에서 그날을 보낸다. 목적은 단지 그 계절, 이 세상, 그날의 아름다움을 즐기는 것이다. 이것은 하나의 사례로 활용할 수 있다. 우리의 휴일은 종종 너무나 분주해서 우리는 그것을 즐기지 못한다. 추수감사절이나 크리스마스에 우리는 산더미 같은 음식을 준비하느라 너무 많은 시간과 노력을 쏟아서 그날이 끝날 때 감사하게 된다. 종종 우리는 너무나 서두르고 몰두해서 계절의 진정한 기쁨을 경험하지 못한다. 원기를 회복하여 돌아오기보다는 기진맥진하여 돌아오기 쉽다. 계획과 혼잡한 일정이 현재를 제쳐 두지 않도록 하라. 편안히 하고, 꽃의 향기, 햇볕의 따뜻함, 웃음소리를 음미할 시간을 가져라.

어휘 hectic 매우 바쁜, 흥분한 preoccupied 몰두한 refreshed 원기를 회복한 exhausted 지친 overcrowded 혼잡한, 너무 붐비는 savor 음미하다 fragrance 향기

06

정답 ④

해설 예전에는 반려동물 먹이가 인간의 식품 제조 중에 버려지는 것으로 만들어졌고 그 종류도 적었지만, 오늘날의 반려동물 먹이는 인간이 먹는 수준의 재료로 만들어지며 그 종류도 다양하다는 내용의 글이다. 반려동물과의 교감을 통해 얻는 정신적인 이점에 관한 ④는 글의 흐름상 가장 어색한 문장이다.

해석 사료란 예전에는 동네 사료 가게나 식료품 가게가 들여놓은 작은 봉지, 중간 봉지, '또는 큰 봉지 중 아무거나 선택하는 것이었다. 오늘날, 170억 달러 규모의 미국 시장에 있는 수백 종의 먹이 가운데 반려동물 먹이를 고른다는 것은 복잡한 과제일 수 있다. 소고기, 오리고기, 채소, 그리고 연어가 오늘날 반려동물 식단의 일부를 이룬다. 한때 인간의 식품 제조 중에 버려지는 것에서 이득을 얻기 위해 만들어진 반려동물 사료 산업은 이제 사람이 먹는 수준의 재료로 만들어진 잘 팔리는 제품을 만드는데, 그 이유는 사람들이 반려동물이라는 가족 구성원을 위해 더 좋은 것을 원하기 때문이다. 인간이 먹는 수준의 재료로 만든 반려동물 먹이를 구매하는 사람들의 수가 증가하고 있다. (최근의 많은 의학 연구는 또한 당신과 당신의 반려동물이 약간의 진지한 대화를 시작하게 되면 당신의 삶이 더 풍부해질지도 모른다고 말한다.) 그 결과, 반려동물은 정말로 농업의 부담을 늘리고 있는데, 이는 그들이 더 이상 '먹다 남은 것으로 만든' 제품을 먹지 않고 있기 때문이다.

어휘 better off 형편이 더 나은 leftover 먹다 남은 것

07

정답 ③

해설 주어진 문장은 지구의 운명과 환경 운동에 관한 책들은 재활용과 폐기물에 대해서 거의 다루지 않는다고 말한다. 이는 재활용이 책의 인기 있는 소재라고 말한 ③번 앞 문장과 연결사 but으로 연결되는 것이 자연스럽다. 따라서 주어진 문장이 들어가기에 가장 적절한 곳은 ③번이다.

해석 재활용에 관해서, 이론과 실제 사이에 이상한 단절이 있다. 실제적인 측면에서는 모든 사람이 그것을 점점 더 하는 실정이지만, 이론적 측면에서는 환경 옹호자들과 그들의 비판자들 모두 재활용을 그다지 언급하지 않는다. 서점의 진열대에서도 그러한 단절은 발견될 수 있다. 재활용은 '지구를 구하는 데 도움을 줄 수 있는 집안일에 관한 조언'으로 가득 찬 책들의 인기 있는 주제이며, 스스로 할 수 있는 환경 개선에 생활쓰레기만큼 더 알맞은 것은 없는 것 같다. 그러나 지구의 운명과 환경 운동의 양상을 분석하는 책들은 재활용과 고형 폐기물에 대해 거의 다루지 않는다. 재활용은 분명, 환경에 보탬이 되기 위해 취할만한 가장 흔한 실용적인 조치이기는 하지만, 환경론자들의 희망과 두려움은 다른 곳에 집중되어 있다. 이것은 어느 정도 당연한데, 가정의 수준에서 다루기에는 훨씬 더 어려운 다른 문제들이 쓰레기에서 재료를 회수(재생)하는 것보다 분명히 더 시급하기 때문이다.

어휘 disconnection 단절, 분리 advocate 옹호자

08

정답 ④

해설 처음 단계의(First stage) 퓨전 음악은 음악가들이 여러 유형의 음악을 공부한 결과라는 내용의 주어진 글 다음에, 다음 단계(Next stage)의 퓨전 음악은 서로부터 배우는 여러 문화 출신의 거장 음악가들이 만드는 것이라는 내용의 (C)가 온다. (A)에서는 서로 다른 문화의 음악가들로부터 배우는 것의 이점에 대해 언급하고, (B)에서는 그러한 이점(such benefits)에도 불구하고(In spite of) 상업화에 의해 퓨전 음악의 창작은 음악의 지역적인 정체성을 흐리게 할 수 있다고 말한다. 따라서 글의 순서로 가장 적절한 것은 (C) - (A) - (B)이다.

해석 사람들은 세계 퓨전 음악을 다른 단계를 지닌 하나의 과정으로 바라볼 수 있다. 처음 단계의 세계 퓨전 음악은 음악가들이 영감과 지식을 위해서 여러 유형의 음악을 공부하고, 그들의 예술을 만들기 위해 그 지식을 사용한 결과이다. (C) 그 결과는 성공할 수도 있고 실패할 수도 있다. 다음 단계의 세계 퓨전 음악은 몇 년 동안 서로에게 배우고, 서로의 전통에 대한 참된 이해를 발전시켜 온 여러 문화 출신의 거장 음악가들에 의해 만들어진다. (A) 다른 문화 출신들의 거장 음악가들이 함께 연주할 때, 많은 이점들이 존재한다. 음악가들은 교환으로부터 성장하면서 그들에게 새로운 기법과 형식을 배우고 그들의 음악을 더 풍요롭게 만든다. (B) 하지만 그러한 이점에도 불구하고, 상업화를 부추기는 압력은 음악에서 지역적인 정체성을 흐리게 하며, 전통적인 지방 특유의 음악 창작의 관례를 서서히 사멸시킬 수 있다.

어휘 inspiration 영감 extinction 사멸 commercialization 상업화

09

정답 ①

해설 정보의 시대가 이전에는 정보 전문가들에 의해 처리되었던 많은 양의 일들을 우리 모두에게로 떠넘겼다는 부분으로 미루어 보아, 빈칸에 들어갈 말로 가장 적절한 것은 ① '우리 모두는 더 많은 일을 하고 있다'이다.
② 인간 정신이 더 진화하고 있다
③ 정보 기술이 (인간을) 구하게 됐다
④ 전문성이 점점 더 중요해지고 있다

오답 ② 오히려 인간 정신이 정보화 시대에 맞춰 발달하지 못해서 정보 과부하가 일어나는 것으로 볼 수 있다.
③ 정보화 시대로 인한 부작용을 설명하는 글이므로 적절하지 않다.

해석 우리의 두뇌는 그 어느 때보다도 더 분주하다. 우리는 사실, 지어낸 사실, 터무니없는 소리, 소문에 의해 공격을 받는데, 모두가 정보로 가장하고 있다. 알 필요가 있는 것과 무시할 수 있는 것을 알아내려고 애쓰는 것은 지치게 하는데, 그와 동시에 우리 모두는 더 많은 일을 하고 있다. 삼십 년 전에 여행사 직원은 우리의 항공권과 기차 예약을 해주었고, 점원은 가게에서 우리가 찾고 있는 것을 찾도록 도와주었고, 전문적인 타자수나 비서가 바쁜 사람들의 서신을 도와주었다. 이제 우리는 그런 일의 대부분을 우리 스스로 한다. 정보화 시대는 이전에 정보 전문가라 부를 수 있는 사람들이 했던 상당한 양의 일을 우리 나머지 모두에게로 떠넘겨버렸다. 가끔 하나의 기억이 다른 것과 혼동되어, 올바른 장소이지만 잘못된 날짜에 가거나, 안경이나 리모컨을 마지막으로 어디에 두었는지와 같이 단순한 것을 잊어버리는 것은 놀랄 일이 아니다.

어휘 made-up 지어낸 pose as ~인 체하다 exhausting 지치게 하는 salesclerk 점원 typist 타자수 secretary 비서 correspondence 서신 off-load 떠넘기다 remote 리모컨

10

정답 ④

해설 빈칸 문장 앞에서는 소비의 제로섬 과정에 대한 설명이 나와 있고, 빈칸 뒤에서는 삶의 시간을 소비의 제로섬 과정과 똑같이 생각하는 사람들에 대한 예시가 나왔다. 따라서 빈칸에 들어갈 말로 가장 적절한 것은 ④ '거의 같은 방식으로'이다.
① 어려운 게임으로
② 만족 없이
③ 의미 있는 시간이라는 관점에서

오답 ① 제로섬 게임으로 생각한다는 것을 표현하기에는 너무 포괄적이다.
② 삶의 시간을 제로섬 과정으로 보는 것이 불만족스러울 수는 있으나, 삶에 대한 불만족이 글의 핵심은 아니다.

해석 빚을 지지 않고 어떻게 돈을 써야 하는지를 결정하는 것은 제로섬 과정이다. 만일 당신이 주택에 더 많은 돈을 쓰고 싶다면, 당신은 당신의 자동차에 더 적은 돈을 써야만 할 것이다. 모든 부가적인 지출은 소비에서의 똑같은 감소로 연결되어야 한다. 어떤 사람들은 그들의 인생을 <u>거의 같은 방식으로</u> 생각한다. 만일 그들이 (직장) 경력을 원한다면 그들은 가족과 함께 보내는 시간을 희생해야만 한다. 만일 그들이 가족과 함께 보내는 시간을 원한다면 그들은 그들의 경력을 희생해야만 한다. 하지만 이러한 등식은 완전하지 못하며 오해를 일으킨다. 당신의 예산이 달러의 회계인 것처럼 당신의 시간이 말 그대로 분 단위의 회계인 것은 아니다. 당신의 시간은 단지 양만이 아니라 헌신, 관심 및 효율성의 척도이다.

어휘 go into debt 빚을 지다 housing 주택 expenditure 지출 equation 방정식, 등식 misleading 오해하게 하는 literally 말 그대로 accounting 회계 quality time 귀중한 시간

DAY 28 실전 모의고사 8회

본서 p. 280

| 01 | ④ | 02 | ① | 03 | ② | 04 | ① | 05 | ② |
| 06 | ④ | 07 | ④ | 08 | ③ | 09 | ① | 10 | ① |

01

정답 ④

해설 글의 후반부에서 사용자들이 앱을 전부 무료로 사용할 수 있다고 언급되므로, 글의 내용과 일치하지 않는 것은 ④ '앱에는 결제가 필요한 기능이 포함되어 있다.'이다.
① 앱은 고용주와 구직자 모두가 사용할 수 있다. → 글의 초반부에서 언급된 내용이다.
② 사용자는 앱에서 문서를 게시하고 공유할 수 있다. → 글의 중반부에서 언급된 내용이다.
③ 지원자와 일자리가 앱에 의해 자동으로 연결된다. → 글의 후반부에서 언급된 내용이다.

02

정답 ①

해설 시에서 새로 출시하는 앱은 완전히 무료라는 내용이다. 맥락상 absolutely는 '완전히'라는 뜻으로 쓰였으므로, 이와 의미가 가장 가까운 것은 ① 'entirely(완전히)'이다.
② 극도로 ③ 보기에 ④ 마침내

01-02

해석 요크밀 시 공지 사항

새로운 앱 소개

요크밀 시에서 새로운 앱인 Job Connection의 출시를 발표하게 되어 기쁩니다. 이 앱은 새로운 직원을 구하는 기업과 기회를 찾는 구직자 모두를 지원하기 위해 고안되었습니다. 앱에서 제공하는 기능은 다음과 같습니다.

- **기업용**: 충원이 필요한 직책에 대한 채용 공고를 게시하고 잠재적인 후보자의 이력서를 살펴보세요.
- **구직자용**: 이력서를 올리고 선호하는 직무를 열거하세요.

이 앱의 주요 기능 중 하나는 키워드 검색을 이용하여 고용주와 지원자를 그들의 필요에 따라 연결해 주는 자동 매칭 시스템입니다. 이는 채용 프로세스를 간소화하여 모두의 시간을 절약할 수 있습니다. 이 앱은 *여기*에서 다운로드할 수 있으며, 사용자는 완전히 무료로 사용할 수 있습니다.

어휘 launch 출시 seek 구하다 post 게시하다 position 직책 fill 채우다 potential 잠재적인 candidate 후보자, 지원자 résumé 이력서 list 열거하다 preference 선호 automatic 자동의 streamline 간소화하다 hire 채용하다 alike 둘 다, 똑같이

03

정답 ②

해설 폭설 이후 제설 작업이 늦어져서 생긴 안전 문제들을 지적하며 제설 조치의 개선을 촉구하는 내용의 글이다. 따라서 글의 목적으로 가장 적절한 것은 ② '도로의 제설 작업 개선을 요청하려고'이다.
오답 ① 긴급 차량의 이동 방해가 언급되긴 하나, 이는 늦은 제설 작업의 위험성을 강조하기 위한 예시로 교통 체증 자체에 대한 문제 제기를 위한 것은 아니다.

해석 수신: 시청 담당자
발신: Noah Carter
날짜: 12월 27일 금요일
제목: 도로 정리

시청 담당자분께,

저는 어젯밤의 폭설로 야기된 심각한 교통안전 문제에 대해 알려 드리고자 글을 씁니다. 늦은 제설 작업 때문에 도로가 극히 미끄러워서, 사고 위험을 키우고 긴급 차량들의 이동을 방해했습니다.

앞으로 유사한 문제를 방지하기 위해, 저는 다음을 포함한 더 나은 제설 조치를 시행해 주실 것을 강력히 촉구합니다.
- 인력 및 장비 증강
- 더 신속한 대응 시간 보장
- 주요 도로 우선 처리
- 민간 계약 업체와의 협력

우리 지역 사회의 안전과 원활한 교통을 위해, 제설 과정을 개선하기 위한 즉각적인 조치를 취해 주시길 바랍니다. 이 문제를 해결하기 위해 취해질 단계와 조치에 대한 업데이트를 해주시면 감사하겠습니다.

안부를 전하며,
Noah Carter 드림

어휘 clearing 청소, 정리 removal 제거 extremely 극히 slippery 미끄러운 hinder 방해하다 prevent 방지하다 implement 시행하다 staffing 직원 채용 prioritize 우선으로 처리하다 partner with ~와 협력하다 private 민간의 contractor 계약 업체 smooth 원활한 transportation 교통 appreciate 감사하다 step 단계, 조치

04

정답 ①

해설 연구 결과에서 사람들은 비슷한 이름을 가진 사람이 보낸 설문지에 더 잘 응답하고, 같은 생일을 가진 사람의 요청에 더 잘 순응하는 것으로 나타났으므로, 글의 주제로 가장 적절한 것은 ① '비슷한 것들에 대해 긍정적으로 느끼는 경향'이다.
② 사람들이 답장을 쓰도록 설득하는 방법
③ 비슷한 소리가 사회에 미치는 심리적 영향
④ 비슷한 이름과 다른 이름 사이의 관계
오답 ② 사람들이 자신과 비슷한 이름의 발신인에게 설문지를 더 잘 돌려보낸다는 언급이 있으나, 이는 비슷함에 대한 사람들의 반응을 연구한 사

례 중 하나에 불과하다.
③ 사회보다는 개인에 미치는 심리적 영향에 관한 내용이며, 비슷한 '소리'라고 한정짓기에는 지엽적이다.
④ 비슷한 이름과 다른 이름을 이용한 실험이 제시되지만 하나의 예일 뿐이며, 그 둘의 관계를 구체적으로 다루고 있지도 않다.

해석 사회심리학자인 Randy Garner는 일련의 연구에서 우편으로 완전히 모르는 사람들에게 설문지를 보냈다. 그의 연구팀은 설문지에 그 설문지를 받는 사람의 이름과 비슷하거나 다른 이름을 가진 연구 조수에 의해 만들어진, 설문지를 완성하고 되돌려 달라는 요청을 동봉했다. 예를 들면, 비슷한 이름 조건에서는, 이름이 Cynthia Johnston인 사람은 이름이 Cindy Johanson인 사람으로부터 설문을 받았다. 이름이 비슷하지 않은 조건에서 사용된 이름들은 그 연구에 참가한 실제 연구 조수들 5명의 이름 중 하나였다. 비슷하게 소리 나는 이름을 가진 사람으로부터 설문지를 받은 사람은 비슷하지 않은 이름의 사람들로부터 설문지를 받은 사람보다 거의 두 배나 더 그것을 작성해서 돌려줄 가능성이 있었다. Randy Garner는 모르는 사람이 우리와 같은 생일을 가질 때, 우리가 그의 요청에 응할 가능성이 더 크다는 것 또한 발견했다.

어휘 survey 설문 조사(서) accompany 동반하다, 덧붙이다 dissimilar 다른 recipient 수령인 fill out 작성[기입]하다 comply with ~에 순응하다

05

정답 ②

해설 동물원의 여러 가지 기능과 이점을 제시하며 동물원이 지지를 받아야 한다고 말하고 있으므로, 필자가 주장하는 바로 가장 적절한 것은 ② '동물원을 폐쇄하지 말아야 한다.'이다.
① 동물을 학대하지 마라.
③ 동물은 야생에서 살아야 한다.
④ 동물원의 시설을 개선해야 한다.

오답 ④ 동물원의 개선점이 아닌 이점을 언급하며 폐쇄 여부 논란에 대한 입장을 서술하는 글이다.

해석 최근에 어떤 사람들은 우리가 동물원들을 모두 닫아야 하는 것이 아닌지 의문을 제기하고 있다. 그들은 우리가 동물을 보호하기 위해서가 아니라 동물로부터 돈을 벌기 위해 동물을 기르고 있다고 주장한다. 어쨌든 동물원에 있는 포유동물의 90% 이상이 야생에서 포획된 것이 아니라 거기서 태어났다. 동물원은 유일하게 대부분의 사람들에게 이국적인 동물들과 접촉할 수 있게 해준다. 우리들 대부분은 자연 서식지에서 이 동물들을 보기 위해 아시아, 아프리카, 호주 등으로 여행할 수 없다. 그렇지만 우리는 동물원의 진짜 같은 환경에서 그 동물들을 볼 수 있다. 동물원은 또한 야생에서 급속히 사라지고 있는 고릴라와 판다 같은 종들을 번식시키고 보존하는 데 도움을 주고 있다. 동물원은 중요한 기능을 수행한다. 동물원은 우리의 전폭적 지지를 받아야 한다.

어휘 mammal 포유류 exotic 이국적인 natural habitat 자연 서식지 breed 번식시키다 whole-hearted 전폭적인

06

정답 ④

해설 흉내 문어가 자신을 방어하기 위해 다른 동물의 모습과 행동을 흉내 낸다는 내용이므로, 흉내 문어가 먹이를 찾을 때의 특성에 대한 내용인 ④는 글의 흐름상 가장 어색한 문장이다.

해석 흉내 문어는 기괴하고 신비스러운 방어 행동을 보여준다. 그것은 맛있는 문어보다 덜 잡아먹힐 것 같은 다른 동물들의 모습과 행동을 흉내 낼 수 있는 능력으로 유명하다. 이 문어는 팔을 질질 끌면서 도다리와 똑같은 동작으로 몸을 납작하게 만들어서 모래를 가로질러 움직일 수 있다. 그것은 독이 있는 해파리처럼 보이면서 줄무늬가 있는 팔을 펼치고 진흙 위에서 헤엄을 칠 수 있다. 그것은 줄무늬가 있는 바다뱀처럼 보이기 위해서 그것의 합쳐진 가느다란 몸과 팔의 너비를 좁게할 수 있다. (흉내 문어는 또한 먹이를 찾아 터널을 횡단하는 것으로 알려진 유일한 문어 종이다.) 흉내 문어는 다리를 사용해서 넙치류 모양으로 가짜 몸을 만들고 나서 그 독이 있는 물고기와 아주 똑같이 행동을 하면서 해저 가까이에서 헤엄친다.

어휘 mimic octopus 흉내 문어 trail (질질) 끌다 flounder 도다리 slender 가느다란 flatfish 넙치류 seabed 해저

07

정답 ④

해설 주어진 문장에서 이러한 거래 상대들(these trading partners)은 ④번 앞 문장의 의료 보험업자, 노인 환자, 만성 질환이 있는 사람들을 가리키는 것으로, 의사들이 거래 흑자를 낼 수 있는 사람들을 의미한다. 따라서 주어진 문장이 들어가기에 가장 적절한 곳은 ④번이다.

해석 골프를 좋아하는 의사의 거래 '적자'와 '흑자'를 생각해 보라. 그 의사는 스포츠 용품점, 골프 캐디, 그리고 골프장 운영자에게는 거래 적자를 낼 것으로 예측될 수 있다. 왜 그럴까? 이러한 공급자들은 골프 치는 의사가 상당히 많이 구매하는 품목들을 판매한다. 반면에 의사는 스포츠 용품점이 구매하는 품목을 아마도 거의 팔지 못할 것이다. 마찬가지로 의사는 의료 보험업자, 노인 환자, 그리고 만성 질환이 있는 사람들에게는 거래 흑자를 낼 것으로 예측될 수 있다. 이러한 거래 상대들은 의사가 그들로부터 구매할 것이 거의 없을지라도 의사가 제공하는 서비스의 주요 구매자이다. 이와 같은 원리가 국가 간에도 작용한다. 한 국가는 그 국가가 수입하는 품목을 싼 가격에 공급하는 국가들에게는 무역 적자를 내고, 그 국가가 수출하는 물품을 많이 사는 국가들에게는 무역 흑자를 내는 경향이 있을 것이다.

어휘 deficit 적자 surplus 흑자 sizable 상당히 많은 medical insurer 의료 보험업자 chronic illness 만성 질환

08

정답 ③

해설 주어진 문장에서 인간의 뇌가 어느 정도까지 프로그램화 되어 있는지에 대한 질문을 제기하고 (C)에서 신체에 대한 뇌의 비율이 중요하다는 접근 방법을 제시한다. (A)의 this는 바로 이러한 접근 방법을 가리키며, 이 접근 방법이 합리적인 것처럼 보인다고 언급한다. (B)에서는 역접의 접속사 But으로 연결한 후 낙타의 예를 들며 이를 반박하고 있다. 따라서 글의 순서로 가장 적절한 것은 (C) - (A) - (B)이다.

해석 인간의 뇌는 어느 정도까지 언어능력을 위해 프로그램이 되어 있는가? 그 답은 불분명하다. (C) 우리의 뇌는 다른 동물의 뇌보다 무겁다. 물론, 크기 하나만 특별히 중요한 것은 아니다. 코끼리는 인간보다 더 큰 뇌를 가지고 있지만, 말을 하지 못한다. 하지만 코끼리는 더 큰 신체를 가지

고 있기도 하기 때문에 어떤 사람들은 중요한 것은 신체에 대한 뇌의 비율이라고 말해 왔다. (A) 얼핏 보면, 이것은 꽤 그럴듯한 접근법인 것처럼 보인다. 신체에 대한 뇌의 비율이 높은 것이 높은 지능을 의미하고, 이것이 결과적으로 언어의 필수 조건일지 모른다고 말하는 것은 상당히 합리적인 것처럼 보이는데, 성인의 뇌가 자기 몸무게의 2%가 넘는 반면에 성년에 이른 침팬지의 뇌는 1% 미만이라는 것을 우리가 알게 될 때 특히 그러하다. (B) 하지만 그런 비율은 매우 오해를 불러일으킬 수 있다. 어떤 동물들은 그들의 신체를 엄청나게 무겁게 하는 큰 에너지 비축물을 운반하도록 이루어져 있다. 예를 들어, 낙타는 단지 그들이 거대한 혹을 가지고 있다는 이유만으로 반드시 말보다 더 어리석은 것은 아니다.

어휘 promising 유망한 prerequisite 필수 조건 misleading 오해의 소지가 있는 reserve 비축물 hump 혹

09

정답 ①

해설 이 글은 미국이 문화적으로나 인적으로 유럽에서 기인하였기 때문에 자생적이거나 독창적인 부분이 부족하다는 논지를 전개하고 있다. 이는 중반부에 voidness(공허함) 같은 어휘를 사용한 것을 통해서도 알 수 있다. 따라서 빈칸에 들어갈 말로 가장 적절한 것은 ① '열등감'이다.
② 개척 윤리
③ 자급자족
④ 실용적 정신

오답 ② 개척지라는 언급이 있긴 하나, 이는 유럽 입장에서 미국을 부르는 명칭에 불과하며 글의 논조에도 어긋난다.
③ 오히려 미국의 모든 것이 유럽에 의존한 결과물이라는 내용이다.

해석 놀랍지도 않게, 많은 사람들이 미국은 열등감과 함께 탄생했다고 주장한다. 미국의 이야기들은 유럽으로부터 온 것이다. 미국의 전설은 독특하지 않다. 미국 사람들이 누구인지에 대해 이야기하기 위해서는 유럽 사람들이 필요하다. 미국 정부의 형태는 유럽의 것을 차용해 왔다. 위대한 자본가들이 그들의 입지를 확고히 다지기 전까지는, 미국인들은 왕도 왕비도 그리고 성도 갖지 못했다. 아무리 많은 부와 권력도 이러한 공허함을 지우지 못했고, 따라서 해마다 여름이면 수많은 미국인들이 (유럽의) 탁월함을 포착하고 음미하기 위해 유럽으로 여행을 떠난다. (예상과 달리 그 반대 현상도 일어나는데, 수많은 유럽 사람들도 해마다 여름이 되면 최후의 개척자와 그들이 물려준 유산을 통해 미국 사람들이 이룩한 것들을 보기 위해 미국으로 여행을 떠난다.) 미국은 미국 사람들과 유럽 사람들이, '어떤 이유에서건, 그들이 알아볼 수 있을 만큼 영향을 받아온 것들을' 발견할 수 있기를 바라면서, 지속적으로 들여다보는 거울이다.

어휘 contend 주장하다 voidness 공허 touch of class 탁월함, 품격 perversely 뒤집혀, 어긋나게 obverse 반대되는 것 heritage 유산 condition 영향을 미치다 ethics 윤리 pragmatist 실용주의의

10

정답 ①

해설 이 글은 아이들이 사람의 모습을 그릴 때 머리를 지나치게 크게 그리는 것이 나중에 그릴 얼굴의 세부 사항을 위해 공간을 남겨야 한다고 생각하기 때문이라고 말하고 있다. 따라서 빈칸에 들어갈 말로 가장 적절한 것은 ① '미리 계획하는 방식'이다.
② 그들의 나쁜 시력의 결과
③ 형편없는 그림 실력의 증거
④ 형편없는 규모 감각을 나타내는 것

오답 ③④ 뒷모습은 과장 없이 제대로 그린 것으로 보아 그림 실력이나 규모 감각의 문제가 아님을 알 수 있다.

해석 사람 형상을 그릴 때 아이들은 종종 머리를 신체의 나머지 부분과 비교해서 지나치게 크게 그린다. 최근 한 연구는 이러한 아이들의 그림에서 보이는 일반적인 불균형에 대한 어떤 통찰력을 보여준다. 그 연구의 일부로 연구자들은 네 살에서 일곱 살 사이의 아이들에게 어른을 몇 장 그릴 것을 요구했다. 아이들이 어른들의 정면을 그릴 때는 머리의 크기가 눈에 띄게 커졌다. 하지만 아이가 어른들의 뒷모습을 그릴 때는 머리의 크기가 그렇게 과장되지는 않았다. 연구자들은 아이들이 얼굴의 세부 사항들을 위한 공간을 남겨야만 한다는 사실을 알 때 머리를 크게 그린다고 말한다. 그들은 아이들 그림의 왜곡된 머리 크기는 <u>미리 계획하는 방식</u>이라고 말한다.

어휘 insight 통찰력 disproportion 불균형 frontal 정면의 markedly 현저하게 enlarge 확대하다 rear 뒤쪽의 exaggerate 과장하다 distort 왜곡하다 indication 표시, 암시

DAY 29 실전 모의고사 9회

본서 p. 290

| 01 | ④ | 02 | ① | 03 | ③ | 04 | ① | 05 | ④ |
| 06 | ④ | 07 | ④ | 08 | ② | 09 | ② | 10 | ③ |

01

정답 ④

해설 시에서 한 전문가를 초빙해 재활용할 수 있는 물품의 종류와 효율적으로 재활용하는 방법을 소개하는 세미나를 한다는 내용의 글이다. 글의 후반부에서 이 세미나는 무료인 것을 알 수 있으므로, 글의 제목으로 가장 적절한 것은 ④ '일상용품 재활용에 관한 무료 세미나'이다.
① Gina Copeland가 수상을 하다
② 시에서 쓰레기 무단 투기 방지 캠페인을 시작하다
③ 재활용 활동에 자원봉사자가 필요합니다

오답 ② 쓰레기 무단 투기 방지에 관한 내용은 언급되지 않았다.

02

정답 ①

해설 재활용에 관한 팁을 알리기 위해 유명한 환경 전문가를 초빙하여 세미나를 진행한다는 내용이다. 맥락상 renowned는 '유명한'이라는 뜻으로 쓰였으므로, 이와 의미가 가장 가까운 것은 ① 'famous(유명한)'이다.
② 혁신적인 ③ 경험이 많은 ④ 전문적인

01-02

해석

일상용품 재활용에 관한 무료 세미나

환경오염은 지구상의 모든 사람에게 영향을 미치는 문제입니다. 다행히도 우리는 이에 대처할 수 있습니다.

시는 환경 문제의 유명한 전문가인 Gina Copeland가 진행하는 세미나를 후원할 예정입니다. Copeland 씨의 연설은 재활용에 대해 다룰 예정입니다. 그녀는 특히 재활용할 수 있는 물품의 종류와 사람들이 효율적으로 다양한 일상용품을 재사용할 수 있는 방법에 초점을 맞출 예정입니다. Copeland 씨는 강연이 끝난 후 질문에 답변할 것입니다.

날짜: 7월 11일 토요일
시간: 오후 3시 - 오후 5시
장소: 시청 강당 1층

참석 비용은 무료이지만 사전에 등록해야 합니다. Anna Mason에게 (864) 555-8332로 전화하여 등록할 수 있습니다. 모든 참석자는 재활용에 관한 정보와 팁을 제공하는 무료 핸드북을 받게 됩니다. 자세한 내용은 정규 업무 시간 중에 Mason 씨에게 연락 주세요.

어휘 pollution 오염 affect 영향을 미치다 sponsor 후원하다 speech 연설 recycle 재활용하다 specifically 특히 efficiently 효율적으로 city hall 시청 auditorium 강당 register 등록하다 in advance 사전에 attendee 참석자 complimentary 무료의 business hours 영업[업무] 시간 litter (쓰레기 등을) 버리다

03

정답 ③

해설 마지막 2번째 문장에서 CPO는 역사가들의 연구를 허용하고 감독할 책임이 있다고 언급되므로, 글의 내용과 일치하는 것은 ③ '그것은 역사가들이 그것의 통제 구역에서 연구하는 것을 허용한다.'이다.
① 그것은 랜드마크보다 국립 공원을 더 많이 관리한다. → 첫 문장에서 랜드마크는 87개, 국립 공원은 47개를 감독한다고 언급되므로 옳지 않다.
② 그것은 투어 프로그램의 예약을 직접 받는다. → 3번째 문장에서 투어를 제공하는 여행사와 가이드를 감독한다고만 언급될 뿐, 직접 투어를 운영하며 예약받는다는 내용은 언급되지 않았으므로 옳지 않다.
④ 그것 산하에 있는 도서관들은 디지털 기록 보관소로 유명하다. → 마지막 문장에서 도서관에 역사 관련 문서가 있다고만 언급될 뿐, 디지털 기록 보관소에 관해서는 언급되지 않았으므로 옳지 않다.

해석 문화보존청(CPO)은 주의 22개 역사 지구, 87개 랜드마크, 47개 국립 공원을 각각 감독하는 업무를 담당하고 있습니다. 이 장소들의 관리는 CPO의 통제하에 있으며, 이 장소들에서 열리는 전시회와 같은 특별 행사에 관한 모든 결정은 CPO에서 내립니다. CPO는 역사 지구와 랜드마크 투어를 제공하는 여행사 및 가이드를 감독합니다. CPO는 고고학 발굴과 역사가들의 연구를 허용하고 감독할 책임이 있습니다. CPO는 지역의 역사, 특히 설립과 초창기 관련 문서가 있는 3개의 도서관을 관리하고 있습니다.

어휘 preservation 보존 oversee 감독하다 province (행정 구역으로서의) 주 district 지구 supervise 감독하다 archaeological 고고학의 dig 발굴 relating to ~에 관한 founding 설립 directly 직접 permit 허용하다 archive 기록 보관소

04

정답 ①

해설 이 글은 고대 그리스·로마의 의상이 가지는 특징에 대해 설명하는 글로, Léon Heuzey가 제시한 당시 의상의 두 가지 원칙(일정한 형태가 없고 느슨하게 걸침)을 언급하고 있다. 따라서 글의 주제로 가장 적절한 것은 ① '고대 그리스·로마의 의상의 기본적인 특징'이다.
② 고대 그리스·로마의 의상에 있어서의 중요한 변화
③ 고전 의상에 대한 Léon Heuzey의 연구의 위대함
④ 고대 그리스와 로마의 의상의 기원

오답 ③ Léon Heuzey의 연구 내용이 언급되긴 하나 이는 고대 그리스·로마 의상의 특징을 설명하기 위한 것이며, 그의 연구가 위대함을 강조하는 내용 또한 아니다.

해석 고대 그리스와 로마의 의상은 본질적으로 느슨하게 걸치는 것이고, 전통적인 안정감과 영속성을 보여준다. 그것은 수세기에 걸쳐서 어떤 유행하는 스타일을 받아들였지만, 그것은 결코 어떤 중대한 변화를 겪지는 않았다. 고전 의상 연구의 개척자인 Léon Heuzey는 그것의 두 가지 기본 원칙을 모범적으로 명료히 제시했다. 첫 번째로 고대 그리스·로마의 의상은 성별 간의 차이 없이, 그것의 의도된 용도와 고객의 신장에 따라 다양한 크기로 파인 단순한 직사각형의 천 조각으로 되어 있기 때문에, 그 자체는 어떤 형태를 가지고 있지 않다는 것이다. 두 번째로 이 천은 결코 모양 잡히거나 절단되지 않은 채 항상 느슨하게 걸쳐지고, 확실한 규칙에 따

라 몸에 둘러졌다는 것이다. 그래서 그것은 항상 가변적이었고 '살아 있었다.' 고대 그리스·로마 시대의 재단사나 재봉사에 대한 어떤 증거도 찾을 수 없다는 것은 주목할 만한데, 그리스어나 라틴어에는 그 단어 자체가 거의 존재하지 않는다.

어휘 drape (느슨하게) 걸치다 permanence 영속성 receive fashion 유행을 수용하다 undergo 겪다 pioneer 개척자 classical 고전의, 고대 그리스·로마의 exemplary 모범적인 differentiation 차별 weave 짜다 fluid 가변적인 tailor 재단사

05

정답 ④

해설 Mayo Clinic과 노르웨이의 정신과 의사들의 연구에 의하면, 비관적인 생각을 가진 사람들이 암이나 기타 질병에 걸리고 이른 죽음을 맞이할 가능성이 더 크다고 했으므로, 글의 요지로 가장 적절한 것은 ④ '비관적인 인생관은 건강과 수명에 해로운 영향을 끼친다.'이다.

오답 ①② 가난, 주거 스트레스, 슬픔, 상실, 결핍 등으로 비관적 인생관이 야기된다는 언급이 있기는 하나, 이 글의 주제는 비관주의의 요인이 아닌 영향이다. 또한 Mayo Clinic의 연구를 소개하면서 언급된 '마음의 상태'나 '자아 개념'은 중심 소재인 '비관주의'를 표현하기엔 포괄적이다.

해석 미네소타 주의 Mayo Clinic은 사람의 마음 상태와 그들이 얼마나 오래 사는지 간의 관계를 연구해 왔다. 긍정적인 자아 개념은 우리로 하여금 스트레스 장애와 암에 덜 굴복하게 만들 내적인 변화를 만들어내는 것으로 알려져 있다. 거의 850명에 달하는 한 집단의 사람들이 1960년대 초에 처음 인터뷰에 응해 그들의 낙관주의나 비관주의의 정도에 따라 분류되었다. 30년 후에 다시 인터뷰를 했을 때, 비관주의자들이 낙관주의자들보다 이른 죽음을 맞이할 가능성이 19% 더 크다는 것이 발견되었다. 비슷하게, 노르웨이의 정신과 의사들은 (가난, 주거 스트레스, 슬픔, 상실 또는 다른 결핍과 같은 위협적인 요인들에 의해 야기되는) 비관적인 인생관을 가진 사람들이 암에 걸릴 가능성이 25% 더 크다는 것을 발견했다. 그러므로 비관주의가 뇌세포를 죽이고 우리의 몸 전체를 부식시킨다는 것을 알면서도, 우리 자신으로 하여금 단 한 가지라도 부정적인 생각을 가지게 놔두는 것은 미친 짓으로 보일 것이다.

어휘 self-concept 자아 개념 succumb to ~에 굴복하다 optimism 낙관주의 pessimism 비관주의 psychiatrist 정신과 의사 bring on ~을 야기하다 develop (병에) 걸리다 corrode 부식시키다

06

정답 ④

해설 과학 실험은 어떠한 주관적 영향도 없이 객관적으로 수행되어야 하며, 결과를 예측하지 않고 실험하거나 다른 사람들에게 자신의 실험을 재확인시킴으로써 주관적 영향을 어느 정도 피할 수 있다는 내용이다. 따라서 또래 집단 활동에 관한 실험에서 의미 있는 결과를 이끌어내는 것이 중요하다는 ④는 글의 흐름상 가장 어색한 문장이다.

해석 과학 실험은 자신의 가설이 틀리다는 것을 보여 주도록 설계되어야 하고, 결과에 미칠 만한 그 어떤 주관적 영향도 없이 완벽하게 객관적으로 수행되어야 한다. 유감스럽게도, 진정으로 객관적인 과학자는 만약 있다 치더라도 거의 없는데, 이것은 그들이 종종 실험이 시작되기 오래 전에 어떤 결과가 나오기를 원하는지 결정했기 때문이다. 이것은 매우 자주 편견이 (무심코) 실험, 실험 절차, 혹은 결과의 해석에 개입된다는 것을 의미한다. 자신의 기대에 맞지 않는 실험이 왜 무시되어야 하는지, 그리고 자신이 '기대했던' 결과를 가져다주는 실험이 왜 옳은 것인지를 자신에게 정당화하는 것은 너무 쉽다. (또래 집단 활동에 관한 실험에서 의미 있는 결과를 이끌어내는 것이 중요하다.) 이것은 당신이 '앞을 예측하지 않고서' 실험을 함으로써, 그리고 다른 사람들에게 당신의 데이터를 점검하거나 실험을 되풀이해 보라고 요청함으로써 어느 정도 피할 수 있다.

어휘 hypothesis 가설, 추측 outcome 결과, 성과 bias 편견, 편향 unintentionally 무심코 procedure 절차, 순서 interpretation 해석, 이해 meaningful 의미 있는, 중요한 peer 또래, 동료 blinded 앞이 보이지 않는

07

정답 ④

해설 사람들이 다른 지역으로 이주할 때, 새로운 환경에 따라 식습관이 변한다는 내용이다. 주어진 문장은 결과적으로 탄산음료나 캔디의 소비를 늘리고 영양가가 더 많은 식품의 구입을 줄이는 가족이 있을 수 있다는 내용이다. 원래 우유가 주식이었던 사람들도 이주한 환경에서 우유가 비싸면 더 저렴한 탄산음료를 먹게 될 수 있고, 반대로 이전 거주지에서는 사치품이었던 캔디가 새로운 거주지에서는 비싸지 않을 수 있다는 내용 뒤에 그러한 가정의 결과로써 주어진 문장이 제시되는 것이 자연스럽다. 따라서 주어진 문장이 들어가기에 가장 적절한 곳은 ④번이다.

해석 사람들이 한 나라에서 다른 나라로 혹은 한 지역에서 다른 지역으로 이주할 때, 그들의 경제적 지위가 변화할 수도 있다. 그들은 새로운 음식과 새로운 식생활 관습을 접하게 될 것이다. 그들이 본래 가지고 있던 식생활 관습이 영양 면에서 적절했다고 하더라도, 그들은 새로운 환경으로 인해 자신들의 식습관을 바꾸게 될 수도 있다. 예를 들어, 그들이 이주하기 전에 우유가 식단의 주식이었는데, 새로운 환경에서 대단히 비싸다면 우유는 탄산음료, 커피, 혹은 차와 같이 더 싸고 영양 면에서 떨어지는 음료로 바뀌게 될 수도 있다. 그들의 이전 환경에서 어쩌면 사치품이었을 캔디가, 새로운 곳에서는 비싸지 않고 대중적인 것일 수도 있다. 결과적으로, 탄산음료나 캔디의 소비를 늘리고 영양가가 더 많은 식품의 구입을 줄이는 가족이 있을 수 있다. 식품의 영양가를 잘 알지 못하는 사람은 식품을 선택할 때 그런 실수를 저지르기 쉽다.

어휘 custom 관습 staple food 주로 먹는 음식 nutritive value 영양가

08

정답 ②

해설 고립 상태에 처할 때의 괴로움에 대해 설명한 주어진 글 다음에는 이러한 고립 상태는 오래 지속될수록 더 힘들어진다는 내용의 (B)가 다음에 와야 한다. 이후 (C)에서 이러한 고립 상태를 자신의 의지를 통해 치유한 사례를 제시하고, (A)는 그러한 의지가 없는 사람들의 경우 다른 사람들의 지지가 치료법이 될 수 있다고 설명하고 있다. 따라서 글의 순서로 가장 적절한 것은 (B) - (C) - (A)이다.

해석 고립 상태가 주는 가장 힘든 면 중 하나는 표현의 출구가 없다는 것이다. 화가 나면 당신은 누군가에게 화를 내고 소리를 지를 수 있다. 슬프면 당신은 울 수 있다. 하지만 고립 상태는 출구가 없는 방 안에 있는 것과 같다. (B) 그리고 그곳에 오랫동안 갇혀 있을수록 고통과 슬픔을 함께하는

것은 더 힘들어진다. 고립 상태에서는 희망은 사라지고 절망이 지배하며, 당신은 더 이상 자신을 가두는 눈에 보이지 않는 벽 너머의 삶을 바라볼 수 없게 된다. (C) 일부 사람들은 서서히 세상 속으로 자기 자신을 몰고 가는 일을 하는 것이 도움이 된다는 것을 발견한다. 한 사례에서, 어떤 여성은 친구들과 강제로 괴로운 점심 식사를 한 후에 다섯 번째 점심 식사에서 어떤 농담을 듣고 갑자기 웃게 되면서 그 식사를 즐기게 되었다고 전했다. (A) 그러나 자신을 억지로 밀어붙일 수 없는 사람들에게 지지해 주는 집단은 고립 상태에 대한 좋은 치료법이 된다. 그들은 안전하고 통제된 방식으로 연결의 기회를 제공한다.

어휘 isolation 고립 imprison 가두다 miserable 괴로운

09

정답 ②

해설 인간의 모든 행동과 판단은 결정론과 자유 의지의 딜레마에 연루된다는 내용으로, 빈칸과 그 앞 문장은 역접 접속사 yet으로 연결되어 있다. 빈칸 앞 문장에서는 행동과 판단이 필연적으로 과거부터 연결된다는 결정론적인 내용이 나오고 있으므로, 빈칸에서는 그와 반대로 자유 의지와 관련된 내용이 나올 것임을 유추할 수 있다. 따라서 빈칸에 들어갈 말로 가장 적절한 것은 ② '그는 그 연쇄성을 깰 수 있는 적절한 힘을 가지고 있다'이다.
① 그는 그 연쇄성을 다시 단단하게 할 것으로 예상된다
③ 새로운 연쇄성을 만드는 것은 그가 타고난 능력 밖의 일이다
④ 그 연쇄성의 제약을 없애는 것은 사실상 불가능하다

오답 ①③④ 인과적 연쇄성을 긍정하는 내용은 빈칸 앞 문장과 같이 결정론에 무게를 두는 맥락이므로 적절하지 않다.

해석 역사는 역사가 자신이 끊임없이 연구하는 연속선상에서 과거와 미래를 연결시키려고 한다. 우리가 역사로부터 과거에 대해서나 미래에 대해서 어떤 절대적인 판단을 끌어내는 것을 기대해서는 안 된다는 것은 분명하다. 그러한 판단을 내리는 것은 역사의 본성이 아니다. 모든 인간의 행위처럼, 모든 인간의 판단은 결정론과 자유 의지의 논리적인 딜레마와 연관되어 있다. 인간은 아득히 먼 옛날 과거에 이르는 인과 작용의 연쇄성에 의해 모든 행동과 판단에 있어서 불가분의 관계에 있다. 그러나 주어진 순간인 현재에 그(인간)는 그 연쇄성을 깰 수 있는 적절한 힘을 가지고 있다. 그래서 미래를 바꿀 수 있다.

어휘 continuous 연속적인 extract 뽑아내다, 얻다 determinism 결정론 indissolubly 불가분하게 causation 인과 관계 refasten 다시 묶다[고정하다] qualified 적격의 mould 만들다 virtually 사실상 lift (제재를) 풀다

10

정답 ③

해설 단기적인 목표에만 집중하다가 장기 목표를 잊어서는 안된다는 내용으로, 단기적인 목표와 장기적인 목표 사이에서 균형을 이루는 것이 중요하다는 글이다. 빈칸 앞부분에서는 까다로운 일을 잘해나가야 한다고 언급하고 있으므로, 빈칸에는 장기적인 목표를 위해 노력해야 한다는 내용이 들어가야 한다. 따라서 빈칸에 들어갈 말로 가장 적절한 것은 ③ '큰 그림도 절대 잊지 않는'이다.
① 어떠한 치명적인 실수도 저지르지 않는
② 달성 가능한 업무에 집중하는
④ 직원들에게 구체적인 마감기한을 정해주는

오답 ②④ 성취 가능한 일이나 최종 기한은 글에서 단기적인 목표를 의미하므로 적절하지 않다.

해석 고위 임원에게 가장 중요한 기술이 무엇인지 질문을 받았을 때, 실리콘밸리에서 매우 존경받는 임원이자 조언자인 Bill Campbell은, 단기적인 일을 잘 해나가는 한편, 큰 그림도 절대 잊지 않는 그런 드문 능력이라고 말했다. 이렇게 균형을 잡는 것은 우리 인간에게는 어려운 일이다. 뉴욕 대학교의 Yaacov Trope와 그의 동료들이 수행한 연구는 멀리 있는 일을 생각하는 것은 장기 목표에 집중한다는 점에서 좋지만, 비현실적인 공상을 만들어낸다는 점에서 나쁘다는 것을 보여줬다. 그런 목표를 달성하기 위해 요구되는 단계에 대하여는 충분히 생각하지 않는다. 하지만 최종 기한과 단기 목표만을 생각하는 것 또한 좋은 점도 있고 안 좋은 점도 있다. 우리는 성취 가능한 것과 당장 취해야 할 조치들에 초점을 맞추지만, 장기 목표를 잊어버리거나 경시하게 된다. 그래서 우리는 그것(성취 가능한 이정표)이 최종 목적지에 도달하는 우리의 능력을 약화시킬 때조차도, 성취 가능한 이정표를 향해 노력을 기울인다. 우리는 결코 끝나지 않는 현재를, 나중에 실현하고자 하는 달콤한 꿈과 연결해야 한다.

어휘 senior 선임의, 고위의 executive 임원, 간부 tricky 까다로운 manufacture 지어내다 end 목표 deadline 마감일 mixed bag 잡동사니, 좋기도 하고 나쁘기도 한 것 downplay 경시하다 milestone 이정표 undermine 약화시키다 fatal 치명적인 lose sight of 잊다 concrete 구체적인

DAY 30 실전 모의고사 10회

본서 p. 300

| 01 | ④ | 02 | ④ | 03 | ④ | 04 | ② | 05 | ② |
| 06 | ② | 07 | ② | 08 | ④ | 09 | ② | 10 | ② |

01

정답 ④

해설 글의 후반부에서 교사가 아이들이 길을 건너는 것을 도와주는 경우가 있지만 항상 그런 것은 아니며, 온종일 감독할 어른이 없는 경우가 많다고 언급된다. 따라서 글의 내용과 일치하지 않는 것은 ④ '교사들은 온종일 아이들이 길을 건너는 것을 감독한다.'이다.
① Hamilton은 시의 수리반이 파견될 것을 요청하고 있다. → 글의 초반부에서 언급된 내용이다.
② 결함 있는 신호등이 있는 교차로는 학교와 가깝다. → 글의 중반부에서 언급된 내용이다.
③ Hamilton은 매일 자신의 아이와 학교까지 동행한다. → 글의 중반부에서 언급된 내용이다.

02

정답 ④

해설 아이들의 안전을 위해 제대로 작동하지 않는 신호등을 가능한 한 빨리 수리해 달라는 내용이다. 맥락상 functional은 '작동하는'이라는 뜻으로 쓰였으므로, 이와 의미가 가장 가까운 것은 ④ 'operating(작동하는)'이다.
① 다용도의 ② 실용적인 ③ 준비된

01-02

해석 수신: information@lexington.gov
발신: jhamilton@protex.com
날짜: 10월 5일
제목: 횡단보도 신호등

담당자분께,

데스티니가와 월트셔로 모퉁이에 위치한 횡단보도 신호등이 현재 작동하지 않음을 알려 드리고자 합니다. 저는 가능한 한 빨리 그것을 수리하도록 시의 작업반을 파견해 주실 것을 촉구합니다.

아시겠지만 이 교차로는 그린브리어 초등학교와 바로 인접해 있습니다. 저는 매일 아들을 학교에 데려다주고 집에 바래다주지만, 그 학교의 모든 아이가 어른과 동행하는 것은 아닙니다. 제대로 작동하지 않는 신호등은 큰 안전 위험을 제기하고 심각한 사고의 위험을 키웁니다.

교사가 이 교차로에서 아이들이 길을 건너는 것을 도와주는 경우가 있긴 합니다. 하지만 항상 그런 것은 아닙니다. 저 또한 도와주려고 노력하지만, 온종일 감독할 어른이 없는 경우가 많습니다. 반드시 지체 없이 이것이 더는 문제가 되지 않도록 해주시길 바랍니다.

진심을 담아,
Jeffrey Hamilton 드림

어휘 pedestrian crossing 횡단보도 light 조명, 신호등 dispatch 파견하다 intersection 교차로 directly 바로 adjacent 인접한 walk 바래다주다 accompany 동행하다 malfunction 제대로 작동하지 않다 pose 제기하다 hazard 위험 occasion 경우 supervise 감독하다 see to it that 반드시 ~하도록 하다 without delay 지체 없이, 즉시 assign 배치하다, 파견하다 crossing 건널목, 교차로 faulty 결함 있는 oversee 감독하다

03

정답 ④

해설 글의 후반부에서 현장 등록도 가능하다고 언급되므로, 글의 내용과 일치하지 않는 것은 ④ '온라인 예약을 하지 않은 사람은 입장할 수 없다.'이다.
① 도서는 할인된 가격으로 제공된다. → 글의 중반부에서 언급된 내용이다.
② 책 사인회에는 사전 등록이 필요하다. → 글의 중반부에서 언급된 내용이다.
③ 사전 등록을 하면 글쓰기 체험이 가능하다. → 글의 후반부에서 언급된 내용이다.

해석   도서 축제에 참여하세요

독서와 문학의 즐거움을 공유하는 우리의 명망 있는 도서 축제에 여러분을 초대합니다.

행사 정보:
- 날짜: 10월 25일 금요일 - 10월 27일 일요일
- 시간: 오전 10시 - 오후 6시
- 장소: 책 마을 내 다양한 장소

주요 하이라이트:

활동	상세 내용
도서 할인 판매	다양한 장르의 도서를 할인된 가격에 만나 보세요.
전시회	매력적인 책과 멋진 삽화를 살펴보세요
작가 사인회	좋아하는 작가를 만나고 책에 사인을 받아 보세요! *사전 등록 필요
도서 낭독회 및 글쓰기 워크숍	몰입형 독서 및 직접 해 보는 글쓰기 워크숍에 참여하세요. *사전 등록 필요

참여 방법:

행사 유형	상세 내용
전시회 및 판매전	입장료 무료. 누구나 참여 가능.
사전 등록 행사	www.bookevent.or.kr에서 온라인으로 자리를 예약하세요. 현장 등록도 가능합니다.

어휘 prestigious 명망 있는 literature 문학 discounted 할인된 exhibition 전시회 captivating 마음을 사로잡는 stunning 놀라운 illustration 삽화 immersive 몰입형의 hands-on 직접 해 보는 pre-registration 사전 등록 entrance 입장 on-site 현장의 in advance 사전에

04

정답 ②

해설 일이 없는 사람들은 공동체와 사회로부터 고립된다는 내용이므로, 글의 주제로 가장 적절한 것은 ② '사회적 관계를 위한 일의 중요성'이다.
① 사회적 고립을 막는 다양한 방법
③ 실업자의 신체적인 특성
④ 취업이 사람의 정신 건강에 미치는 영향

오답 ① 일을 하는 것이 사회적 고립을 막는 방법이라고 볼 수 있겠지만, 글에서 일 외의 다른 방법이 제시되지는 않았다.
④ 글의 주요 소재는 취업이 아닌 실업이며, 그것이 정신 건강이 아닌 인간관계에 미치는 영향을 중점으로 다루고 있다. 고립감이 증가한다는 언급 또한 관계 단절에 부차적으로 따르는 결과이다.

해석 일이 없는 것의 결과는 어떤 것일까? Detroit에서 105명의 실직한 사람들에 관한 한 고전적인 연구에서 주된 특징이 극도의 고립이라는 것을 보여주었다. 그 연구에서 절반의 사람들은 친한 친구가 없었고, 절반은 이웃 사람들을 전혀 방문하지 않았으며, 단체에 속하거나 조직 활동에 참여하는 사람들도 거의 없었다. 이러한 조사 결과들은 직업이 있는 동일한 규모의 표본 집단의 사회생활과는 극도로 대조적이었다. 그와 같은 자료는 사람이 완전한 의미에서 "살아있는 사람들 속에" 존재하려면 일이 필수적이라는 명제를 지지해 준다. 일로 인한 유대가 끊어지면, 공동체 생활에 대한 참여가 감소하고 고립감이 증가한다. 그리하여, 가장 약한 일로 인한 관계를 가진 사람들, 즉 은퇴자들과 노령자들, 노동시장에서 밀려난 사람들과 그곳에 좀처럼 들어가지 못하는 사람들은 종종 그들의 공동체와 전체 사회로부터 고립된다.

어휘 extreme 극도의 isolation 고립 thesis 논지, 명제 tie 유대 squeeze out of ~에서 몰아내다 seldom 좀처럼 ~않는 at large 전체적인

05

정답 ②

해설 첫 문장이 주제문으로, 지난 20년간의 기후 변화가 식물의 성장에 도움을 주었고 식물이 6% 정도 증가하게 해주었다는 연구 내용이 제시된다. 따라서 글의 요지로 가장 적절한 것은 ② '기후 변화가 식물 생장을 장려해왔다.'이다.
① 강수량이 식물 생장의 중요한 요인이었다.
③ 기후 변화로 인해 식물의 종류가 더 다양해졌다.
④ 지역적 관점에서 식물 생장의 요건이 규명되었다.

오답 ① 강수량은 식물 생장에 영향을 미치는 기후 변화 중 하나에 불과하므로 정답이 되기엔 지엽적이다.
③ 기후 변화로 식물의 종류가 아닌 양이 늘어났다는 내용이다.
④ 글에서 소개되는 연구는 이전 연구들과 달리 전 세계적 관점에서 시행되었다고 언급되므로 옳지 않다.

해석 1982년에서 1999년 사이에 수집된 기후와 위성 자료가 분석에 따르면, 세계의 식물 대부분에게 지난 20년간 기후 변화의 영향은 생산적이었다. 그 연구는 지구의 식물이 강수량, 온도, 그리고 구름이 끼는 패턴에 어떻게 반응해 왔는지의 문제를 다룬다. 그러한 기후의 요소들은 식물이 어떻게 성장하는지를 결정한다. 이전의 연구들은 기후 변화에 대한 식물의 반응을 지역적인 규모로 살펴보았지만, 이것은 전 세계적인 관점에서 그것을 살펴보는 첫 연구이다. 그 분석에 따르면, 전 세계적인 기후 변화는 지구 전체에 걸쳐 식물에 대한 기후의 제약을 완화시켜, 식물이 연구 기간에 걸쳐 6% 정도 증가하게 해주었다.

어휘 satellite 위성 address 다루다 vegetation 식물 regional 지역적인 scale 규모 perspective 관점 constraint 제약 precipitation 강수(량)

06

정답 ②

해설 사람들은 자신의 역할에 적절한 것을 하도록 기대하는 사회적 규범에 따라 행동하기 쉬우며, 그러한 규범을 귀찮아하는 사람도 거의 없다는 내용이므로, 사회적 압력의 증가가 사회적 규범을 따르지 못하게 한다는 내용의 ②는 글의 흐름상 가장 어색한 문장이다.

해석 역할은 담장과 같다. 그것은 우리에게 특정한 양의 자유를 허락하지만, 우리 대부분에게 있어 그 자유는 아주 멀리까지 가지는 않는다. 누가 뭐라고 말하든 관계 없이, 한 여성이 드레스를 입지 않기로 결정하거나, 한 남성이 양복과 넥타이를 착용하지 않기로 결정한다고 가정해 보라. 대부분의 상황에서, 그들은 자신들의 결정을 고수할 것이다. 하지만 가족 결혼이나 장례식 같은 공식적인 행사가 생길 때, 그들은 저항하기 힘들다고 느껴지는 규범에 굴복하기 쉽다. (증가하는 사회적 압력은 우리가 사회적 규범을 이행하고 행동에 대한 공유된 사회적 관례에 충실하지 못하게 한다.) 우리 중 거의 모두는 우리의 역할에 '적절한' 것에 대한 지침을 따른다. 우리 중 그러한 제한을 귀찮아하는 사람들은 거의 없는데, 그 이유는 우리의 사회화가 매우 철저해서 우리는 대개 우리의 역할이 적절하다고 가리키는 것을 하기를 원하기 때문이다.

어휘 stick to ~을 고수하다, 계속하다 cave in to ~에 굴복하다, 항복하다 overwhelming 저항하기 힘든 fulfill 이행하다, 수행하다 commit 충실하다, 전념하다 convention 관례, 관습

07

정답 ②

해설 주어진 문장은 지성의 도움으로 얻을 수 있는 불변하고 영구적인 세계가 있다고 제안하는 내용이다. 이는 ②번 앞에서 플라톤이 세계를 두 가지로 나누어, 바뀔 수 있고 쇠퇴할 수 있는, 우리가 감각을 통해 인식할 수 있는 세계를 소개하는 부분 이후에 also로 연결되는 것이 자연스럽다. 따라서 주어진 문장이 들어가기에 가장 적절한 곳은 ②번이다.

해석 플라톤은 세계를 우리의 감각을 통해 우리에게 나타나는 '현상의' 세계와 지성을 통해 우리가 완전히 파악할 수 있는 '실재' 세계로 나누었다. 플라톤에게 있어서 우리가 감각을 통해 인식하는 세계는 바뀔 수 있고 쇠퇴할 수 있으므로 '실재'가 아니다. 플라톤은 지성의 도움으로 얻을 수 있는 변하지 않는 영구적인 '실재 세계'가 또한 존재함을 제안한다. 이 개념은 플라톤의 수학 연구에서 나온다. 예를 들어, 삼각형의 형태나 개념은 영원하며 지성을 통해 완전히 파악될 수 있다. 우리는 삼각형이 내각의 합이 180도인 세 변이 있는 2차원의 도형이라는 것을 알고 누군가 그것에 관해 생각하고 있든 하고 있지 않든 관계없이, 그리고 세상에 아무리 많은 삼각형이 존재한다 하더라도 이것은 항상 참이라는 것을 안다. 반면에 (샌드위치, 피라미드와 칠판에 그려진 삼각형 모양들과 같이) 세상에 정말로 존재하는 삼각형 물체들은 그것들이 삼각형에 대한 이러한 개념이나 형태의 반영한 것일 때에만 삼각형이다.

어휘 permanent 영구적인 decay 쇠퇴하다 grasp 파악하다 insofar as ~하는 한에 있어서는

08

정답 ④

해설 주어진 지문은 과거 농부들이 감자가 끔찍한 질병을 일으킨다는 미신을 믿었다는 내용이다. 이러한 감자를 장려한 Parmentier는 이러한 농부들과는 다르게 생각했다는 내용의 (C)가 나온다. 그 다음으로 농부들의 차가운 반응에 대해 Franklin이 도움을 주는 내용인 (B)가 나오고, 이것에 대한 성과인 (A)가 나오는 것이 자연스럽다. 따라서 글의 순서로 가장 적절한 것은 (C) - (B) - (A)이다.

해석 현재 인기 있는 감자가 18세기에는 독극물처럼 피해졌었다는 것을 생각하면 놀랍다. 농부들은 감자가 끔찍한 질병을 일으킨다는 미신을 믿었다. (C) 감자를 장려한 사람은 Parmentier라는 이름의 프랑스 농부였다. 그는 감자가 프랑스 농업의 구원이 될 수 있을 것이라고 믿었지만, 농부들을 설득하려는 그의 노력은 냉담한 반응에 마주쳤다. (B) 그때 아마추어 농학자인 Franklin이 구조에 나섰다. 그는 Parmentier에게 모든 요리가 감자로 만들어진 연회를 꾸며 보라고 제안했다. 당시 파리에서 무척 유명하던 Franklin은 귀빈으로 참석했고, 거기서 대접하는 모든 요리를 즐겼다. (A) 그 행사의 소식은 프랑스를 휩쓸었고, 곧 농부들은 Parmentier의 실험 농장에서 재배한 감자를 사기 시작했다. 마침내 파리의 사람들은 감자를 건강에 좋고 맛있는 채소로 받아들였다. 감자는 곧 파리 사람들이 매우 좋아하는 것이 되었다.

어휘 experimental 실험적인 agriculturist 농학자 banquet 연회 entree 앙트레(주요리) salvation 구원

09

정답 ②

해설 저작권은 작가와 창작물을 보호하는 기능을 하지만, 과도하게 제한적인 저작권법은 작가의 창의성을 꺾고 문학의 발전을 저해할 수도 있다는 내용의 글이다. 빈칸은 이러한 상황에서 작가들이 과도한 제약을 받지 않기 위해 필요한 것이므로, 빈칸에 들어갈 말로 가장 적절한 것은 ② '융통성'이다.

① 보호 ③ 신뢰 ④ 보상

오답 ① 보호의 기능은 저작권법이 이미 제공하고 있으며, 오히려 이 기능이 과도해질 때 작가들이 위축되는 것이다.
④ 작가들이 법에 의해 제약을 받는 이유는 법의 과도한 제한성 때문이지 보상을 받지 못해서가 아니다.

해석 저작권은 작가의 문학 창작물을 지켜주는 주된 수단이다. 작가들에게 다른 사람들이 자신의 작품을 베끼는 것을 방지해줄 법적인 능력이 없는 한, 다른 사람들이 보상 없이 그 작가의 노력의 결과물을 사용하지 못하게 막는 것은 매우 어려울 것이다. 다행히, 작가들에게는 다른 사람들의 작품을 부당하게 무단 사용하는 것을 막을 수 있게 해주는 강력한 저작권법들이 있다. 하지만 한편으로는, 과도하게 제한하는 저작권법은 작가의 창의적 노력을 꺾을 수도 있다. 작가들은 때로는 연구와 문학의 발전을 위한 토대로서, 다른 작가들의 작품 일부를 인용하면서까지 다른 사람의 작품을 빈번히 이용한다. 이런 관점에서, 저작권법이 어느 정도의 융통성을 부여하지 않는 한, 많은 작가들이 다른 작품의 저작권을 침해하여 법적 위험에 노출될까 두려워 제약을 받을 수도 있다.

어휘 copyright 저작권 vehicle 수단 literary 문학의 hinder 막다 compensation 보상 wrongfully 부당하게 appropriate 사용하다, 도용하다 restrictive 제한적인 chill 꺾다, 억누르다 endeavor 노력 quote 인용하다 inhibit 억제하다, 제약을 가하다 infringe 침해하다

10

정답 ②

해설 이 글은 혼자의 힘으로 책임을 지는 경우와 그렇지 않은 경우를 대조하면서 책임을 지는 경우에 더 행복감을 느꼈다고 했다. 따라서 빈칸에 들어갈 말로 가장 적절한 것은 ② '자신의 삶에 대해 통제권을 가지고 있는 것'이다.

① 자신의 물건을 소유하는 것
③ 이웃과 친구가 되는 것
④ 운동할 시간을 마련하는 것

오답 ① 첫 번째 집단에 화초가 주어졌다고는 했으나, 이는 책임감을 부여하기 위한 하나의 요소에 불과하다.

해석 한 연구에서 한 집단의 양로원 거주자들은 양로원에서 스스로에 대한 책임을 질 수 있는 것의 중요성에 대해 들었으며, 두 번째 집단은 직원들이 그들을 잘 돌보는 것이 얼마나 중요한지에 대해 들었다. 첫 번째 집단은 또한 매일 그들의 양로원 주변에서 할 수 있는 몇 가지 작은 선택들과 자신들의 방에서 돌봐야 할 화초가 주어졌으며, 반면 두 번째 집단의 구성원들은 그러한 선택들이 없었으며 그들의 화초들은 직원들이 돌봤다. 매일의 삶에 대한 자신들의 작은 책임감이 주어진 양로원의 거주자들은 더 활동적이고 정신이 맑았으며, 책임감이 없었던 거주자들보다 더 행복감을 느낀다고 보고했다. 그래서 연구자들은 <u>자신의 삶에 대해 통제권을 가지고 있는 것</u>은 삶의 행복을 위해 중요하다고 결론을 내렸다.

어휘 resident 거주자 alert 정신이 맑은